“十四五”职业教育国家规划教材

审计实务

（第七版）

SHENJI SHIWU

新准则 新税率

主　编　陈建松　林宗纯
副主编　李斯佳　陈祥碧　李晋靖

新形态教材

本书另配：课程标准
教　　案
教学课件
课程视频
参考答案

中国教育出版传媒集团
高等教育出版社·北京

内容提要

本书是"十四五"职业教育国家规划教材。

本书在第六版的基础上，根据2025年发布的最新教学标准和财税审改革政策，对原有内容补充、修改、完善而成。本书共9个项目，系统地介绍了审计的基本理论、基本知识和基本方法，以及企业审计的基本技能和实务。本书另配有《审计实务学习指导、习题与项目实训》和《审计实务模拟实训》。为了利教便学，部分学习资源（如拓展阅读、课程视频）以二维码形式提供在相关内容旁，可扫描获取。此外，本书另配有课程标准、教案、教学课件等教学资源，供教师教学使用。

本书可作为高等职业本科院校和高等职业专科院校财务会计类专业相关课程教材，也可作为广大财会人员培训自学用书。

图书在版编目(CIP)数据

审计实务 / 陈建松，林宗纯主编. -- 7版. -- 北京 ：高等教育出版社，2025. 7. -- ISBN 978-7-04-063780-9

Ⅰ. F239.0

中国国家版本馆CIP数据核字第2025EK0880号

策划编辑 毕颖娟 张雨亭　责任编辑 张雨亭 钱力颖　封面设计 张文豪　责任印制 高忠富

出版发行	高等教育出版社	网　址	http://www.hep.edu.cn
社　址	北京市西城区德外大街4号		http://www.hep.com.cn
邮政编码	100120	网上订购	http://www.hepmall.com.cn
印　刷	上海新艺印刷有限公司		http://www.hepmall.com
开　本	787mm×1092mm 1/16		http://www.hepmall.cn
印　张	24.75	版　次	2002年8月第1版
字　数	613千字		2025年7月第7版
购书热线	010-58581118	印　次	2025年7月第1次印刷
咨询电话	400-810-0598	定　价	49.80元

物 料 号　63780-00

第七版前言

本书是“十四五”职业教育国家规划教材。

审计是市场经济活动重要的监督机制，是重要的专业服务。伴随着社会主义市场经济的快速发展，加强审计监督，完善审计监督体系，已成为社会的共识。贯彻落实党的二十大精神，坚持全面依法治国，推进法治中国建设，离不开审计监督。审计监督在规范经济行为、维护正常经济秩序、提升会计信息质量、提高资源配置效率、保护社会公众利益等方面都发挥了十分重要的作用。

当前，我国高等职业教育蓬勃发展。审计作为财务会计类专业的一门专业课程，是培养财经类应用型人才不可或缺的教学内容。本次修订以真实的工作任务为载体，将行业企业的技术标准和通用权威的职业资格标准引入课程，根据真实审计项目“一案到底”设计审计工作底稿实例，突出职业性和可操作性。内容以审计的基本原理、基础知识为重点，突出审计技能的培养。体例新颖，形式活泼，学做合一，有利于吸引学生兴趣，更好地学习相关知识。各项目的正文前设有【知识目标】【能力目标】和【案例导入】等经典栏目，正文中设有【注意】和【小提示】等补充栏目。

本书及与之配套的“十四五”职业教育国家规划教材《审计实务学习指导、习题与项目实训》（第七版）和《审计实务模拟实训》（第六版）能很好地满足教学需要，有利于学生巩固学习内容、提高审计实务操作技能水平。

本书由陈建松、林宗纯任主编，李斯佳、陈祥碧、李晋靖任副主编，廖正生、项玉华、徐健参编。具体编写分工如下：林宗纯编写项目一、项目五；李晋靖编写项目二；陈建松编写项目三；李斯佳编写项目四；陈祥碧编写项目六；廖正生编写项目七；项玉华编写项目八；徐健编写项目九。全书由林宗纯总纂定稿。

在本书的修订过程中，我们得到了重庆财经职业学院蒋龙超、龚玲、左燕、赵会、张倩、向东方、周艳、章艳军、姚楠、杨琴及温州中源立德会计师事务所、上海博科资讯股份有限公司、厦门网中网软件有限公司的指导与支持，在此一并表示感谢。

本书建议教学课时数为72课时，具体课时安排见下表：

序　号	内　　容	课　　时		
		理　论	实　训	合　计
1	认识审计职业	6		6
2	接受审计业务委托	2		2
3	编制审计计划	8	2	10
4	评估与应对审计风险	4	2	6
5	审计销售与收款循环	8	4	12
6	审计采购与付款循环	8	4	12
7	审计生产与存货循环	8	4	12
8	审计货币资金	4	2	6
9	完成审计工作与出具审计报告	4	2	6
合　　计		52	20	72

为了利教便学，部分学习资源（如拓展阅读、课程视频）以二维码形式提供在相关内容旁，可扫描获取。此外，本书另配有课程标准、教案、教学课件、参考答案等教学资源，供教师教学使用。本书不仅可以作为高等职业教育教材，也可以作为审计理论和实务工作者学习的参考用书。

由于编者水平所限，书中不当之处在所难免，敬请读者批评指正。

编　者

2025年7月

目 录

资源导航

资源导航

案例导入分析

课程视频

拓展阅读

实例资料

项目一

认识审计职业

知识目标

1. 了解审计的产生与发展。
2. 认识审计并理解审计的特征。
3. 了解审计的职能与作用。
4. 了解审计准则。
5. 熟悉审计职业道德规范的要求与法律责任。

能力目标

1. 能够根据受托经济责任的客观要求，选择合适的审计技术方法。
2. 能够根据相关的衡量标准，判断审计实施过程中的独立性问题。

案例导入分析：项目一

案例导入

英国注册会计师审计的开始

成立于1710年的南海公司，历经十年惨淡经营后，公司董事会决定采取舞弊等手法，使其股票达到预期价格。在大量散布“年底将有很多利润可实现，预计1720年圣诞节可按股价60%支付股利”等谣言后，该公司股票价格从1719年的不足120英镑，上升到了1720年3月的300英镑，甚至在1720年7月一度达到1 050英镑。在当时的英国，一场全国性的投机热潮随之爆发，无论是新成立的股份公司还是原有的股份公司，全部成了公众投机的对象。

随着1720年英国国会通过《取缔投机行为和诈骗团体法》(即著名的“泡沫法案”)，英国开始制止各类泡沫公司的膨胀。许多公司纷纷破产、解散，投机热潮迅速冷却，南海公司的股价也一落千丈。英国政府开始对南海公司的资产进行调查和清理，而后南海公司宣布破产。数以万计的股东和债权人蒙受了巨大的损失，他们向英国议会提出严惩欺诈者并给予赔偿损失的要求。英国议会为此成立了特别委员会，并聘请了资深的会计师查尔斯·斯内尔审核该公司的账簿。通过审核，他指出了南海公司存在重大舞弊行为和会计记录严重失实等问题，据此查处了该公司的主要负责人。审核该公司账簿的人开创了世界注册会计师的先河，注册会计师审计由此在英国拉开了序幕。

讨论题：如果建立了审计机制，像南海公司这样的经营者是否还可以通过舞弊行为损害投资者利益？

任务一 了解审计的产生与发展

审计的历史可谓源远流长。审计是经济发展到一定阶段的产物，是一种经济监督活动。在不同社会、不同时期、不同经济发展水平和不同经济管理形式下，审计监督的方式和内容也是不相同的。由于世界各国的历史进程不同，审计的发展也不完全相同，本书分别介绍我国和国外审计的产生与发展。

一、我国审计的产生与发展

课程视频：审计的产生与发展

我国审计经历了一个漫长而又曲折的发展过程。在奴隶社会，大奴隶主并不亲自管理自己的财产，而是委托亲信管理，这就产生了“委托”和“被委托”的关系，委托者为了检查被委托者的管理成效和有无疏漏，特派专人去检查，这就是早期的审计行为。检查中如发现遗失账簿或丢失财物就要治罪，这就是早期的审计思想。

《周礼·天官冢宰第一》中这样叙述“宰夫”一职：“掌治法，以考百官府、群都、县、鄙之治，乘其财用之出入。凡失财用、物辟名者，以官刑诏冢宰而诛之。其足用、长财、善物者，赏之。”其中，“乘”意为计算、稽核。宰夫计算钱粮财物的收支情况，对于损失浪费和弄虚作假的人，可根据官刑报告冢宰给予惩罚；对于财政充裕、经营有方、使物产丰饶优质的人，可报告冢宰给予奖励。当时王朝还对财政收支有“以参互考日成，以月要考月成，以岁会考岁成”的要求，即设专职人员按旬(此处“日”谓“十日”，即“旬”)、按月、按年考核，审查经营成果，并定期向周王和冢宰报告，这套办法称为“上计”制度。这一制度，对以后的历代王朝产生了深远的影响，是我国审计制度的雏形。

秦、汉时期对审计工作很重视，专门设置御史大夫一职，直接辅助皇帝，行使对国家的政治、经济监察大权，同时继承了“上计”制度，并在此基础上制定了“上计律”，使审计与法律联系起来，这成为我国审计立法的开端。

隋、唐两代是我国封建社会的鼎盛时期，审计工作也随之日臻健全，由“比部”负责审计工作，划归刑部领导，这说明审计的性质从原来的财政、行政监督变为司法监督的一部分，审计工作具有较强的独立性和权威性。

宋朝是审计发展史中一个极其重要的朝代，宋太宗淳化三年(公元 992 年)，设置了专门的“审计院”，“审计”一词在我国历史上首次出现。由于多种原因，审计院成立不久即被撤销。直到宋神宗元丰三年(公元 1080 年)，在太府寺内设“审计司”，但由于未有审计制度，该机构未能充分发挥作用。

元、明、清三代，比部基本不再作为专门的审计机构存在。元朝废除比部，经济稽查权由御史台兼行。明朝初期，比部虽恢复，但作用发挥不够，财政流弊滋生，贪污案件不仅多，而且性质严重，后被撤销。清朝未设比部，大部分审计职能并入御史监察机构。1906 年，清政府借鉴西方政治体制设立“审计院”，引进了近代审计制度，后因辛亥革命爆发，审计制度未能实施。

辛亥革命以后，北洋政府在国务院下设立“审计处”，各省设立“审计分处”。1914 年，“审计处”改为“审计院”，隶属于大总统，颁布审计法及审计实施细则。1928 年，“审计院”改为“审计部”，隶属于监察院。各省设立了相应的“审计处”，形成了一个垂直领导的“审计网”。但是，由于在民国时期审计工作得不到应有的重视和支持，审计制度也未能落实。

我国注册会计师制度出现于20世纪初。1921年，谢霖在北京创办了我国第一家会计师事务所——正则会计师事务所，标志着我国民间审计的开始。

在第二次国内革命战争时期，革命根据地的审计形成了一定的基础，1934年公布的《中华苏维埃共和国中央苏维埃组织法》中规定，中央苏区设立中央审计委员会，其职责是审核苏区的岁入、岁出，监督中央预算的执行情况。抗日战争和解放战争时期，各革命根据地人民政府都设立了各种形式的审计机构。

中华人民共和国成立后的30多年中，我国审计没有独立建制，审计监督寓于监察之中。1982年12月4日，第五届全国人民代表大会第五次会议通过修订的《中华人民共和国宪法》规定：“国务院设立审计机关，对国务院各部门和地方各级政府的财政收支，对国家的财政金融机构和企业事业组织的财务收支，进行审计监督。”“审计机关在国务院总理领导下，依照法律规定独立行使审计监督权，不受其他行政机关、社会团体和个人的干涉。”1985年国务院又制定和颁布了《国务院关于审计工作的暂行规定》，明确规定审计机关的职权以及设置审计机关和建立内部审计制度等。1988年11月30日，国务院正式公布了《中华人民共和国审计条例》，并规定从1989年1月1日起实施。该条例以法令的形式，对审计机构的职能、职权、任务、程序、范围等都作了明确规定。1994年8月31日，第八届全国人民代表大会常务委员会第九次会议通过，并于1995年1月1日施行的《中华人民共和国审计法》(以下简称《审计法》)，标志着我国审计工作进入了新的发展阶段。2010年，我国对38项审计准则进行修订，并于2011年1月1日正式实施。

二、国外审计的产生与发展

古希腊、古埃及、古罗马时期已有官方审计机构，如公元5年，古罗马皇帝奥古斯都下令编制国家预算，并派检查人员分赴各地审查账目。此后，各国相继成立了不同形式的国家审计机关。

随着经济的发展，西方国家在13～14世纪出现了股份公司性质的企业。股东们为了维护自身权益，便委托第三方审查股份公司的账目，这就是早期的民间审计。

1720年，会计师查尔斯·斯内尔受英国议会委托，替南海公司的一家附属公司破产情况作查账报告，人们称他为“公证会计师”，也就是现在的审计师、注册会计师。这是世界上首次出现“公证会计师”这个名词。1853年，在苏格兰的爱丁堡创立了英国最早的会计师协会，这是世界上第一个公证会计师专业团体。这个阶段的审计，就是由经办会计业务以外的第三方对被查单位的会计资料进行检查的一种监督审查活动。当时检查的范围比较狭窄，仅仅限于会计资料的真实性、正确性、合法性，其目的是起到公证和保护的作用。

1887年，美国创立了第一个会计师公会。1896年，纽约州通过一项认定公证会计师的法律，并办理第一次公证会计师的执照考试。从此，公证会计师得到了法律上的承认。

第一次世界大战以后，资本主义经济迅速发展，企业规模逐渐扩大，管理权和所有权分离，加上所得税普遍推行，对审计的要求更高了，详细审计因费时费力已不再适应市场需求。这时，美国提出了一种新的审计概念，即“资产负债表审计”，强调对各账户余额作分析性的审核。到20世纪30年代，由于资本主义国家发生经济危机，经济大萧条，生产不景气，投资者、银行家十分关心企业的经营成果，要求分析检查企业的盈亏情况。审计工作由静态审计发展到了动态审计。这一阶段的审计工作逐步形成了一套比较完整的方法。

第二次世界大战以后，企业的规模越来越大，内部分权事业部制普遍推行，内部控制制度逐步形成并完善。在此基础上，内部审计应运而生。随着管理会计的产生和发展，审计的领域向深度和广度发展，把提高企业经营管理效果列为审计的重要内容，又叫作管理（效益）审计。

随着信息技术的广泛运用，社会经济已逐步进入全面数字化时代。在此背景下，审计环境和审计客体也将发生深刻的变化，对审计技术、方法与模式都将产生革命性的影响。同时，区块链、人工智能等新兴技术开始应用于审计业务，正在逐步改变传统的审计模式。

三、大数据审计的产生与发展

21 世纪以来，全球数据量呈指数级增长，审计对象数字化程度显著提升，传统抽样审计模式因面临根本性变革，开始向大数据审计转型。大数据审计是指审计主体运用新兴信息技术，对多源异构数据进行采集、处理与分析的新型审计模式。其发展主要经历了三个阶段：

（1）计算机辅助审计阶段（2000—2010 年），以财务数据电子化为标志，采用 SQL 等工具处理结构化数据，初步实现从手工审计向计算机辅助审计过渡，但分析深度有限，仍以抽样分析为主。

（2）大数据融合阶段（2011—2020 年），依托分布式计算框架处理 TB 级（千兆字节量级）非结构化数据，逐渐用全量数据替代审计抽样。同期，我国审计署提出“总体分析、发现疑点、分散核查、系统研究”的数字化审计模式，如应用机器学习算法于风险识别，显著提升审计效能。

（3）智能化跃升阶段（2021 年至今），人工智能深度赋能审计全流程——人工智能驱动自然语言解析、知识图谱等技术，智能预警平台实现持续性监管，由人工智能主动优化审计程序，日均处理数据量大幅提升，推动审计向持续性监测转型。

大数据审计不仅革新了审计范式，而且提升了审计效能，拓展了审计功能。随着未来新技术的不断涌现与应用，大数据审计将向智能化（人机协同的模型优化机制）、实时化（物联网动态监测）、融合化（多学科技术集成）方向演进，推动审计在履行经济监督职能的基础上，向风险预警和决策支持领域拓展。

课程视频：审计的定义与分类

任务二 掌握审计的概念与分类

一、审计的概念

（一）审计的定义

审计的定义是对审计实践的科学总结，是对审计这一客观事物特有属性的揭示。伴随新中国审计监督制度的建立和发展，我国审计理论和实务工作者广泛开展了对审计定义的研究。1989 年，全国审计基本理论讨论会将我国审计定义为：“审计是由专职机构和人员，依法对被审单位的财政、财务收支及其有关经济活动的真实性、合法性和效益性进行审查，评价经济责任，用以维护财经法纪，改善经营管理，提高经济效益，促进宏观调控的独立性经济监督活动。”

为确定一个能够基本反映审计特征的简明、准确、通俗并与国际惯例接轨的审计定义，全国审计理论和实务工作者进行了深入的研究。1995 年，全国审计定义研讨会将简明审计定义概括为:"审计是独立检查会计账目,监督财政、财务收支真实、合法、效益的行为。"

（二）审计的特点

1. 独立性

独立性是审计的本质特征。《审计法》规定:"审计机关依照法律规定独立行使审计监督权,不受其他行政机关、社会团体和个人的干涉。"审计组织与审计委托人、被审计人之间不存在利害关系,也不参与双方的任何经济活动;审计人员需要有相当的政治素质及业务能力,能够独立作出审计判断。

2. 公正性

审计的公正性反映了审计工作的基本要求。公正性与独立性密切相关,没有独立性就没有公正性。审计的公正性主要表现在:审计人员独立于审计委托人和被审计人之外,站在第三者的立场进行审计,可以对审计对象作出不带任何成见的、符合客观实际的、正确的判断,从而对被审计单位作出公平合理的评价。

3. 权威性

审计的权威性与公正性相联系,没有公正性就没有权威性,有关审计权威性的各种法律规定都是建立在审计公正性基础上的。审计的权威性具体表现在:❶ 审计监督具有一定的法律地位;❷ 审计人员依法审计,被审计单位不得拒绝;❸ 审计结论和决定具有法律效力,被审计单位必须执行。

二、审计的分类

（一）按审计主体分类

审计按主体分类,可分为政府审计、内部审计和民间审计。

(1) 政府审计也称国家审计,是由国家审计机关依法独立检查被审计单位的会计凭证、会计账簿、财务会计报告以及其他与财政收支、财务收支有关的资料和资产,监督财政收支、财务收支真实、合法和效益的行为。其具体内容包括政府财政收支审计、政府绩效审计和国有企业财务审计等。例如,审计署对国家行政机关的审计、审计厅对本省各市财政预算收支执行的审计、市或县审计局对本级行政区域内的国有企事业单位财务收支的审计均属于政府审计。

(2) 内部审计是一种独立、客观的确认和咨询活动,通过运用系统、规范的方法,审查和评价组织的业务活动、内部控制和风险管理的恰当性和有效性,以促使组织完善治理、增加价值和实现目标。内部审计属于内部管理制度的一部分,服务于本单位的最高管理当局并向其报告。

(3) 民间审计又称独立审计、注册会计师审计,是经政府有关部门批准设立的会计师事务所依法接受委托或经授权所实施的审计。它根据公认会计原则和审计准则,对被审计单位的财务报告和会计信息进行客观的评价和鉴证。

（二）按审计内容分类

审计按内容分类,可分为经营审计、合规性审计和财务报表审计。

(1) 经营审计也称为管理审计或绩效审计,是审计机构及审计人员为了评价被审计单位经营活动的效率和效果,而对其经营程序和方法进行的审计。审计内容涉及对被审计单位的内部控制制度、人事管理制度等方面的效果与效率进行考核和评价并提出改进措施。在经营审计中,审计对象除了会计,还包括组织机构、计算机信息系统、生产方法、市场营销等领域。

(2) 合规性审计是审计机构及审计人员确定被审计单位是否遵循了特定的法律、法规、程序或规则，或者是否遵守将影响经营或报告的合同要求。例如，审查企业是否按照税法规定及时申报纳税，检查企业工薪水平是否符合工薪法规的最低要求，或审查与银行签订的合同，确认被审计单位是否遵守了法定要求等。

(3) 财务报表审计是确定财务报表整体是否按特定标准进行编制并对此发表意见。为确定财务报表是否按照会计准则进行公允列报，审计人员应当收集证据以确定报表是否存在重大错报或其他错报。

(三) 按财务报表审计的技术方法分类

审计按其技术方法可分为账表导向审计、内部控制导向审计和风险导向审计。

(1) 账表导向审计是最早的财务报表审计方法。它是顺着或逆着会计报表的生成过程，通过对会计凭证和账簿进行详细审阅，对会计账表之间的勾稽关系进行逐一核实，来检查是否存在会计舞弊行为。其审计目的是揭弊查错、保护企业资产的安全和完整。

(2) 内部控制审计是建立在健全的内部控制系统基础上，即首先进行内部控制系统的测试和评价，当评价结果表明被审计单位的内部控制系统健全且运行有效、值得信赖时，可以在随后对报表项目的实质性测试工作中仅抽取部分样本进行审查；相反，则须扩大实质性测试的范围。这样能够提高审计的效率，有利于保证抽样审计的质量。

(3) 风险导向审计要求审计人员综合考虑企业的环境和面临的经营风险，把握企业各方面情况，分析企业经济业务中可能出现的错误和舞弊行为并以此为出发点，制定与被审计单位风险状况相适应的审计计划，以确保审计工作的效率和效果。

任务三 了解审计的职能与作用

一、审计的职能

审计职能是审计本身固有的、体现审计本质属性的内在功能。审计具有经济监督、经济鉴证、经济评价和风险预警四种职能。

(一) 经济监督

经济监督是审计的基本职能，指通过审计可以监察和督促被审计单位的经济活动，使之在规定的范围内沿着正常的轨道运行；检查受托经济责任人忠实履行经济责任的情况，借以揭露违法违纪行为，制止损失浪费，查明错误弊端，判断管理缺陷。在审计实务中，审计机关和审计人员从依法检查到依法评价，从依法作出审计处理处罚决定到督促决定的执行，无不体现着审计的经济监督职能。

(二) 经济鉴证

经济鉴证是审计最本质的专业功能，指审计机构依法独立对被审计单位经济活动的真实性、合法性和公允性进行审查验证，并出具具有法律效力的专业意见的执业行为。例如，会计师事务所接受委托通过财务报表审计出具的审计报告，就体现了审计的经济鉴证职能。再如，国家审计机关经授权提交的审计结果报告，体现了审计的经济鉴证职能。

(三) 经济评价

经济评价是审计机构和审计人员依据法律法规和客观标准，运用专业方法对被审计单位经济活动的合规性、经济性、效率性和效果性进行系统分析和价值判断，并提出改进建议的职能。注册会计师对被审计单位的经营决策、计划、方案是否切实可行、科学先进，是否得到贯彻执行，内部控制系统是否健全、有效，各项经济资料是否真实、可靠，以及各项资源的利用是否合理、有效等诸多方面所进行的评价，都可以作为提出改善经营管理建议的依据。在现代审计实务中，经济效益审计最能体现审计的经济评价职能。

（四）风险预警

风险预警是审计机关和审计人员运用专业方法和技术手段，通过系统性监测、分析和评估，在经济活动尚未出现明显问题或损失前，及时发现潜在风险隐患，并向相关责任主体发出预警，提出防控建议的预防性监督职能。

想一想

从事经济监督职能的部门很多，审计监督与其他经济监督有何异同和关系？

二、审计的现代作用

审计作为党和国家监督体系的重要组成部分，其作用已从传统的财务合规性检查拓展至政治、经济、社会、治理等领域。

（一）政治作用

审计的政治作用集中体现在其通过经济监督服务政治大局，确保政策执行、防范风险、保障民生、规范权力，最终推动国家治理体系和治理能力现代化。

（二）经济作用

审计的经济作用体现在维护市场经济秩序、提高资源配置效率、防范经济风险、促进经济高质量发展、推动经济体制改革等方面。未来审计将通过持续创新审计方式方法，更好发挥审计在服务经济高质量发展中的建设性作用。

（三）社会作用

审计的社会作用深入社会公平、公众信任、治理创新、可持续发展和法治建设等多个维度。未来，审计将进一步深化民生审计、加强科技赋能、推动协同治理等功能，通过发现问题、预警风险、推动改革，为建设更加公平、透明、可持续的社会提供坚实保障。

（四）治理作用

审计的治理作用体现在优化资源配置、监督权力运行、防范经济风险、推动制度完善和提升政府公信力等多个方面。随着国家治理现代化的推进，审计需要进一步强化大数据分析、绩效审计和协同监督能力，以更高效、精准的方式服务国家治理。

读一读

调查显示，很多业主对小区物业管理不满意，其中财务管理相关的问题尤为突出。如果在物业小区管理中引入会计师事务所审计，会带来怎样的变化？深圳的一家会计师事务所就在物业小区审计方面展开了有益探索：通过审计促进物业财务公开，化解业主与物业矛盾，提升社区治理透明度，促进和谐社会建设。

要求：请分析注册会计师的职责是什么？审计有哪些作用？

任务四 了解审计准则

一、审计准则概述

（一）审计准则的概念

审计准则是规定审计人员资格和指导审计人员行为的基本原则。该定义包括两层基本含义：

（1）审计准则是对审计主体的规范和要求，它规定了审计人员应有的素质和专业资格，并对审计人员的审计行为予以规范和指导。

（2）审计准则提出了审计工作应达到的质量要求，是衡量和评价审计工作质量的尺度和标准。

（二）审计准则的内容结构

审计准则按审计组织体系可分为三类：政府审计准则、内部审计准则和民间审计准则。虽然条款详简不同、内容各异，但一般内容结构都包括以下三个方面：

（1）一般准则。一般准则是关于审计人员资格条件和执业行为的准则。其内容包括审计的基本目标、审计的基本原则、审计人员的任职条件、审计人员的基本职业道德等。

（2）外勤工作准则。它又称作业准则、现场工作准则，是关于审计人员执行审计业务过程中应遵循的准则。其内容一般包括对审计计划的编制、审计工作范围的确立、审计程序的运用、审计技术方法的实施、审计证据的收集、审计工作底稿的编制等方面的规定和要求。

（3）报告准则。报告准则是关于审计人员编制审计报告时应遵循的准则。其内容一般包括对审计报告应记载事项的规定，对表明审计意见的规定，对补充记载事项的规定，对审计报告报送对象及报送时间的规定。

（三）审计准则的作用

1. 为衡量和评价审计工作质量提供依据，有助于提高审计工作质量

审计工作能否满足社会的需求和取信于社会，关键是质量。由于审计的质量对维护被审计单位、社会公众的利益以及提高审计职业的社会地位都有重要的作用，因此，无论是被审计单位、社会公众还是审计行业本身都需要一个衡量、评价审计工作质量的标准，即审计准则。审计工作质量的低下，一般有两方面的原因：一是审计人员本身素质不高和经验不足；二是缺乏统一的审计程序、审计方法等规范化指导。而审计准则一般对审计人员的任职条件以及审计工作中的程序、方法都进行了规定，这就可以促使审计人员在审计工作中时刻以审计准则为准绳，谨慎工作，依法办事，从而有助于提高审计工作质量。

2. 有助于规范审计工作，维护社会经济秩序

审计准则规定了审计人员必须具有较高的政治素质、必要的专业知识和业务能力，审计人员只有具备这些条件，才能执行审计业务，减少审计失误，避免审计失败。另外，审计准则规定了审计人员应当做什么，不应当做什么，这就可以减少审计人员选择审计政策、程序和方法的自由度，避免审计人员随意发表意见。

3. 有助于社会公众对审计结果的信任

审计职业作为一种为广大社会公众提供中介服务的行业，能为社会公众所理解和信任，

与其他行业比较具有更为重要的意义。它向社会公众表明了审计职业的精神、职业能力和服务功能。通过它，社会公众可以全面、系统地了解和理解审计职业，增强审计职业服务成果的可信度。有了社会公众的这种理解和信任，审计职业才有坚实的社会生存基础和更为广阔的发展前景。

4. 有助于维护审计组织和审计人员的正当权益，使其免受不公正的指责和控告

审计人员的责任并非毫无限制，审计结果也不可能在任何条件下都绝对正确。审计准则中规定了审计人员的工作范围，审计人员只要能严格按照审计准则的要求执业，就算是尽到了责任。当审计委托人与审计人员发生纠纷并诉诸法律时，审计准则就成为法庭判明是非、划清责任界限的重要依据。

5. 有助于推动审计理论的研究和审计人才的培养

审计准则是审计实践经验的总结和升华，已成为审计理论的一个重要组成部分。审计准则的制定、实施和不断修正，可以推动审计理论的研究和发展。审计理论水平的不断提高，无疑会带动审计教育水准的提高，这样必然会有助于培养现代化的审计人才，推动审计事业的进一步发展。

二、国际审计准则

自 20 世纪 70 年代以来，国际经济进入了一个新的发展时期。国际商品、资金、技术、知识、劳动力和信息的交流，达到了前所未有的规模。各国在经济上相互依存、相互促进的关系日益明显。为了适应这种新形势的需要，协调各国审计机关和组织处理国际的审计问题，一些国际性组织开始着手研究制定国际审计准则。迄今为止，这方面的成果主要体现在《国际审计准则》和《利马宣言——审计规则指南》。

（一）《国际审计准则》

《国际审计准则》是适用于民间审计的国际协调性文件，由国际会计师联合会（IFAC）理事会授权其下属国际审计实务委员会（IAPC）[即后来的国际审计与鉴证准则理事会（IAASB）]拟定和颁布。截至 1993 年 1 月，发布了第 130 号《国际审计准则指南》，内容涉及财务报表审计的目的、范围、审计工作的基本原则、工作计划、质量控制、审计风险、审计技术与审计管理等方面。正如该指南前言所述，国际审计专业委员会将努力促进各成员国自愿地接受该指南，并在本国的有关规定与指南之间存在分歧时，在条件具备和可能的范围内执行这一指南，从而为各成员国在执行指南时留下了很大的空间。虽然国际会计师联合会的作用是劝导而非命令，且它因考虑到各国国情有别而没有将其文件称为准则，但它在各国审计界仍然产生了一定的影响，很多国家在制定民间审计准则时都充分考虑了该指南的基本原则。

（二）《利马宣言——审计规则指南》

《利马宣言——审计规则指南》（以下简称"《利马宣言》"）是世界审计组织于 1977 年在秘鲁首都利马举行的国际性会议上讨论通过的一份政府审计准则文件。世界审计组织成立于 1968 年，有 100 多个成员国。其宗旨是介绍情况、交流经验、推动和促进各国最高审计机关更好地完成其审计工作。《利马宣言》的主要内容包括审计的基本原则、目的、种类、独立性，最高审计机关与议会和政府的关系，审计机关的职权，审计方法，审计人员必备的资历和道德品质，审计报告和审计范围等。这一国际性文件的制定，对各国政府审计工作的开展起到了积极的作用。但是，考虑到各国在政治、经济制度及文化水平等方面存在差异，这一文件只是提出了一些原则性的要求，而对审计程序、方法和报告的内容未作具体规定。

三、我国审计准则

（一）国家审计准则

《中华人民共和国国家审计准则》自 2011 年 1 月 1 日起施行，共七章，分别为：第一章总则；第二章审计机关和审计人员；第三章审计计划；第四章审计实施，包括审计实施方案、审计证据、审计记录、重大违法行为检查；第五章审计报告，包括审计报告的形式和内容、审计报告的编审、专题报告和综合报告、审计结果公布、审计整改检查；第六章审计质量控制和责任；第七章附则。该准则明确了审计机关和审计人员的职责、权限和程序，确保审计工作的独立性和客观性。准则还规定了审计机关的主要工作目标，包括监督财政收支、财务收支以及有关经济活动的真实性、合法性和效益性，以维护国家经济安全，推进民主法治，促进廉政建设，保障国家经济和社会健康发展。

（二）内部审计准则

自 2003 年《审计署关于内部审计工作的规定》发布以来，中国内部审计协会已经发布了《内部审计基本准则(2023 年修订)》《内部审计人员职业道德规范》和 23 个内部审计具体准则和四个内部审计实务指南，基本形成了我国内部审计准则的框架。

我国内部审计准则的适用范围为：内部审计机构和人员进行内部审计的全过程；各类组织，无论组织是否以营利为目的，也无论组织规模大小和组织形式如何。

内部审计机构和人员在进行内部审计时，都应遵循内部审计准则。我国的内部审计准则由以下三部分组成。

1. 内部审计基本准则

内部审计基本准则是内部审计准则的总纲，是内部审计机构和人员进行内部审计时应当遵循的基本规范，是制定内部审计具体准则、内部审计实务指南的基本依据。

内部审计基本准则将内部审计定义为："一种独立、客观的确认和咨询活动，它通过运用系统、规范的方法，审查和评价组织的业务活动，内部控制和风险管理的适当性和有效性，以促进组织完善治理、增加价值和实现目标。"

2. 内部审计具体准则

内部审计具体准则是依据基本准则制定的，是内部审计机构和人员在进行内部审计时应当遵循的具体规范。

3. 内部审计实务指南

内部审计实务指南是依据基本准则、具体准则制定的，为内部审计机构和人员进行内部审计提供的具有可操作性的指导意见。

总之，内部审计基本准则的根据是《中华人民共和国审计法》《审计署关于内部审计工作的规定》及相关法律法规，具有最高的权威性和约束力。内部审计具体准则根据基本准则的规范制定，对内部审计各个方面的理论与实务进行了规范，在权威性上虽弱于内部审计基本准则，但同样具有法规约束力。内部审计实务指南根据内部审计具体准则制定，目的是具体指导内部审计人员的实务操作。

（三）民间审计准则

民间审计准则是注册会计师执业规范体系的重要组成部分，是注册会计师在执行审计业务过程中必须遵循的行为准则，也是注册会计师审计工作质量的权威性判断标准。中国注册会计师协会自 1988 年成立以来，为了提高注册会计师的业务水平和工作范围程度，一直致力于审计准则的研究和制定。1996年，我国民间审计准则取得了重大的突破，由中国注册会计师协会依据《中华人民共和国注册会计师法》制定并颁布的首批独立审计准则（10项）于1996年1月1日起开始实施，它适用于注册会计师执行独立审计业务的全过程。独立审计准则是对注册会计师的专业资格要求和执业行为进行规范，是衡量审计工作质量的专业标准。

为了规范注册会计师的执业行为，提高执业质量，维护社会公众利益，促进社会主义市场经济的健康发展，中国注册会计师协会拟订了《中国注册会计师鉴证业务基本准则》等22项准则，修订了《中国注册会计师审计准则第1142号——财务报表审计中对法律法规的考虑》等26项准则，自2007年1月1日起施行。该批准则于2010年进行了全面修订，自2012年1月1日起施行。2016年，中国注册会计师协会修订了其中的11项准则，新制订了12项，修订和新制定准则自2017年1月1日起施行。2019年2月20日，财政部发出《关于印发〈中国注册会计师审计准则第1101号——注册会计师的总体目标和审计工作的基本要求〉等18项审计准则通知》（财会〔2019〕5号）；当年3月29日，中国注册会计师协会针对上述修订的审计准则发布24项应用指南。可见，随着社会主义市场经济建设的不断发展，我国民间审计准则将日趋完善。

任务五　掌握审计职业道德与法律责任

一、审计职业道德

为了规范注册会计师职业行为，提高注册会计师职业道德水准，维护注册会计师职业形象，中国注册会计师协会根据《中华人民共和国注册会计师法》和《中国注册会计师协会章程》，制定了《中国注册会计师职业道德守则第1号——职业道德基本原则》《中国注册会计师职业道德守则第2号——职业道德概念框架》《中国注册会计师职业道德守则第3号——提供专业服务的具体要求》《中国注册会计师职业道德守则第4号——审计和审阅业务对独立性的要求》和《中国注册会计师职业道德守则第5号——其他鉴证业务对独立性的要求》等规范。以下是我国注册会计师职业道德守则的主要内容。

（一）职业道德基本原则

注册会计师在实现执业目标时必须遵守一些基本原则。与职业道德有关的基本原则包括诚信、客观公正、独立性、专业胜任能力和勤勉尽责、保密、良好职业行为。

1. 诚信

诚信原则要求注册会计师应当在所有的职业活动中保持正直、诚实守信。注册会计师如果认为业务报告、申报资料、沟通函件或其他信息存在含有虚假记载、误导性的陈述；含有缺少充分依据的陈述或信息；存在可能产生误导的遗漏或模糊信息的问题，则不得与这些有问题的信息发生关联。注册会计师如果注意到已与有问题的信息发生关联，应当采取措施消除关联。在鉴证业务中，如果存在上述情形，注册会计师依据执业准则出具了恰当的业务报告（如非标准审计报告），则不被视为违反上述规定。

2. 客观公正

客观是指按事物的本来面目去反映，不添加个人的主观意愿，也不被他人的意见左右。

公正就是平等、公平正直、不偏。客观公正原则要求注册会计师应当公正处事、实事求是，不得由于偏见、利益冲突或他人的不当影响而损害自己的职业判断。如果存在对职业判断产生过度不当影响的情形，注册会计师不得从事与之相关的职业活动。

3. 独立性

独立性原则要求注册会计师在执行鉴证业务时，必须保持独立性，否则将难以取信于社会公众。注册会计师执行审计和审阅业务、其他鉴证业务时，应当在实质上和形式上保持独立性，不得因任何利害关系影响其客观公正。会计师事务所在承接审计和审阅业务、其他鉴证业务时，应当从会计师事务所整体层面和具体业务层面采取措施，以保持会计师事务所和项目团队的独立性。

4. 专业胜任能力和勤勉尽责

专业胜任能力原则要求注册会计师应当通过教育、培训和执业实践获取和保持专业胜任能力。注册会计师应当持续了解并掌握当前法律、技术和实务的发展变化，将专业知识和技能始终保持在应有的水平，确保为客户提供具有专业水准的服务。注册会计师应当勤勉尽责，即遵守执业准则和职业道德规范的要求并保持应有的职业怀疑，认真、全面、及时地完成工作任务。注册会计师应当采取适当措施，确保在其授权下工作的人员得到应有的培训和督导，同时注册会计师在适当时还应当使客户以及业务报告的其他使用者了解专业服务的固有局限。

5. 保密

保密原则要求注册会计师应当对职业活动中获知的涉密信息保密，不得有下列行为：❶ 未经客户授权或法律法规及职业准则允许，向会计师事务所以外的第三方披露其获知的涉密信息；❷ 利用因职业关系而所获知的涉密信息为自己或第三方谋取利益；❸ 不得在职业关系结束后利用或披露因该职业关系获知的涉密信息。

注册会计师应当对拟承接的客户向其披露的涉密信息保密，应当对所在会计师事务所内部的涉密信息保密，应当对职业活动中获知的涉及国家安全的信息保密。注册会计师在社会交往中应当履行保密义务，警惕无意中泄密的可能性，特别是警惕无意中向近亲属或关系密切的人员泄密的可能性。

6. 良好职业行为

良好职业行为原则要求注册会计师应当遵循良好职业行为原则，爱岗敬业，遵守相关法律法规，避免发生任何可能损害职业声誉的行为。注册会计师不得在明知的情况下，从事任何可能损害诚信、客观公正原则或良好职业声誉，从事可能违反职业道德基本原则的业务、职务或活动。注册会计师在向公众传递信息以及推介自己的工作时，应当客观、真实、得体，不得损害职业形象。同时，注册会计师应当诚实、实事求是，不得夸大宣传提供的服务、拥有的资质或获得的经验，不得贬低或无根据地比较他人的工作。

（二）对独立性的要求

拓展阅读：独立性的影响因素

独立性是审计业务的前提，注册会计师在执行审计和审阅业务时，同样应当遵守独立性要求。独立性包括实质上的独立性和形式上的独立性。实质上的独立性是一种内心状态，使得注册会计师在提出结论时不受损害职业判断的因素影响，诚信行事，遵循客观公正原则，保持职业怀疑。形式上的独立性是一种外在表现，使得一个理性且掌握充分信息的第三方，在权衡所有相关事实和情况后，认为会计师事务所或审计项目团队成员没有损害诚信原则、客观公正原则或职业怀疑。下面对注册会计师如何保持独立性进行简单的介绍。

1. 基本要求

注册会计师应当在业务期间和财务报表涵盖的期间独立于审计客户。业务期间自审计项目组开始执行审计业务之日起，至出具审计报告之日止。如果审计业务具有连续性，业务期间结束日应以其中一方通知解除业务关系或出具最终审计报告二者时间孰晚为准。注册会计师应当根据职业判断，定期就可能影响独立性的关系和其他事项与治理层沟通。

如果会计师事务所被视为网络事务所，应当与网络中其他会计师事务所的审计客户保持独立。会计师事务所应当记录遵守独立性要求的情况，包括记录形成的结论，以及为形成结论而沟通的主要内容。

如果由于合并或收购，某一实体成为审计客户的关联实体，会计师事务所应当识别和评价其与该关联实体以往和目前存在的利益或关系，并在考虑可能需要采取的防范措施后确定是否影响独立性，以及在合并或收购生效日后能否继续执行审计业务。

如果会计师事务所认为已发生违反职业道德守则规定的情况，会计师事务所应当运用职业判断并考虑理性且掌握充分信息的第三方是否很可能得出会计师事务所的客观公正受到损害从而导致无法出具审计报告的结论，并采取相应的决策措施。

2. 经济利益

在审计客户中拥有经济利益，可能因自身利益产生不利影响。下列各方不得在审计客户中拥有直接经济利益或重大间接经济利益（特例情形除外）：❶ 会计师事务所；❷ 审计项目团队成员及其主要近亲属；❸ 与执行审计业务的项目合伙人同处一个分部的其他合伙人及其主要近亲属；❹ 为审计客户提供非审计服务的其他合伙人和管理人员，以及该其他合伙人和管理人员的主要近亲属。

通常情况下，会计师事务所、审计项目团队成员或其主要近亲属与审计客户不得在同一实体中拥有经济利益。会计师事务所、审计项目团队成员或其主要近亲属在某一实体拥有经济利益，并且知悉审计客户的董事、高级管理人员或具有控制权的所有者也在该实体拥有经济利益，可能因自身利益、密切关系或外在压力对独立性产生不利影响。注册会计师应当评价不利影响的严重程度，并在必要时采取措施将拥有该经济利益的审计项目团队成员调离审计项目组或由审计项目组以外的适当复核人员复核该成员已执行的工作以消除不利影响或将其降低至可接受的水平。同理，会计师事务所、审计项目团队成员及其主要近亲属也不得在控制审计客户的实体中拥有直接经济利益或重大间接经济利益。

如果审计项目团队成员知悉其的其他近亲属在审计客户中拥有直接经济利益或重大间接经济利益，可能因自身利益对独立性产生不利影响。注册会计师应当评价不利影响的严重程度，并在必要时采取防范措施消除不利影响或将其降低至可接受的水平。防范措施主要包括：❶ 其他近亲属尽快处置全部经济利益，或处置全部直接经济利益并处置足够数量的间接经济利益，以使剩余经济利益不再重大；❷ 将该审计项目团队成员调离审计项目团队。

3. 贷款和担保

涉及审计客户的贷款或贷款担保可能因自身利益对独立性产生不利影响。会计师事务所、审计项目团队成员或其主要近亲属不得从不属于银行或类似金融机构的审计客户取得贷款，或由此类审计客户提供贷款担保。会计师事务所、审计项目团队成员或其主要近亲属不得从银行或类似金融机构等审计客户取得贷款，或获得贷款担保，除非该贷款或担保是按照正常的程序、条款和条件进行的。会计师事务所、审计项目团队成员或其主要近亲属不得向审计客户提供贷款或担保。

4. 商业关系

会计师事务所、审计项目团队成员或其主要近亲属与审计客户或其高级管理人员之间存在密切的商业关系(如共同开办企业、以双方名义捆绑销售、销售或推广相关的产品或服务),可能因自身利益或外在压力对独立性产生不利影响。会计师事务所、审计项目团队成员不得介入此类商业关系,如果存在此类商业关系,应当予以终止。

会计师事务所、审计项目团队成员或其主要近亲属从审计客户购买商品或服务,如果交易性质特殊或金额较大,可能因自身利益产生不利影响。会计师事务所应当评价不利影响的严重程度,并在必要时采取防范措施消除不利影响或将其降低至可接受的水平。

5. 家庭和私人关系

如果审计项目团队成员与审计客户的董事、高级管理人员或某类员工(取决于该员工在审计客户中担任的角色)存在家庭和私人关系,可能因自身利益、密切关系或外在压力对独立性产生不利影响。不利影响存在与否及其严重程度主要取决于下列因素:

(1) 该成员在审计项目团队中的角色。

(2) 家庭成员或相关人员在客户中的职位以及关系的密切程度。

具体可分为以下五种情形:❶ 审计项目团队成员的主要近亲属担任的职位能够对客户财务状况、经营成果或现金流量施加重大影响,将可能对独立性产生不利影响;❷ 审计项目团队成员的主要近亲属是审计客户的董事、高级管理人员,或担任能够对会计师事务所将发表意见的财务报表或会计记录的编制施加重大影响的职位的员工(以下简称特定员工),或者在业务期间或财务报表涵盖的期间曾担任上述职务,将对独立性产生非常严重的不利影响;❸ 审计项目团队成员的其他近亲属是审计客户的董事、高级管理人员或特定员工,将对独立性产生不利影响;❹ 审计项目团队成员与审计客户的董事、高级管理人员或特定员工存在密切关系,即使该人员不是审计项目团队成员的近亲属,也将对独立性产生不利影响;❺ 会计师事务所中审计项目团队以外的合伙人或员工,与审计客户的董事、高级管理人员或特定员工之间存在家庭或私人关系,可能因对独立性产生不利影响。

防范措施主要包括:❶ 将该成员调离审计项目组;❷ 合理安排审计项目组成员的职责,使该成员的工作不涉及近亲属或与之存在密切关系的员工的职责范围;❸ 合理安排合伙人或员工的职责,以减少对审计项目团队可能产生的影响等。

二、审计法律责任

课程视频:注册会计师法律责任

审计法律责任是指注册会计师在履行其审计责任时,未按法律、法规、注册会计师审计准则和执业道德守则执行,出现违约、过失或欺诈等行为而给被审计单位或其他利害关系人造成损失而承担的法律后果,有以下三种形式:❶ 行政责任,包括对注册会计师个人,有警告、暂停执业、吊销注册会计师证书;对会计师事务所,有警告、没收违法所得、罚款、暂停执业、撤销等。❷ 民事责任,如赔偿受害人损失。❸ 刑事责任,如拘役、有期徒刑等。

项目二

接受审计业务委托

知识目标

1. 了解开展审计初步业务活动的目的。
2. 熟悉开展初步业务活动的内容和审计的前提条件。
3. 了解审计业务约定书的定义与作用。
4. 熟悉审计业务约定书的内容。

能力目标

1. 能够根据委托人情况决定是否接受委托业务。
2. 能够草拟并签订审计业务约定书。

案例导入

案例导入分析：项目二

国内某小型会计师事务所(以下简称“该所”)承接了一家跨国公司的年度财务报表审计业务。该跨国公司业务复杂,涉及其在多个国家的子公司,须按照国际财务报告准则(IFRS)编制合并报表。然而,该所主要服务于本地中小企业,审计经验以我国企业会计准则为主,缺乏关于跨国公司的审计经验,且人力资源有限,无法按时完成审计工作,导致客户无法按时提交审计报告,双方最终对簿公堂。

讨论题: 该所能否接受跨国公司审计业务委托?审计过程中可能面临哪些问题?在接受审计业务委托时应当考虑什么因素?

任务一　认识初步业务活动

一、初步业务活动的目的与内容

(一)初步业务活动的目的

开始审计业务时,注册会计师需要开展初步业务活动,以实现下列三个主要目的:❶ 具备执行业务活动所需要的独立性和能力;❷ 不存在因管理层诚信问题而可能影响注册会计师保持执行业务意愿的事项;❸ 与被审计单位之间不存在对业务约定条款的误解。

（二）初步业务活动的内容

拓展阅读：《中国注册会计师审计准则第1121号——对财务报表审计实施的质量管理》

拓展阅读：《会计师事务所质量管理准则第5101号——业务质量管理》

拓展阅读：《中国注册会计师审计准则第1111号——就审计业务约定条款达成一致意见》

课程视频：审计的前提条件

注册会计师应当开展下列初步业务活动：

(1) 针对保持客户关系和具体审计业务实施相应的质量管理程序，并根据实施相应程序的结果作出适当的决策。《中国注册会计师审计准则第1121号——对财务报表审计实施的质量管理》及《会计师事务所质量控制准则第5101号——业务质量控制》中含有与客户关系和具体业务的接受与保持相关的要求，注册会计师应按照其规定开展初步业务活动。

(2) 评价遵守相关职业道德要求的情况。相关质量管理准则包括独立性在内的有关职业道德要求，注册会计师应当按照其要求执行。评价职业道德工作需要安排在其他审计工作之前，以确保注册会计师已具备执行业务所需有的独立性和专业胜任能力相关的职业道德要求，且不存在因管理层诚信问题而影响注册会计师保持执行业务的意愿等情况。评价活动是一项非常重要的初步业务活动。

(3) 就审计业务约定条款达成一致意见。在作出接受或保持客户关系及具体审计业务的决策后，注册会计师应当按照《中国注册会计师审计准则第1111号——就审计业务约定条款达成一致意见》的规定，在审计业务开始前，与被审计单位就审计业务约定条款达成一致意见，签订或修改审计业务约定书，以避免双方对审计业务的理解产生分歧。

二、审计的前提条件

1. 财务报告的编制基础

《中国注册会计师鉴证业务基本准则》中提及的“适当标准”是承接鉴证业务的条件之一。“适当标准”使注册会计师能够运用职业判断对鉴证对象作出合理一致的评价或计量。因此，“适当标准”对承接鉴证业务而言至关重要。

在确定编制财务报表所采用的财务报告编制基础的可接受性时，注册会计师通常需要考虑诸多因素，以便确定管理层是否具有编制财务报表的适当基础，注册会计师是否具有对财务报表进行审计的适当标准。适当标准界定的主要因素及意图，如表2-1所示。

表2-1 适当标准界定的主要因素及意图

主要因素	意图
被审计单位性质	被审计单位属于企业、公共部门实体还是非营利组织
财务报表的目的	编制财务报表是用于满足广大财务报表使用者还是特定使用者的财务信息需求
财务报表的性质	财务报表是整套财务报表还是单一财务报表
法律法规的规定	是否具有适用的对财务报表进行审计的财务报表编制基础

2. 就管理层的责任达成一致意见

审计准则除了对财务报告的编制基础作出具体规范之外，还对管理层责任的具体内容作出了相关说明。其中，审计准则规定管理层的责任应该包括：❶ 按照适用的财务报告编制基础编制财务报表，并使其实现公允反映（如适用）；❷ 设计、执行和维护必要的内部控制，以使财务报表不存在舞弊或错误导致的重大错报；❸ 向注册会计师提供必要的工作条件，包括允许注册会计师接触与编制财务报表相关的所有信息（如记录、文件和其他事项），向注册会计师提供审计所需要的其他信息，允许注册会计师在获取审计证据时不受限制地接触其认为必要的内部人员和其他相关人员。

3. 确认的形式

在审计实施之前，管理层认可并理解其责任对注册会计师执行审计工作至关重要。按照《中国注册会计师审计准则第 1341 号——书面声明》的规定，注册会计师应当要求管理层就其已履行的某些责任提供书面声明。因此，注册会计师需要获取针对管理层责任的书面声明、其他审计准则要求的书面声明以及在必要时需要获取用于支持其他审计证据（用以支持财务报表或者一项或多项具体认定）的书面声明。如果管理层不认可其责任或不同意提供书面声明，则注册会计师承接此类业务是不恰当的，除非法律法规另有规定。如果法律法规要求承接此类审计业务，注册会计师可能需要向管理层解释出具书面声明的重要性及其对审计报告的影响。

拓展阅读：《中国注册会计师审计准则第 1341 号——书面声明》

任务二　认识审计业务约定书

注册会计师承接审计业务必须以会计师事务所为载体承接，不能以个人名义承接。会计师事务所作出审计业务承接决策后，应与委托人就业务约定条款达成一致意见。如果被审计单位不是委托人，还应当与委托人、被审计单位就业务约定的相关条款进行充分沟通，并达成一致意见。在达成一致意见后、审计业务开始执行前，会计师事务所应与委托人签订审计业务约定书。

一、审计业务约定书的定义与作用

课程视频：审计业务约定书

审计业务约定书是指会计师事务所与委托人签订的，用以记录和确认审计业务的委托与受托关系、审计目标和范围、双方的责任以及审计报告的格式等事项的书面协议。

会计师事务所承接任何审计业务，都应与被审计单位签订审计业务约定书。审计业务约定书一式两份，应由双方法人代表或授权代表签署，并加盖双方单位印章。审计业务约定书具有经济合同的性质，一经约定双方签字认可，即成为会计师事务所与被审计单位之间在法律上生效的契约，具有法律约束力。审计业务约定书的作用表现在：❶ 增进会计师事务所与被审计单位之间的了解，以避免双方对审计业务的理解产生分歧，尤其可以使被审计单位了解注册会计师的审计责任及需要提供的合作；❷ 作为被审计单位评价审计业务完成情况，以及会计师事务所检查被审计单位约定义务履行情况的依据，保证签约各方的正当利益；❸ 如果出现法律诉讼，审计业务约定书是确定会计师事务所和被审计单位双方应负责任的重要证据。

二、审计业务约定书的内容

审计业务约定书或其他适当形式的书面协议应当记录达成一致意见的审计业务约定条款，并载明下列事项：❶ 财务报表审计的目标与范围；❷ 注册会计师的责任；❸ 管理层的责任；❹ 指出用于编制财务报表所适用的财务报告编制基础；❺ 提及注册会计师拟出具的审计报告的预期格式和内容，以及在特定情况下对出具的审计报告可能不同于预期格式和内容的说明。

对于连续审计，注册会计师应当评估具体情况是否要求对业务约定条款作出修改，以及是否需要提醒被审计单位注意现有的条款。审计业务变更流程，如图 2－1 所示。

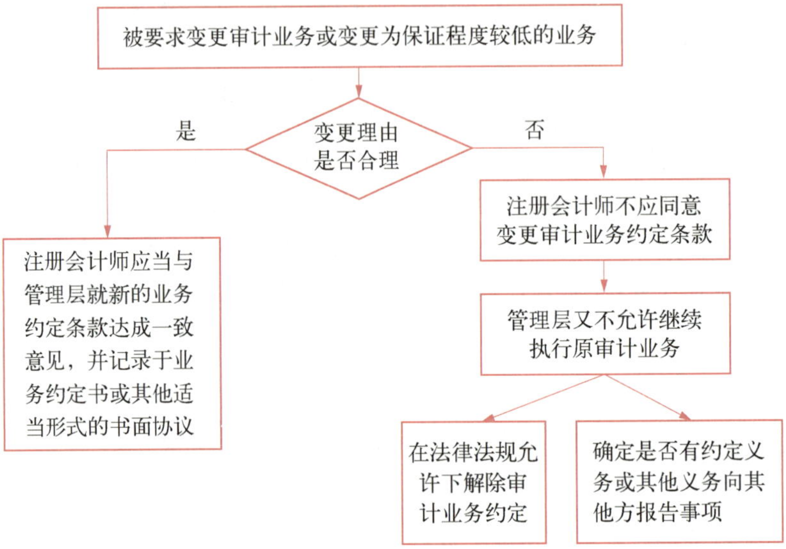

图 2－1 审计业务变更流程

审计业务约定书样式如下：

审计业务约定书

甲方：南宁市骏业材料有限公司

乙方：温州中源立德会计师事务所

兹由甲方委托乙方进行 2023 年度会计报表审计，经双方友好协商，达成以下约定：

一、委托目的与审计范围

乙方接受甲方委托，对甲方 2023 年度财务报表及附注进行审计。

乙方将根据中国注册会计师审计准则，对甲方的内部控制制度进行了解和评价，对会计报表进行审查，以及其他乙方认为必要的审计程序，并在此基础上对上述财务报表合法性、公允性发表审计意见。

二、甲方的责任和义务

甲方的责任包括：建立健全内部控制制度，保护资产的安全、完整，保证会计资料的真实、合法、完整。

甲方的义务包括：

（1）及时为乙方提供审计工作需要的全部会计资料和其他有关资料。

（2）为乙方派出的工作人员提供必要的工作场所和办公条件。

（3）按本约定书的规定及时足额支付审计费用。

三、乙方的责任和义务

乙方的责任包括：按照审计准则的要求进行审计，出具审计报告，保证审计报告的真实性、合法性。需要说明的是，由于测试的性质和审计的其他固有限制，以及内部控制的固有限制，不可避免地存在着某些重大错报可能仍然未被发现的风险。

乙方的义务包括：

（1）按照约定时间完成审计任务，出具审计报告。

（2）乙方应对在执行审计业务过程中知悉的甲方商业秘密保密。

（3）乙方应在2024年1月25日之前出具审计报告。

四、审计费用

乙方应收本项业务的费用为30万元。甲方应在本约定书签订后预付上述费用的50%，其余50%在乙方提交审计报告时一并付清。

五、审计报告的使用责任

乙方向甲方出具的审计报告一式五份，这些报告由甲方分发、使用，甲方因使用审计报告不当所造成的后果，与乙方无关。

六、约定书的有效期间

本约定书一式两份，甲乙双方各执一份。

本约定书自2024年1月5日起生效，并在约定事项全部完成日之前有效。

七、违约责任（略）

甲方：南宁市骏业材料有限公司（签章）

代表：（签章）

2024年1月5日

乙方：温州中源立德会计师事务所（签章）

代表：（签章）

2024年1月5日

项目三

编制审计计划

知识目标

1. 了解审计的总体目标，掌握审计具体目标及其确定。
2. 熟悉审计的方法、程序及其内在关系。
3. 熟悉重要性水平的判断、确定，审计风险的类型及其关系。
4. 熟悉审计证据的分类，审计工作底稿的内容与格式。

能力目标

1. 能够判断和确定具体审计目标。
2. 能够运用各种审计方法与程序。
3. 能够判断重要性水平，计算审计风险。
4. 能够编制审计工作底稿。

案例导入分析：项目三

案例导入

注册会计师对南宁市骏业材料有限公司实施审计的过程中，按照以下步骤编制了审计计划：

(1) 了解南宁市骏业材料有限公司经营及所属行业的基本情况。

(2) 了解被审计单位的内部控制。

(3) 与前任注册会计师沟通。

(4) 考虑审计风险。

(5) 确定初步评价重要性水平。

(6) 对重要认定制定初步审计策略。

(7) 确定检查风险及设计实质性测试。

(8) 进行控制测试并评估控制风险。

讨论题：

1. 上述审计步骤的顺序是否正确？
2. 上述哪些步骤属于总体审计策略步骤，哪些步骤属于具体审计计划步骤？

任务一　认识审计目标

审计目标是审计行为的出发点，是审计人员执行审计业务所期望达到的最终成果。审计目标是整个审计工作的方向，一切审计工作都是围绕审计目标来进行的。审计工作实际上就是审计人员根据审计计划，实施审计程序，收集审计证据，并据以发表审计意见的过程。

一、审计的总体目标

《中国注册会计师审计准则第 1101 号——注册会计师的总体目标和审计工作的基本要求》对财务报表审计的总体目标作了规定：❶ 对财务报表整体是否不存在由于舞弊或错误导致的重大错报获取合理保证，使得注册会计师能够对财务报表是否在所有重大方面按照适用的财务报告编制基础编制发表审计意见；❷ 按照审计准则的规定，根据审计结果对财务报表出具审计报告，并与管理层和治理层沟通。同时，该准则规定，在任何情况下，如果不能获取合理保证，并且在审计报告中发表保留意见也不足以实现向财务报表预期使用者报告的目的，注册会计师应当按照审计准则的规定出具无法表示意见的审计报告，或者在法律法规允许的情况下终止审计业务或解除业务约定。

课程视频：审计总体目标

由此可见，审计的目标是注册会计师按照审计准则的规定，对财务报表整体是否不存在舞弊或错误导致的重大错报获取合理保证，提高财务报表预期使用者对财务报表的信赖程度。其中，合理保证是一种高水平保证，并非绝对的保证。由于审计存在固有限制，注册会计师据以得出结论和形成审计意见的大多数审计证据是说服性而非结论性的，审计只能提供合理保证，不能提供绝对保证。因此，当注册会计师获取充分、适当的审计证据将审计风险降至可接受的低水平时，就获取了合理保证。

二、认定与具体审计目标

审计总体目标的实现，有赖于财务报表各项目具体审计目标的实现。审计具体目标是确认管理层对财务报表的认定是否恰当。认定是指管理层对财务报表要素的确认、计量、列报（包括披露）作出的一系列明确或暗含的意思表达。注册会计师了解了认定，就很容易确定每个项目的具体审计目标，并以此作为评估重大错报风险以及设计和实施进一步审计程序的基础。管理层在财务报表上的认定有些是明确表达的，有些则是隐含表达的。根据会计循环和财务报表构成可将管理层认定分为两大类：所审计期间各类交易、事项及相关披露的认定和期末账户余额及相关披露的认定。两类认定及其比较，如表 3-1 所示。

表 3-1　两类认定及其比较

所审计期间各类交易、事项及相关披露的认定	期末账户余额及相关披露的认定
（1）发生	（1）存在
（2）完整性	（2）权利和义务

续表

所审计期间各类交易、事项及相关披露的认定	期末账户余额及相关披露的认定
(3) 准确性	(3) 完整性
(4) 截止	(4) 准确性、计价和分摊
(5) 分类	(5) 分类
(6) 列报	(6) 列报

(一) 所审计期间各类交易、事项及相关披露的认定

1. 发生

课程视频：与利润表相关的审计目标

记录或披露的交易和事项已发生，且这些交易和事项与被审计单位有关。其审计目标是确认已记录的交易是真实发生的。例如，如果没有发生销售交易，但在销售日记账中记录了一笔销售，则违反了该目标。发生认定要解决的问题是管理层是否把那些不曾发生的项目纳入财务报表，它主要与财务报表组成要素的高估有关。

2. 完整性

所有应当记录的交易和事项均已记录，所有应当包括在财务报表中的相关披露均已包括。其审计目标是确认所有已发生的交易和事项是否都已记录。例如，如果发生了销售交易，但没有在销售日记账、总账和财务报表中记录，则违反了该目标。

注　意

发生和完整性两者强调的是相反的关注点。发生目标针对潜在的高估，而完整性目标则针对漏记交易(低估)。

3. 准确性

与交易和事项有关的金额及其他数据已恰当记录，相关披露已得到恰当计量和描述。其审计目标是已记录的交易是按正确金额反映的。例如，如果销售交易中发出商品的数量与账单上的数量不符，或是开具账单时使用了错误的销售价格，或是账单中的乘积或加总有误，或是在销售日记账中记录了错误的金额，则违反了该目标。

注　意

准确性与发生、完整性之间存在区别。例如，若已记录的销售交易是不应当记录的(如发出的商品是寄销商品)，则即使发票金额是准确计算的，仍违反了“发生”目标。再如，若已入账的销售交易是对正确发出商品的记录，但金额计算错误，则违反了“准确性”目标，但没有违反“发生”目标。在完整性与准确性之间也存在同样的关系。

4. 截止

交易和事项已记录于正确的会计期间。其审计目标是确认接近于资产负债表日的交易记录于恰当的期间。例如，如果本期交易推迟至下期记录，或下期交易提前至本期记录，均违反了“截止”目标。

5. 分类

交易和事项已记录于恰当的账户。其审计目标是确认被审计单位记录的交易经过适当分类。例如，如果将现销记录为赊销，将出售经营性固定资产所得的收入记录为营业收入，则导致交易分类的错误，违反了“分类”目标。

6. 列报

交易和事项已被恰当地汇总或分解且表述清楚，相关披露在适用的财务报告编制基础下是相关的、可理解的。其审计目标是确认被审计单位的交易和事项已被恰当地汇总或分解且表述清楚，相关披露在适用的财务报告编制基础上是相关的、可理解的。

（二）期末账户余额及相关披露的认定

1. 存在

记录的资产、负债和所有者权益是存在的。其审计目标是确认资产负债表上的各项资产、负债和所有者权益账户的余额在资产负债表日是否存在。例如，如果不存在某顾客的应收账款，在应收账款试算平衡表中却列入了对该顾客的应收账款，则违反了“存在”目标。

课程视频：与资产负债表相关的审计目标

2. 权利和义务

记录的资产由被审计单位拥有或控制，记录的负债是被审计单位应当履行的偿还义务。其审计目标是确认资产是否归属于被审计单位，负债是否属于被审计单位的义务。例如，将他人寄售商品记入被审计单位的存货中，违反了“权利”目标；将不属于被审计单位的债务记入账内，违反了“义务”目标。

3. 完整性

所有应当记录的资产、负债和所有者权益均已记录，所有应当包括在财务报表中的相关披露均已包括。其审计目标是确认所有应当列入的金额是否均已列入。例如，如果存在某顾客的应收账款，在应收账款试算平衡表中却没有列入对该顾客的应收账款，则违反了“完整性”目标。

4. 准确性、计价和分摊

资产、负债和所有者权益以恰当的金额包括在财务报表中，与之相关的计价或分摊调整已恰当记录，相关披露已得到恰当计量和描述。

5. 分类

资产、负债和所有者权益已记录于恰当的账户。

6. 列报

资产、负债和所有者权益已被恰当地汇总或分解且表述清楚，相关披露在适用的财务报告编制基础下是相关的、可理解的。

管理层认定与具体审计目标之间的关系举例，如表 3－2 所示。

表 3－2　管理层认定与具体审计目标之间的关系举例

认定	各类认定的含义	各类认定对应的具体审计目标
发生	记录的交易和事项已发生，且与被审计单位有关	确认已记录的交易是真实的
准确性	与交易和事项有关的金额及其他数据已恰当记录	已记录的交易是按正确金额反映的

续表

认定	各类认定的含义	各类认定对应的具体审计目标
截止	交易和事项已记录于正确的会计期间	接近于资产负债表日的交易记录已计入恰当的期间
存在	记录的资产、负债和所有者权益是存在的	记录的金额确实存在
权利和义务	记录的资产由被审计单位拥有或控制，记录的负债是被审计单位应当履行的偿还义务	确认资产归属于被审计单位，负债属于被审计单位的义务
列报	财务信息已被恰当地列报和描述，且披露内容表述清楚	被审计单位记录的交易经过适当汇总和分解

任务二 认识审计方法与审计程序

一、审计方法

审计方法是指审计人员检查分析审计对象、收集审计证据、编写审计报告、形成审计结论和意见的各种专门手段的总称。常见的审计方法由审查账面资料的方法、证实客观事物的方法和分析经济问题的方法等组成。

（一）审查账面资料的方法

课程视频：检查

审查账面资料的方法是最基本的审计方法，也是国内外广泛采用的方法。这类方法审查的对象主要是会计凭证、会计账簿和会计报表。审查账面资料的方法，可以按不同的标准进行划分。

1. 按审查账面资料的技术不同分类

（1）审阅法。审阅法是指对会计凭证、会计账簿和会计报表以及经营决策、计划预算、往来文件、合同、契约、会计记录等资料进行详细的审查阅读和研究。其目的在于检查经济业务的真实性、合规性、合法性和合理性，以便从中发现问题，收集书面证据。审阅法可用于下列书面资料的审阅：

❶ 原始凭证的审阅。原始凭证的审阅包括技术形式和实质内容两方面的审查。技术形式的审查主要看凭证上所记载的抬头、日期、数量、单价、金额等的字迹是否清晰，数字是否相符，如有不符合规定的情况或有涂改字迹、数字的情况，就有可能存在舞弊的行为；还要看填制原始凭证的单位名称、地址和图章，审查凭证的各项手续是否完整。实质内容的审查主要看原始凭证反映的经济活动是否符合有关的法规、政策、经营管理制度等。

例如，在审阅采购材料业务的原始凭证时，首先要查看有无购料发票，购料发票是否为增值税专用发票（如果被审计单位为一般纳税人），发票的抬头是否为被审计单位，所购材料有无请购单、是否为生产所需，采购地点、供货单位是否与采购合同相符，材料入库有无收料单或使用人的签收单，采购单价是否符合合同规定，货款计算是否正确等。

❷ 记账凭证的审阅。记账凭证的审阅主要是审阅记账凭证是否附有合法的原始凭证，

记账凭证的记载是否符合会计制度的规定，是否依据会计原理，所记账户的名称和会计分录是否正确，有无错用账户或错记方向的情况。

例 3-1

审计人员在审查某企业某年12月销售业务时，发现一张记账凭证的记录为：

借：应收账款 300 000

贷：主营业务收入 300 000

按常规，作为记录产品销售收入的记账凭证应附有销售发票的记账联等单据，但这张记账凭证却未附有任何原始凭证。通过进一步查询得知，被审计单位为了完成当年的利润指标，填制了这张虚假的转账凭证，并准备下年年初用红字冲回。

❸ 账簿的审阅。账簿包括总账、明细账、日记账和各种辅助账簿等，其中以审阅明细账和日记账为重点。账簿的审阅主要是审阅账户记录的内容是否真实，其账户对应关系是否正常、合理，有无错误或舞弊，特别是注意审阅应收/应付账款、材料成本差异、管理费用、制造费用、销售费用、财务费用等容易掩盖错弊和经常反映会计转账事项的账簿。

❹ 报表的审阅。报表的审阅主要包括：审阅报表项目是否填列齐全；表内的对应关系和平衡关系是否正确；报表附注是否填写；有关主管、经营人员的签字是否齐全；按各报表之间有关项目的勾稽关系，核对相关数据是否一致，有无异常变化现象等。

❺ 其他书面资料的审阅。其他书面资料通常包括有关文件、内部规章制度、计划预算资料、合同书、协议书、委托书、生产记录、各种消耗定额等。对其他书面资料进行审阅时，应根据审计的具体情况决定需要审阅哪些资料。例如，在审阅产品核算资料时，发现实际耗用工时与定额工时相距甚远，应审阅考勤记录和派工单（或生产任务通知单）等资料，以查明该单位是否存在舞弊行为。

例 3-2

审计人员审阅某企业固定资产明细账时，发现以下一笔可疑的会计分录：

借：固定资产——职工宿舍工程 240 000

贷：银行存款 240 000

摘要记录是“付职工宿舍工程款”。该分录的疑点有两个：❶ 支付的金额与预算金额分毫不差，按常理，工程建设实际支出与预算金额分毫不差的概率几乎为零，正常情况应在预算金额上下波动；❷ 款项的支出不按惯例通过“在建工程”账户过渡，而是直接记入“固定资产”账户。带着这两个疑点，审计人员查阅了原始凭证，原始凭证是一张24万元银行转账支票存根，存根上除了金额，无任何文字记录。于是，审计人员顺着支票存根查询了该企业的开户银行，开户银行的记录显示该笔资金转移到了该企业在另一家银行开设的账户上，而该账户的有关内容并没有并入财务报表反映。至此，真相已浮出了水面：该企业通过虚列工程支出，私设小金库。

（2）核对法。核对法是指对被审计单位的凭证、账簿和报表等书面资料，按照其相互的内在关系进行对照检查，借以查明证证、账证、账表、表表之间是否相符，从而取得有无错弊的书面证据的一种复核查对方法。

核对的具体内容大致包括：❶ 核对原始凭证上的数量、单价、金额和合计数是否相符；❷ 核对记账凭证所记录的经济业务与其所附原始凭证所反映的经济业务是否相符，原始凭证的合计数是否与记账凭证的合计数相符，原始凭证的张数是否相符；❸ 核对记账凭证是否已过入有关明细账和总账；❹ 核对各明细分类账户的余额合计数与总分类账户中有关账户的余额是否相符；❺ 核对总分类账各账户的期初余额、本期发生额和期末余额的计算是否正确，全部账户的借方余额合计与贷方余额合计是否平衡；❻ 核对会计报表的数字是否与总分类账户或明细分类账户的记录相符；❼ 核对外来对账单是否与本单位有关账项的记录相符；❽ 核对会计报表上的数字计算是否正确无误；❾ 核对相关会计报表之间的相关数字是否相符；❿ 核对账上所反映的实物余额是否与实际存在的实物数额相符。

经过详细核对，可以发现会计资料中存在的差错和问题，从而进一步分析其问题的性质，然后再运用其他方法获得相关证据，并按问题的性质进行处理。为了使核对工作井然有序，核对时可以使用一些符号。一般使用的符号有以下几种：

✓——已经核对；

✓̸——已经核对两次；

✓̸̸——已经核对三次；

×——所核对的资料有错误；

?——所核对的资料可能有问题，待查；

?✓——有疑点的问题已获得解决；

!——核对的数据有待调整；

!✓——业已调整，可以接受；

、——有待详查；

⦸——详查已毕；

6/6——已核对至6月6日。

必须注意的是，在审阅、核对时，要保持账面的整洁，只能用铅笔做符号，而不能用钢笔、圆珠笔在账表上进行标记。

(3) 复算法。复算法是指通过对有关数据指标重新计算，来验证其是否正确的一种审计方法。被审计单位的凭证、账簿、报表会有大量的数据，可能会因工作人员的疏漏或业务水平不足，或故意舞弊等而造成数据失真。因此，在审计时，就有必要对有关数据进行复算。

复算的内容包括：❶ 凭证中的小计和合计数，账簿中的小计、合计、累计数；❷ 报表中的合计和总计数；❸ 账簿中过次页、承前页的数字；❹ 工资结算单横向、竖向的合计数等。复算的详细程度可视实际需要而定。

例 3－3

审计人员对某厂进行审计时，发现该厂2024年10月20日以现金支付某材料的人力装卸费为1 362.50元，该材料为145吨，每吨人力装卸费为2.50元，经复算合计应为362.50元，但发票总金额却为1 362.50元，经仔细审查，发现是用颜色不同的复写纸在发票362.50元面前加上了数字“1”，原来是经办人员贪污了1 000元。通过核对取得书面显示证据，审计人员查明了经办人员的贪污行为。

2. 按审查会计资料的顺序分类

(1) 顺查法。顺查法是指按经济活动发生的顺序,依次进行审核检查的一种审计方法,即从原始凭证的审核开始,进而以原始凭证为依据,核对并检查记账凭证,再根据记账凭证核对检查账簿,最后根据账簿核对财务报表。顺查法的优点是系统、全面,可以避免遗漏;缺点是面面俱到,不能突出重点,工作量大,耗费人力、物力、时间。因此,顺查法一般适用于经济活动比较简单的企业和事业单位。

(2) 逆查法。逆查法是指按经济活动发生的相反顺序,进行审核检查的一种审计方法。即从审核财务报表开始,根据财务报表核对账册,然后根据账册核对并审查记账凭证、原始凭证。逆查法的优点是便于抓住主要问题,可以节省人力、物力和时间;缺点是不能全面地审查问题,易发生遗漏。因此,规模较大、业务较多的企业和事业单位可以采用逆查法。

3. 按审查书面资料的详细程度分类

(1)详查法。详查法是指对被审计单位一定时期内的所有凭证、账簿和报表或某一项目的全部会计资料进行审查的一种方法。详查法的主要优点是能最大限度地保证审计质量,减少审计风险;缺点是工作量大,审计成本高。因此,这一方法一般适用于业务较少的企业和事业单位。

(2) 抽查法。抽查法是指审计人员从审计对象总体中选取一定数量的样本进行测试,并根据测试结果来推断总体特征的一种审计方法。抽查法的优点是可以大大减少工作量,节省人力、物力和时间,费用低,效率高,可以做到事半功倍的效果;缺点是如果样本抽查不当,就不能代表总体特征,并得出错误的结论。抽查法一般有以下三种:

❶ 任意抽样法。它是指审计人员任意地抽取样本,即对抽查哪些样本,抽查多少样本,没有一定的标准和章法,因而审计结果在很大程度上是盲目的,审计质量难以保证,审计风险较大。目前,这种方法在审计实践中一般已不采用。

❷ 判断抽样法。它是指审计人员根据经验和判断,有目的地从特定审计对象总体中抽取部分样本进行审查,并以样本的审查结果来推断总体的抽样结果。采用这种方法能否取得成效,关键是选择样本。所选择的样本能够代表被审查的总体时,审计人员才能推断被审计单位的全部会计资料是否正确、合法和合理。一般可根据下列重点选取样本:被审计单位的内部控制和会计核算中的薄弱环节;调查分析中发现的疑点、问题和认定的重要账目;关键时间的账目;重点账户中的某些月份;容易发生差错的账项;业务能力较差的会计人员主管的账目。抽查的样本数一般占审查总体的20%～30%为宜。此外,判断抽样法能否成功还取决于审计人员的经验与判断能力,正确的判断只能来源于周密的调查和对实际情况的研究分析,因此,审计人员必须深入实际掌握各方面的情况,才有可能作出正确的判断。由于这种抽样法的成败取决于审计人员的经验与判断,故具有一定的审计风险。

❸ 统计抽样法。它是指审计人员按照随机原则,运用概率论与数理统计原理,从审计对象总体中抽取一部分有效样本进行审查,然后以样本的审查结果来推断总体特征的一种抽样方法。使用这种抽样方法,总体中每个个体被抽取的机会均等,不受审计人员主观判断的影响,因而,一般不会发生侧重某一方面而忽视另一方面的情况,可以使抽取样本的特征尽可能接近总体的特征。

(二) 证实客观事物的方法

证实客观事物的方法是指审计人员证明和落实客观事物的形态、性质、所有权、存放地点、数量和价值等的方法。这类方法包括盘点法、调节法、观察法、鉴定法和查询法等。

1. 盘点法

盘点法是指对被审计单位的各项财产物资进行实地盘点，以证实被审计单位的账簿记录同有关的财产物资是否一致的审计方法。盘点法一般可分为直接盘点和监督盘点两种方法。

直接盘点是指审计人员亲自在盘点现场对实物进行盘点。这种方法一般只在对贵重的、数量较小的财产物资进行取证时采用，盘点时应该有被审计单位的人员参加。

监督盘点是指审计人员在盘点现场监督和观察被审计单位的盘点过程而不直接进行盘点的方法。盘点时，被审计单位的人员自己动手盘点，而审计人员仅对盘点过程进行监督，以判断清点结果的可靠性。一般而言，实物资产的盘点应由被审计单位进行，审计人员只进行现场监督。

例 3-4

审计人员对甲企业进行年度审计，审计目标是证实存货的所有权，盘点方法采用监督盘点。盘点后发现其中 A 商品盘盈 50 件，经进一步询问发现：乙企业委托甲企业代销 A 商品 100 件，最后认定乙企业委托甲企业代销的 A 商品 100 件不属于甲企业所有，因而甲企业库存商品不但没有盘盈 50 件，反而短缺 50 件。通过盘点，审计人员查明了库存商品的所有权问题，取得了实物检查证据。

2. 调节法

调节法是指由于被审计单位报告日数据与审计日数据存在差异或由于被审项目存在未达账项，通过对有关数据进行调节来验证报告日数据是否账实一致的方法。它是一种求得需要证实的数据的一种方法。

例如，在审查银行存款时，运用调节法编制银行存款调节表，对被审计单位与开户银行双方所发生的未达账项进行调节，以证实实际存款数同账面余额是否相符；运用调节法还可以证实财产物资是否账实相符，盘点实物时，如发现盘点日的账面应存数同结账日实际应存数不同时，结合实物盘点，可以利用调节法来调节。调节公式如下：

结账日账面数量＝盘点日盘点数量＋结账日至审计日发出数量－结账日至审计日收入数量

例 3-5

某企业 2023 年 12 月 31 日账面结存甲材料 1 000 千克，通过审阅和核对并无错弊。2024 年 1 月 1 日至 1 月 15 日企业收入甲材料 20 000 千克，发出 17 850 千克；1 月 1 日期初余额及 1 月 1 日至 1 月 15 日的收发甲材料数额，经审核、核对也无错弊；盘点后，1 月 15 日甲材料实存数为 3 000 千克。调节计算如下：

结账日甲材料数量＝3 000 ＋ 17 850－20 000＝850(千克)

经过上述调节，2023 年 12 月 31 日甲材料的实存数应为 850 千克，与账面甲材料 1 000 千克不一致。审计人员应要求有关人员说明原因，并查清原因。这样审计人员通过调节法发现了甲材料账实不符的错误。

3. 观察法

观察法是指审计人员通过实地观察取得审计证据的一种审计技术。如审计人员深入仓库亲眼观看货物存放的情况，现场观察各项业务处理程序和凭证传递手续的技术操作情况等。观察法如能结合盘点法、查询法等，会取得更佳的效果。

课程视频：观察和询问

例 3-6

2024 年年底，某发电厂扩建改建工程完工，审计人员对该厂“交付使用资产表”的真实性进行审计，采用的审计方法为观察法。审计人员先参观了该厂发电现场，认真听取了情况介绍，对发电设备、辅助设备有了基本认识。在对“交付使用资产表”审计中发现：有一台进口的、用于上岗培训的仿真机在参观中并未发现，随即向被审计单位有关人员询问后得知：因机组已发电，故仿真机已基本不用，所以未带领参观。由此审计人员发现了疑点：设备刚开始运转，培训任务仍很重，设备不应被闲置，于是审计人员坚持要看仿真机，被审计单位人员发现隐瞒不住，才说出了该设备在未经允许和办理任何手续的情况下被其他公司擅自调走。这样，审计人员通过观察技术就发现了该厂审计目标账实不符、转移资产的错误行为。

4. 鉴定法

鉴定法是指运用专门技术对审计对象进行技术鉴定的一种审计方法。如审计人员对书面资料真伪的鉴定，对实物性能、质量、估价的鉴定，对经济活动合理性的鉴定等。这些鉴定需要通过专门技术人员进行识别、测试和鉴定。鉴定法的鉴定结果必须是具体的、客观的和正确的，并作为一种独立的审计证据，详细地记入审计工作底稿。

5. 查询法

查询法是指审计人员对审计过程中所发现的疑点和问题，运用书面或口头询问的方式，弄清事实真相并取得审计证据的一种审计方法。查询法应用广泛，如审查书面资料、证实客观事物、分析经济问题，都可使用此法。查询法又分为面询法和函询法两种。

（1）面询法。它是指直接向有关经手人、关系人、责任人、知情者及其他有关人员进行谈话，征询意见，了解情况。如向保管员询问库存积压的原因，向财会人员询问对账的情况等，均属面询法。面询法取得资料的形式，可以是录音、谈话笔录、书面回答等。

（2）函询法。它是指审计人员以函件形式了解情况，取得证据的审计方法。这种方法一般用于向外单位对账、核实经济业务的实际情况等。函询，要求询问的内容明确、清楚、简要，便于答复。如发函给对方核对往来款项时，可采用表格式，将往来款项的日期、金额、凭证号数、摘要等填写清楚，一式三份，一份留存备查，两份寄给对方，对方注明意见后，寄回一份作为回答，另一份留下备查。有的函询，还应注意在询证函中注明“非催索货款”等字样，以免引起误会。

例 3-7

审计人员审查某企业 2023 年度经济效益。审查利润表得知，该企业连续三年亏损，2023 年的产销率仅为 30%，大量库存积压，引起资金周转困难。审计人员经向被审计单位有关人员查询，得知因缺乏资金，无力更新设备，以致工艺落后，产品质量不稳，丧失了市场。通过查询，审计人员查明了经济效益下降的主要原因，收集到了影响审计目标经济效益的审计证据。

例 3-8

注册会计师审查甲公司 2023 年度资产负债表中的预收账款项目，发现其中一笔 100 000 元的预收乙公司购货款已挂账一年有余，随后用函询技术向乙公司进行查询。函询格式如下所示：

编号：

乙公司：

本公司聘请的××会计师事务所正在对本公司××年度财务报表进行审计，按照中国注册会计师审计准则的要求，应当询证本公司与贵公司的往来账项等事项。下列数据出自本公司账簿记录，如与贵公司记录相符，则无须回复；如有不符，请直接通知会计师事务所，并请在空白处列明贵公司认为是正确的信息。回函请直接寄至××会计师事务所。

回函地址：

邮编： 电话： 传真： 联系人：

1. 本公司与贵公司的往来账项列示如下

单位：元

截止日期	贵公司欠	欠贵公司	备注
2023 年 12 月 31 日		100 000	预收购货款

2. 其他事项

本函仅为复核账目之用，并非催款结算。若款项在上述日期之后已经付清，仍请及时函复为盼。

（公司盖章）

年 月 日

××会计师事务所：

上面的信息不正确，差异如下：

（公司盖章）

年 月 日

经办人：

几日后，审计人员收到了乙公司的回函，经查有关账单，发现乙公司早已收到所购货物 150 000 元，并已补齐货款 50 000 元。经过审计人员的进一步调查得知，该笔销售早已完成，是由财会人员在公司领导的授意下，将预收账款长期挂账，不转作销售，以达到隐瞒收入、利润的目的。于是，审计人员通过询证取得了关于预收账款失实的证据。

课程视频：分析程序

（三）分析经济问题的方法

分析经济问题的方法是指通过被审计项目有关内容的对比和分解，从中找出各项目之间的差异及构成要素，以揭示其本质，为进一步审计提供线索的一种审计技术。审计工作中一般采用的分析经济问题的方法主要有比较分析法、比率分析法、账户分析法、账龄分析法、因素分析法、平衡分析法和趋势分析法等。

1. 比较分析法

比较分析法是指将被审计项目的书面资料同有关数据进行比较，确定它们之间的差异，并对异常变动予以调查，以取得审计证据的一种方法。比较分析法可以采用绝对数比较，也可以采用相对数比较。

绝对数比较适用于同质指标数值的比较，它是将有关数据直接进行比较。绝对数比较主要包括本期实际指标与上期实际指标或历史最好水平比较，本期实际指标与计划指标比较，本期实际指标与先进单位的同质指标比较等。

相对数比较是指将有关的百分比或比率进行比较。在进行比较时，先计算被审计单位有关的相对数，然后进行比较。通过对相对数比较差异的分析，借以评价被审计单位的财务状况和经营成果。

例 3－9

审计人员对某企业进行年度审计时运用比较分析法发现该企业成本、收入和利润等指标有异常变动。有关利润表分析数据如表 3－3 所示。

审计人员对表 3－3 有关数字分析后发现：该企业第四季度利润比第三季度减少 15 万元，而销售收入基本和上季度持平；产品成本第四季度比第三季度增加 5%，其中原材料总成本上升了 14.9 万元，和利润减少额（15 万元）基本持平。经查询后得知，该企业主要原材料的价格并未有大的变动。经进一步审查，审计人员发现该企业将应计入在建工程的部分原材料成本计入了生产成本。审计人员通过比较获取了书面证据，查明了利润下降是由于非生产用原材料计入生产成本的问题。

表 3－3 某企业 2023 年度利润表分析数据 金额单位：万元

	利润额	销售收入	产品成本	原材料成本
第三季度	150.00	570.00	342.00	171.00
第四季度	135.00	569.90	359.00	185.90
增长额	－15.00	－0.10	＋17.00	＋14.90
增长率/%	－10.000	－0.017	＋5.000	＋8.700

2. 比率分析法

比率分析法是指审计人员利用不同指标之间的比率关系，对某些项目或某一问题进行测试或评价的一种审计方法。例如，利用资产负债率、流动比率、速动比率可以分析企业负债水平和偿债能力，利用毛利率可以测试库存商品的价值等。

例 3-10

2023年年末，审计人员审查某企业甲材料的利用率。甲材料系生产A产品的专用材料。经查证，取得有关资料，如表3-4所示。

表 3-4 某企业2023年甲材料的数据

	甲材料耗用量/千克	A产品产量/件
计划数	1 152	862
实际数	1 160	916

采用分析技术评价材料利用率。材料利用率的计算公式如下：

$$材料利用率=\frac{产品产量}{材料用量}\times 100\%$$

根据上式计算(结果保留两位小数)：

$$计划材料利用率=\frac{862}{1\,152}\times 100\%\approx 74.83\%$$

$$实际材料利用率=\frac{916}{1\,160}\times 100\%\approx 78.97\%$$

利用率＝实际材料利用率－计划材料利用率＝78.97%－74.83%＝4.14%

通过分析技术取得了该企业甲材料利用率提高了4.14%的分析计算证据。

3. 账户分析法

账户分析法是指根据账户对应关系的原理，来查证账户记录有无差错的一种方法。例如，根据“主营业务收入”与“应收账款”“银行存款”“应交税费——应交增值税(销项税额)”账户之间存在的内在联系，运用账户分析法分析账户之间的联系是否正常，若发现差错或舞弊，则可进一步审查凭证等资料。

从理论上讲，账户分析法可以应用于每一个账户的检查。但在实际工作中，账户分析法只对一些容易产生错误和舞弊的账户采用，如“库存现金”“银行存款”等账户。

4. 账龄分析法

账龄分析法是对有关账户的账龄(期限)长短进行分析、检查，以提供审计意见的一种方法。账龄分析法一般是通过编制账龄分析表进行分析，如通过编制应收账款账龄分析表，审查、分析应收账款收回的可能性程度、估计发生坏账损失的可能性大小。一般情况下，应收账款账龄越长，发生坏账的可能性越大。

例 3-11

2023年年初，审计人员对某企业上年年末资产负债表中“应收账款”项目采用账龄分析法分析。该企业上年年末“应收账款”余额为1 118万元，应收账款账龄分析表如表3-5所示。

表 3-5　应收账款账龄分析表

应收账款期龄分类/天数	应收账款金额/万元	比例/%
0～10	624	56
11～30	200	18
31～45	106	9
46～60	47	4
61～90	98	9
91～120	28	3
>120	15	1
合　计	1 118	100

基于以上资料，假设信用条件是“2/10，*n*/30”，有 74%（56%+18%）的客户在信用期内付款，但有 26%（9%+4%+9%+3%+1%）的客户没有在信用期内付款，其中 1%的客户拖欠时间在 120 天以上，则极易发生坏账损失。通过对应收账款账龄的分析，审计人员了解了应收账款可回收性的程度，提出了应加强应收账款催收工作的审计意见。

5. 因素分析法

因素分析法是指依据影响综合经济指标的各因素之间的相互联系，建立起一个能反映这种联系的数学方程式，以测定各因素对综合经济指标的影响方向和影响程度的一种分析方法。

因素分析法能够就其他审计分析法已暴露的问题进行更详细、更深入的分析，以探寻原因。采用因素分析法要注意以下几点：

（1）确立某项综合指标是由哪些因素组成，并确立各因素与某项综合指标所固有的内在联系，如加减关系、乘除关系、乘方关系、函数关系等。

（2）按照“先数量、后质量，先主要、后次要”的替代顺序，以综合指标中各因素的分析值替代各因素的标准值，以测定综合指标变动的原因。

例 3-12

审计人员利用因素分析法审查某企业产品的实际材料成本与计划材料成本之间的差额。审计人员分析该企业某月月末产品单位成本明细表及所附资料得知：该月计划生产甲产品 950 件，实际生产 1 000 件；计划单件消耗定额 12 千克，实际单件消耗定额 13 千克；材料计划单价 2 元，材料实际单价 2.2 元。产品成本因素分析法如下：

❶ 计算总差异：

产品成本总差异＝实际成本－计划成本＝1 000×13×2.2－950×12×2＝5 800(元)

❷ 计算产量因素变动的影响：

产量差异＝(实际产量－计划产量)×计划单耗定额×计划单价＝(1 000－950)×12×2＝＋1 200(元)

❸ 计算单耗定额因素变动的影响：

单耗定额差异＝(实际单耗定额－计划单耗定额)×实际产量×计划单价＝(13－12)×1 000×2＝＋2 000(元)

❹ 计算单价因素变动的影响：

材料单价差异＝(实际材料单价－计划材料单价)×实际单耗定额×实际产量＝(2.2－2)×13×1 000＝＋2 600(元)

❺ 验证：

产品成本总差异＝产量差异＋单耗定额差异＋材料单价差异＝1 200＋2 000＋2 600＝5 800(元)

通过因素分析法，审计人员了解了甲产品实际总成本比计划总成本增加了 5 800 元。这 5 800 元的差异是由于产量、单耗定额和单价实际比计划有所增加所致，它们分别使总成本上升了 1 200 元、2 000 元和 2 600 元。审计人员通过审计分析技术取得了材料成本上升的审计证据。

6. 平衡分析法

平衡分析法是指利用复式记账原理和会计制度的规定以及经济活动之间的内在依存关系，对生产经营活动中有关业务数值的相互平衡关系进行分析的一种方法。例如，资产负债表中资产、负债和所有者权益之间的平衡关系，营运资金来源和运用之间的平衡关系等。

7. 趋势分析法

趋势分析法是指通过某一经济指标各个年度对基年的一系列百分比，来考察不同时期某一经济现象的变动情况和发展趋势的一种方法。例如，审计人员在检查被审计单位过去几年的销售情况时，发现被审计单位的销售增长率持续在 7%左右。通过这项检查，审计人员即可初步判定被审计单位本年度利润表中所列示的销售收入金额是否合理。

二、审计程序

审计程序是指审计人员在审计过程中的某个时间，对将要获取的某类审计证据如何进行收集的详细指令。在设计审计程序时，审计人员通常使用规范的措辞或术语，以使审计人员能够准确理解和执行。在审计过程中，注册会计师可根据需要单独或综合运用以下审计程序，以获取充分、适当的审计证据。

(一) 检查

检查是指注册会计师对被审计单位内部或外部生成的，以纸质、电子或其他介质形式存在的记录和文件进行审查，或对资产进行实物审查。检查记录或文件可以提供可靠程度不同的审计证据，审计证据的可靠性取决于记录或文件的性质和来源，而在检查内部记录或文件时，其可靠性则取决于生成该记录或文件的内部控制的有效性。例如，在控制测试中运用检查程序，检查授权相关的文件以获取关于授权的审计证据。

（二）观察

观察是指注册会计师查看相关人员正在从事的活动或实施的程序。例如，注册会计师对被审计单位人员执行的存货盘点或控制活动进行观察。观察可以提供执行有关过程或程序的审计证据，但观察所提供的审计证据仅限于观察发生的时点，而且被观察人员的行为可能因被观察而受到影响，这也会使观察提供的审计证据受到限制。

（三）询问

询问是指注册会计师以书面或口头方式，向被审计单位内部或外部的知情人员获取财务信息和非财务信息，并对答复进行评价的过程。作为其他审计程序的补充，询问广泛应用于整个审计过程中。

知情人员对询问的答复可能为注册会计师提供尚未获悉的信息或佐证证据。此外，对询问的答复也可能提供与注册会计师已获取的其他信息存在重大差异的信息，如关于被审计单位管理层凌驾于控制之上的可能性的信息。

（四）函证

函证是指注册会计师直接从第三方（被询证者）获取书面答复以作为审计证据的过程，书面答复可以采用纸质、电子或其他介质等形式。当针对的是与特定账户余额及其项目相关的认定时，函证常常是相关的程序。但是，函证不必仅仅局限于账户余额。例如，注册会计师可能要求对被审计单位与第三方之间的协议和交易条款进行函证。注册会计师可能在询证函中询问协议是否作过修改，如果作过修改，要求被询证者提供相关的详细信息。此外，函证程序还可以用于获取不存在某些情况的审计证据，如不存在可能影响被审计单位收入确认的“背后协议”。

（五）重新计算

重新计算是指注册会计师对记录或文件中的数据计算的准确性进行核对。重新计算可通过手工方式或电子方式进行。

（六）重新执行

重新执行是指注册会计师独立执行原本作为被审计单位内部控制组成部分的程序或控制。

（七）分析

分析是指注册会计师通过分析不同财务数据之间以及财务数据与非财务数据之间的内在关系，对财务信息做出评价。分析还包括在必要时对识别出的、与其他相关信息不一致或与预期值差异重大的波动或关系进行调查。

上述审计程序基于审计的不同阶段和目的单独或组合起来，可用作风险评估程序、控制测试和实质性程序。

任务三　认识审计重要性与审计风险

一、审计重要性

课程视频：重要性概念

重要性概念的运用贯穿于整个审计过程。

（一）重要性的含义

重要性取决于在具体环境下对错报（包含漏报）金额和性质的判断。如果一项错报单独或连同其他错报可能影响财务报表使用者依据财务报表作出的经济决策，则该项错报是重大的。为了更清楚地理解重要性的概念，需要注意把握以下几点：

1. 从财务报表使用者的视角判断

判断一项错报重要与否，应视其对财务报表使用者依据财务报表作出经济决策的影响程度而定。如果财务报表中的某项错报足以改变或影响财务报表使用者的相关决策，则该项错报就是重要的，否则就是不重要的。财务报表使用者都应具有一定的理解能力，是理性的信息需求者。

2. 重要性的确定离不开具体环境

由于不同的被审计单位面临不同的环境，不同的财务报表使用者有着不同的信息需求，因此，审计人员确定重要性也不相同。某一金额的错报对某被审计单位的财务报表来说是重要的，而对另一个被审计单位的财务报表来说可能不重要。例如，错报 10 万元对于小公司来说可能是重要的，而对另一家大公司来说则可能不重要。

3. 运用职业判断

重要性的确定是一个复杂的过程，影响重要性的因素很多，导致不同的审计人员在确定同一被审计单位的重要性水平时，得出的结果可能不同。因此，审计人员应当根据被审计单位面临的环境，并综合考虑其他因素，运用职业判断来合理确定重要性水平。

4. 从数量和性质两方面考虑重要性

数量方面是指错报的金额大小，可视为错报能否影响财务报表使用者决策的“门槛”。一般而言，金额大的错报比金额小的错报更重要，单独一笔小额错报如果经常发生，或者许多交易或账户存在小额错报的合计，其对财务报表的影响可能就重大了。

性质方面则是指错报的性质。在有些情况下，某些金额的错报从数量上看并不重要，但是从性质上考虑，则可能是重要的。对于某些财务报表披露的错报，应从数量上判断其是否重要的同时也从性质上考虑其是否重要。

（二）重要性与审计风险的关系

重要性与审计风险之间存在反向关系。审计风险越低，重要性水平越高；审计风险越高，重要性水平越低。这里所说的重要性水平高低是指金额的大小。在理解两者之间的关系时，必须注意，重要性水平是审计人员从财务报表使用者角度进行判断的结果。如果重要性水平是 4 000 元，则意味着低于 4 000 元的错报不会影响到财务报表使用者的决策，此时审计人员需要通过执行有关审计程序合理保证能发现高于 4 000 元的错报。如果重要性水平是 2 000 元，则金额在 2 000 元以上的错报就会影响财务报表使用者的决策，此时审计人员需要通过执行有关审计程序合理保证能发现金额高于 2 000 元的错报。对于同一被审计单位而言，重要性水平为 2 000 元时审计存在的可能重大错报风险（即审计风险），要比审计重要性水平为 4 000 元时的可能存在重大错报风险高。审计风险越高，要求审计人员收集更多更有效的审计证据，以将审计风险降至可接受的低水平。因此，重要性水平和审计证据之间是反向变动关系。

（三）财务报表层次重要性水平的确定

审计人员应在了解被审计单位及其环境（包括内部控制）的基础上，考虑可能影响重要性水平的各种因素，采用合理的方法，确定重要性水平。确定多大错报（包含漏报）金额会影响到财务报表使用者的决策，是审计人员运用职业判断的结果。通常情况下，具体步骤是先选择两个恰当的基准，再选用适当的百分比乘以该基准，从而得出财务报表层次的重要性水平（即允许的财务报表错漏报金额）。

1. 基准的选择

在实务中，有许多汇总性财务数据可以用作确定财务报表层次重要性水平的基准，如总资产、净资产、营业收入、费用总额、税前利润、净利润等。通常，营业收入和总资产相对稳定，可预测且能够反映被审计单位正常规模，审计人员经常将其用作确定审计计划重要性水平的基准。审计人员如果选择其他基准，则有赖于被审计单位的性质和环境。例如：❶ 对于以营利为目的的被审计单位，来自经常性业务的税前利润或税后净利润可能是一个适当的基准；❷ 对于收益不稳定的被审计单位或非营利组织，选择税前利润或税后净利润作为判断重要性水平的基准就不合适，而选择费用总额可能比较合适；❸ 对于共同基金公司，选择净资产作为基准可能较为合适。

2. 百分比的选择

在确定恰当的基准后，审计人员通常运用职业判断合理选择百分比，据以确定重要性水平。以下是一些参考数值的举例：❶ 对于以营利为目的的企业，可定为来自经常性业务的税前利润或税后净利润的 5%，或总收入的 0.5%；❷ 对于非营利组织，可定为费用总额或总收入的 0.5%；❸ 对于共同基金公司，可定为净资产的 1%，通常，如果选择总资产作为基准，则百分比可定为 0.5%。审计人员执行具体审计业务时，可以根据被审计单位的具体情况作出职业判断，对上述百分比进行调整。如被审计单位规模越大，这个比率可能要求越小。

审计人员按财务报表各个判断基础计算后，选取一个最低者作为整个财务报表层次的重要性水平。

（四）认定层次重要性水平的确定

各类交易、账户余额、列报认定层次的重要性水平（可容忍错报）的确定，以审计人员对财务报表层次重要性水平的初步评估为基础。它是在不会导致财务报表重大错报的情况下，审计人员对各类交易、账户余额、列报确定的可接受的最大错报。

评估各类交易、账户余额、列报认定层次的重要性水平时需考虑的因素包括：❶ 各类交易、账户余额、列报的性质及错报的可能性。❷ 各类交易、账户余额、列报认定层次的重要性水平与财务报表层次重要性水平的关系。一般来说，各类交易、账户余额、列报认定层次的重要性水平的总和不能超过财务报表层次的重要性水平。❸ 各类交易、账户余额、列报受关注的程度。❹ 各类交易、账户余额、列报审计成本的高低。

有些账户、交易等审查起来难度大、手续复杂、耗费时间长、费用高；而有些账户、交易的审查就相对容易。在保证审计证据的适当性和充分性的前提下，审计人员应考虑对那些审查容易的项目少分配一些可容忍错报，而对那些余额大、审查难度大的项目，适当多分配一些可容忍错报。由于可容忍错报对审计证据数量有直接的影响，因此，审计人员应当合理确定可容忍错报。

评估各类交易、账户余额、列报认定层次重要性水平的方法有单独评估法和分配法。单独评估法是指结合上述几个因素的考虑，将认定层次的重要性水平确定为财务报表层次重要性水平的一定比例。例如，财务报表层次的重要性水平为 10 万元，确定应收账款的重要性水平为这一金额的 20%，即 2 万元，则应收账款中超过 2 万元的错报都是重要的。分配法是将财务报表层次的重要性水平分配到各交易、账户与列报项目，一般以资产负债表为对象。

当然，在实务中重要性水平的评估是非常复杂的。对于审计重要性水平的评估也不能太过偏离其实际水平，偏高或偏低都是不利的，审计人员应该保持应有的职业怀疑态度，合理地确定审计重要性水平。

（五）重要性水平的运用

审计人员对重要性水平的考虑，贯穿于整个审计过程。

在审计计划阶段，审计人员在确定审计程序的性质、时间和范围时，需要考虑计划的重要性水平。设计的审计程序应能查出重大错报，不应浪费时间去查找并不影响报表使用者作出经济决策的非重大错报。

在审计实施阶段，随着审计过程的推进，审计人员应当及时评价计划阶段确定的重要性水平是否仍然合理，并根据具体环境的变化或审计实施过程中进一步获取的信息，修正计划的重要性水平，进而修改进一步审计程序的性质、时间和范围。在评价审计程序结果时，审计人员需要重新评估重要性和审计风险是否已发生变化，并考虑实施的审计程序是否充分。

在评价错报对财务报表的影响时，审计人员应当考虑重要性，并据以确定审计意见类型。

课程视频：审计风险概念

二、审计风险

审计风险是指财务报表存在重大错报而审计人员发表不恰当审计意见的可能性。当审计风险变为现实时，将导致审计失败。审计风险取决于重大错报风险和检查风险。

（一）重大错报风险

重大错报风险是指财务报表在审计前存在重大错报的可能性。在设计审计程序以确定财务报表整体是否存在重大错报时，审计人员应当从财务报表层次和各类交易、账户余额、列报认定层次考虑重大错报风险。

1. 财务报表层次重大错报风险

财务报表层次重大错报风险对财务报表整体产生广泛影响，可能影响多项认定，难以限于某类交易、账户余额、列报的具体认定。如经济危机、管理层缺乏诚信、治理层形同虚设等，可能引发舞弊风险，与财务报表整体相关。

2. 各类交易、账户余额、列报认定层次重大错报风险

各类交易、账户余额、列报认定层次重大错报风险与特定的某类交易、账户余额、列报的认定相关。例如，被审计单位存在复杂的联营或合资关系，这一事项表明长期股权投资账户的认定可能存在重大错报风险。

认定层次的重大错报风险可以从固有风险和控制风险两个层面去理解。固有风险是指假定不存在相关内部控制时，某一认定单独或连同其他认定存在重大错报的可能性。例如，会计人员在记录金额时多写了一个“零”。控制风险是指某一认定单独或连同其他认定存在重大错报，而未能被相关内部控制防止或发现并纠正的可能性。例如，记录的金额多写了一个“零”却没有被复核人员所发现。

（二）检查风险

检查风险是指某一认定存在错报，该错报单独或连同其他错报是重大的，但审计人员未

能发现这种错报的可能性，检查风险取决于审计程序设计的合理性和执行的有效性。由于审计人员通常并不对所有的交易、账户余额和列报进行检查，以及可能存在其他原因，检查风险不可能降低为零。其他原因包括审计人员可能选择了不恰当的审计程序、审计过程执行不当，或者错误解读了审计结论等。审计人员可以通过适当调整审计计划、在项目组成员之间进行恰当的职责分配、保持职业怀疑态度以及监督、指导和复核助理人员所执行的审计工作来降低检查风险。

（三）重大错报风险与检查风险之间的关系

在既定的审计风险水平下，可接受的检查风险水平与认定层次重大错报风险的评估结果呈反向关系。评估的重大错报风险越高，可接受的检查风险越低；评估的重大错报风险越低，可接受的检查风险越高。检查风险与重大错报风险的反向关系用数学模型表示如下：

审计风险＝重大错报风险×检查风险

这个模型是审计风险模型。假设针对某一认定，审计人员将可接受的审计风险水平设定为5%，审计人员实施风险评估程序后将重大错报风险评估为25%，则根据这一模型，可接受的检查风险为20%。当然，实务中，审计人员不一定用绝对数量来表达这些风险水平，而选用“高”“中”“低”等文字来描述。

课程视频：审计风险模型

任务四 认识审计证据与审计工作底稿

一、审计证据

（一）审计证据的含义

审计证据是注册会计师为了得出审计结论和形成审计意见而使用的信息。审计人员应运用检查、观察、询问及函证等方法，获得充分、适当的证据事项。审计证据包括财务报表基础的会计记录中所含有的信息和从其他来源获取的信息。

1. 会计记录所含有的信息

会计记录是指对初始会计分录形成的记录和支持性记录。会计记录可以是被审计单位内部生成的各种形式的凭证，也可以是从与被审计单位进行交易的其他单位或者通过其他渠道取得的凭证。例如，支票、电子资金转账记录、发票和合同；总分类账、明细分类账、会计分录以及对财务报表予以调整但未在账簿中反映的其他分录；支持成本分配、计算、调节和披露的手工计算表和电子数据表。

2. 其他来源获取的信息

会计记录所含有的信息往往不足以为对财务报表发表审计意见提供充分的审计证据。因此，审计人员还需要获取作为审计证据的其他信息，主要包括：❶ 审计人员从被审计单位内外部获取的会计记录以外的信息；❷ 通过询问、观察和检查等审计程序获取的信息；❸ 自身编制或获取的，可以通过合理推断得出结论的信息。

（二）审计证据的特征

审计人员应当保持职业怀疑态度，运用职业判断，对所收集的审计证据的特征进行评价。只有充分、适当的审计证据才是审计人员形成意见的依据。如果审计人员无法获得充分、适当的审计证据，应该视情况出具保留意见或无法表示意见的报告。

1. 充分性

充分性是指审计证据的数量必须足够支持审计人员作出的审计结论。审计证据的充分性是对证据数量的衡量，因此，也被解释为反映审计证据的数量与审计意见质量之间的关系。在判断审计证据充分性时应该主要考虑以下因素。

（1）审计风险。审计风险是决定审计证据数量的最重要的因素。一般来说，对于有风险的审计项目，要求的审计证据数量就多；反之，则审计证据的数量可以减少。

（2）具体审计项目的重要程度。具体审计项目的重要程度是指它对于整体审计工作的影响，或者说是对于审计人员所作出的审计意见、审计结论的影响。审计人员编制审计工作计划时，对于审计的重点和难点，应当相应地要求增加审计证据的数量，给该项目增加审计工作量，以免造成因该事项的判断失误而带来整个审计工作的判断失误。当然，重要性是一个相对的概念，对于一些相对来说不太重要的审计事项，即使判断失误对于审计结论的影响也相对较小，因此，审计证据的数量也相对可以减少。

（3）审计人员的执业经验。经验丰富的审计人员，可以综合运用其专业知识及经验对审计证据进行判断，可能可以从较少的审计证据中作出合理的判断，找出错误或舞弊。对于经验不足的审计人员，往往就需要依赖较多的审计证据才能判断错误和舞弊行为是否发生。

（4）已发生的错误或舞弊。在执行审计程序的过程中，如果审计人员发现了被审计事项存在错误或者舞弊行为，被审计单位整体会计报表存在问题的可能性就增大，审计人员就必须相应地增加审计证据的数量，以便进一步检查和证实被审计单位整体财务状况是否存在问题，以确保能得出合理的审计结论，形成恰当的审计意见。

（5）总体规模与特征。审计证据的数量还取决于被审计单位的总体规模与特征。如果总体规模较大，客户数量众多，交易频率较高，数量较大，账户的余额数目也很大，那么就应该增加审计证据的数量；反之，则可以减少审计证据的数量。

（6）审计证据的类型与获取途径。如果多数审计证据都属于可靠程度较高的证据，如书面证据和实物证据，且这些证据又是从独立于被审计单位的第三者处直接获取，则认为审计证据的质量较高，因此审计证据的数量就可以相应减少；反之，审计证据的数量就相应增加。

注 意

审计证据不可能无限制地增加，在此过程中要考虑成本与效益原则。

课程视频：审计证据

2. 适当性

审计证据的适当性与充分性是密切相关、相互影响、互为前提的。一般来说，审计证据的适当性必须与充分性同时满足。审计证据的适当性是对审计证据质量的衡量，一般从审计证据的相关性和证据的可靠性两方面进行考虑。

（1）证据的相关性。证据的相关性是指审计证据必须和审计目标相关。审计人员取得的审计证据必须与被审计事项的某一目标密切相关，或与证实某一目标的其他证据存在相互印证关系，能共同产生证明力。与被审计事项无关的资料和情况不能作为审计证据。

相关性的强弱取决于审计证据是直接还是间接与审计目标相联系。相关性强的审计证据与审计目标的联系比较直接，一般说服力较强，可信度较高；相关性弱的审计证据与审计目标的联系比较间接，一般说服力较弱，可信度较低。间接程度越大，说明相关性越弱，说服力也就越差。因此，审计人员在收集审计证据时应该尽可能地选择那些能直接证明客观经济活动的资料。例如，对存货进行检查能够证明存货是否存在，则审计人员通过检查取得的检查记录单和存货的存在性相关，但是却不能证明存货的所有权。

(2) 可靠性。可靠性是指审计证据能否客观、真实地反映经济活动的实际情况，它受到取得方式、来源渠道、及时性的影响。一般来说，客观性的审计证据相比主观性的审计证据是更可靠的；审计人员亲自观察、函证等取得的资料与其他资料相比是更可靠的；来自独立于被审计单位的第三者提供的外部证据相对于内部证据是更可靠的；内部控制制度严密、健全的被审计单位提供的审计证据相比内部控制薄弱的单位提供的审计证据是更可靠的；书面证明文件相比口头证明文件是更可靠的；从不同来源取得的，并且能够相互印证的审计证据，相比从同一来源取得的审计证据是更可靠的。

审计证据的可靠性是相对的，受“成本—效益”原则和客观条件的限制，绝对可靠的审计证据是很难获得的。例如，抽样调查得出的存货数量与全部清查所得到的数量的可靠性是不一样的。后者的可靠性明显高于前者，但是因为“成本—效益”原则，审计人员大多选择前者。

注　意

审计人员可以考虑获取审计证据的成本与所获取信息有用性之间的关系，但不能以获取证据的困难和成本为由减少不可替代的程序。

（三）审计证据的种类

审计证据的种类也是决定审计证据数量的一个重要因素，对审计证据进行分类有助于审计人员对审计证据进行收集、整理和分析，从而提高审计效率。按照不同的标准可以将审计证据进行多种分类。

1. 按外形特征分类

审计证据按外形特征可以分为实物证据、书面证据、口头证据、环境证据和视听证据五类。

(1) 实物证据。实物证据是审计人员通过实地观察、清查盘点等方法获取的，用于确定实物资产是否真实存在的证据。例如，对于固定资产和存货一般要求到实地进行观察或者进行监督盘点来证明其存在性。在审计证据中，实物证据的证明力往往是最强的，但它也有其局限性：❶ 实物证据只能有效证明实物资产的存在，而不能证明被审计单位对该资产拥有所有权；❷ 某些实物证据通过盘点可以确定其数量，对于某些资产的质量问题并不能起到证明作用，因为可能涉及该项资产价值量的确定。因此，审计人员对取得实物证据的资产还需要通过其他途径得到的审计证据来加以证明。

(2) 书面证据。书面证据是审计人员所获取的各种以书面形式表现的审计证据。书面证据包括各种书面记载的会计信息资料，如会计凭证、账簿、报表；还包括各种与审计有关的合同、董事会记录以及往来函件、通知书等。从数量上看，书面证据在审计证据中的数量是最多的。

(3) 口头证据。口头证据是指审计人员通过提问从有关人员那里得到的口头答复形成的证据。在审计过程中,为了解被审计单位的内部控制制度及其他情况,审计人员向有关人员询问,对询问问题所作的记录形成口头证据。审计人员应把各种重要的口头证据形成记录,并注明是何人、何时、在何种情况下所作的口头答复,并获得被询问者的签名确认。这些记录对于审计人员进一步了解被审计单位的实际情况、增加内部证据的可信度有较大作用。口头证据本身的证明力并不强。因此,口头证据往往只是作为旁证资料存在。但在很多情况下,口头证据可能可以为审计人员提供审计线索。

(4) 环境证据。环境证据也称状况证据,是指审计人员通过对被审计单位产生影响的各种环境事实进行分析之后得出的证据。影响被审计单位的具体情况包括其所在行业以及宏观经济的运行情况、内部控制情况、管理人员和会计人员的素质、各种管理制度和管理水平、经营条件和经营方针等。环境证据的优缺点分别是:❶ 环境证据是通过对客观环境、客观事实进行综合分析之后得出的,它具有主观性,可信度比较差。❷ 相对于其他的审计证据针对某一事项而存在,具有单独、孤立、分散的特点来说,环境证据具有综合性、全面性、整体性的特点,因此可以帮助审计人员对被审计单位作出整体性评价,将各种孤立的审计事项联系起来进行分析,同时审计人员也可以通过它提供进一步寻找新审计证据的线索。所以环境证据也可以作为重要的审计证据。

(5) 视听证据。视听证据是指以录音、录像的形式存在或计算机储存、处理的证明审计事项的视听材料。随着科学技术的发展,企业越来越广泛地应用电子技术为生产经营服务,视听证据的重要性日益明显,是证实书面证据的一种不可缺少的佐证材料。

2. 按来源分类

审计证据按来源可以分为外部证据和内部证据。

(1) 外部证据。外部证据是指由被审计单位以外的组织机构或人士所编制的审计证据。它包括:❶ 由被审计单位以外的机构或人士编制并由其直接交给审计人员的审计证据,如应收账款询证函的回函;❷ 由审计人员编制的审计证据,如审计人员编制的各种分析表;❸ 由被审计单位以外的机构或人士编制,但由被审计单位持有并提交给审计人员的审计证据,如银行进账单、对账单、购销合同、各种协议书及契约、保险公司的有关单据等。

由于前两类证据由完全独立于被审计单位的外界组织或人士提供,未在被审计单位流转,被伪造或涂改的可能性比较小,因此,其证明力最强。第三类证据经由被审计单位之手转交,在评价其可靠程度时,应考虑被涂改或伪造的难易程度及可能性。当获取的审计证据有被涂改或伪造的痕迹时,审计人员应当予以高度警觉。

(2) 内部证据。内部证据是指由被审计单位内部机构或人员出具或者提供的书面证据。它包括所有的会计信息资料、管理制度、董事会决议、管理层声明书以及其他各种有关的书面文件。在判断内部证据的有效性时,应注意:❶ 一般而言,内部证据的可信度较低,内部证据不如外部证据可靠,但是如果内部证据在外部流转,并获得外部其他单位的认可,则具有较强的可靠性;❷ 即使只在被审计单位内部流转,其可靠程度也因被审计单位的内部控制制度有效性的强弱而异,即如果被审计单位的内部控制制度健全、有效,内部证据的证明力就较强,反之内部证据的证明力就较弱。

此外,审计证据还可以按不同的标准进行多种分类。按审计证据的相关程度分类,可分为直接证据和间接证据；按审计证据的证明力分类，可分为充分证明力证据、部分证明力证据和无证明力证据等。审计证据有多种分类方法，每种证据可用来实现各种不同的审计目标，但是，对于每一具体账户及其相关的认定而言，审计人员应选择能以最低成本实现审计目标的审计证据，高效、经济地收集充分、适当的审计证据。

例 3-13

注册会计师孙华审计乙公司 2023 年会计报表时，发现乙公司办公用的楼房为该公司员工李平的财产，乙公司与李平签订了租赁协议，每月支付一定的租金。当注册会计师了解情况时，会计人员说该楼房实质上是公司购买的，但为了能够获取银行质押贷款，故以职工个人的名义购买。

该案例中，注册会计师从乙公司获取的书面证据和从会计人员口中获取的口头证据不一致，表明楼房为该公司员工李平的财产的证据不可靠，注册会计师追加审计证据以查证该楼房的真正所有者。如果有证据证明该楼房确为李平的个人财产，注册会计师可以确认乙公司是否与李平签订租赁协议并支付租金；如果有证据证明该楼房为乙公司购买，注册会计师应当向乙公司说明该不规范事项可能的后果，并建议乙公司立即纠正，把该楼房作为固定资产入账，并计提折旧。

（四）审计证据的收集

审计人员收集审计证据是为了对审计事项发表审计意见，得出审计结论。审计证据的收集贯穿整个审计程序之中。审计证据的收集程序可以因为审计对象和审计业务的不同而不同。在收集审计证据的过程中，应注意保证审计证据的充分性和适当性。从搜集审计证据的具体方法来看，审计证据的收集程序包括：检查记录或文件、监盘资产、观察、询问、函证、重新计算、重新执行和分析程序。

1. 检查记录或文件

检查记录或文件是指审计人员对被审计单位内部或外部生成的，以纸质或其他介质形式存在的记录或文件进行审查。检查记录或文件可提供可靠程度不同的审计证据，审计证据的可靠性取决于记录文件的来源。

检查内部生成的记录或文件，主要包括会计凭证、会计账簿和会计报表内的会计记录。审计人员在检查以上内容时，应注意检查从外部生成的记录或文件，并且注意检查各种书面文件是否一致，必要时进行证证核对、账证核对、账账核对和账表核对。

2. 监盘资产

监盘资产是指审计人员对资产实物进行盘点。监盘资产可为其存在性提供可靠的审计证据，但不一定能够为权利和义务确定提供可靠的审计证据。

在审计实务中，监盘资产是审计人员通过实地观察、监督被审计单位各种实物资产及现金、有价证券的盘点而实现的。通过监盘，审计人员可查明有无贪污、盗窃和毁损的行为和其他责任事故，以便向被审计单位提出意见和建议，督促其建立和健全必要的规章制度，加强对财产物资的管理和控制。

3. 观察

观察是指审计人员查看相关人员正在从事的活动或执行的程序，例如观察被审计单位的经营场所、实物资产和有关业务活动及其内部控制的执行情况等。观察提供的审计证据仅限于观察发生的时点,并且在相关人员已知被观察时,因此,相关人员从事活动或执行程序如与日常的做法不同,则会影响审计人员对真实情况的了解和判断。观察往往可以与检查结合进行。

4. 询问

询问是指审计人员以书面或口头方式,向被审计单位内部或外部的知情人员获取财务信息和非财务信息,并对答复进行评价的过程。知情人员对询问的答复可能为审计人员提供尚未获悉的信息或佐证证据,也可能提供与已获悉信息存在重大差异的信息。审计人员应当根据询问结果考虑是否修改审计程序或实施追加的审计程序。

注　意

询问本身不足以发现认定层次存在的重大错报,也不足以测试内部控制运行的有效性,审计人员还应当实施其他审计程序以获取充分、适当的审计证据。

5. 函证

函证是指审计人员为了获取影响财务报表或相关披露认定的项目的信息,通过直接来自第三方的对有关信息和现存状况的声明,获取和评价审计证据的过程。通过函证获取的证据可靠性较高,因此函证是受到高度重视并经常被使用的一种重要程序。

知识扩展

函证方式

函证的方式有积极式和消极式两种。积极式函证也称肯定式函证,是指要求被询证者在所有情况下都必须回函,以确认询证函所列示信息是否正确,或填列询证函要求的信息。消极式函证也称否定式函证,是指要求被询证者仅在不同意询证函所列示信息的情况下才予以回函。

在审计实务中,函证适用于对银行存款、长短期借款、应收账款的审计,通常还涉及下列账户余额或信息:❶ 各项股权、债权、基金、衍生金融资产投资;❷ 应收票据;❸ 其他应收款;❹ 预付账款;❺ 由其他单位代为保管、加工或销售的存货;❻ 委托贷款;❼ 应付账款;❽ 预收账款;❾ 保证、抵押或质押;❿ 或有事项;⓫ 重大或异常的交易。

6. 重新计算

重新计算是指审计人员以人工方式或使用计算机辅助审计技术,对记录或文件中数据计算的准确性进行核对。

在审计实务中,审计人员往往需要对被审计单位的凭证、账簿和报表中的数字进行计算,以验证其是否正确。计算时,可以采用另外的形式和顺序进行:在计算的过程中,还要注意有可能出错的地方,如账簿中的承前和续后的合计数、横向加总数和纵向加总数等。在财务报表审计中,审计人员往往需要大量地运用计算及加总技术来获取必要的审计证据。

7. 重新执行

重新执行是指审计人员以人工方式或使用辅助审计技术，重新独立执行作为被审计单位内部控制组成部分的程序或控制。

在审计实务中，重新执行这一程序往往可以使审计人员发现被审计单位内部控制的缺陷。比如，利用被审计单位的银行存款日记账和银行对账单，重新编制银行存款余额调节表，并与被审计单位编制的银行存款余额调节表进行比较。

8. 分析程序

分析程序是指被审计人员通过研究不同财务数据之间以及财务数据与非财务数据之间的内在关系，对财务数据作出评价。分析程序还包括调查识别出的、与其他相关数据不一致或与预期数据严重偏离的波动和关系。

在实施分析程序时，审计人员应当考虑将被审计单位的财务数据与下列各项数据进行比较：❶ 以前期间的可比数据；❷ 被审计单位的预期结果或者审计人员的预期数据；❸ 所处行业或同行业中规模相近的其他单位的可比数据。审计人员还应当考虑下列关系：财务数据各构成要素之间的关系；财务数据与相关非财务数据之间的关系。

分析程序常用的具体方法有比较分析法、比率分析法和趋势分析法三种。

(1) 比较分析法。比较分析法是指通过某一财务报表项目与既定标准(计划数、预算数、同业标准等)的比较，以获取审计证据的一种技术方法。

(2) 比率分析法。比率分析法是指通过对财务报表中的某一项目与相关另一项目相比所得的值进行分析，以获取审计证据的一种技术方法。

(3) 趋势分析法。趋势分析法是指通过对连续若干期间某一财务报表项目的变动金额及其百分比的计算，分析该项目的增减变动方向和幅度，以获取有关审计证据的一种技术方法。

一般而言，审计取证方法与审计证据、认定之间并不一定存在一一对应关系，有时一种方法通过不同的认定方式可以产生不同类型的审计证据，而要获得某类审计证据也可以选用不同的审计取证方法和认定方式。审计取证方法与审计证据、认定之间的关系如表 3-6 所示。

表 3-6　审计取证方法与审计证据、认定之间的关系表

审计取证方法	应用举例	管理层认定	审计证据
检查有形资产	盘点库存现金	库存现金的存在与准确性和计价认定	实物证据
观察	观察被审计单位盘点存货	存货的存在、完整性与准确性、计价和分摊认定	实物证据
	观察存货内部控制的执行	存货的所有权认定	环境证据
重新执行	执行对销售的内部控制	销售收入的发生、完整性、准确性与截止认定	环境证据
分析程序	分析行业成本变化趋势	成本的发生、完整性、准确性认定	书面证据
	比较实际销售与销售预算	销售的存在、完整性与准确性认定	

续表

审计取证方法	应用举例	管理层认定	审计证据
重新计算	重新计算无形资产摊销	摊销的准确性、计价和分摊认定	书面证据
检查文件或记录	检查银行对账单	银行存款的存在权利和义务与准确性、计价和分摊认定	
函证	向债务人函证应收账款余额	应收账款的存在、权利和义务与准确性、计价和分摊认定	
询问	询问存货过时的情况	存货的准确性、计价和分摊认定	口头证据

例 3-14

审计人员李浩在审计丙公司2023年度会计报表时，抽查了丙公司与D公司签订的购销合同、货运凭证、销售发票以及相关的收款凭证、记账凭证，认定这些原始凭证合法、有效且完整。同时，李浩发现丙公司与D公司之间的销售交易量大，与D公司有关的销售收入占丙公司合并报表销售收入的54%，且毛利率高达73%。经进一步询问了解到，丙公司原持有D公司90%的股权，2022年经过两次转股之后，2022年年末已不再持有D公司的股权。丙公司向审计人员李浩提供了丙公司两次转股的协议、受让方承诺在2024年5月支付转让款的承诺函、董事会决议、股权转让手续等资料。

该案例中，审计人员不一定可以依据已经获取的丙公司与D公司签订的购销合同、货运凭证、销售发票以及相关的收款凭证、记账凭证等，认可其销售收入的处理。因为丙公司与D公司之间的销售量大，且毛利率高。面对这种异常重大事项，审计人员不能不怀疑D公司和丙公司之间是否存在异常关系，为了证实或排除这一疑问，审计人员应当进一步获取证据来查证，不宜草率作出判断。

审计人员应当追加审计程序，并视其资料的获取对财务报表的影响，考虑出具不同意见的审计报告。

二、审计工作底稿

（一）审计工作底稿的概念

审计工作底稿是注册会计师对制定的审计计划、实施的审计程序，获取的相关审计证据，以及得出的审计结论作出的记录。它是形成审计结论和发表审计意见的直接依据，也是编制审计报告的基础资料。

审计工作底稿是审计证据的载体，审计证据是审计工作底稿的主要内容，两者是形式与内容的关系。离开了审计工作底稿，审计证据就无法清晰地呈现在审计人员面前，审计人员就无法对审计证据进行系统、综合的分析评价和专业判断，因而就无法形成正确的审计意见。审计的正确意见应当建立在充分、适当的审计证据和准确的专业判断基础之上，而充分、适当的审计证据和专业判断都应当完整地记录在审计工作底稿之中。因此，从证明审计事项的内容上看，这些记录是审计证据；而从立卷归档的形式上看，它们又是审计的工作底稿。

审计工作底稿可以由审计人员编制形成，也可以从被审计单位或其他第三者处取得，经审计人员审核后形成。审计人员通过编制方式形成的审计工作底稿，包括审计在计划（准备）阶段编制的工作底稿和在实施审计程序、形成审计报告阶段形成的工作底稿。就审计实施阶段而言，审计人员一般应首先熟悉某一审计事项的未审情况，然后按照审计计划的要求对该审计事项实施必要的审计程序，最后是按照编制审计工作底稿的基本要求，以文字、符号或图表等形式把实施审计程序的过程和结果进行记录并签名，从而形成审计工作底稿。审计人员通过取得方式形成的审计工作底稿，一般首先应向审计资料的提供者说明该资料的基本要求，然后是对所取得的审计资料进行审核和实施必要的审计程序，并注明所取得的资料的来源，最后作出相应的审计记录并签名，从而形成审计工作底稿。

（二）审计工作底稿的作用

审计工作底稿记录了审计人员从开始接受委托到最终发表审计意见的整个审计过程。审计人员必须认真编制审计工作底稿，将审计工作的安排，审计实施过程中发现的情况、遇到的问题，解决问题的方法和途径，审查的结果以及获取审计证据的名称、来源、时间等全部记录在案，以备查考。审计工作底稿全面反映了审计人员所收集的审计证据、审计人员详细的工作过程和工作方法、审计人员的分析判断和审计结果等。它对于保证审计人员执行审计任务、明确审计人员责任、提高审计报告质量均有重要作用。具体来说其作用有：

（1）它是形成审计结论、发表审计意见、编写审计报告的直接依据。

（2）它是组织审计工作、控制审计工作进度、监督审计质量、评价和考核审计人员业务水平和工作业绩的主要依据。

（3）它是审计行政复议、法律诉讼的资料。

（4）它可为后续审计和再次审计提供重要参考资料。

（5）它可为研究审计理论和方法、探索审计工作规律等提供参考资料。

（6）它可为改进审计管理、培训审计人员提供学习资料。

（三）审计工作底稿的分类

审计工作底稿按照社会审计机构通用审计工作底稿分类目录索引（表 3－7）顺序可分为综合类、管理类、业务类和备查类四类。

1. 综合类审计工作底稿

综合类审计工作底稿是指审计人员在审计报告阶段为总结整个审计工作而形成的审计工作记录和收集的资料。它主要包括：审计报告书，管理建议书，已审会计报表，当年重大会计政策变动记录，审计过程中的重大问题请示报告，合并报表工作底稿，合并抵消分录底稿，试算平衡工作底稿，审计差异汇总表（含多项），管理层声明书，与被审计单位人员交换意见记录，未审财务报表，审计工作小结等。

2. 管理类审计工作底稿

管理类审计工作底稿是指审计人员在审计计划阶段为规划、组织、协调审计工作和服务于审计业务实施、审计报告总结阶段工作而形成的审计工作记录和收集的资料。它主要包括：基本概况表，审计业务约定书，经营环境及状况调查表，财务报表分析性测试调查表，内部控制调查问卷，业务用工与收费预算及实际情况表，其他编制审计计划资料表，复核记录，审计报告书底稿，管理建议书底稿、审计标识以及客户提供法律文件和财务报表附注资料等。

3. 业务类审计工作底稿

业务类审计工作底稿是指审计人员在审计实施阶段执行具体审计程序所编制和取得的工作底稿，主要是审计人员对某一审计循环或审计项目进行符合性测试或实质性测试所作的记录和资料。业务类工作底稿可细分为符合性测试和资产、负债、所有者权益、损益、重要事项等工作底稿类别。例如，各经济业务循环复合性测试程序表及工作底稿，各资产、负债、所有者权益、损益类项目实质性测试工作底稿，关联交易检查、抽查工作底稿，期后事项检查工作底稿，或有损失检查工作底稿，持续经营能力检查工作底稿，期初余额测试表等。

4. 备查类审计工作底稿

备查类审计工作底稿是指审计人员在审计过程中形成的，仅对审计工作起备查作用的工作底稿。它主要包括：被审计单位的设立批准书、营业执照、经济合同与协议、章程、组织机构及管理人员结构图，与被审计事项有关的重要的法律文件，会计记录，纳税鉴定文件，董事会会议记录或摘要，验资报告（复印件），评估报告书（复印件），主要资产的所有权证明文件，被审计单位反馈意见书，往来函件等资料。备查类工作底稿一般由被审计单位或第三者提供或代为编制，审计人员应对所取得的有关文件资料标明其来源。

表 3-7 通用审计工作底稿分类目录索引

××会计师事务所审计工作底稿目录

被审计单位： 年度

编 号	档 案 内 容	具备（√）
综合类审计工作底稿		
Z	综合类工作底稿	
*Z1	审计报告书	
*Z2	管理建议书	√
Z3	已审账务报表	
Z4	当年重大会计政策变动记录	√
Z5	审计过程中重大问题请示报告	√
Z6	合并报表工作底稿	√
Z7	合并抵销分录底稿	√
Z8	试算平衡表工作底稿	√
Z9	审计差异汇总表——调整分录汇总表	√
Z10	审计差异汇总表——重分类分录汇总表	√
Z11	审计差异汇总表——未调整不符事项汇总表	√

续表

编 号	档 案 内 容	具备(√)
Z12	管理层声明书	√
Z13	与被审计单位人员交换意见记录	√
Z14	未审财务报表	√
Z15	审计工作小结	√
管理类审计工作底稿		
X	管理类工作底稿	
*X1	基本概况表	√
X2	审计业务约定书	√
X4	经营环境及状况调查表	√
X5	财务报表分析性测试调查表	√
X6	内部控制调查问卷	√
X7	业务用工与收费预算及实际情况表	√
X8	其他编制审计计划资料表	√
X9	复核记录	√
X10	审计报告书底稿	√
X11	管理建议书底稿	√
X12	审计标识	√
X13	客户提供法律文件和企业情况及财务报表附注资料	√
业务类审计工作底稿		
Y	符合性测试工作底稿	
Y1	销售与收款循环符合性测试	√
Y2	采购与付款循环符合性测试	√
Y3	生产与存货循环符合性测试	√
Y4	工薪与人事循环符合性测试	
Y5	筹资与投资循环符合性测试	
Y6	现金和银行存款符合性测试	√

续表

编 号	档 案 内 容	具备(√)
A	资产类工作底稿	
A1	货币资金	√
A2	交易性金融资产	√
A3	应收票据	
A4	应收账款	√
A5	坏账准备	√
A6	预付账款	√
A7	其他应收款	√
A21	存货	√
A31	待处理流动资产净损失	
A41	长期股权投资	√
A42	固定资产及累计折旧	√
A44	固定资产清理	√
A45	在建工程	√
A46	待处理固定资产净损失	
A51	无形资产	√
A52	长期待摊费用	√
A53	递延所得税资产	√
A54	筹建期间汇兑损失	
A55	待转销汇兑损失	
B	负债类工作底稿	
B1	短期借款	√
B2	应付票据	
B3	应付账款	√
B4	预收账款	
B5	应付职工薪酬	√

续表

编　号	档 案 内 容	具备(√)
B6	应付股利	√
B7	应交税费	√
B8	其他应付款	√
B21	长期借款	√
B22	应付债券	√
B23	长期应付款	√
B24	递延所得税负债	√
C	所有者权益类工作底稿	
C1	实收资本(股本)	√
C2	资本公积	√
C3	盈余公积	√
C4	未分配利润	√
D	损益类工作底稿	
D1	主营业务收入	√
D2	主营业务成本	√
D3	销售费用	√
D4	管理费用	√
D5	财务费用	√
D6	进货费用	
D7	税金及附加	√
D8	其他业务利润	√
D9	投资收益	√
D10	补贴收入	
D11	营业外收入	√
D12	营业外支出	√
D13	以前年度损益调整	

续表

编　号	档 案 内 容	具备(√)
D14	所得税费用	√
E	重要事项类工作底稿	
E1	关联交易	√
E2	期后事项	√
E3	或有损失	√
E4	持续经营	√
	备查类审计工作底稿	
J	备查资料工作底稿	
* J1	组织机构及管理人员结构资料	
* J2	营业执照	
* J3	被审计单位的设立批准书	
* J4	公司成立合同、协议、章程	
* J5	纳税鉴定文件	
* J6	董事会会议纪要或摘录	
* J7	内部控制的调查与评价	
* J8	重要长期经济合同、协议	
* J9	验资报告(复印件)	
* J10	评估报告书(复印件)	
* J11	主要资产的所有权证明	

* 表示为永久性档案。

(四) 审计工作底稿的格式、基本要素和编制要求

1. 审计工作底稿的结构与格式

课程视频：审计工作底稿的格式、要素和范围

审计工作底稿应有规范的结构和格式，但由于被审计单位和被审计事项的不同，又要求审计工作底稿具有一定的弹性，以反映审计工作的实际情况。为此，审计部门要科学地设计审计工作底稿的结构和格式。审计工作底稿的基本结构一般应包括以下三个组成部分：

(1) 被审计单位的情况，包括被审计单位的内部控制情况、未经审计的有关会计账项的

发生额及期末余额。

（2）审计过程记录，包括审计人员实施的审计测试程序、测试的项目、抽取的样本及对与样本有关的凭证的检查、审计调整及重分类等。

（3）审计项目的结论，包括审计人员对被审计单位内部控制测试与评价的结果、有关会计账项的审定结果等。审计工作底稿基本格式如表3-8所示。

表3-8　审计工作底稿基本格式

被审计单位：	工作底稿编号：	
工作底稿标题：	编制人：	日期：
受审计会计期间：	复核人：	日期：
审计程序实施记录： 资料来源： 审计标识说明：	简要说明： 审计结论：	

审计工作底稿的格式按审计工作的不同需要，一般可设计成科目审定表、明细账户审定表、专用审计工作底稿和通用审计工作底稿四种格式。

（1）科目审定表。科目审定表是指具有固定格式，能反映财务报表科目审定情况的工作底稿。这类工作底稿包括：各类资产、负债、所有者权益、收入、成本费用、利润及其分配等报表的审定表，其格式如表3-9所示。

表3-9　科目审定表格式示例

索引号A21-1

××会计师事务所

存货审定表

单位名称：　　查验人员：　　日期：　年　月　日

截止日：　　复核人员：　　日期：　年　月　日　　金额单位：元

上年未审定数	未审数核对				索引号	调整分录金额（+-）	重要类分录金额（+-）	审定数A21-2
	索引号	项目	金额	比率				
×××	Z15	报表数	×××		Z10		-×××	××× T/B
		明细账：						
		在途物资	××G	××				×××
		原材料	××G	××	Z10		-×××	×××

续表

上年未审定数	未审数核对				索引号	调整分录金额（＋－）	重要类分录金额（＋－）	审定数 A21－2
	索引号	项目	金额	比率				
		在产品 产成品 委托加工材料 低值易耗品	××G ××G ××G ××G	×× ×× ×× ××				××× ××× ××× ×××
		合 计	××G	××				×××

调整分录：

借：在建工程　　　　×××

　　贷：原材料　　　　　　×××

审计标识：

B：与上年已审财务报表核对相符

G：与总账金额核对相符

S：与明细账余额核对相符

T/B：与试算平衡表核对相符

审计结论：经审计调整后，余额可以确认。

（2）明细账户审定表。明细账户审定表是指具有固定格式，反映科目审定表下一层次的工作底稿。这类工作底稿包括：资产、负债、所有者权益、收入、成本费用、利润及其分配等明细账户审定表，其格式如表 3－10 所示。

表 3－10 明细账户审定表格式示例

索引号 A21－2

××会计师事务所

存货审定表

单位名称：　　　　　　查验人员：　　　　日期：　年　月　日

截止日：　　　　　　　复核人员：　　　　日期：　年　月　日　　　　金额单位：元

明细账户	11月月底账面余额	盈亏调整 A21－4 过入	11月月底盘点金额	盘点日至年末增加数	盘点日至年末减少数	12月31日账面余额	审计调整数	12月31日审定数计入 A21－1
在途材料	×××		×××	×××	×××	×××		×××
原材料	×××	＋×××	×××	×××	×××	×××	－×××	×××
在产品	×××	－×××	×××	×××	×××	×××		×××
产成品	×××		×××	×××	×××	×××		
委托加工材料	×××		×××	×××	×××	×××		×××
低值易耗品	×××	－×××	×××	×××	×××	×××		×××
合 计	×××	－×××	×××	×××	×××	×××	－×××	×××

续表

盘点抽查结果				
存货类别	抽查正确金额	抽查金额	抽查正确率/%	抽查占11月月底盘点金额比率/%
原材料（A21－3过入）	×××	×××	100	××
低值易耗品	×××	×××	100	××
委托加工材料				
在产品				
产成品	×××	×××	100	××
在途材料				
合　计	×××	×××	100	××

审计说明：

购入设备×××万元，应计入在建工程，应作调整分录。

审计结论：

存货堆放有序，未发现残损、滞销物品；出入库手续严密、存货管理水平很高；仓库数量账清晰，经抽查，同财务部存货账数量一致。经调整后，年末存货余额可以确认。

（3）专用审计工作底稿。专用审计工作底稿是指用于专门目的的审计工作底稿。这类工作底稿一般是：财产物资盘点表、库存现金盘点表、银行存款余额调节表、询证函、被审计单位承诺书等，其格式如表3－11、表3－12所示。

表3－11　专用审计工作底稿格式示例一

索引号 A21－4

××会计师事务所

存货盘盈、盘亏、报废检查情况表

单位名称：　　　　金额单位：元

存货类别	金额		授权审批人	盘盈会计处理贷方科目	盘亏、报废会计处理借方科目	备注
	盘盈	盘亏				
原材料	×××		×××	管理费用		11/30 转132附盘点报告
低值易耗品		×××	×××		管理费用	11/30 转132附盘点报告
在产品半成品		×××	×××		管理费用	11/30 转132附盘点报告

续表

存货类别	金额		授权审批人	盘盈会计处理贷方科目	盘亏、报废会计处理借方科目	备注
	盘盈	盘亏				
						盘亏轧抵后净损失为××××元
合计	×××	×××				

审计说明：

原材料盘盈为燃料盘盈，估计为过磅误差累积形成；低值易耗品报废系某种产品停止生产，随之模具报废；在产品报废原因为停产品种的零部件。盘盈和报废手续完备，已于2023年作账务处理。

查验人员：　　日期：　　复核人员：　　日期：

表3-12　专用审计工作底稿格式示例二

被审计单位承诺书

索引号：

被审计单位名称		法定代表人	

根据《中华人民共和国审计法》第31条，《中华人民共和国审计法实施条例》第28条，《中华人民共和国会计法》第4条、第20条，《中华人民共和国国家审计基本准则》第8条之规定，在审计期间，我单位愿给予积极配合，并提供下列资料和情况：

项目	单位	数量	内容	备注
账簿： 1. 2. ⋮				
报表： 1. 2. ⋮				
凭证： 1. 2. ⋮				
承诺	以上资料为我单位　年　月　日至　年　月　日财政、财务收支的全部资料，并保证其真实性和合法性，如发现有虚假、隐匿的会计资料，愿承担由此引起的全部法律责任。			

续表

主管领导签字及签字日期		财务负责人签字及签字日期	
备　　注		（被审计单位盖章） 年　月　日	
审计组组长签字		年　月　日	

（4）通用审计工作底稿。通用审计工作底稿是指有固定格式但没有具体用途，能够满足不同记录要求的工作底稿。这类工作底稿是包括被审计单位名称、会计期间或截止日、编制人及编制日期、复核人及复核日期、页次及交叉索引号等要素的空白工作底稿，其格式如表 3 - 13、表3 - 14、表 3 - 15、表 3 - 16 所示。

表 3 - 13　通用审计工作底稿格式示例一

审计差异汇总表——调整分录汇总表　　　　索引号：

单位名称：　　　　会计期间：　　年度　　　　金额单位：元

序号	索引号	调整原因	调整分录				资产负债表（金额）		利润表（金额）		被审计单位调整情况及未调整原因
			借　方		贷　方		借方	贷方	借方	贷方	
			一级	二级	一级	二级					
合　　计											

编制人员：　　　　日期：　　　　复核人员：　　　　日期：

表 3－14 通用审计工作底稿格式示例二

财务报表初审情况表

被审计单位： 年 月 日 索引号：

报表名称	应编制报表	编制方法是否与上一年一致	本期期初数与前期期末数是否一致	报表项目分类和计算是否正确	与相关报表项目数字是否衔接一致	附注或补充资料是否填齐，数字是否正确	印鉴是否齐全	报表指标分析情况	备注
资产负债表									
利润表									
现金流量表									
资产减值准备明细表									
所有者权益增减变动表									
利润分配表									
分部报表（业务分部）									
分部报表（地区分部）									

审计组负责人： 审计人员：

表 3－15 通用审计工作底稿格式示例三

××会计师事务所 索引号：

（审计项目）审计程序表

单位名称： 查验人员： 审查日期：

截止日： 复核人员： 复核日期：

一、审计目标

二、审计程序

审计重点	审 计 程 序	执行情况说明	索 引 号
	测试情况： 测试结论：		

表 3-16　通用审计工作底稿格式示例四

××会计师事务所　　　　索引号：

（审计项目）符合性测试工作底稿

单位名称：　　　　查验人员：　　　　审查日期：

截止日：　　　　复核人员：　　　　复核日期：

程序号	查验过程记录	索引号
	测试情况： 测试结论：	

2. 审计工作底稿的基本要素

审计工作底稿的基本要素有以下 10 项：

(1) 被审计单位名称，即接受审计机关审计监督的政府部门、国有金融机构、国有企业事业组织以及接受审计机关审计的其他组织。如果被审计单位下面有子（分）公司，或内部的车间、部门，则应同时注明子（分）公司或部门名称，如××公司——××子公司，××公司——××车间。

(2) 审计项目名称，即被审计的内容，如审计的是某一财务报表项目（如存货）；或某一业务循环（如销售及收款循环符合性测试）。

(3) 审计项目时点或期间，即根据审计事项所属财务报表确定的会计期间或会计时点。如果审计事项属于资产负债表的内容，则选用会计时点；如果审计事项属于利润表的内容，则选用会计期间。

(4) 审计过程及其说明，即所实施审计程序的记录，审计测试的记录，审计人员的判断、评价、处理意见和建议，审计组讨论的记录和审计复核记录，审计组核实与采纳被审计单位对审计报告反馈意见的情况说明，其他与审计事项有关的记录等。

(5) 审计标识及其说明，即账表、账账、账证核对以及有关数据横向、纵向加总等的符号及其相关说明。如果在整套审计工作底稿前有一张审计标识表，则在每张工作底稿上运用这些标识时，可不必注明所用标识的含义。但在每张底稿上把所用到的标识在附注中对其含义作出说明则更好。

知识链接

关于审计标识，目前尚未有统一的规定，一般使用较多、比较通用的标识有：

“∧”——纵向加总并核对复核无误；

“<”——横向加总并核对复核无误；

“B”——与上年结转数核对一致；

“T”——与原始凭证核对一致；

“G”——与总账核对一致；

“S”——与明细账核对一致；

“T/B”——与试算平衡表核对一致；

"F/S"——与已审财务报表核对一致;

"C"——已发出询证函;

"C—"——已收回询证函;

"*"——备注1;

"**"——备注2。

除了以上的标识外,审计人员还可以根据需要,定义其他审计标识,但必须在工作底稿上注明新增审计标识的含义。

对于审计工作底稿的编号,即索引号,各审计机构可以自行确定。这里可参见通用审计工作底稿分类目录索引(表3-7)。如果一张审计工作底稿有几页,则可用分数来表示。例如,D4管理费用工作底稿有三页时,编号为:第一页D4(1/3),第二页D4(2/3),第三页D4(3/3)。

(6) 审计结论,即经过审计,审计人员对该审计事项所作的结论或评价结果。

(7) 索引号及页次,即根据一定规则统一规定的各审计事项的编号及本页工作底稿属于该审计事项的第几页。

(8) 编制者姓名及编制日期,即实施该项目审计并将记录审计工作结果的审计人员及编制该工作底稿的时间。

(9) 复核者姓名及复核日期,即负责检查、监督一般审计人员工作质量的人员及实施复核的时间。如是多级复核,则每级复核者均应签名和注明复核日期。

(10) 其他应说明的事项,即审计人员根据其专业判断,认为需要在审计工作底稿上注明的其他相关事项。对从被审计单位、其他第三者处取得资料或代为编制的审计工作底稿,审计人员应在上面注明其来源,实施必要的审计程序,并按照上述基本内容的要求记录在工作底稿上。

3. 审计工作底稿的编制要求

为了保证审计工作底稿的质量,审计人员必须按照一定的要求进行编制。审计工作底稿编制的基本要求是:

(1) 结构完整,要素齐全。无论是编制科目审定表、明细账户审定表,还是编制专用、通用的审计工作底稿,都要按照各工作底稿格式的要求,做到既有未审情况、审计过程、审计结论等基本结构内容,又有被审计单位名称、审计项目名称、审计时间、编制人、复核人等基本要素。

(2) 内容真实完整,重点突出。工作底稿中的内容必须如实反映被审计单位的财政、财务收支及其经济活动,如实反映审计的实施情况,审计的过程应记录完整。一切与达到目标、提出审计意见和作出审计结论有关的情况和问题都应在工作底稿中予以记录。

(3) 观点明确,条理清楚。审计工作底稿所记载的被审计事项及其时间、地点、当事人、数据、计算方法和因果关系的分析必须准确无误、前后一致。底稿中所列的问题必须表明意见,以表示审计人员对每项审查工作的结论。文字说明必须简明扼要、条理清楚,使其他阅读者不仅能看懂,而且能正确理解其审计情况。

(4) 手续完备,程序合法。审计工作底稿所附的证明材料,特别是那些证明被审计单位严重违反法律法规的材料,应当经被审计单位或其他提供证明资料者签名盖章,如果有特殊情况无法签名盖章的，应当由审计人员作出书面说明。每份审计工作底稿应有编制人、复核人、主审人的签名，以示负责。不同的审计事项不能写在一张底稿上，工作底稿不能重抄，不能复制，如有特殊需要，须经有关人员审核同意后方可复制。

(5) 交叉索引，相互参照。审计人员在编制工作底稿时，对存在着勾稽对应和相互印证关系的工作底稿，应在该工作底稿中提示说明，相互引用时应当注明交叉索引编号。

（五）审计工作底稿的复核

1. 复核审计工作底稿

复核人在复核工作底稿时应作出必要的复核记录，书面表示复核意见并签名。根据《中国注册会计师审计准则第 1121 号——对财务报表审计实施的质量管理》及《会计师事务所质量管理准则第 5101 号——业务质量管理》的有关规定，会计师事务所应建立审计工作底稿复核制度。

会计师事务所在安排复核工作时，应当由项目组内经验较多的人员复核经验较少的人员的工作。会计师事务所应当根据上述原则，确定有关复核责任的政策和程序。

2. 项目质量复核

项目质量复核，是指在报告日或报告日之前，项目质量复核人员对项目组作出的重大判断和在编制报告时据此得出的结论进行客观评价的过程。项目质量复核适用于上市实体财务报表审计，法律法规要求实施以及会计师事务所确定需要实施项目质量控制复核的其他业务。

会计师事务所应当制定政策和程序，以合理保证：❶ 就疑难问题或争议事项进行适当咨询；❷ 能够获取充分的资源进行适当咨询；❸ 咨询的性质和范围以及咨询形成的结论得以记录，并经过咨询者和被咨询者的认可；❹ 咨询形成的结论得到执行。

会计师事务所应当制定政策和程序，要求对特定业务实施项目质量复核，以客观评价项目组作出的重大判断以及在准备报告时得出的结论。这些政策和程序应当包括下列要求：❶ 要求对所有上市实体财务报表审计实施项目质量复核；❷ 明确标准，据此评价所有其他的历史财务信息审计和审阅、其他鉴证和相关服务业务，以确定是否应当实施项目质量复核；❸ 要求对所有符合《会计师事务所质量管理准则第 5101 号——业务质量管理》第六十五条所提及的标准的业务实施项目质量复核。

会计师事务所应当制定政策和程序，以明确项目质量复核的性质、时间和范围。这些政策和程序应当要求，只有完成项目质量复核，才能签署业务报告。项目质量复核应包括下列工作：❶ 就重大事项与项目合伙人进行讨论；❷ 复核财务报表或其他业务对象信息及拟出具的报告；❸ 复核选取的与项目组作出重大判断和得出的结论相关的业务工作底稿；❹ 评价在准备报告时得出的结论，并考虑拟出具报告的恰当性。

针对上市实体财务报表审计，会计师事务所应当制定政策和程序，要求实施的项目质量复核包括对下列事项的考虑：❶ 项目组就具体业务对会计师事务所独立性作出的评价；❷ 项目组是否已就涉及意见分歧的事项，或者其他疑难问题或争议事项进行适当咨询，以及咨询得出的结论；❸ 选取的用于复核的业务工作底稿，是否反映项目组针对重大判断执行的工作，以及是否支持得出的结论。

（六）审计工作底稿的归档

审计人员应当按照会计师事务所质量管理政策和程序的规定，及时将审计工作底稿归整为最终审计档案。审计工作底稿的归档期限为审计报告日后 60 天内。如果审计人员未能完成审计业务，审计工作底稿的归档期限为审计业务中止后的 60 天内。

课程视频：审计工作底稿的归档

在审计报告日后将审计工作底稿归整为最终审计档案是一项事务性的工作，不涉及实施新的审计程序或得出新的结论。如果在归档期间对审计工作底稿作出的变动属于事务性的，注册会计师可以作出变动，主要包括：❶ 删除或废弃被取代的审计工作底稿；❷ 对审计工作底稿进行分类、整理和交叉索引；❸ 对审计档案归整工作的完成核对表签字认可；❹ 记录在审计报告日前获取的、与审计项目组相关成员进行讨论并取得一致意见的审计证据。

在完成最终审计档案的归整工作后，如果发现有必要修改现有审计工作底稿或增加新的审计工作底稿，无论修改或增加的性质如何，审计人员均应当记录下列事项：❶ 修改或增加审计工作底稿的时间和人员，以及复核的时间和人员；❷ 修改或增加审计工作底稿的具体理由。

在某些例外情况下，如果在审计报告日后实施了新的或追加的审计程序，或者得出新的结论，注册会计师还应当记录：❶ 遇到的例外情况；❷ 实施的新的或追加的审计程序，获取的审计证据，得出的结论，以及对审计报告的影响。

注　意

在完成最终审计档案的归整工作后，审计人员不得在规定的保存期届满前删除或废弃审计工作底稿。

会计师事务所应当自审计报告日起，至少保存审计工作底稿 10 年。如果审计人员未能完成审计业务，则会计师事务所应当自审计业务中止日起，至少保存审计工作底稿 10 年。

任务五 实施审计计划程序

一、审计计划的概念

审计计划是指审计人员为了达到预期的审计目标，在具体实施审计活动之前编制的工作计划，它是审计人员实施审计活动的工作指南。审计计划包括总体审计策略和具体审计计划。

审计计划仅是对审计工作的一种预先规划。审计计划在执行过程中，情况会不断发生变化，常常会产生预期计划与实际不一致的情况。对审计计划的修订和补充贯穿整个审计工作的准备和实施阶段。比如，在审计过程中通过检查，发现被审计单位某些内部控制制度执行效果不佳，导致原来制定的审计程序和时间预算必须改变时，应及时对审计计划进行修订和补充。

二、审计计划的编制

课程视频：审计计划

（一）总体审计策略的编制

总体审计策略又称为总体审计计划，用以确定审计范围、时间安排和方向，并指导具体审计计划的制定。在制定总体审计策略时，审计人员应考虑以下主要事项：

1. 审计工作范围

审计工作范围涉及：❶ 编制拟审计的财务信息所依据的财务报告编制基础；❷ 特定行业的报告要求，如某些行业的监管部门要求提交的报告；❸ 预期的审计工作涵盖范围，包括被审计单位各组成部分的数量及所在地点；❹ 内部审计工作的可利用性及对内部审计工作的拟依赖程度；❺ 其他审计人员参与审计被审计单位组成部分的范围。

2. 报告目标、时间安排和所需沟通

报告目标、时间安排和所需沟通涉及：❶ 提交审计报告的时间要求；❷ 预期与管理层和治理层沟通的重要日期；❸ 项目组成员之间预期沟通的性质和时间安排，包括项目组会议的性质和时间安排及复述工作的时间安排；❹ 与组成部分的审计人员沟通，包括组成部分的报告类型、报告时间及与审计相关的事项。

3. 审计方向

审计方向涉及：❶ 确定适当的重要性水平；❷ 重大错报风险较高的审计领域；❸ 项目组人员的选择（在必要时包括项目质量复核人员）和工作分工，包括向重大错报风险较高的审计领域分派具备适当经验的人员；❹ 项目预算，包括考虑为重大错报风险可能较高的审计领域分配适当的工作时间；❺ 如何向项目组成员强调在收集和评价审计过程中保持职业怀疑的必要性；❻ 以往审计中对内部控制运行有效性评价的结果，以及管理层重视设计和实施健全的内部控制的相关证据；❼ 业务交易量规模，用以基于审计效率的考虑确定是否依赖内部控制；❽ 影响被审计单位经营的重大发展变化，包括信息技术和业务流程的变化，关键管理人员的变化以及收购、兼并和分立；❾ 重大的行业发展情况，如行业法规变化和新的报告规定；❿ 会计准则及会计制度的变化，该变化可能涉及作出重大的新披露或对现有披露作出重大修改。

总体审计策略应能恰当地反映审计人员考虑审计工作范围、时间和方向的结果，并清楚地说明审计工作范围、审计业务时间安排影响审计业务的重要因素，以及审计人员安排等基本内容。总体审计策略格式示例如表 3－17 所示。

表 3－17　×××会计师事务所总体审计策略

总体审计策略格式示例

被审计单位　　　　　　　　　　编制人及日期　　　　　　　　索引号

项目　总体审计策略　　截止日或期间　　复核人及日期　　　　页次

一、审计范围	
1. 报告要求	
2. 适用的会计准则或制度	
3. 相关行业的特别规定	
4. 被审计单位各组成部分的数量及所在地点	
5. ……	
二、审计业务时间安排	
1. 对外报告时间安排	

续表

<table>
<tr><td colspan="2">2. 执行审计时间安排</td><td colspan="2"></td></tr>
<tr><td colspan="2">3. 沟通时间安排</td><td colspan="2"></td></tr>
<tr><td colspan="4">三、影响审计业务的重要因素</td></tr>
<tr><td>1. 确定的重要性水平</td><td></td><td>索引号</td><td></td></tr>
<tr><td rowspan="2">2. 可能存在较高重大错报风险的领域</td><td></td><td>索引号</td><td></td></tr>
<tr><td></td><td>索引号</td><td></td></tr>
<tr><td rowspan="3">3. 重要组成部分和重要账户余额</td><td></td><td>索引号</td><td></td></tr>
<tr><td></td><td>索引号</td><td></td></tr>
<tr><td></td><td>索引号</td><td></td></tr>
<tr><td colspan="4">四、人员安排</td></tr>
<tr><td colspan="2">1. 项目组成员姓名</td><td>职　位</td><td></td></tr>
<tr><td colspan="2">2. 质量复核人员姓名</td><td>沟通时间</td><td></td></tr>
<tr><td colspan="4">五、对专家或有关人士工作的利用</td></tr>
<tr><td>1. 对内部审计工作的利用</td><td></td><td>索引号</td><td></td></tr>
<tr><td>2. 对专家工作的利用</td><td></td><td>索引号</td><td></td></tr>
<tr><td>3. ……</td><td></td><td>索引号</td><td></td></tr>
<tr><td>六、其他事项</td><td></td><td></td><td></td></tr>
</table>

（二）具体审计计划的编制

制订总体审计策略和具体审计计划的过程紧密联系，并且两者的内容也紧密相关。审计人员应当针对总体审计策略中所识别的不同事项，制订具体审计计划，并考虑通过有效利用审计资源以实现审计目标。

注　意

虽然制订总体审计策略的过程通常在具体审计计划之前，但是两项计划活动并不是孤立、不连续的过程，而是内在紧密联系的，对其中一项的决定可能会影响甚至改变对另外一项的决定。在具体实施过程中，审计人员应当根据实施风险评估程序的结果，对总体审计策略的内容予以调整。审计人员制订审计计划时将总体审计策略和具体审计计划相结合，可能会使计划审计工作更有效率和效果。审计人员也可以在制订审计计划时选择总体审计策略和具体审计计划合并为一份审计计划文件的方式。

审计人员应当为审计工作制订具体审计计划。具体审计计划比总体审计策略更加详细，其内容包括为获取充分、适当的审计证据以将审计风险降至可接受的低水平，项目组成员拟实施的审计程序的性质、时间安排和范围。可以说，为获取充分、适当的审计证据，确定审计程序的性质、时间和范围的决策是具体审计计划的核心。具体审计计划一般是通过编制审计程序表的方式体现的，包括风险评估程序、计划实施的进一步审计程序和其他审计程序。审计程序表示例如表 3-18 所示。

表 3-18 审计程序表示例

×××会计师事务所审计程序表

被审计单位　　　审计截止日　　　索引号

审计目标和程序	执行情况	索引	签署
一、年度内报告或公告审计程序 （一）审计目标 确认年度内报告或公告所涉及财务、会计事项的真实性 确认所有重大财务、会计事项已经报告或公告 （二）审计程序 1. 索要被审计单位年度内报告或公告 2. 逐项查核涉及财务、会计事项的报告或公告 2.1 财务、会计事项的真实性确认 2.2 报告或公告的适时性、恰当性确认 3. 查核经审计的重大财务、会计事项，确认不存在应当报告或公告而未报告或公告的情形			
二、募集资金使用的审计程序 （一）审计目标 1. 确认募集资金已按招股说明书承诺使用 2. 确认募集资金的使用情况于会计报表中恰当反映 （二）审计程序 1. 引用招股说明书有关募集资金的运用，列示投资项目的计划投入数，索引经审计的实际投入数 1.1 计算差异 1.2 列明原因 2. 重点核查未实际投入的项目 2.1 缓投的原因核查 2.2 改投的决议核查 3. 核查计划投入数超过实际投入数的投资项目 3.1 投资预算的合理性核查 3.2 节约投资的处理措施核查 4. 核查实际投入数超过计划投入数的投资项目 4.1 投资预算的合理性核查 4.2 不足资金的解决措施核查 5. 核查缓投、改投、再投等有关决议及公告情况			

三、审计计划的更改

计划审计工作并非审计业务的一个孤立阶段，而是一个持续的、不断修正的过程，贯穿于审计业务的始终。由于未预期事项、条件的变化或在实施审计程序中获取的审计证据等原因，审计人员在必要时应当对总体审计策略和具体审计计划作出更新和修改。

四、审计计划工作底稿实例

实例资料：审计计划安排相关会议纪要

温州中源立德会计师事务所接受南宁市骏业材料有限公司（以下简称“南宁骏业”）委托，对南宁骏业2023年年报进行审计。审计项目组于2024年1月对南宁骏业进行审计。负责审计的注册会计师何向东于2024年1月8日实施了审计计划工作。相关资料详见“审计计划安排相关资料信息”二维码和“南宁骏业背景资料”二维码。

要求：根据相关信息资料，制定对南宁骏业实施审计的总体审计策略和具体审计计划，并完成该计划部分的审计工作底稿。

（一）总体审计策略

1. 制定过程

在制定总体审计策略时，应确定审计范围、时间安排，重要因素和重要性水平以及项目组人员。

（1）确定审计范围。考虑编制拟审计的财务信息所依据的财务报告编制基础以及特定行业的报告要求，如某些行业监管机构要求提交的报告，并预期审计工作涵盖的范围。

（2）确定审计时间安排。根据审计业务约定书、出具审计报告时间，结合会计师事务所的人力资源情况，确定审计工作和沟通的时间安排。

（3）确定影响审计业务的重要因素和重要性水平。在审计计划阶段，判断被审计单位重大错报的规模和性质，确定财务报表整体的重要性和特定类别交易、账户余额与披露认定层次的重要性水平（如适用），同时根据职业判断确定实际执行的重要性和微小错报临界值。其中，财务报表整体重要性水平计算模型如下：

$$财务报表整体的重要性水平=基准\times百分比$$

基准考虑的因素包括资产、负债、所有者权益、收入、费用等财务报表要素，同时注册会计师要根据职业判断确定基准百分比。实际执行的重要性通常为财务报表整体重要性的50%～75%，视项目具体情况而定。明显微小错报临界值可确定为财务报表整体重要性的3%～5%，也可能稍低或稍高，但通常不超过财务报表整体重要性的10%。

（4）确定项目组人员。根据业务规模及人力资源情况，确定项目组主要成员、质量复核人员及其主要职责。

注册会计师在必要时可以根据项目后续阶段实施审计程序所获取的信息，对审计范围、时间安排、重要性以及人员安排进行补充、调整及修改。

2. 制定结果

总体审计策略的审计工作底稿，如表3-19、表3-20所示。

表3-19 总体审计策略

被审计单位：南宁骏业	编制：何向东	日期：2024-1-8	索引号：BA-1
会计期间：2023年度	复核：	日期：	页　次：1

一、审计范围	
报　告　要　求	内　　容
适用的财务报告编制基础（包括是否需要将财务信息按照其他财务报告编制基础进行转换）	

续表

适用的审计准则	
与财务报告相关的行业特别规定	
二、审计时间安排 （一）报告时间要求	
审　计　工　作	时　　间
1. 提交审计报告草稿	
2. 签署正式审计报告	
（二）执行审计工作的时间安排	
审　计　工　作	时　　间
1. 制定总体审计策略	
2. 制定具体审计计划	
3. 执行存货监盘	
（三）沟通的时间安排	
沟　　通	时　　间
与管理层的沟通	
与治理层的沟通	
项目组会议（包括预备会和总结会）	
三、影响审计业务的重要因素 （一）重要性	
重　要　性	索　引　号
财务报表整体的重要性	
实际执行的重要性	
明显微小错报的临界值	
（二）可能存在较高重大错报风险的领域	
可能存在较高重大错报风险的领域	

续表

（三）识别重要的交易、账户余额和披露及相关认定
重要的交易、账户余额和披露及相关认定
四、人员安排 （一）项目组主要成员

姓 名	职 级	主要职责

（二）质量复核人员

姓 名	职 级	主要职责

表 3－20 计划和执行审计工作的重要性

被审计单位：南宁骏业 编制：何向东 日期：2024－1－9 索引号：BA－2

会计期间：2023 年度 复核：____ 日期：____ 页 次：____

基 准	建议适用的企业类型	参考基准比例	基数	选择的比例
营业收入				
建议选择的重要性				
财务报表整体的重要性				
重要性金额：				
基本理由：				
实际执行的重要性(可容忍误差)				

续表

基　准	建议适用的企业类型	参考基准比例	基数	选择的比例
百分比：		（财务报表整体重要性的 50%～75%之间）		
重要性金额：				
基本理由：				
明显微小错报的临界值				
百分比：		（财务报表整体重要性的 3%～5%之间）		
金额：				
基本理由：				
注：累计识别出的错报中，注册会计师可对于事实错报提请被审计单位直接调整				

（二）具体审计计划

1. 制定过程

(1) 风险评估程序。风险评估程序是注册会计师按照《中国注册会计师审计准则第 1211 号——重大错报风险的识别和评估》的规定，为识别和评估财务报表重大错报风险并根据审计项目情况对风险识别和评估所作的计划方案，内容主要涵盖计划实施的风险评估程序的性质、时间安排和范围，如制定了解被审计单位及其环境（含内部控制）的人员分工，所实施审计程序类型以及时间安排计划。风险评估程序通常在审计工作开始阶段进行。

(2) 计划实施的进一步审计程序。进一步审计程序是注册会计师按照《中国注册会计师审计准则第 1231 号——针对评估的重大错报风险采取的应对措施》的规定，针对注册会计师评估的重大错报风险，所采取的应对措施的具体计划。计划的进一步审计程序可分为进一步审计程序的总体方案和拟实施的具体审计程序（包括进一步审计程序的具体性质、时间安排和范围）两个层次。进一步审计程序的总体方案主要指针对各类交易、账户余额和披露决定采用的总体方案（即实质性方案或综合性方案），而具体审计程序则是对总体方案的延伸和细化，通常包括控制测试和实质性程序的性质、时间安排和范围。

(3) 其他审计程序。其他审计程序是注册会计师根据审计业务的情况需要，实施的其他审计程序，可以包括进一步审计程序计划中没有涵盖，但依据其他审计准则的要求应当执行的既定程序。如根据《中国注册会计师审计准则第 1141 号——财务报表审计中与舞弊相关的责任》《中国注册会计师审计准则第 1324 号——持续经营》《中国注册会计师审计准则第 1142 号——财务报表审计中对法律法规的考虑》等准则规定应当执行的程序。

2. 制定结果

具体审计计划的审计工作底稿，如表 3－21、表 3－22、表 3－23 所示。

表 3－21 具体审计计划——风险评估

被审计单位：南宁骏业　　编制：何向东　　日期：2024－1－9　　索引号：BB－1

会计期间：2023 年度　　复核：　　日期：　　页 次：1

序号	审计程序及内容	执行人	技术级别	执行日期	修改日期	底稿索引号
一、	审计计划					
（一）	总体审计策略编制					BA－1
（二）	计划和执行审计工作时的重要性					BA－2
（三）	具体审计计划					BB－1 至 BB－3
二、	了解被审计单位及其环境（不包含内部控制）					
（一）	行业状况、法律环境与监管环境以及其他外部因素					BC－1－1
（二）	被审计单位的性质					BC－1－2
（三）	被审计单位对会计政策的选择和运用					BC－1－3
（四）	被审计单位的目标、战略以及相关经营风险					BC－1－4
（五）	被审计单位财务业绩的衡量和评价					BC－1－5
三、	了解被审计单位内部控制					
（一）	在被审计单位整体层面了解内部控制					BD－1
（二）	在被审计单位业务流程层面了解和评价内部控制					CGL、GXL、SCL、XSL、CZL、GZL、ZJL
四、	项目小组讨论纪要——风险评估					BE
五、	风险评估结果汇总表					BF

表 3－22 具体审计计划——进一步审计程序

被审计单位：南宁骏业　　编制：何向东　　日期：2024－1－9　　索引号：BB－2

会计期间：2023 年度　　复核：　　日期：　　页 次：1

一、控制测试

序号	审计程序及内容	是否执行	不执行理由说明	执行人	技术级别	执行日期	修改日期	底稿索引号
（一）	货币资金							
（二）	采购与付款循环							

续表

序号	审计程序及内容	是否执行	不执行理由说明	执行人	技术级别	执行日期	修改日期	底稿索引号
（三）	生产与存货循环							
（四）	销售与收款循环							

二、实质性程序

序号	审计程序及内容	是否执行	不执行理由说明	执行人	技术级别	执行日期	修改日期	底稿索引号
（一）	资产类							
1	货币资金							
2	应收账款							
3	其他应收款							
4	存货							
5	固定资产							
6	在建工程							
7	固定资产清理							
（二）	负债类							
1	应付账款							
2	其他应付款							
（三）	损益类							
1	营业收入							
2	营业成本							
3	税金及附加							
4	销售费用							
5	管理费用							

表 3-23 具体审计计划——其他项目

被审计单位：南宁骏业　　编制：何向东　　日期：2024-1-9　　索引号：BB-3

会计期间：2023 年度　　复核：　　日期：　　页 次：1

序号	审计程序及内容	是否执行	不执行理由说明	执行人	技术级别	执行日期	修改日期	底稿索引号
一	对舞弊风险的考虑及评估	不适用						
二	收入确认舞弊风险评估和应对	是						DA1
三	对被审计单位违法法规行为的考虑	是						DB
四	前后任注册会计师的沟通	不适用						
五	关联方关系及其交易	是						DD
六	持续经营	是						DE
七	首次审计业务涉及的期初余额	不适用						
八	或有事项	是						DG
九	期后事项	是						DH
十	比较信息	是						DI
十一	会计政策变更和会计差错更正	不适用						
十二	会计估计	是						DK
十三	债务重组	不适用						
十四	非货币性交易	不适用						
十五	承诺事项	是						DN
十六	含有已审计财务报表的文件中的其他信息	是						DO
十七	对环境事项的考虑	不适用						
十八	电子商务对财务报表审计的影响	不适用						
十九	对集团审计的特殊考虑	不适用						
二十	诉讼和索赔	不适用						
二十一	利用注册会计师的专家的工作	不适用						
二十二	利用管理层的专家的工作	不适用						
二十三	分部信息	不适用						
二十四	利用内部审计人员的工作	不适用						
二十五	重大非常规交易风险评估和应对	不适用						
二十六	会计分录测试	是						DY

项目四

评估与应对审计风险

知识目标

1. 掌握重大错报风险的识别和评估。
2. 了解内部控制的内容，掌握审计风险的应对。
3. 熟悉控制测试和实质性程序的性质、时间和范围。
4. 熟悉属性抽样法和变量抽样法。

能力目标

1. 能够识别、评估审计风险。
2. 能够应对重大错报风险。
3. 能够进行控制测试和实施实质性程序。
4. 能够进行抽样审计。

案例导入

案例导入分析：项目四

东瓯玩具公司是某地区最大的玩具生产厂家。公司经营非常成功，利润稳步增长。但在2022年，随着行业竞争的加剧及生产线的扩张，东瓯玩具公司的盈利能力和变现能力出现问题。到了2023年，玩具业的销售额锐减，东瓯玩具公司发现除非筹集到额外资金，否则公司将面临资金周转困难，并可能拖欠债务。

为了实现利润增长目标，东瓯玩具公司财务主管伙同主管市场的副总，编造了12月的销售数据，并伪造了销售发票，故仅在12月的最后一个星期公司就对外发运了超过1 800万元的玩具。东瓯玩具公司2023年度的财务报表显示出稳定增长的财务状况。

讨论题：

1. 在风险评估中，注册会计师发现了哪些预警信号？
2. 审计人员根据什么特征识别公司存在特殊风险？
3. 在审计中，应当从哪些方面了解被审计单位及其环境，才能不被财务报表中的假象蒙蔽？

任务一 了解内部控制

课程视频：内部控制

一、内部控制概述

任何单位都应建立自己的内部控制，如会计与出纳的分工、采购批准与执行职务的分离、控制销售发票的开具与收款不能由一人经办、收款收据与发料单必须编号控制等，这些控制与单位的经营管理形影相随。内部控制是被审计单位为了合理保证财务报告的可靠性、经营的效率和效果以及对法律法规的遵守，由治理层、管理层和其他相关人员设计与执行的政策及程序。内部控制包括了以下主要内容：

（1）内部控制的目标是合理保证财务报告的可靠性、经营活动的效率和效果以及在所有经营活动中遵守法律法规的要求。

（2）实现内部控制目标的手段是设计和执行有效的控制政策和程序，如职责分工，不相容职务的分离，内部相互复核、监控的措施，发现与纠正错弊的机制等。

（3）设计和实施内部控制的责任主体是各单位的治理层、管理层和其他人员，组织中的每一个人都对内部控制负有责任。

内部控制包括被审计单位使用并依赖的、用以在交易流程中防止错报的发生或在发生错报后发现与纠正错报的所有政策和程序，通常划分为预防性控制和检查性控制。预防性控制通常用于正常业务流程的每一项交易中，以防止错报的发生。缺少有效的预防性控制增加了数据发生错报的可能性，尤其是在相关账户及其认定存在较高重大错报风险时。检查性控制是管理层用来发现流程中可能发生的错报，监督预防性控制能否有效地发挥作用，实现业务流程目标的控制。例如，企业应建立出纳不能保管会计档案的预防性控制，以防止“一证二用”的错弊；同时还应经常检查出纳是否会以各种理由接触会计档案，如是否常到会计档案室聊天、与档案保管人员是否有三代以内的血亲关系等，以监控这项措施的效果。

二、内部控制存在固有局限性

内部控制无论如何设计和执行，都只能对财务报告的可靠性提供合理保证。内部控制存在的固有局限性包括：

（1）内部控制设计中的局限性。内部控制一般是针对经常、重复发生的业务而设置的，如果出现不经常发生或未预计到的业务，原有控制就可能不适用。当实施某项控制的成本大于控制效果而发生损失时，企业往往不会设置控制环节或控制措施，从而产生没有发现错报的预防性控制。

（2）内部控制执行中的局限性。内部控制在执行中可能由于两个或更多的人员进行串通或管理层凌驾于内部控制之上而被规避。被审计单位内部行使控制职能的人员素质不适应岗位要求，也会影响内部控制功能的正常发挥。在执行时人为判断可能出现错误，也可能会导致内部控制失效。例如，被审计单位信息技术工作人员没有完全理解系统如何处理销售交易，为使系统能够处理新型产品的销售，可能错误地对系统进行更改等。

三、内部控制的内容

一个良好的内部控制应当包括控制环境、风险评估、信息系统与沟通、控制活动、内部监督五个要素，审计人员应从这五个方面来了解被审计单位的内部控制。

1. 控制环境

控制环境包括治理职能和管理职能，以及治理层和管理层对内部控制及其重要性的态度、认识和措施。控制环境的具体内容主要包括：治理层的参与程度，管理层对诚信和道德价值观念的沟通与落实，管理层对胜任能力的重视，管理层的理念和经营风格，组织结构及职权与责任的分配，人力资源政策与实务等。

审计人员应当对控制环境的构成要素进行足够的了解，以获知管理层和治理层对内部控制及其重要性的态度、认识以及所采取的措施。在评价控制环境各个要素时，审计人员应当了解管理层在治理层的监督下，是否建立了防止或发现并纠正舞弊和错误的恰当控制。在评价控制环境的设计和实施情况时，审计人员应当考虑控制环境各个要素是否得到执行，以考察内部控制的实质及其综合效果。

注　意

控制环境本身并不能防止或发现并纠正各类交易、账户余额、披露认定层次的重大错报，审计人员在评估重大错报风险时，应当将控制环境连同其他内部控制要素产生的影响一并考虑，与其他风险评估程序相结合以获取审计证据。

2. 风险评估

被审计单位的风险评估包括识别与财务报告相关的经营风险，以及针对这些风险所采取的措施。如被审计单位如何考虑某些重大交易未记录的风险，重大会计估计与实际情况严重偏离的风险，新产品或新市场开发失败的风险等。风险评估的作用是识别、评估和管理影响被审计单位实现经营目标能力的各种风险。而针对财务报告目标的风险评估则包括识别与财务报告相关的经营风险，评估风险的重大性和发生的可能性，以及采取措施管理这些风险。

审计人员应当了解被审计单位的风险评估过程和结果。在审计过程中，如果发现与财务报表错报有关的风险因素，审计人员可通过向管理层询问和检查有关文件确定被审计单位的风险评估是否也发现了该风险；如果识别出管理层未能识别的重大错报风险，审计人员应当考虑被审计单位的风险评估为何没有识别出这些风险，以及评估过程是否适合于具体环境。例如，在销售与收款循环中，如果发现了销售收入的截止性错报的风险，审计人员应当考虑管理层是否也识别了该风险，以及管理层如何应对该风险。

3. 信息系统与沟通

被审计单位的财务报告相关的信息系统与沟通应该与业务流程相适应。业务流程是指被审计单位的采购、生产、销售、提供服务，以及保证遵纪守法、记录信息等进行的一系列活动。财务报告相关的信息系统与沟通包括用以生成、记录、处理和报告交易、事项和情况，对相关资产、负债和所有者权益履行经营管理责任的程序和记录。这些信息系统与沟通的设计与实施，应能实现：❶ 识别与记录所有的有效交易；❷ 及时、详细地描述交易，以便在财务报告中对交易作出恰当的分类；❸ 准确计量交易，以便在财务报告中对交易的金额作出准确的记录；❹ 准确确定交易生成的会计期间；❺ 在财务报表中准确披露交易。

审计人员应当了解对财务报表具有重大影响的各类交易、事项和情况信息，了解信息系统处理过程、管理层凌驾于记录控制之上的行为等，了解治理层、管理层、部门员工是否就在信息系统与沟通中的责任进行了有效的沟通等，以发现与财务报表错报有关的风险因素。

4. 控制活动

控制活动是指有助于确保管理层的指令得以执行的政策和程序，包括与授权、业绩评价、信息处理、实物控制和职责分离等相关的活动。在了解控制活动时，审计人员应当重点考虑一项控制活动单独或连同其他控制活动，是否能够以及如何防止或发现并纠正各类交易、账户余额、列报存在的重大错报。审计人员的工作重点是识别和了解针对重大错报可能发生的领域的控制活动。如果多项控制活动能够实现同一目标，审计人员不必了解与该目标相关的每项控制活动。审计人员对被审计单位的控制活动进行的了解和评估，主要是针对被审计单位的一般控制活动，特别是信息技术的一般控制。小型企业通常难以实施适当的职务分离，审计人员应当考虑小型企业采取的控制活动，特别是职责分离是否有效实现控制目标。

5. 内部监督

内部监督是指被审计单位评价内部控制在一段时间内运行有效性的过程，该过程包括及时评价控制的设计和运行，以及根据情况的变化采取必要的纠正措施。管理层的重要职责之一就是建立和维护控制并保证其持续有效运行，对控制的监督可以实现这一目标。例如，没有对银行存款余额调节表是否得到及时和准确的编制进行监督，该项实物控制就无法得到持续的执行。

通常，被审计单位通过持续的监督活动、专门的评价活动或两者相结合，实现对控制的监督。持续的监督活动贯穿于被审计单位的日常经营活动与常规管理工作中。例如，管理层在履行其日常管理活动时，取得内部控制持续发挥功能的信息，当业务人员或财务人员报告与他们获取的信息有较大的差异时，会对有重大差异的报告提出疑问，并作出必要的追踪调查和处理。被审计单位也可能使用内部审计人员或具有类似职能的人员对内部控制的设计和执行进行专门的评价，以找出内部控制的优点和不足，并提出改进建议。

审计人员应当了解与被审计单位监督活动相关的信息来源，以及管理层认为信息具有可靠性的依据。如果拟利用被审计监督活动使用的信息（包括内部审计报告），审计人员应当考虑该信息是否具有可靠的基础，是否足以实现审计目标。

四、初步评估内部控制

审计人员了解被审计单位内部控制后，应当根据获取的审计证据，评估其设计的合理性并确定其是否得到执行，但这种结论可能随后续的控制测试的结果而变化，所以是初步评估结论。

初步评估结论可能是：❶ 所设计的内部控制单独或连同其他控制能够防止或发现并纠正重大错报，并得到执行；❷ 控制本身的设计是合理的，但没有得到执行；❸ 控制本身的设计是无效的或缺乏必要的控制。

任务二 应对审计风险

《中国注册会计师审计准则第 1231 号——针对评估的重大错报风险采取的应对措施》要求审计人员应当针对评估的财务报表层次重大错报风险，设计和实施总体应对措施。审计人员应当针对评估的认定层次重大错报风险，设计和实施进一步审计程序，包括审计程序的性质、时间安排和范围。

在设计拟实施的进一步审计程序时，审计人员应当注意：考虑形成某类交易类型、账户余额和披露的认定层次重大错报风险评估结果的依据；评估的风险越高，需要获取越有说服力的审计证据。形成某类交易、账户余额和披露的认定层次重大错报风险评估结果的依据包括：❶ 因相关交易类别、账户余额或披露的具体特征而导致错报的可能性（即固有风险）；❷ 风险评估是否考虑了应对重大错报风险的控制（即控制风险），从而要求审计人员获取审计证据以确定控制是否有效运行（即审计人员在确定实质性程序的性质、时间安排和范围时，拟测试控制运行的有效性）。

拓展阅读：《中国注册会计师审计准则第1231号——针对评估的重大错报风险采取的应对措施》

一、重大错报风险的应对措施

审计人员应当针对评估的财务报表层次重大错报风险确定总体应对措施，并针对评估的认定层次重大错报风险设计和实施进一步审计程序，以将审计风险降至可接受的低水平。

（一）财务报表层次重大错报风险的应对措施

课程视频：对认定层次重大错报风险的进一步审计程序

在重大错报风险的评估过程中，当审计人员所识别的重大错报风险与财务报表整体广泛相关，进而影响多项认定时，则属于财务报表层次的重大错报风险。审计人员应当针对评估的财务报表层次重大错报风险，确定下列总体应对措施：

1. 保持职业怀疑态度

审计人员对财务报表层次的重大错报风险，应向项目组强调在收集和评价审计证据过程中保持职业怀疑态度的必要性，更具针对性地实施审计程序。

2. 增强项目组专业胜任能力

由于各行业在经营业务、经营风险、财务报告、法规要求等方面具有特殊性，审计人员的专业细分成为一种趋势。审计项目组成员中应有一定比例的人员曾经参与过被审计单位以前年度的审计，或具有被审计单位所处特定行业的相关审计工作经验。必要时，要考虑利用信息技术、税务、评估、精算等方面专家的工作。所以，审计人员对财务报表层次的重大错报风险，应分派更有经验或具有特殊技能的审计人员，或利用专家进行工作。

3. 提供更多的项目督导

对于财务报表层次重大错报风险较高的审计项目，项目负责人应特别强调重大错报风险所在的领域，更具针对性地指导项目组成员了解拟执行工作的目标，并加强对审计业务过程进行监督、复核。会计师事务所应委派非项目组成员为项目质量复核人员，客观评价项目组对重大错报风险作出的重大判断、疑难问题或争议事项、意见分歧的解决等，以加强项目质量复核效果。

4. 增加审计程序的不可预见性

对于财务报表层次重大错报风险，审计人员必须实施进一步审计程序，包括控制测试或实质性程序。在选择进一步审计程序时，应当注意使某些程序不被管理层预见或事先了解。

审计人员增加审计程序不可预见性的措施主要有：❶ 对某些以前未测试的低于设定的重要性水平或风险较小的账户余额和认定实施实质性程序；❷ 调整实施审计程序的时间，使其超出被审计单位的预期；❸ 采取不同的审计抽样方法，使当年抽取的测试样本与以前有所不同；❹ 选取不同的地点实施审计程序，或预先不告知被审计单位所选定的测试地点（如存货监盘等）。增加审计程序不可预见性的程序，如表 4 - 1 所示。

表 4 - 1 增加不可预见性的审计程序

项　目	审　计　程　序
存　货	(1) 向以前审计过程中接触不多的被审计单位人员询问； (2) 在不事先通知被审计单位的情况下，选择以前未曾去过的盘点地进行存货监盘
销售和应收账款	(1) 实施以前未曾考虑过的审计程序，如以前未关注的交易、函证金额为零的账户； (2) 改变实施实质性分析程序的对象，例如对收入按明细类别进行分析； (3) 针对销售和销售退回延长截止测试期间
采购和应付账款	(1) 如果以前未曾对应付账款余额普遍进行函证，可考虑直接向供应商函证确认余额； (2) 如果经常函证可考虑改变函证的范围或时间； (3) 对以前由于低于设定的重要性水平而未曾测试的采购项目进行细节测试
现金和银行存款	(1) 多选几个月的银行存款余额调节表进行测试； (2) 对有重大银行账户的，考虑改变抽样方法

5. 修改审计程序

对于财务报表层次重大错报风险，应从总体上对拟实施审计程序的性质、时间和范围作出修改。例如，在期末而非期中实施更多的审计程序，主要依赖实质性程序获取审计证据，调整拟实施审计程序的类别及组合，扩大样本规模或采用更详细的数据分析程序等。

（二）认定层次重大错报风险的应对措施

审计人员针对评估的认定层次重大错报的风险，应当设计和实施进一步审计程序。进一步审计程序相对风险评估结果而言，是指审计人员针对评估的各类交易类型、账户余额、列报的认定层次重大错报风险所实施的审计程序，包括控制测试和实质性程序。

课程视频：财务报表层次重大错报风险的总体应对措施

进一步审计程序的目的包括通过实施控制测试确定内部控制运行的有效性，通过实施实质性程序以发现认定层次的重大错报，从而获取充分、适当的审计证据。无论选择何种方案，审计人员都应当对所有重大的各类交易类型、账户余额、披露设计和实施实质性程序。

进一步审计程序的审计方法包括检查、观察、询问、函证、重新计算、重新执行和分析程序等。不同审计程序对特定认定的错报风险的效力是不同的。例如，对于收入发生认定相关的重大错报风险，审计该账户与业务交易（即实质性程序）更能有效应对，而对于收入的完整性认定相关的重大错报风险，测试其内部控制的有效性更能有效应对，因为收入不完整则该账户中是没有记录的。同样地，函证应收账款可以为应收账款在某一时点存在的认定提供审计证据，而对于应收账款计价的认定，通过检查其账龄等方式更能确定其可收回金额。

评估的认定层次重大错报风险越高，越要求审计程序的组合运用。例如，审计人员判断某类交易协议的真实性（发生认定）重大错报风险较高时，除了检查文件以外，还应向第三方询问或函证。

任务三 认识控制测试

一、控制测试的含义

控制测试是指审计人员对被审计单位内部控制运行的有效性所实施的测试。审计人员通过了解被审计单位的内部控制可以评估其内部控制的设计是否合理和健全，并初步确定其是否得到执行。但是，该内部控制是否有效且被一贯执行，则需要进行控制测试。例如，某单位的会计与出纳分工明确，但若他们是父子关系，则可能使这项内部控制无效。

在测试控制运行的有效性时，审计人员应当从下列方面获取关于控制是否有效运行的审计证据：❶ 控制在所审计期间的不同时点是如何运行的；❷ 控制是否得到一贯执行；❸ 控制由谁执行；❹ 控制以何种方式运行，人工控制还是自动化控制等。从这四个方面来看，控制运行有效性强调的是控制能够在各个不同时点按照既定设计得以一贯执行。

作为进一步审计程序的类型之一，控制测试并非在任何情况下都需要实施。当存在下列情形之一时，审计人员应当实施控制测试：

(1) 在评估认定层次重大错报风险时，预期控制的运行是有效的。

(2) 仅实施实质性程序不足以提供认定层次充分、适当的审计证据。

例如，某企业通过高度自动化的系统确定采购品种和数量，生成采购订单，并通过系统中设定的收货确认和付款条件进行付款。除了系统中的相关信息外，该企业没有其他有关订单和收货记录。在这种情况下，如果认为仅通过实施实质性程序不能获取充分、适当的审计证据，审计人员应当考虑依赖的相关控制的有效性，并对其了解、评估和测试。

二、控制测试的性质

控制测试的性质是指控制测试所使用的审计程序的目的及其类型组合。控制测试程序的目的是通过实施控制测试确定内部控制运行的有效性。控制测试的程序类型（即审计方法）通常包括询问、观察、检查、重新执行和穿行测试等。

（一）询问

审计人员可以向被审计单位适当员工询问，获取与内部控制运行情况相关的信息。例如，询问信息系统管理人员有无未经授权接触计算机硬件和软件，向负责复核银行存款余额调节表的人员询问如何进行复核，包括复核的要点、发现不符事项后的处理等。

（二）观察

观察是测试不留下书面记录的控制的运行情况的有效方法，如观察被审计单位职责分离情况，观察存货盘点控制的执行情况等。观察也可运用于实物控制，如查看仓库门是否锁好，或空白支票是否妥善保管。

（三）检查

检查是对运行情况留有书面证据的控制。书面说明、复核时留下的记号，或其他记录在偏差报告中的标志都可以被当作控制运行情况的证据。例如，检查销售发票是否有复核人员签字，检查销售发票是否附有客户订购单和出库单等。

注 意

询问本身并不足以测试控制运行的有效性，审计人员应当将询问程序与其他审计程序结合使用，以获取有关控制运行有效性的审计证据。观察提供的证据仅限于观察发生的时点，本身也不足以测试控制运行的有效性；将询问与检查或重新执行结合使用，通常能够比仅实施询问和观察获取更高的保证。

（四）重新执行

重新执行通常只有当询问、观察和检查程序结合在一起仍无法获得充分的证据时，才被考虑用于证实控制是否有效运行。例如，为了合理保证计价认定的准确性，被审计单位的一项控制是由复核人员核对销售发票上的价格与统一价格单上的价格是否一致。

（五）穿行测试

穿行测试是指通过追踪交易在财务报告信息系统中的处理过程，来证实审计人员对控制的了解、评价控制设计的有效性以及确定控制是否得到执行。穿行测试更常用于了解内部控制时。但在执行穿行测试时，审计人员可能获取部分控制运行有效性的审计证据。

三、控制测试的时间

控制测试的时间包含两层含义：❶ 何时实施控制测试；❷ 实施控制测试时获取审计证据适用的期间或时点。

（一）控制测试实施的时间

审计人员可以在期中或期末实施控制测试。在可能的情况下，审计人员可分别在期中、期末或其他关键时间实施控制测试，以获取不同时点上内部控制运行的变化情况，以及是否持续有效运行的审计证据。审计人员也可利用以前审计已获取的有关控制运行有效性的审计证据，运用职业判断确定其是否在本期运行有效，并考虑在本期发生的变化来决定本期测试的必要性，但两次测试的时间间隔不得超过两年。

（二）审计证据适用的期间或时点

审计人员应根据控制测试的目的确定获取审计证据适用的期间或时点。❶ 如果仅需要测试内部控制在特定时点上运行是否有效，如对被审计单位期末存货盘点有效性进行控制测试，则审计人员只需要获取该时点的审计证据；❷ 某些控制活动可能仅在期中或期中以前发生，之后将难以观察到，如发生管理层变更等，则应考虑在发生时点进行控制测试；❸ 如果需要获取控制在某一期间有效运行的审计证据，如对所审期间采购业务的批准与执行职务分离是否有效性进行控制测试，仅获取与时点相关的审计证据是不充分的，审计人员应当辅以其他控制测试，包括测试被审计单位对控制的监督。

四、控制测试的范围

控制测试的范围是指审计人员对某项控制活动的测试次数。确定控制测试的范围的基本要求是，获取内部控制在整个拟信赖的期间有效运行的充分、适当的审计证据。审计人员在确定某项控制的测试范围时通常考虑下列因素：

（1）被审计单位执行控制的频率。在整个拟信赖的期间，控制执行的频率越高，控制测试的范围越大。

(2) 审计人员拟信赖控制运行有效性的时间长度。在所审计期间，拟信赖控制运行有效性的时间长度不同，在该时间长度内发生的控制活动次数也不同。审计人员需要根据拟信赖控制的时间长度确定控制测试的范围。拟信赖期间越长，控制测试的范围越大。

(3) 为证实控制能够防止或发现并纠正认定层次重大错报所需获取审计证据的相关性和可靠性。一般来说，对审计证据的相关性和可靠性要求越高，控制测试的范围越大。

(4) 通过测试与认定相关的其他控制获取的审计证据的范围。针对同一认定，可能存在不同的控制。当针对其他控制获取的审计证据质量较高时，测试该控制的范围可适当缩小。

(5) 在风险评估时拟信赖控制运行有效性的程度。审计人员在风险评估时对控制运行有效性的拟信赖程度越高，需要实施控制测试的范围越大。

(6) 预期偏差(率)。预期偏差(率)可以用控制未得到执行的预期次数占控制应当得到执行次数的比率加以衡量。在考虑测试结果是否可以得出控制运行有效性的结论时，不可能只要出现任何控制执行偏差就认定控制运行无效，所以需要确定一个合理水平的预期偏差(率)。控制的预期偏差(率)越大，需要实施控制测试的范围越大。如果控制的预期偏差(率)过大，审计人员应当考虑控制可能不足以将认定层次的重大错报风险降至可接受的低水平，从而认为针对某一认定实施的控制测试可能是无效的。

任务四　认识实质性程序

一、实质性程序的含义

实质性程序是指审计人员针对评估的重大错报风险实施的直接用以发现认定层次重大错报的审计程序。审计人员应当针对评估的重大错报风险设计和实施实质性程序，以发现认定层次的重大错报。

在财务报表审计中，由于审计人员可能无法充分识别所有的重大错报风险，加上内部控制存在固有局限性，无论评估的重大错报风险结果如何，审计人员都应当针对所有重大的各类交易、账户余额、披露实施实质性程序。

二、实质性程序的性质

实质性程序的性质是指实质性程序的目的及其类型组合。实质性程序的目的是通过实施实质性程序以发现认定层次的重大错报；实质性程序的两种基本类型是细节测试和实质性分析程序。

(一) 细节测试

细节测试是对各类交易、账户余额、披露的具体细节进行测试，目的在于直接识别财务报表认定是否存在错报，细节测试适用于对各类交易、账户余额、披露的获取与某些认定相关的审计证据，特别适用于存在或发生、计价认定的测试。审计人员需要根据不同的认定层次的重大错报风险设计有针对性的细节测试。例如，在针对存在或发生认定设计细节测试时，审计人员应当选择包含在财务报表金额中的项目，并获取相关审计证据；在针对完整性认定设计细节测试时，审计人员应当选择有证据表明应包含在财务报表金额中的项目，并调查这些项目是否确实包括在内。如为应对被审计单位漏记本期应付账款的风险,审计人员可以检查期后付款记录。

(二) 实质性分析程序

实质性分析程序在技术特征上仍然是分析程序,主要是通过研究数据间关系评价信息,只是将该技术方法用作实质性程序,即用以识别各类交易、账户余额、披露及相关认定是否存在错报。实质性分析程序通常更适用于在一段时间内存在可预期关系的大量交易。

在设计实质性分析程序时应考虑对特定认定使用实质性分析程序的适当性、对已记录的金额或比率作出预期时所依据的内部或外部数据的可靠性、作出预期的准确程度是否足以在计划的保证水平上识别重大错报、已记录金额与预期值之间可接受的差异额。

注 意

应对认定层次重大错报风险时,拟实施的进一步审计程序的性质、时间和范围都应当确保其具有针对性,但其中进一步审计程序的性质是最重要的。例如,审计人员评估的重大错报风险越高,实施进一步审计程序的范围通常越大;但是只有首先确保进一步审计程序的性质与特定风险相关时,扩大审计程序的范围才是有效的。

三、实质性程序的时间

审计人员可以在期中、期末或期末以后实施实质性程序。审计人员可以根据具体情况选择实施实质性程序的时间,但也存在着一些限制性选择,具体如下:

(1) 审计人员评估的某项认定的重大错报风险越高,针对该认定所需获取的审计证据的相关性和可靠性要求也就越高,审计人员越应当考虑将实质性程序集中于期末或接近期末实施。

(2) 发生所审财务报表与会计分录的核对有偏差,检查财务报表编制过程中所作的会计调整较多等情况,应当考虑在期末或期末以后实施实质性程序。

(3) 被审计单位在期末或接近于期末发生了重大交易,或重大交易在期末尚未完成,则交易的发生或截止认定可能存在重大错报的风险,应当考虑在期末或期末以后实施实质性程序。

(4) 被审计单位可能为了保证营利目标的实现,而在会计期末以后伪造销售合同以虚增收入,此时审计人员需要考虑在期末(即资产负债表日)等特定时点获取被审计单位截至期末所能提供的所有的销售合同及相关资料,以防止被审计单位在资产负债表日后伪造销售合同以虚增收入。

(5) 为了获取资产负债表日的存货、现金等实物资产存在的证据,应在期末或接近于期末的时点实施存货、现金等的监盘程序。

(6) 实施实质性程序所需信息在期中之后可能难以获取,如系统变动导致某类交易记录难以获取、对建筑物的地基工程量需要测算等,审计人员应考虑在期中实施实质性程序。

(7) 如果针对某项认定实施实质性程序的目标就包括获取该认定的期中审计证据(为与期末相比较),审计人员应在期末实施实质性程序。

(8) 某些交易或账户余额以及相关认定的特殊性质,如未决诉讼等,规定了审计人员必须在期末或期末以后实施实质性程序。

(9) 对于舞弊导致的重大错报风险(即特别风险),审计人员应当考虑在期末或者接近期末实施实质性程序。

四、实质性程序的范围

评估的认定层次重大错报风险和实施控制测试的结果是审计人员在确定实质性程序的范围时的重要考虑因素。因此,在确定实质性程序的范围时,审计人员应当考虑评估的认定层次重大错报风险和实施控制测试的结果。审计人员评估的认定层次的重大错报风险越高,需要实施实质性程序的范围越广。如果对控制测试结果不满意,审计人员应当考虑扩大实质性程序的范围。

(一) 细节测试范围

在设计细节测试范围时,审计人员除了从样本量的角度考虑测试范围外,还要考虑选样方法的有效性等因素。例如,从总体中选取大额或异常项目,而不是进行代表性抽样或分层抽样。但是,如果为了实现某个具体审计目标有多种审计方案可选时,审计人员应选择成本较低的方案。例如,为了确定被审计单位委托他人保管的有价证券确实存在而且所有权归属于被审计单位,一方面审计人员可以亲自前往存放地点进行核查;另一方面,审计人员也可以通过向证券管理人员进行函证来有效确认证券的存在和所有权。因此,除非有明显迹象表明证券管理人员和被审计单位存在串通舞弊的可能,审计人员应选择后一种方案,因为其在达到相同的审计目标下更经济。

(二) 实质性分析程序的范围

设计实质性分析程序的范围时需要考虑以下两个方面:

(1) 对什么层次上的数据进行分析。审计人员可以选择在高度汇总的财务数据层次进行分析,也可以根据重大错报风险的性质和水平调整分析层次。例如,按照不同产品线、不同季节或月份、不同经营地点或存货存放地点等实施实质性分析程序。

(2) 需要对什么幅度或性质的偏差展开进一步调查。实施分析程序可能发现偏差,但并非所有的偏差都值得展开进一步调查。预期偏差越大,作为实质性分析程序一部分的进一步调查的范围就越小,故确定适当的预期偏差幅度同样属于实质性分析程序的范畴。在设计实质性分析程序时,审计人员应当确定已记录金额与预期值之间可接受的差异额。在确定该差异额时,审计人员应当主要考虑各类交易、账户余额、列报及相关认定的重要性和计划的保证水平,可接受的风险水平与实质性程序的性质、时间与范围,如表 4－2 所示。

表 4－2　可接受的检查风险水平与实质性程序的性质、时间和范围

可接受的检查风险水平	性质	时间安排	范围
高	分析性测试和交易测试为主,辅以列报与披露测试	期中审计为主	较少样本 较少证据
中	分析性测试、交易测试和余额测试结合运用,辅以列报与披露测试	期中审计、期末审计和期后审计结合运用	适中样本 适量证据
低	余额测试为主,辅以列报与披露测试	期末审计和期后审计为主	较大样本 较多证据

任务五 认识审计抽样

审计抽样是指注册会计师对具有审计相关性的总体中低于百分之百的项目实施审计程序，使所有抽样单元都有被选取的机会，为注册会计师针对整个总体得出结论提供合理基础。在进行审计抽样时，审计人员会面临抽样风险即审计人员根据样本得出的结论与审计对象总体特征不相符的风险，与样本模型和抽样方法相关。统计抽样能客观地计量抽样风险，其可分为属性抽样法和变量抽样法。

一、属性抽样法

属性抽样法是指在给定抽样误差和可靠程度的保证下，以样本差错率推断总体差错率的一种方法，大多用于测试内部控制制度的健全有效程度，其主要步骤如下。

（一）确定预计差错发生率

预计差错发生率是总体（被审计资料的全体）可能出现的差错概率。它是审计人员在对被审计单位内部控制制度进行小范围测试后，并根据被审计单位的经济规模、业务频繁程度和上一次审计的情况，作出差错量或异常量多少的估计，用差错量或异常量占总体的百分率表示。

预计差错发生率与被审计单位内部控制制度和会计核算质量密切相关。如果内部控制制度无效，会计核算质量差，则预计差错发生率高，那么抽样的规模应更大，抽取的样本更多；反之，抽取的样本就可以更少。因此，预计差错发生率与样本数量呈正比例关系。

（二）确定精确度

精确度是对审查结果的差错率与总体中客观存在的差错率所期望的差错幅度。例如，预计差错率为 3%，精确度为±1%，审查后的差错率如为 2%（下限）～4%（上限），都可视为符合抽查质量要求。精确度也可以用绝对数表示，如±2 000 元。精确度数值越大，即差错容许界限越大，则抽查的样本数越少，即精确度的高低与抽取样本数呈反比例关系。审计人员需要根据控制属性的重要性，依靠其职业判断来确定精确度的大小。一般来说，控制属性越重要，精确度要求越高；反之，则可适当放宽。

（三）确定可靠程度

可靠程度测定抽样的可靠性。若可靠程度为 90%，即要求对其正确性有 90%的把握。要求样本的可靠程度越高，需要的样本量越大，当样本量等于总体量时，可靠程度为 100%。可靠程度的数值区间一般为 90%～99%。

可靠程度与概率度（t）密切相关，概率度（t）反映的是极限误差的相对程度，在数值上等于极限误差为抽样平均误差的倍数。两者之间的数量关系如表 4－3 所示。

表 4－3　可靠程度与概率度（t）之间的关系

概率度（t）	1.00	1.65	1.96	2.00	2.58	3.00
可靠程度	68%	90%	95%	95.45%	99%	99.73%

（四）确定样本数量

审计人员可以通过样本量确定表确定样本量，如表 4－4、表 4－5、表 4－6 所示。

表 4－4　样本量确定表(可靠程度：90%)

预计差错率/%	精确度上限/%															
	0.5	1	2	3	4	5	6	7	8	9	10	12	14	16	18	20
0.00	460	230	120	80	60	50	40	40	30	30	25	**	**	**	**	**
0.25	*	400	200	140	100	80	70	60	50	50	40	40	30	30	**	**
0.50		800	200	140	100	80	70	60	50	50	40	40	30	30	30	**
1.00			400	180	100	80	70	60	50	50	40	40	30	30	30	**
1.50			*	320	180	120	90	60	50	50	40	40	30	30	30	**
2.00				600	200	140	90	80	50	50	40	40	30	30	30	**
2.50				*	360	160	120	80	70	60	40	40	30	30	30	**
3.00					800	260	160	100	90	60	60	50	30	30	30	**
3.50					*	400	200	140	100	80	70	50	40	40	30	**
4.00						900	300	200	100	90	70	50	40	40	30	**
4.50						*	550	220	160	120	80	60	40	40	30	**
5.00							*	320	160	120	80	60	40	40	30	**
5.50							*	600	280	160	120	70	50	40	30	30
6.00								*	380	200	160	80	50	40	30	30
6.50								*	600	260	180	90	60	40	30	30
7.00									*	400	200	100	70	40	40	40
7.50									*	800	280	120	80	40	40	40
8.00										*	460	160	100	50	50	40
8.50										*	800	200	100	70	50	40
9.00											*	260	100	80	50	40
9.50											*	380	160	80	50	40
10.00												500	160	80	50	40
11.00												*	280	140	70	60
12.00													550	180	90	70
13.00													*	300	160	90
14.00														600	200	100
15.00														*	300	140
16.00															650	200
17.00															*	340
18.00																700
19.00																*

注：❶ * 表示大于 1 000；❷ ** 表示小于 25。

表 4-5 样本量确定表(可靠程度:95%)

预计差错率/%	精确度上限/%															
	0.5	1	2	3	4	5	6	7	8	9	10	12	14	16	18	20
0.00	600	300	150	100	80	60	50	50	40	40	30	30	**	**	**	**
0.25	*	650	240	160	120	100	80	70	60	60	50	40	40	30	30	30
0.50		*	320	160	120	100	80	70	60	60	50	40	40	30	30	30
1.00			600	260	160	100	80	70	60	60	50	40	40	30	30	30
1.50			*	400	200	160	120	90	60	60	50	40	40	30	30	30
2.00				900	300	200	140	90	80	70	50	40	40	30	30	30
2.50				*	550	240	160	120	80	70	70	40	40	30	30	30
3.00					*	400	200	160	100	90	80	60	50	30	30	30
3.50					*	650	280	200	140	100	80	70	50	40	40	30
4.00						*	500	240	180	100	90	70	50	40	40	30
4.50						*	800	360	200	160	120	80	60	40	40	30
5.00							*	500	240	160	120	80	60	40	40	30
5.50							*	900	360	200	160	90	70	50	50	30
6.00								*	550	280	180	100	80	50	50	30
6.50								*	1 000	400	240	120	90	60	40	30
7.00									*	600	300	140	100	70	50	40
7.50									*	*	460	160	100	80	50	40
8.00										*	650	200	100	80	50	50
8.50										*	*	280	140	80	70	50
9.00											*	400	180	100	70	50
9.50											*	550	200	120	70	50
10.00												800	220	120	70	50
11.00												*	400	180	100	70
12.00													900	280	140	90
13.00													*	460	200	100
14.00														1 000	300	160
15.00														*	500	200
16.00															*	300
17.00																550
18.00																*
19.00																*

注:❶ * 表示大于 1 000;❷ ** 表示小于 25。

表 4－6　样本量确定表(可靠程度：99%)

预计差错率/%	精确度上限/%															
	0.5	1	2	3	4	5	6	7	8	9	10	12	14	16	18	20
0.00	920	460	230	160	120	90	80	70	60	50	50	40	40	30	30	30
0.25	*	*	340	240	180	140	120	100	90	80	70	60	50	40	40	40
0.50		*	500	280	180	140	120	100	90	80	70	60	50	40	40	40
1.00			*	400	260	180	140	100	90	80	70	60	50	40	40	40
1.50			*	800	360	200	180	120	120	100	90	60	50	40	40	40
2.00				*	500	300	200	140	140	100	90	70	50	40	40	40
2.50				*	1 000	400	240	200	160	120	100	70	60	40	40	40
3.00					*	700	360	260	160	160	100	90	60	50	50	40
3.50					*	*	550	340	200	160	140	100	70	50	50	40
4.00						*	800	400	280	200	160	100	70	50	50	40
4.50						*	*	600	380	220	200	120	80	60	60	40
5.00							*	900	460	280	200	120	80	60	60	40
5.50							*	*	650	380	280	160	90	70	70	50
6.00								*	1 000	500	300	180	100	80	70	50
6.50								*	*	800	400	200	120	90	70	60
7.00									*	*	600	240	140	100	70	70
7.50									*	*	800	280	160	120	80	70
8.00										*	*	400	200	140	100	70
8.50										*	*	500	240	140	100	70
9.00											*	700	300	180	100	90
9.50											*	1 000	360	200	140	90
10.00												*	420	220	140	90
11.00												*	800	300	180	140
12.00													*	500	240	160
13.00													*	600	360	200
14.00														*	500	280
15.00														*	900	360
16.00																500
17.00															*	1 000
18.00																*
19.00																*

注：❶ * 表示大于 1 000；❷ ** 表示小于 25。

例如，审计人员确定的预计差错发生率为2.5%、精确度上限为5%、可靠程度为95%，则根据表4-5所列“样本量确定表”查得样本量为240。当总体数量较多时，也可以用公式算得样本量。确定样本单位数的公式如下：

$$n=\frac{t^2p(1-p)}{\Delta^2}$$

式中，n——样本单位数；

t——概率度；

p——预计差错率；

Δ——精确度。

（五）选择随机抽样方法

确定样本数量只是解决了“抽多少”的问题，而要产生恰当的样本，关键在于解决“如何抽”的问题。在统计抽样的情况下，随机抽样法主要有随机数表法、系统抽样法、分层抽样法和整群抽样法四种。

1. 随机数表法

随机数表是由0～9的数字组合而成，每个数字在表上出现的次数大致相同，出现的顺序也按随机原则排列。随机数表的内容如表4-7所示。

表4-7 随机数表

序号	1	2	3	4	5	6	7	8	9	10
1	32 044	69 037	29 655	09 211	81 034	40 582	01 584	77 184	85 762	46 505
2	23 821	96 070	82 592	81 642	08 971	07 411	09 037	81 530	56 195	98 425
3	82 383	94 987	66 441	28 677	95 961	78 346	37 916	09 416	42 438	48 432
4	68 310	21 792	71 635	86 089	38 157	95 620	96 718	79 554	50 209	17 705
5	94 856	76 940	22 165	01 414	01 413	37 231	05 509	37 489	56 459	52 983
6	95 000	61 958	83 430	98 250	70 030	05 436	74 814	45 978	09 277	13 827
7	20 764	64 638	11 359	32 556	89 822	02 713	81 293	52 970	25 080	33 555
8	71 401	17 964	50 940	95 753	34 905	93 566	36 318	79 530	51 105	26 952
9	38 464	75 707	16 750	61 371	01 523	69 205	32 122	03 436	14 489	02 086
10	59 422	59 247	74 955	82 835	98 378	83 513	47 870	20 795	01 352	89 906
11	11 818	40 951	99 279	32 222	75 433	27 397	46 214	48 872	26 536	41 042
12	65 785	06 837	96 483	00 230	58 220	09 756	00 533	17 614	98 144	84 827
13	05 933	69 834	57 402	35 168	84 138	44 850	11 527	05 692	84 810	44 109
14	31 722	97 334	77 178	70 361	15 819	35 037	46 319	21 085	37 957	05 102

续表

序号	1	2	3	4	5	6	7	8	9	10
15	95 118	88 373	26 934	42 991	00 142	90 852	14 199	93 593	76 028	23 664
16	14 347	69 760	76 797	91 159	85 189	84 766	88 814	90 023	62 928	14 789
17	64 447	95 461	85 772	84 261	82 306	90 347	87 519	03 144	16 530	52 542
18	82 291	62 993	83 884	69 165	14 135	25 283	35 685	47 029	62 941	37 099
19	45 631	73 570	53 937	02 803	60 044	85 567	10 497	26 882	50 000	47 039
20	59 594	78 376	47 900	30 057	94 668	04 629	10 087	13 562	13 800	15 764
21	72 010	44 720	92 746	82 059	42 361	54 456	66 999	77 103	47 491	65 161
22	35 419	04 632	07 000	25 529	72 128	90 494	05 118	34 453	42 189	82 994
23	71 750	86 044	76 982	81 606	93 646	00 776	06 067	10 638	08 818	94 242
24	84 739	48 460	08 613	88 344	27 585	44 997	58 464	68 682	56 828	78 191
25	38 929	79 307	78 252	14 446	21 545	34 737	48 625	61 374	32 181	17 834
26	67 690	88 918	06 316	08 110	24 591	38 729	53 296	64 295	87 158	64 938
27	64 601	76 493	91 280	23 056	21 242	26 983	34 203	40 045	82 157	65 050
28	72 065	44 093	88 240	17 510	73 412	88 774	96 914	05 702	17 130	20 916
29	90 255	74 930	08 500	64 177	13 202	15 085	15 734	75 555	63 812	57 696
30	28 621	05 997	60 429	26 054	65 632	27 972	42 932	81 090	49 530	35 918

表 4－7 中所列数字均为五位数，实务中可以不限于五位数，也可以用两位、三位或四位数字。使用这种方法的顺序是先将被查样本的全部个体按顺序编号，再运用随机数表抽取样本。抽取样本时，必须说明用表的方法，即从哪一列、哪一行开始，使用的是哪几位数。例如，从 1 000 张编号自 0001 号至 1000 号的记账凭证中抽查 10%，即抽取 100 张记账凭证，选择数字时，可以从表的任何地方开始，假定从随机数表的第五行开始，从左至右选择，用表中五位数字的后三位，则可选出 856、940、165、414、413、231、509、489、459、983 十个数字。第五行数字用完后，可从第六行、第七行等继续抽取，直至抽满 100 个数字为止。

2. 系统抽样法

系统抽样法又称间隔抽样法，是指先计算间隔，再确定选样起点，最后再根据间隔和起点，顺序选取样本的一种选样方法。确定间隔数的公式如下：

$$M=\frac{N}{n}$$

式中，M——抽样间隔数；

N——总体数量；

n——抽样数量。

假定从前 10 张凭证中随机选定一张凭证，如从 4# 开始。每间隔 10 张凭证抽取一张，即 4#、14#、24#、34#、44#、54#、64# 等，直到抽完凭证为止。

3. 分层抽样法

分层抽样法又称分组随机抽样法，是指按照一定标准将总体划分为若干层次，然后对每一层次进行随机抽样的一种选样方法。例如，将销售凭证按照金额大小分为三组，第一组金额较大，第二组金额中等，第三组金额较小。运用分层抽样法，第一组为第一层次，该层次全部抽查；第二组为第二层次，该层次可利用随机数表进行抽查；第三组为第三层次，该层次可采用系统抽样法抽取样本。

4. 整群抽样法

整群抽样法是指按某一标志将总体全部个体分成若干群，以群作为抽样单位，然后按随机原则抽出若干群作为样本进行审查的一种选样方法。

（六）评价抽样结果，推断总体特征

样本项目完成抽取并经审查后，就可得到样本差错率。审计人员应将样本差错率与确定样本规模时所使用的预计差错率作比较，并确定是否要对抽样作适当调整。样本差错率与预计差错率关系，如表 4-8 所示。

表 4-8 样本差错率与预计差错率关系

两者关系	样本规模说明
样本差错率与预计差错率大致相同	说明样本规模符合抽样要求
样本差错率小于预计差错率	说明样本规模过大，样本已审完毕，缩小样本已无必要
样本差错率大于预计差错率	说明样本规模过小，应以样本差错率重新确定样本规模，重新计算样本差错率

属性抽样的审计结论是以一定的可靠程度确信总体差错率不超过某一百分比，这个百分比就是样本差错率加上精确度。如果审计人员能接受这一审计结论，表示内部控制制度健全有效；如果审计人员不能接受这一审计结论，则需采取下列某项措施：❶ 增大样本量，重新计算样本差错率；❷ 分析超过预计差错率的原因，有针对性地采取措施；❸ 对内部控制制度不信任时，采取其他审计方法。

例 4-1

为测定大明工厂材料控制制度执行情况，审计人员对该厂 2023 年上半年 4 000 笔材料收发业务进行审计。根据上半年度审计报告确定预计差错率为 3%，可靠程度为 95%，精确度为±2%。

（1）确定样本单位数（计算结果取整数）：

$$n=\frac{t^2p(1-p)}{\Delta^2}=\frac{1.96^2\times 3\%\times 97\%}{(2\%)^2}\approx 280(\text{笔})$$

（2）计算样本差错率。审计人员抽取280笔业务后对其审查，假定有8笔业务不符合内部控制制度要求，则：

$$\text{样本差错率}=\frac{8}{280}\times 100\%=2.86\%$$

由于样本差错率（2.86%）小于预计差错率（3%），审计人员因此得出总体差错率为0.9%～4.9%。审计人员应明确能否接受这一推断结果，如果经过判断认为能接受，表示被审计单位的内部控制制度是健全有效的。审计结论为：以95%的把握推测4 000笔材料收发业务差错率最高不超过4.9%，说明该厂内部控制制度是健全有效的。

二、变量抽样法

变量抽样法是以样本差错额测定总体差错额而采用的一种方法。变量抽样法大多用于对盘存账户和应收款项账户余额的实质性测试。变量抽样法的基本步骤为下列五个步骤。

（一）确定审计总体和样本单位

审计人员先根据审计目标确定审计范围即审计总体，然后选定抽样方法，以确定预备样本量，根据预备样本量选取样本（一般选30～50个）。除此以外，还需要估计总体的标准差。

（二）对样本进行审计

样本确定后，即可对样本进行审查，以确定样本差错的实际情况，并根据样本差错的情况进行以下的计算：

（1）计算样本的平均额（$\bar{d}$）：

$$\bar{d}=\frac{\sum d_i}{n}$$

式中，d——样本个体数额；

n——样本数。

（2）计算样本标准差（s）：

$$s=\sqrt{\frac{\sum(d_i-\bar{d})}{n}}$$

（3）计算抽样单位数（n）：

$$n=\frac{t^2s^2N^2}{\Delta^2}$$

式中，t——概率度；

N——总体量；

Δ——可容忍的总体量误差。

（三）评价抽样结果

审计人员应将计算的抽样单位数与预备样本量进行比较。若预备样本量大于或等于计算的样本量，表示样本标准差小于预计总体标准差，由此可推算出样本特征接近总体特征，样本标准差具有代表性；若预备样本量小于计算的样本量，表示样本标准差大于预计总体标准差，需按计算的样本量扩大样本规模，增加抽查样本单位，直到所计算的样本标准差小于或等于预计的总体标准差为止。

（四）推断总体

以样本的平均值作为总体平均数进行估计，对总体的总金额进行区间估计。个体金额区间与总体金额区间的计算方式如下：

个体金额区间＝总体平均数±个体精确度

总体金额区间＝总体平均数×总体数±精确度

（五）作出审计结论

当样本可以接受时，利用可靠程度对总体进行推断，从而形成审计结论，即审计人员在事先要求的可靠程度下，保证实际总值在总体金额区间范围内。

例 4－2

某企业有 2 000 件存货平时不按实际成本计价，而在年终抽取其中的一部分，测算结存额，即没有账面总额。审计人员决定可允许的差错货币总额在±60 000元范围内，设置 95％的可靠程度，估计总体的标准差为 140 元，在总体中随机抽取 30 件预备样本，获得平均值为 4 000 元，标准差为 150 元。

先确定总体范围为平时不按实际成本计价的全部存货，然后计算抽样单位数。

$$n=\frac{t^2s^2N^2}{\Delta^2}=\frac{1.96^2\times150^2\times2\,000^2}{60\,000^2}=96(\text{件})$$

由于选取的预备样本量小于计算的样本量，故应补充样本量，重新审查。

补充样本量＝96－30＝66(件)

补充样本量后，重新计算 96 件存货的平均值和标准差分别为 4 032.97 元和 136 元，由于补充样本量后计算的标准差(136 元)小于估计的总体标准差(140 元)，说明重新抽查后的样本特征接近总体特征，这时可据以进行总体推断。

总体存货平均值＝4 032.97±30(元)

总体存货金额估计值＝8 065 940±60 000(元)

审计人员可以得出这样的结论：有 95％的把握确定 2 000 件存货的实际金额为 8 005 940～8 125 940 元。

任务六 实施审计风险评估程序

一、识别和评估风险的概念

在风险导向审计模式下，审计人员以重大错报风险的识别、评估和应对为审计工作的主线，最终将审计风险控制在可接受的低水平内。识别和评估风险是审计风险控制流程的起点。识别和评估风险，是指审计人员通过风险评估程序，识别和评估财务报表层次和认定层次重大错报风险。其中，识别风险是指找出不同层次的重大错报风险；评估风险是指对重大错报发生的可能性和后果严重程度进行评估。

二、识别和评估重大错报风险

（一）识别重大错报风险

审计人员应当在了解被审计单位及其环境（包括内部控制）的整个过程中识别风险，并考虑所识别的风险是否重大。

下列事项和情况可能表明被审计单位存在重大错报风险：❶ 在经济不稳定的国家、严厉监管的环境中开展业务；❷ 持续经营、资产流动性出现问题，包括重要客户流失；❸ 融资能力受到限制；❹ 关键人员变动；❺ 发生重大的非常规交易；❻ 发生重大的关联方交易；❼ 事项或交易在计量时存在重大不确定性；❽ 存在未决诉讼和或有负债；❾ 开发新产品、提供新服务、进入新的业务领域或开辟新的经营场所；❿ 按照管理层特定意图记录的交易。

（二）评估重大错报风险的层次

审计人员识别出重大错报风险后，还应评估其风险层次，即确定该重大错报风险是财务报表层次的重大错报风险，还是认定层次的重大错报风险。

1. 财务报表层次的重大错报风险

财务报表层次的重大错报风险是指与财务报表整体广泛相关的重大错报风险，进而影响多项认定。例如，在经济不稳定的国家或地区开展业务、资产的流动性出现问题、重要客户流失、融资能力受到限制等，可能导致审计人员对被审计单位的持续经营能力产生重大疑虑。又如，管理层缺乏诚信或承受了异常的压力，可能引起舞弊风险。

财务报表层次的重大错报风险也可能源于薄弱的控制环境。例如，被审计单位治理层、管理层对内部控制的重要性缺乏认识，没有建立必要的制度和程序；管理层经营理念偏于激进，又缺乏实现激进目标的人力资源等。这些缺陷源于薄弱的控制环境，可能对财务报表产生广泛影响，需要审计人员采取总体应对措施。

2. 认定层次的重大错报风险

认定层次的重大错报风险是指与特定的某类交易、账户余额、披露的认定相关的重大错报风险。例如，被审计单位存在复杂的联营或合资，这一事项表明长期股权投资账户的存在，完整性，权利和义务，准确性、计价和分摊认定可能存在重大错报风险。又如，开发的新产品无法外销，该事项表明存货的准确性、计价和分摊认定可能存在重大错报风险。

（三）评估特别风险

作为风险评估的一部分，审计人员应当运用职业判断，确定识别的风险哪些是需要特别考虑的重大错报风险，即特别风险。特别风险可能导致更高的重大错报风险。特别风险通常与重大的非常规交易和判断事项有关，日常的、不复杂的、经正规处理的交易不太可能产生特别风险。非常规交易是指由于金额或性质异常而不经常发生的交易，如企业并购、债务重组、重大或有事项等。判断事项通常包括作出的会计估计，如资产减值金额的估计、需要运用复杂估值技术确定的公允价值计量等。

在确定风险的性质时，审计人员应当考虑下列事项：❶ 风险是否属于舞弊风险；❷ 风险是否与近期经济环境、会计处理方法和其他方面的重大变化有关；❸ 交易的复杂程度；❹ 风险是否涉及重大的关联方交易；❺ 财务信息计量的主观程度，特别是对不确定事项的计量存在较大区间的情况；❻ 风险是否涉及异常或超出正常经营活动的重大交易。

三、审计风险评估工作底稿实例

实例资料：南宁骏业背景资料

温州中源立德会计师事务所，接受南宁市骏业材料有限公司（以下简称“南宁骏业”）委托，对南宁骏业 2023 年年报进行审计。温州中源立德会计师事务所审计项目组于 2024 年 1 月对南宁骏业进行审计。负责审计的注册会计师何向东于 2024 年 1 月 11 日对南宁骏业实施了审计风险评估工作。与该工作业务相关的报表资料见项目五，其他资料详见南宁骏业背景资料。

要求：根据相关信息资料，了解被审计单位及其环境、被审计单位整体层面内部控制和识别与评估重大错报风险，并完成相应的审计工作底稿。

（一）了解被审计单位及其环境

1. 评估过程

了解和评估被审计单位及其环境可以从以下方面进行。

（1）行业状况、法律环境与监管环境以及其他外部因素。结合南宁骏业公司的具体情况，根据审计目标需要，分别针对行业状况、法律环境与监管环境、未决诉讼和预计负债、公共部门实体的特殊考虑以及其他外部因素（宏观因素）进行全面了解。可实施的风险评估程序：❶ 向南宁骏业公司销售经理询问其主要产品、行业发展状况等信息；❷ 将南宁骏业公司的关键业绩指标（销售毛利率、市场占有率等）与同行业中规模相近的企业进行比较。

审计人员根据实施风险评估程序所了解的信息进行评估：南宁骏业公司所在的市场前景较好，行业的利润水平（行业平均利润为 15%）也较高，目前发展有一定的市场优势，法律、监管及宏观的市场因素对公司发展的阻力很小。对此，审计人员预期公司将快速拓展销售市场份额，预期与销售与收款相关的报表项目可能会发生错报风险，但根据当前实施的程序所了解记录的信息尚未发现异常。

（2）被审计单位的性质。审计人员结合南宁骏业公司的具体情况，根据审计目标需要，对公司所有权结构、治理机构、组织结构和经营活动进行一定程度的了解。审计人员可实施的风险评估程序：❶ 向总经理等高管人员询问公司的所有权结构、治理结构、组织结构情况；❷ 向销售经理询问相关市场信息，如客户情况、销售合同、付款条件、主要竞争者、定价政策、营销策略等；❸ 查阅组织结构图、治理结构图、公司章程、有关合同等；❹ 实地察看南宁骏业公司的主要经营场所。

通过上述风险评估程序，审计人员对南宁骏业公司的整体情况有了进一步的了解：❶ 在被审计单位治理结构上，公司治理结构较为单一，治理层同时兼任管理职责，公司上下重大决策由总经理负责，考虑可能存在管理层凌驾内部控制的风险；❷ 在经营方面，公司有专门的原材料供应商定期给公司发送原材料，且已签订长期合作框架协议，价格相对优惠，供应商信誉可靠和产品质量较高，双方协商约定的合同付款条件为在次月还清。公司产品除了部分采取互联网销售外，主要销往南宁地区，在市场销售上依赖大客户，存在一定的业绩压力，财务报表可能存在错报风险，将重点关注销售与收款环节可能存在的重大错报。

(3) 被审计单位对会计政策的选择和运用。结合南宁骏业公司实际情况,在对会计政策的选择和运用上,审计经理主要对以下方面进行了解: ❶ 当前选择和运用的会计政策及政策变更情况;❷ 财务报表中的重大会计估计及披露情况;❸ 新颁布的财务报告准则和法律法规等。

审计经理实施的风险评估程序: ❶ 向财务经理询问南宁骏业公司主要会计政策、会计政策变更的情况、财务部人员情况;❷ 查阅南宁骏业公司会计工作手册,操作指引等财务资料和内部报告。

通过上述程序,审计经理对南宁骏业公司了解的信息: 公司采用了新颁布的企业会计准则,如收入和金融资产方面,且财务报表项目中存在较多核算项目需要使用会计估计,审计经理初步评估南宁骏业公司在执行新会计准则(如收入、金融工具)方面可能存在重大错报风险。

(4) 被审计单位目标、战略以及相关经营风险。在了解南宁骏业公司的目标、战略及相关经营风险方面,根据南宁骏业公司实际情况,主要对以下方面进行了解: ❶ 公司的经营目标及战略;❷ 公司相关的经营风险;❸ 管理层识别和应对风险的方法。

审计经理实施的风险评估程序: ❶ 向总经理等高管询问被审计单位实施的或准备实施的目标和战略;❷ 查阅被审计单位经营规划和其他文件。

通过上述程序,审计经理了解的南宁骏业公司信息有: ❶ 公司经营和战略目标侧重于市场扩张,公司相关的经营风险也可能由于市场扩张而引起;❷ 对于公司可能面临的经营风险,管理层制定了一定的防范控制措施,能够应对可能面临的经营风险;❸ 基于了解的信息,暂未识别到引起财务报表发生重大错报的风险。

(5) 被审计单位财务业绩的衡量和评价。审计经理根据南宁骏业公司实际情况,在对其财务业绩的衡量和评价方面进行了了解: ❶ 公司的关键业绩指标和业绩趋势;❷ 预测、预算和差异分析;❸ 管理层和员工绩效考核与激励性报酬政策;❹ 不同层次部门的业绩报告;❺ 与竞争对手的业绩比较;❻ 外部机构提出的报告。

审计经理实施的风险评估程序: ❶ 与总经理或人事经理访谈了解员工业绩考核与激励性报酬政策等;❷ 查阅被审计单位管理层和员工绩效考核与激励性报酬政策,不同层次部门的业绩报告等;❸ 实施分析程序,将内部财务业绩指标与被审计单位设定的目标值进行比较,与竞争对手的业绩进行比较,分析业绩趋势等。

通过上述程序,审计经理了解的南宁骏业公司信息有: ❶ 公司未制定预算指标,也没有不同层次部门的业绩报告和外部机构提出的报告,竞争对手比较数据暂无法获取,信息了解受限;❷ 公司对于员工制定了绩效考核政策,员工的绩效有一定比例同公司的业绩指标相关联;❸ 相比 2021 年,2022 年的销售收入有较大提升,而利润有所下降,偿债、营运能力也得以较大提升;❹ 可能存在为满足业绩考核要求,提前和虚假确认收入及收入舞弊的风险,应将此作为可能发生重大错报风险的重点关注领域。

(6) 实施初步分析性复核。审计项目经理实施分析性程序,通过对南宁骏业公司资产负债表、利润表两期数据以及财务指标变化对比分析,发现异常项目并了解异常变动的原因,确定对被审计单位的审计重点和重大错报风险领域。

2. 评估结果

了解被审计单位及其环境的审计工作底稿详见表 4－9、表 4－10、表 4－11、表 4－12、表 4－13、表 4－14、表 4－15。

表 4-9 了解被审计单位及其环境(不包括内部控制)(索引号 BC-1-1)

被审计单位：南宁骏业　　编制：何向东　　日期：2024-1-11　　索引号：BC-1-1

会计期间：2023 年度　　复核：______　　日期：______　　页　次：1

行业状况、法律环境与监管环境以及其他外部因素

(一) 实施的风险评估程序

风险评估程序	执行人	执行时间	索引号
向被审计单位销售总监询问其主要产品、行业发展状况等信息	何向东	2024-1-11	BC-1-1-1
将被审计单位的关键业绩指标(销售毛利率、市场占有率等)与同行业中规模相近的企业进行比较	何向东	2024-1-11	BC-1-1-2

(二) 了解的内容和评估出的风险

1. 行业状况

(1) 所在行业的市场供求与竞争。

** 被审计单位的主要产品、所处行业：

** 行业的总体发展趋势和机遇：

** 行业总体发展阶段：

** 被审计单位主要的竞争者及他们所占的市场份额：

** 被审计单位主要竞争者的竞争优势：

(2) 生产经营的季节性和周期性。

** 行业是否受经济周期波动影响，以及公司采取的应对措施：

** 行业生产经营和销售的季节影响：

(3) 行业经营指标(行业平均利润)。

2. 法律环境和监督环境

(1) 适用的会计准则和行业特定惯例。

续表

(2) 受管制行业的法律框架，包括披露要求(所处行业是否受管制行业)。
(3) 对经营活动产生重大影响的法律法规及监管活动。
(4) 对开展经营活动产生重大影响的政府政策，包括货币、财政、税收和贸易政策。
(5) 与被审计单位所处行业和所从事经营活动相关的环保要求。
3. 未决诉讼与预计负债
4. 公共部门实体的特殊考虑
5. 其他外部因素 (1) 宏观经济的景气度。
(2) 利率和资金供求状况。
(3) 通货膨胀水平及币值变动。
(4) 国际经济环境和汇率变动。

表 4-10 了解被审计单位及其环境(不包括内部控制)(索引号 BC-1-2)

被审计单位：南宁骏业　　编制：何向东　　日期：2024-1-11　　索引号：BC-1-2

会计期间：2023 年度　　复核：________　　日期：________　　页　次：1

被审计单位的性质

(一) 实施的风险评估程序

风险评估程序	执行人	执行时间	索引号
向董事长等高管人员询问被审计单位所有权结构、治理结构、组织结构等情况	何向东	2024-1-11	BC-1-2-1
向销售人员询问相关市场信息，如主要客户和合同、付款条件、主要竞争者、定价政策、营销策略等	何向东	2024-1-11	BC-1-2-2
查阅组织结构图、治理结构图、公司章程、主要销售/采购合同等	何向东	2024-1-11	
实地察看被审计单位主要生产经营场所	何向东	2024-1-11	

(二) 了解的内容和评估出的风险

1. 所有权结构

(1) 所有权性质(属于国有企业、外商投资企业、民营企业还是其他类型)。

(2) 所有者和其他人员或单位的名称，以及与被审计单位之间的关系。

所有者	主要描述(法人/自然人，企业类型，自然人主要社会职务，企业所属地区、规模等)	与被审计单位之间的关系
刘云飞		
梁丰明		
王　钰		

(3) 控股母公司。

** 控股母公司的所有权性质、管理风格及其对被审计单位经营活动及财务报表可能产生的影响；控股母公司与被审计单位在资产、业务、人员、机构、财务等方面是否分开，是否存在占用资金等情况：控股母公司是否施加压力，要求被审计单位达到其设定的财务标准。

2. 治理结构

(1) 获取或编制被审计单位治理结构图。

(2) 对图示内容作出详细解释说明。

3. 组织结构

(1) 获取或编制被审计单位组织结构图。

(2) 对图示内容作出详细解释说明。

续表

4. 经营活动 (1) 收入来源性质、产品或服务。
(2) 客户与市场情况。
❶ 主要客户： ❷ 定价政策： ❸ 收款模式： ❹ 市场份额： ❺ 营销策略： ❻ 营销目标：
(3) 从事电子商务的情况。
(4) 收入确认政策。
(5) 地区与行业分布。
(6) 关键客户。
(7) 重要供应商政策。
(8) 劳动用工情况。
(9) 通过初步分析性复核程序，检查公司会议记录和新闻稿，并询问管理层和操作人员，从而根据我们对被审计单位及其环境的了解，确定是否存在任何可能超出被审计单位正常经营过程的重大交易。

表 4－11 了解被审计单位及其环境(不包括内部控制)(索引号 BC－1－3)

被审计单位：南宁骏业 编制：何向东 日期：2024－1－11 索引号：BC－1－3

会计期间：2023 年度 复核：______ 日期：______ 页 次：1

被审计单位对会计政策的选择和运用

(一) 实施的风险评估程序

风险评估程序	执行人	执行时间	索引号
向财务总监询问被审计单位采用的主要会计政策、会计政策变更的情况、财务人员配备和构成情况等	何向东	2024－1－11	BC－1－3－1
查阅被审计单位会计工作手册、操作指引等财务资料和内部报告	何向东	2024－1－11	

(二) 了解的内容和评估出的风险

1. 被审计单位选择和运用的会计政策(包括复杂或主观性强的会计政策)

2. 会计政策变更的情况

3. 财务报表中包含的重大会计估计

4. 披露

5. 在缺乏权威性标准和共识、有争议的或新兴领域采用重要会计政策产生的影响

6. 新颁布的财务报告准则、法律法规

7. 评估风险

表 4-12　了解被审计单位及其环境(不包括内部控制)(索引号 BC-1-4)

被审计单位：南宁骏业　　编制：何向东　　日期：2024-1-11　　索引号：BC-1-4
会计期间：2023 年度　　复核：　　日期：　　页　次：1

被审计单位的目标、战略以及相关经营风险 (一) 实施的风险评估程序			
风险评估程序	执行人	执行时间	索引号
向总经理等高级管理人员询问被审计单位实施的或准备实施的目标和战略	何向东	2021-1-11	BC-1-4-1
查阅被审计单位经营规划和其他文件	何向东	2021-1-11	
(二) 了解的内容和评估出的风险 1. 目标、战略			
** 经营目标： ** 经营战略：			
2. 相关经营风险			
3. 管理层通常识别经营风险并制定应对风险的方法			

表 4-13　了解被审计单位及其环境(不包括内部控制)(索引号 BC-1-5)

被审计单位：南宁骏业　　编制：何向东　　日期：2024-1-11　　索引号：BC-1-5
会计期间：2023 年度　　复核：　　日期：　　页　次：1

被审计单位财务业绩的衡量和评价 (一) 实施的风险评估程序			
风险评估程序	执行人	执行时间	索引号
与总经理或人事经理访谈了解员工业绩考核与激励性报酬政策等	何向东	2024-1-11	BC-1-5-1
查阅被审计单位管理层和员工业绩考核与激励性报酬政策、不同层次部门的业绩报告等	何向东	2024-1-11	
实施分析程序，将内部财务业绩指标与被审计单位设定的目标值进行比较，与竞争对手的业绩进行比较，分析业绩趋势等	何向东	2024-1-11	

续表

<table>
<tr><td colspan="5">（二）了解的内容和评估出的风险
1. 关键业绩指标及业绩趋势</td></tr>
<tr><td colspan="2">项　　目</td><td>2022 年</td><td>2023 年</td><td>—</td></tr>
<tr><td rowspan="6">资产及
经营情况</td><td>总资产/万元</td><td></td><td></td><td></td></tr>
<tr><td>净资产/万元</td><td></td><td></td><td></td></tr>
<tr><td>销售收入/万元</td><td></td><td></td><td></td></tr>
<tr><td>营业利润/万元</td><td></td><td></td><td></td></tr>
<tr><td>本年利润总额/万元</td><td></td><td></td><td></td></tr>
<tr><td>本年净利润/万元</td><td></td><td></td><td></td></tr>
<tr><td rowspan="3">偿债能力</td><td>资产负债率</td><td></td><td></td><td></td></tr>
<tr><td>流动比率</td><td></td><td></td><td></td></tr>
<tr><td>速动比率</td><td></td><td></td><td></td></tr>
<tr><td rowspan="2">营运能力</td><td>应收账款周转率</td><td></td><td></td><td></td></tr>
<tr><td>存货周转率</td><td></td><td></td><td></td></tr>
<tr><td rowspan="2">盈利能力</td><td>销售净利率</td><td></td><td></td><td></td></tr>
<tr><td>资产净利率</td><td></td><td></td><td></td></tr>
<tr><td colspan="5">关键业绩指标分析</td></tr>
<tr><td colspan="5"></td></tr>
<tr><td colspan="5">2. 预测、预算和差异分析</td></tr>
<tr><td colspan="5"></td></tr>
<tr><td colspan="5">3. 管理层和员工业绩考核与激励性报酬政策</td></tr>
<tr><td colspan="5"></td></tr>
<tr><td colspan="5">4. 不同层次部门的业绩报告</td></tr>
<tr><td colspan="5"></td></tr>
<tr><td colspan="5">5. 与竞争对手的业绩比较</td></tr>
<tr><td colspan="5"></td></tr>
<tr><td colspan="5">6. 外部机构提出的报告</td></tr>
<tr><td colspan="5"></td></tr>
</table>

表 4-14 财务报表项目初步分析

被审计单位：南宁骏业　　编制：何向东　　日期：2024-01-11　　索引号：BC-2-1

会计期间：2023 年度　　复核：　　日期：　　页　次：1

资产负债表信息					
项　目	本年度/元	上年度/元	增减变动额	增减变动比率	异常分析
流动资产					
货币资金			—		
交易性金融资产			—		
应收账款			—		
其他应收款			—		
预付账款			—		
存货			—		
其他流动资产			—		
合　计	—	—	—		
非流动资产					
其他债权投资			—		
固定资产			—		
在建工程			—		
无形资产			—		
长期待摊费用			—		
递延所得税资产			—		
合　计	—	—	—		
流动负债					
短期借款			—		
应付账款			—		
预收账款			—		
应付职工薪酬			—		
应付股利			—		

续表

项　　目	本年度/元	上年度/元	增减变动额	增减变动比率	异常分析
应付利息			—		
应交税费			—		
其他应付款			—		
合　计	—	—	—		
长期负债					
长期借款			—		
预计负债			—		
递延所得税负债			—		
合　计	—	—	—		
所有者权益					
实收资本			—		
资本公积			—		
盈余公积			—		
未分配利润			—		
合　计	—	—	—		
利润表信息					
项　　目	本年度/元	上年度/元	增减变动额	增减变动比率	异常分析
营业收入			—		
营业成本			—		
毛利润	—	—	—		
税金及附加			—		
销售费用			—		
管理费用			—		
财务费用			—		

续表

项　目	本年度/元	上年度/元	增减变动额	增减变动比率	异常分析
资产减值损失			—		
投资收益			—		
公允价值变动收益			—		
营业利润	—	—	—		
营业外收入			—		
营业外支出			—		
利润总额	—	—	—		
所得税费用			—		
净利润	—	—	—		

表 4-15　财务指标初步分析

被审计单位：南宁骏业　　编制：何向东　　日期：2024-01-11　　索引号：BC-2-2

会计期间：2023 年度　　复核：______　　日期：______　　页　次：1

盈利能力	本年	上年	异常分析
净资产收益率： $\frac{净利润}{平均所有者权益}$ = ______ ×100%=			
毛利率： $\frac{营业收入-营业成本}{营业收入}$ = ______ ×100%=			
费用收入比： $\frac{销售费用+管理费用+研发费用+财务费用}{营业收入}$ = ______ ×100%=			
销售净利率： $\frac{净利润}{营业收入}$ = ______ ×100%=			
总资产报酬率： $\frac{利润总额+财务费用}{平均资产总额}$ = ______ ×100%=			
资产净利率： $\frac{净利润}{平均总资产}$ = ______ ×100%=			

续表

偿债能力			本年	上年	异常分析
流动比率：					
流动资产/流动负债	= ______	=			
速动比率：					
速动资产/流动负债	= ______	=			
现金比率：					
(货币资金＋有价证券)/流动负债	= ______	=			
资产负债率：					
总负债/总资产	= ______	=			
产权比率：					
总负债/所有者权益	= ______	=			
营运能力			**本年**	**上年**	**异常分析**
应收账款周转率：					
营业收入/平均应收账款	= ______	=			
存货周转次数：					
营业成本/平均存货	= ______	=			
营业周期：					
存货周转天数＋应收账款周转天数	= ＋	=			
流动资产周转次数：					
营业收入/平均流动资产	= ______	=			
总资产周转次数：					
营业收入/平均总资产	= ______	=			

（二）了解被审计单位整体层面内部控制

1. 评估过程

（1）了解和评价整体层面内部控制汇总表。该底稿用于汇总对整体层面内部控制了解的主要内容和结论，分为两个部分：第一部分是在确定是否分别对内部控制的 5 个要素进行了解前填写，对需要了解的内部控制要素在底稿中填写“是”，不需要了解的填写“否”；第二部分是在对整体层面内部控制要素进行了解后，即在完成后续底稿后，再予以填写的内容。

(2) 了解和评价控制环境。审计经理针对南宁骏业公司的内部控制要素控制环境分别实施了审计程序：❶ 对诚信和道德价值观念的沟通和落实；❷ 对胜任能力的重视；❸ 治理层的参与程度；❹ 管理层的理念和经营风格；❺ 组织架构；❻ 职权与责任的分配；❼ 人力资源的政策与实务等七个方面了解其控制的目标和控制规定。实施的风险评估程序及其结果已列示在"实施的风险评估程序"列中，操作训练时需要对被审计单位实施的控制得出评价结论，并确定是否存在值得关注的内部控制缺陷。

(3) 了解和评价被审计单位风险评估过程。审计经理针对南宁骏业公司的内部控制要素风险评估过程实施了审计程序。实施的风险评估程序及其结果已列示在"实施的风险评估程序"列中，操作训练时需对被审计单位实施的控制得出评价结论，并确定是否存在值得关注的内部控制缺陷。

(4) 了解和评价与财务报告相关的信息系统与沟通。审计经理针对南宁骏业公司的内部控制要素与财务报告相关的信息系统与沟通实施了审计程序。实施的风险评估程序及其结果已列示在"实施的风险评估程序"列中，操作训练时需对被审计单位实施的控制得出评价结论，并确定是否表明存在值得关注的内部控制缺陷。

(5) 了解和评价被审计单位内部控制活动。审计经理针对南宁骏业公司的内部控制要素内部控制活动实施了审计程序。实施的风险评估程序及其结果已列示在"实施的风险评估程序"列中，操作训练时需对被审计单位实施的控制得出评价结论，并确定是否表明存在值得关注的内部控制缺陷。

(6) 了解和评价被审计单位对控制的监督。审计经理针对南宁骏业公司的内部控制要素对控制的监督实施了审计程序。实施的风险评估程序及其结果已列示在"实施的风险评估程序"列中，操作训练时需对被审计单位实施的控制得出评价结论，并确定是否表明存在值得关注的内部控制缺陷。

2. 评估结果

了解被审计单位整体层面内部控制的审计工作底稿详见表 4-16、表 4-17、表 4-18、表 4-19、表 4-20、表 4-21。

表 4-16 了解和评价整体层面内部控制汇总表

被审计单位：南宁骏业　　编制：何向东　　日期：2024-1-12　　索引号：BD-1-1

会计期间：2023 年度　　复核：______　　日期：______　　页 次：1

1. 整体层面内部控制要素	
内部控制要素	是否进行了解
控制环境	是
风险评估	是
信息系统与沟通	是
控制活动	是
内部监督	是

续表

2. 了解整体层面内部控制 根据对整体层面内部控制的了解，记录如下： (1) 被审计单位是否利用专业服务机构作为财务报告的内部控制系统的一部分？专业服务机构处理公司的重大交易，以及专业服务机构内的控制对于防止或发现被审计单位财务报表重大错报是否很重要？（如客户自己没有足够的控制）
(2) 客户是否设有我们计划依赖其工作的内部审计部门？
(3) 管理层是否在编制财务报表时利用了专家的工作？

表 4-17 了解和评价控制环境

被审计单位：南宁骏业　　编制：何向东　　日期：2024-1-12　　索引号：BD-1-2
会计期间：2023 年度　　复核：______　　日期：______　　页　次：1

一、对诚信和道德价值观念的沟通与落实

索引号	控制目标	被审计单位的控制	实施的风险评估程序	结论	存在的缺陷
HJ-1	使员工行为守则及其他政策得到执行	(1) 公司制定了员工的行为守则，行为守则内容完备，涉及企业文化、职责要求、行为规范等问题； (2) 行为守则人手一册，定期对员工行为进行评价、并采取相应的奖惩措施； (3) 指定专人定期修订更新及解释手册内容	(1) 询问人事部经理政策执行情况，均按照制度执行，对违法制度的予以惩罚； (2) 获取《员工手册》，检查相关制度均有制定并得到充分的贯彻执行		
HJ-2	建立信息传达机制，使员工能够清晰了解管理层的理念	(1) 将严格遵循诚信和道德规范的观念，通过文字和实际行动有效地灌输给所有员工，文化墙展示； (2) 新员工入职培训督导； (3) 所有的文化制度在 ERP 系统发布	(1) 观察企业文化墙等展示资料，内容均有展示； (2) 查阅 ERP 系统平台，相关制度规范完善； (3) 检查新员工培训记录，有传递道德价值观的记录		
HJ-3	对背离公司规定的行为及时采取补救措施，并将这些措施传达至相应层次的员工	(1) 对涉及违法违规的员工在公司内部进行公示通报并给予相应处罚； (2) 对涉及违法违规的管理人员采取处理措施包括：人力资源部谈话；	(1) 检查相关违反规定的卷宗，执行合理； (2) 检查 ERP 系统均有相应的通报记录		

续表

索引号	控制目标	被审计单位的控制	实施的风险评估程序	结论	存在的缺陷
		ERP系统通告违规违法情况并给予罚款或开除等处理,严重的移送司法机关			
HJ-4	员工和管理层的工作压力恰当	公司设计合理的激励机制,员工的报酬和升职并不完全建立在实现短期目标基础上,薪酬体系设计着眼于调动员工的积极性	(1) 询问办公室主任、人事部经理相关具体规定,了解制度合理; (2) 检查公司制定《薪酬办法》合理		
二、对胜任能力的重视					
索引号	控制目标	被审计单位的控制	实施的风险评估程序	结论	存在的缺陷
HJ-5	公司岗位责任明确,任职条件清晰	(1) 管理层对所有岗位的工作有正式的书面描述,任职条件规定了履行特定职责所需的知识和技能; (2) 定期内外部公开竞聘上岗	(1) 询问人事部经理有对各岗位的岗位职责具体描述及招聘人员的具体需求; (2) 检查岗位责任说明书均有相关明确职责		
HJ-6	持续培训员工	定期对员工进行组织培训,更新员工知识体系	(1) 询问人事部关于培训相关工作明确合理; (2) 检查《员工培训管理标准》,均有明确的培训工作		
三、治理层的参与程度					
索引号	控制目标	被审计单位的控制	实施的风险评估程序	结论	存在的缺陷
HJ-7	董事会、审计委员会或类似机构独立于管理层	公司仅设有总经理、副总经理和总经理助理,由各职能部门按照制度规定、各司其职相互配合,公司未设董事会及内部审计部门	询问总经理了解公司的治理层情况		
四、管理层的理念和经营风格					
索引号	控制目标	被审计单位的控制	实施的风险评估程序	结论	存在的缺陷
HJ-8	对非经常的经营风险,管理层采取稳妥措施	对非经常的经营风险,管理层组织中层讨论,积极应对,采取稳妥的措施将对公司的影响降到最小	(1) 询问总经理、副总经理关于对非经常性经营风险的应对情况;均有充分沟通讨论; (2) 检查公司制度文件中关于重大事项的决策程序要求符合规定; (3) 检查相关会议纪要中有对风险进行讨论的相关记录		

续表

索引号	控制目标	被审计单位的控制	实施的风险评估程序	结论	存在的缺陷
HJ-9	管理层对信息技术的控制给予适当关注	公司引进了用友 ERP 系统等，重视信息技术的引进和应用	检查观察相关信息系统的运行良好，能及时更新		
HJ-10	管理层对于财务报告的态度合理	管理层希望财务报告能够提供公司最真实的情况，以供决策参考，希望符合企业会计准则和相关法规，减少不必要的风险	询问公司总经理、副总经理等对于财务报告的态度，都明确要求真实反映公司经营情况		
HJ-11	管理层对于重大的内部控制和会计事项征询注册会计师的意见	(1) 管理层和注册会计师经常就会计和审计问题进行沟通； (2) 在审计调整和内部控制方面达成一致意见	检查注册会计师调整事项和管理建议均只在财务部层面予以落实，管理层并未就审计事项进行充分的沟通研讨及后续跟进		
五、组织结构					
索引号	控制目标	被审计单位的控制	实施的风险评估程序	结论	存在的缺陷
HJ-12	组织结构合理，具备提供管理各类活动所需信息的能力	公司组织结构为总经理，职能明确的各部门机构，各个部门各司其职，随时提供管理各类活动所需的信息	检查组织机构文件，组织结构合理		
HJ-13	交易授权控制层次适当	公司对各类交易有严格的授权审批制度，建立了一套授权体系，在 ERP 系统中流转	检查授权制度制定合理，检查 ERP 系统审批流程均符合授权制度		
HJ-14	管理层定期评估组织结构的恰当性	管理层每年召开一次会议，讨论组织机构的设置合理性，日常根据各个部门的反映或规划组织人员进行讨论决议	检查会议记录，存在关于组织机构调整完善的讨论		
六、职权与责任的分配					
索引号	控制目标	被审计单位的控制	实施的风险评估程序	结论	存在的缺陷
HJ-15	明确员工的岗位职责，包括具体任务、报告关系及所受限制等并传达到本人	公司根据不同的岗位制定不同的岗位责任制度及说明书，入职前需要人事部进行培训，同时部门内进行传达	检查岗位责任说明书，每个岗位都有相应的岗位职责		
HJ-16	在被审计单位内部有明确的职责划分和岗位分离	公司在制定各项制度时，充分考虑了职责划分和岗位分离，将业务授权、业务记录、资产报告及维护以及业务执行的责任尽可能的分离	检查岗位责任说明书和业务分离文件，有明确的职责划分		

续表

索引号	控制目标	被审计单位的控制	实施的风险评估程序	结论	存在的缺陷
HJ-17	对授权交易及系统改善的控制有适当的记录，对数据处理的控制有适当的记录	授权交易，需要批准，相关人员签名，系统数据需要备份	询问信息系统维护人员交易授权设置等合理，检查相关合同、文件均有相应的授权审批		
七、人力资源的政策与实务					
索引号	控制目标	被审计单位的控制	实施的风险评估程序	结论	存在的缺陷
HJ-18	关键管理人员具备岗位所需的丰富知识和经验	(1) 公司对每一个岗位的要求、分工和责任十分明确，招聘过程中做到对专业能力和综合能力并重，严格把关； (2) 入职后也有相应的培训及考核，不但需要有专业胜任能力，还要有高尚的伦理和道德情操，评估业绩时适当纳入评估标准	(1) 询问人事部经理关于关键管理人员相关招聘、培训情况合理； (2) 检查关键管理人员资质及培训情况，均合理； (3) 检查相关考核结果符合考核要求		
HJ-19	人事政策中强调员工需要保持适当的伦理和道德标准	公司的人事政策中强调德才兼备，不但需要有专业胜任能力，还要有高尚的伦理和道德情操，评估业绩时适当纳入评估标准	检查员工评价文件含有相关伦理和道德标准的考核评价		

表 4-18　了解和评价被审计单位风险评估过程

被审计单位：南宁骏业　　编制：何向东　　日期：2024-1-12　　索引号：BD-1-3

会计期间：2023 年度　　复核：________　　日期：________　　页　次：1

索引号	控制目标	被审计单位的控制	实施的风险评估程序	结论	存在的缺陷
PG-1	建立公司整体目标并传达到相关层次	公司已制定经营目标、三年战略规划并分解到各部门的具体目标，目标制定时与各部门经过充分的讨论，确定后下达各相关部门	(1) 与公司总经理沟通了解相关公司整体目标情况； (2) 检查公司三年战略规划文件，有总体目标并细分至具体的各部门目标		
PG-2	具体策略和业务流程层面的目标与整体目标协调	公司经营目标战略规划出台后，目标层层分解，制定各部门具体的业务流程目标和策略，分解为短期目标	(1) 与公司总经理沟通了解相关公司整体目标情况及如何合理分解至具体目标； (2) 检查公司三年战略规划文件，有总体目标并细分至具体的各部门目标		

续表

索引号	控制目标	被审计单位的控制	实施的风险评估程序	结论	存在的缺陷
PG-3	定期评估并制定应对程序与财务报告相关的风险	管理层每年年终总结和计划下一年关于风险方面的评估，对于市场扩展、新系统的上线、会计政策变化等各个方面进行讨论沟通，确定如何应对等	(1) 询问总经理风险机制具体流程； (2) 检查相关会议记录，了解评估的风险及应对方法，均合理		
PG-4	建立风险识别、应对机制，处理具有普遍影响的变化	公司建立了经营风险识别、汇总、上报、讨论、处置机制。对各岗位建立报告例外事项制度，要求层层上报可能存在的风险并进行分析评估	(1) 询问总经理关于风险识别、应对处理的方式及方法； (2) 检查风险管理手册有相关条款规定； (3) 检查相关风险上报文件，都有详细的识别、讨论和处置		
PG-5	会计部门建立流程适应会计准则的重大变化	公司财务部每年组织学习新准则法规，并按照新的准则调整了相关财务软件和记账核算规则	检查培训学习记录均有相关培训，检查财务软件、账套、报表已按照新准则实施核算		
PG-6	当被审计单位业务操作发生变化并影响交易记录的流程时，及时通知会计部门	业务部门相关流程变动和调整时，及时通过会计部门	检查相关业务流程调整引起的会计核算变化无误		
PG-7	风险管理部门建立流程以识别经营环境的重大变化	公司无专门的风险管理部门，主要通过总经理、各部门经理来共同识别相关风险	询问总经理，公司尚未建立专门的风险管理部门，也无专职人员做此类工作		
PG-8	政策和程序得到有效执行	总经理负责制下，政策和程序都能够很快有效地向下推动，反馈也及时跟进。同时管理层也会定期评估政策和程序的执行情况	询问总经理关于政策和程序落地的具体情况，均合理		

表 4-19 了解和评价与财务报告相关的信息系统与沟通

被审计单位：南宁骏业　　编制：何向东　　日期：2024-1-12　　索引号：BD-1-4

会计期间：2023 年度　　复核：＿＿＿＿　　日期：＿＿＿＿　　页　次：1

索引号	控制目标	被审计单位的控制	实施的风险评估程序	结论	存在的缺陷
XT-1	信息系统向管理层提供有关被审计单位经营的相关信息	公司有 ERP 系统，可以从系统中获取相关经营信息	检查 ERP 系统有及时发布相关公司信息及经营业绩情况，ERP 系统集合资金及业务数据流，能够给被审计单位提供相关信息		

续表

索引号	控制目标	被审计单位的控制	实施的风险评估程序	结论	存在的缺陷
XT－2	向适当人员提供的信息充分、具体且及时，保证其能够有效地履行职责	公司的ERP系统能够向适当人员提供的信息充分、具体且及时，开发不同权限	检查系统内权限的设置及开放的模块均合理，针对不同级别的人权限不同		
XT－3	就岗位职责与员工进行有效沟通	需要进行新员工入职培训和后续教育培训，相关制度公示	(1) 询问人事部经理关于岗位职责与员工的情况； (2) 查看相关培训记录均合理； (3) 查看岗位职责说明书，均有明确具体的任务		
XT－4	针对不恰当事项和行为建立沟通渠道	员工手册说明对违反公司政策和行为守则的可疑行为进行沟通的方式；员工可以直接向上级反映	检查员工手续规定相符，检查举报线索的台账处理方式，较为合理		
XT－5	管理层认真听取和采纳员工提出的改进意见	有意见建议箱和邮件，鼓励员工提出改进意见，意见被采纳，有相应的奖励	(1) 询问总经理关于听取员工意见方面的想法合理； (2) 检查意见采纳奖励记录无误		
XT－6	管理层与客户、供应商、监管者和其他外部人士有效地沟通	(1) 建立与各方的沟通渠道； (2) 收集各方的建议、投诉及其他信息，并保证公司内部及时沟通； (3) 建立信息的追踪调查等后续措施； (4) 负责处理投诉的员工与负责最初交易处理的员工互助独立； (5) 定期向管理层报告投诉的性质和数量	检查公司投诉记录均有正确的处理和跟进		
XT－7	员工职责适当分离，以降低舞弊和不当行为发生的风险	公司在岗位职责制定相关的员工职责分离的制度，明确需要分离的职责	检查公司岗位职责说明书均有明确规定		
XT－8	会计信息系统中的数据与实物资产定期核对	公司制定会计账簿与实务的定期核对制度，如存货、库存现金盘点，核对往来款项等	(1) 检查相关制度规定合理； (2) 检查具体存货、库存现金盘点等工作记录也符合制度程序规范		

表 4-20 了解和评价被审计单位内部控制活动

被审计单位：南宁骏业　　编制：何向东　　日期：2024-1-12　　索引号：BD-1-5

会计期间：2023 年度　　复核：　　日期：　　页 次：1

索引号	控制目标	被审计单位的控制	实施的风险评估程序	结论	存在的缺陷
KH-1	定期进行业绩评价	(1) 每季度会进行相应的业绩财务分析； (2) 每年度进行年终总结，搜集外部相关信息，将企业经营和财务数据进行与预算及同行业比较，评价本年业绩情况	(1) 询问总经理、财务经理了解业绩评价情况； (2) 检查每季度均有财务分析报告； (3) 检查年终总结业绩评价报告，有对业绩进行全面的描述和说明		
KH-2	授权适当	公司对销售、采购等板块有相应的授权管理和审批制度，财务部也订立了资金支付授权审批的各级别权限	(1) 检查授权审批制度制定合理； (2) 检查合同、付款等文件，均授权合理		
KH-3	职责分离	公司对各岗位设置，有明确的职责分离	检查岗位职责说明书，结合具体的各岗位形成了不相容职务分离		
KH-4	实物控制	公司有现金、存货及固定资产保管制度，对仓储及固定资产进行严格管理，财务和相关人员定期进行盘点核对	(1) 检查相关实物保管制度合理； (2) 检查盘点情况，定期进行，均有逐一登记，无盘盈盘亏情况		
KH-5	信息处理	信息处理有日志可查(所有信息的修改、删除均有相应记录)，设有必要的控制，如密码和级别授权，确保员工只能处理与其岗位相关的系统信息	(1) 询问信息系统维护人员关于信息处理日志和相关控制措施； (2) 检查不同账户之间的授权范围合理		
KH-6	对特别风险的控制活动	定期召开会议，讨论风险情况，遇到风险突发情况，员工可以直接上报上级	检查会议纪要，有相关风险讨论和处置记录		

表 4-21 了解和评价被审计单位对控制的监督

被审计单位：南宁骏业　　编制：何向东　　日期：2024-1-12　　索引号：BD-1-6

会计期间：2023 年度　　复核：　　日期：　　页 次：1

索引号	控制目标	被审计单位的控制	实施的风险评估程序	结论	存在的缺陷
JD-1	内部控制定期评价	由总经理进行定期的内部控制评价；由各部门自行对内部控制的合理性提出建议，总经理会议讨论相关情况	(1) 询问总经理内部控制评价情况； (2) 检查各部门提供的内部控制建议，有合理化的建议，但是不够系统		

续表

索引号	控制目标	被审计单位的控制	实施的风险评估程序	结论	存在的缺陷
JD－2	评价内部控制制度对常规工作活动有效运行的保障程度	公司的ERP系统对于常规工作活动有效运行情况都有完整的记录，并据此各部门对信息进行比较考核，因此都能对其进行评价	检查相关各部门定期报告总结及业务流程制度文件，业务流程均按照内部控制制度有效运行		
JD－3	管理层对内部审计人员和注册会计师提出的内部控制方面的意见和建议适当地进行处理	财务部门和总经理处理上级审计部门及注册会计师所提的意见和建议，并形成记录；跟踪相关决策并验证其落实情况	检查注册会计师调整事项和管理建议均只在财务部层面予以落实，管理层并未就审计事项进行充分的沟通研讨及后续跟进		
JD－4	管理层能够获得关于控制有效的反馈信息	通过培训课程、规划会议和其他会议，掌握提出的争议及问题；员工建议自下而上传递	（1）询问总经理关于控制有效的反馈方式； （2）检查相关会议、培训记录，管理层能够得到控制有效的反馈信息		

（三）识别和评估重大错报风险

1. 评估过程

（1）根据风险评估程序各个环节的底稿，将识别和评估的重大错报风险予以汇总，同时对识别的重大错报风险进行进一步判断：❶ 所汇总的每一项错报是属于财务报表层次还是认定层次；❷ 错报是否属于特别风险；❸ 错报是否属于仅通过实质性程序无法应对的重大错报风险；❹ 对属于各类交易、账户余额和披露认定层次，应进行判断错报所影响的报表项目和具体认定。

（2）基于识别的重大错报风险，填列针对识别的财务报表层次的重大错报风险，予以确定总体的应对措施。

（3）基于识别的重大错报风险，汇总填列识别和评估的特别风险事项，并评价特别风险是否与舞弊相关。列示管理层针对特别风险是否有相关的应对或控制措施，特别风险影响的财务报表项目和认定以及采取的审计应对措施。如果被审计单位管理层未能实施控制以恰当应对特别风险，注册会计师应当认为内部控制存在值得关注的控制缺陷，并考虑对风险评估的影响，同时，应当在“向被审计单位报告的事项”栏列示就该事项与治理层沟通的内容。

（4）基于识别的重大错报风险，汇总识别和评估的认定层次的重大错报，并评估每项认定层次的重大错报风险是与各类交易相关，还是与账户余额或者披露的认定相关，并确定错报对应的具体认定。另外，还需要列示管理层针对注册会计师评估的认定层次的重大错报，所设计和执行的内部控制措施，以及注册会计师对相关控制是否有效的预期判断。

2. 评估结果

识别和评估重大错报风险的审计工作底稿详见表4－22。

表 4-22 风险评估结果汇总表——识别和评估重大错报风险

被审计单位：南宁骏业　　编制：何向东　　日期：2024-1-12　　索引号：BF-1
会计期间：2023 年度　　复核：　　日期：　　页　次：1

一、识别的重大错报风险汇总

识别的重大错报风险	索引号	财务报表层次或认定层次	是否属于特别风险（是/否）	是否属于仅通过实质性程序无法应对的重大错报风险（是/否）	受影响交易、账户余额和披露的认定
缺少审计委员会、审计部等独立的内部监督机构	BD-1-2 BD-1-3		否	否	
管理层为了提高公司销售额，可能存在虚增销售收入（销售商品未发给客户或销售开票无发运出库单据支持）	XSL-3		是	否	
销售发票的入账期间可能不正确	XSL-3		否	否	
未在系统中录入或重复录入采购订单	CGL-3		否	否	
不确认与采购相关的负债	CGL-3		否	否	
存货可能被盗或领用/销售未入账而出现账实不符	SCL-3		否	否	
存货可能存在残次品，影响价值	SCL-3		否	否	

二、财务报表层次重大错报风险总体应对方案

财务报表层次重大错报风险	索引号	总体应对措施
缺少审计委员会、审计部等独立的内部监督机构	BD-1-2 BD-1-3	向项目组强调在收集和评价审计证据过程中保持职业怀疑态度的必要性

三、特别风险结果汇总及应对措施

特别风险	是否由舞弊导致？如是则列出底稿索引号	管理层应对或控制措施	财务报表项目及认定	审计措施	向被审计单位报告的事项
管理层为了提高公司销售额，可能存在虚增销售收入（销售商品未发给客户或销售开票无发运出库单据支持）	否	（1）所有的销售发货须经恰当的审批，且收入应有客户签收确认的出库单； （2）销售部门配合财务部门定期与客户对账		（1）对营业收入采取综合审计方案，实施控制测试； （2）向公司财务人员以外的其他内部人员询问所审计期间的销售和发货情况以及他们所了解异常交易条款或交易状况；	无

续表

特别风险	是否由舞弊导致？如是则列出底稿索引号	管理层应对或控制措施	财务报表项目及认定	审计措施	向被审计单位报告的事项
				(3) 实施恰当的销售及存货截止测试； (4) 对应收账款执行函证程序，对未回函客户采取检查发票，验收记录等替代程序	

四、认定层次重大错报风险汇总（采取的进一步审计程序的审计应对方案见各循环相关工作底稿）

识别的重大错报风险	索引号	与重大错报风险相关的交易类别	相关账户及余额	相关披露认定						管理层应对或控制措施	相关控制预期是否有效
				发生/存在	完整性	准确性/准确性、计价和分摊	截止	权利/义务	列报		
销售发票的入账期间可能不正确	XSL－3									详见各业务循环了解业务流程底稿	
未在系统中录入或重复录入采购订单	CGL－3	—									
不确认与采购相关的负债	CGL－3	—									
存货可能被盗或领用/销售未入账而出现账实不符	SCL－3										
存货可能存在残次品，影响价值	SCL－3										

项目五

审计销售与收款循环

知识目标

1. 了解销售与收款循环业务活动和内部控制。
2. 掌握与销售与收款循环相关的重大错报风险。
3. 熟悉销售与收款循环控制测试的方法。
4. 掌握营业收入与应收账款审计的目的和主要审计项目。
5. 熟悉营业收入和应收账款的实质性程序。

能力目标

1. 能够识别销售与收款循环的重大错报风险。
2. 能够测试销售与收款循环的内部控制。
3. 能够审计营业收入和应收账款。

案例导入分析：项目五

案例导入

温州中源立德会计师事务所审计人员审查南宁市骏业材料有限公司时，对相关销售与收款循环的内部控制进行了调查。该公司的销售与收款循环内部控制情况如下。

(1) 业务部门收到部分赊销客户的订货单并进行逐一登记，审核订货单的内容和数量，确定公司能如期供货后，编制一式两联的销售单，一联留给业务部门，另一联传给信用部门。

(2) 信用部门根据销售单对客户进行资信调查，然后在销售单上签字批准销售并传递给运输部门。

(3) 仓库部门根据运输部门持有的经信用部门批准的销售单核发货物，填制一式三联的出库单，自留一联用于登记存货账簿，各传一联销售单给业务部门和会计部门。

(4) 运输部门把货物直接运离公司并办理托运，取回运费单据交给会计部门。

(5) 会计部门根据出库单和运费单据开具销售发票，并根据销售发票、出库单和运费单据编制相关的记账凭证，然后登记入账。

(6) 出纳员根据收到的货款或票据，逐一登记日记账或票据登记簿，并交会计人员制单记账。

(7) 会计部门或催收部门应及时催收尚未付清的款项。对于确实无法收回的款项，经批准后可作为坏账处理。同时对已冲销的坏账进行登记并加以控制，防止日后收回已冲销坏账时发生舞弊行为。

讨论题：该公司的销售与收款循环的内部控制存在哪些缺陷？应如何进行改进？

任务一　认识销售与收款循环的业务活动和相关内部控制

一、销售与收款循环涉及的主要单据与会计记录

（一）客户订购单

客户订购单是指客户提出的书面购货要求。企业可以通过一定的方式(如采用电话、信函、邮件等)向现有的及潜在的客户发送订购单，企业接受客户订货，取得客户订购单。

（二）销售单

销售单是指列示客户所订商品的名称、规格、数量以及其他与客户订购单信息相关的凭证，作为销售方内部处理客户订购单的凭据。

（三）出库单

出库单是指在发运货物时填制的，用以反映发出商品的规格、数量和其他有关内容的凭据。通常其中有一联的出库单由客户在收到商品时签署并返还给销售方，用作销售方确认收入及向客户收取价款的依据。

（四）销售发票

销售发票通常包含已销售商品的名称、规格、数量、价格、销售金额等内容，是会计账簿中登记销售交易的基本凭据之一。例如，增值税专用发票的抵扣联和发票联次会寄送给客户，发票联作为购买方入账的凭据，记账联由企业保留，作为销售方入账的凭据。

（五）商品价目表

商品价目表是指列示已经授权批准的、可供销售的各种商品的价格清单。

（六）贷项通知单

贷项通知单是一种用来表示销售退回或经批准的折让导致应收价款减少的单据。

（七）应收账款账龄分析表

应收账款账龄分析表反映月末应收账款总额的账龄区间，并详细列示每个客户月末应收账款的金额和账龄。该表通常按月编制，作为计提应收账款坏账准备的重要依据之一。

（八）应收账款明细账

应收账款明细账是指用来记录每个客户各项赊销、还款、销售退回及折让交易的明细账。

（九）主营业务收入明细账

主营业务收入明细账通常记载和反映不同类别商品或服务的营业收入的明细发生情况和总额。

（十）折扣、折让明细账

折扣明细账是指在核算企业销售商品时，按销售合同约定为了及早收回价款而给予客户的销售折扣。折让明细账是因商品品种、质量等原因而给予客户的销售折让情况的明细账。企业可以不设置折扣、折让明细账，将该类业务直接记入主营业务收入明细账。

（十一）汇款通知书

汇款通知书是一种与销售发票一起寄给客户，由客户在付款时再寄回销售单位的凭证。这种凭证注明了客户名称、销售发票号码、销售单位开户银行账号以及金额等内容。

（十二）库存现金、银行存款日记账

库存现金、银行存款日记账是指用来记录应收账款的收回或现销收入以及其他各种库存现金、银行存款收入和支出的日记账。

（十三）坏账核销审批表

坏账核销审批表是一种用来批准将无法收回的应收款项作为坏账予以核销的单据。

（十四）客户对账单

客户对账单是一种定期寄送给客户的用于购销双方核对账目的文件。通常注明应收账款的期初余额、本期销售交易的金额、本期已收到的货款、贷项通知单的金额以及期末余额等内容。对账单可能是月度、季度或年度的，取决于企业经营管理的需要。

（十五）转账凭证

转账凭证是记录转账交易的记账凭证，根据有关转账业务（即不涉及现金、银行存款收付的各项业务）的原始凭证编制的。

（十六）收、付款凭证

收、付款凭证是指分别用来记录现金和银行存款收入业务和支付业务的记账凭证。

课程视频：销售与收款循环的特性

二、销售与收款循环涉及的主要业务活动

（一）接受客户订购单

客户提出订货要求是整个销售与收款活动的起点，是购买某种货物或服务的一项申请。客户订购单只有在符合企业管理层的授权标准时才能被接受。管理层一般设有已批准销售的客户名单。销售管理部门在决定是否同意接受某客户的订购单时，需要核定该客户是否被列入这张名单。如果该客户未被列入，则需要由销售管理部门的主管来决定是否同意销售。

企业在批准了客户订购单之后，会编制一式多联的销售单。销售单是证明销售交易的“发生”认定的凭据之一，也是此笔销售交易轨迹的起点之一。此外，由于客户订购单是来自外部的引发销售交易的文件之一，有时也能作为有关销售交易的“发生”认定的补充证据。

（二）批准赊销信用

赊销信用的批准是由信用管理部门根据管理层的赊销政策在每个客户已授权的信用额度内进行的。信用管理部门的员工在收到销售管理部门的销售单后，应将销售单与该客户已被授权的赊销信用额度比较，并结合账户至今尚欠的账款余额加以分析确定。对于使用信息系统实现赊销信用额度自动控制的企业，订购单涉及的客户是否已被列入经批准的客户名单，以及赊销金额是否仍在信用额度内这类控制往往通过系统设置得以实现。对于不

满足赊销信用条件或未采用系统自动控制的企业，则需要管理层的特别批准。执行人工赊销信用检查时，还应合理划分工作职责，以避免销售人员为扩大销售而使企业承受不适当的信用风险。设计信用批准控制与应收账款账面余额的“计价和分摊”认定有关，目的是降低坏账风险。

企业的信用管理部门通常应对每个新客户进行信用调查，包括获取信用评审机构对客户信用等级的评定报告。无论是否批准赊销，都要求被授权的信用管理部门人员在销售单上签署意见，然后再将已签署意见的销售单送回销售管理部门。

（三）根据销售单供货

为防止仓库在未经授权的情况下擅自发货，企业管理层通常要求商品仓库管理人员只有在收到经过批准的销售单时才能编制出库单并发货。已批准的其中一联销售单通常应送达仓库，作为仓库按销售单供货和发货给装运部门的授权依据。信息系统可以协助企业在销售单得到发货批准后才能生成连续编号的出库单，并能按照设定的要求核对出库单与销售单两者之间相关内容的一致性。

（四）按销售单装运货物

将按经批准的销售单发货与装运货物职责相分离，有助于避免负责装运货物的员工在未经授权的情况下装运产品。装运部门员工在装运之前，通常会进行独立验证，以确定从仓库提取的商品都附有经批准的销售单，且所提取商品的内容与销售单及出库单一致。

（五）向客户开具发票

开具发票是指开具并向客户寄送事先连续编号的销售发票。销售发票是在会计账簿中登记销售交易的基本凭据之一。通常，与销售发票一起寄给客户的还有汇款通知单。该单注明了客户的姓名、销售发票号、销售单位开户银行账号以及金额等内容，由客户在付款时再寄回销售单位。

此外，信息系统也可以协助实现上述内部控制，在单证核对一致的情况下生成连续编号的销售发票，并对例外事项进行汇总，以供企业相关人员进行进一步的处理。

（六）记录销售

在手工会计系统中，记录销售的过程包括区分赊销、现销，按销售发票编制转账凭证或现金、银行存款收款凭证，再据以登记营业收入明细账和应收账款明细账或库存现金、银行存款日记账。记录销售的控制程序包括但不限于以下方面：

（1）依据有效的出库单和销售单记录销售。这些出库单和销售单应能证明销售交易的发生情况及发生的日期。

（2）使用事先连续编号的销售发票并对发票使用情况进行监控。

（3）独立检查已销售发票上的销售金额与会计记录金额的一致性。

（4）记录销售的职责应与处理销售交易的其他职责相分离。

（5）对记录过程中所涉及的有关记录的接触权限予以限制，以减少未经授权批准的记录发生。

（6）定期独立检查应收账款的明细账与总账的一致性。

（7）由不负责现金出纳和销售及应收账款记账的人员定期向客户寄发对账单，对不符事项进行调查，必要时调整会计记录，编制对账情况汇总报告并交管理层审核。

（七）办理和记录现金、银行存款收入

办理和记录现金、银行存款收入活动涉及的是货款收回，导致库存现金、银行存款增加

以及应收账款减少。在办理和记录现金、银行存款收入时，企业最关心的是货币资金的安全性。货币资金的失窃或被侵占可能发生在货币资金收入登记入账之前或入账之后。处理货币资金收入时要保证全部货币资金如数、及时地记入库存现金、银行存款日记账或应收账款明细账。若货款为现金，则要保证其如数、及时地将现金存入银行。企业通过出纳与现金记账的职责分离、库存现金盘点、编制银行存款余额调节表、定期向客户发送对账单等控制活动来实现上述目的。

（八）办理和记录销售退回、折扣与折让

当发生销售退回、销售折扣、销售折让时，必须经授权批准，并确保与办理此事有关的部门和员工各司其职，分别控制实物流和会计处理。

（九）提取坏账准备

企业一般会定期对应收账款的信用风险进行评估，并根据可能发生的预期信用损失计提坏账准备。

（十）核销坏账

如有证据表明客户因经营不善、宣告破产、死亡等原因而无法支付货款，使得该项货款已无法收回，企业应通过适当的审批程序核销该笔货款。

课程视频：销售与收款循环的内部控制及控制测试

三、销售与收款循环涉及的内部控制设计与执行

（一）适当的职责分离

适当的职责分离有助于防止各种有意或无意的错误发生。在销售与收款循环中，适当的职责分离控制的基本要求通常包括：

（1）企业应当分别设立办理销售、发货、收款三项业务的部门（或岗位）。

（2）企业在销售合同订立前，应当指定专门人员就销售价格、信用政策、发售及收款方式等具体事项与客户进行谈判。谈判人员至少应有两人，谈判人员与订立合同的人员相分离。

（3）编制销售发票通知单的人员与开具销售发票的人员应相互分离。

（4）销售人员应当避免接触销售现款。

（5）企业应收票据的取得和贴现必须经由保管票据以外的主管人员的书面批准。

（二）恰当的授权审批

授权审批的关键控制点，如表 5-1 所示。

表 5-1 授权审批的关键控制点

关键控制点	内容	目的
赊销审批	在销售发生之前，赊销已经正式审批	防止企业因向虚构的或无力支付货款的客户发货而蒙受损失
发货审批	未经正当审批，不得发出货物	防止企业因向虚构的或无力支付货款的客户发货而蒙受损失
价格审批	销售价格、销售条件、运费、折扣等必须经过审批	保证销售交易按照企业定价政策规定的价格开票收款
审批权限	审批人应当在授权范围内进行审批，不得超越审批权限	防止因审批人决策失误而造成严重损失

（三）充分的凭证和记录

充分的凭证和记录有助于企业执行各项控制以控制目标。例如，企业在收到客户订购单后，编制一份预先编号的一式多联的销售单，分别用于批准赊销、审批发货、记录发货数量以及向客户开具发票等。在这种制度下，通过定期清点销售单和销售发票，可以避免漏开发票或漏记销售的情况。又如，财务人员在记录销售交易之前，对相关的销售单、出库单和销售发票上的信息进行核对，以确保入账的营业收入是真实发生的、准确的。

（四）凭证的预先编号

对凭证预先进行编号，旨在防止销售以后遗漏向客户开具账单或登记入账，也可防止重复开具账单或重复记账。

（五）按月寄出对账单

由不负责现金出纳、销售收入及应收账款记账的人员按月向客户寄发对账单，能促使客户在发现应付账款余额不正确后及时反馈有关信息。

（六）内部核查程序

由内部审计人员或其他独立人员核查销售交易的处理和记录，是实现内部控制目标所不可缺少的一项控制措施。销售与收款内部控制检查的主要内容包括：

（1）销售与收款交易相关岗位及人员的设置情况。重点检查是否存在销售与收款交易不相容职务混岗的现象。

（2）销售与收款交易授权批准制度的执行情况。重点检查授权批准手续是否健全，是否存在越权审批行为。

（3）销售的管理情况。重点检查信用政策、销售政策的执行是否符合规定。

（4）收款的管理情况。重点检查销售收入是否及时入账，应收账款的催收是否有效，坏账核销和应收票据的管理是否符合规定。

（5）销售退回的管理情况。重点检查销售退回手续是否齐全，退回货物是否及时入库。

任务二　识别销售与收款循环的重大错报风险

一、销售与收款循环存在的重大错报风险

与销售与收款循环相关的财务报表项目主要为营业收入和应收账款，此外还有应收票据、预收账款、长期应收款、应交税费等。以一般制造业的赊销销售为例，相关交易和账户余额存在的重大错报风险通常包括：

（1）收入确认存在的舞弊风险。收入是利润的来源，直接关系到企业的财务状况和经营成果。有些企业往往为了达到粉饰财务报表的目的而采用虚增（影响发生认定）或隐瞒收入（影响完整性认定）等方式实施舞弊。在财务报表舞弊案件中，涉及收入确认的舞弊占有很大比例，收入确认已成为审计人员审计的高风险领域。我国注册会计师审计准则要求注册会计师基于收入确认存在舞弊风险的假定，评价哪些类型的收入、收入交易或认定导致舞弊风险。

（2）收入的复杂性可能导致的错误。例如，被审计单位可能针对一些特定的产品或服

务提供一些如可变对价安排、特殊的退货约定、特殊的服务期限安排等特殊的交易安排，但由于管理层可能对这些不同安排下所涉及的交易风险的判断缺乏经验，对收入的确认就会发生错误。

（3）发生的收入交易未能得到准确记录。

（4）期末收入交易和收款交易可能未计入正确的期间，包括销售退回交易的期间截止错误。

（5）收款未及时入账或记入不正确的账户，因而导致应收账款、应收票据、银行存款等账户的错报。

（6）应收账款坏账准备的计提不准确。

注　意

某些重大错报风险可能与财务报表整体广泛相关，进而影响多项认定，如舞弊风险；某些重大错报风险可能与特定的某类交易、账户余额和披露的认定相关，如会计期末的收入交易和收款交易的截止错误（截止认定），或应收账款坏账准备的计提不准确（准确性、计价与分摊认定）。在评估重大错报风险时，注册会计师应当落实到该风险所涉及的相关认定，从而更有针对性地设计进一步的审计程序。

（一）通过实施风险评估识别与收入确认相关的舞弊风险

实施风险评估，对审计人员识别与收入确认相关的舞弊风险至关重要。例如，审计人员通过了解被审计单位生产经营的基本情况、销售模式和业务流程、与收入相关的生产技术条件、收入的来源和构成、收入交易的特性、收入确认的具体原则、所在行业的特殊事项、重大异常交易的商业理由、被审计单位的业绩衡量等，有助于其考虑收入舞弊可能采取的方式，从而设计恰当的审计程序以发现此类错报。

（二）常用的收入确认舞弊手段

1. 为粉饰财务报表而虚增收入或提前确认收入

（1）利用与未披露关联方之间的资金循环虚构交易。

（2）通过未披露的关联方进行显失公允的交易。

（3）通过出售关联方的股权，使之从形式上不再构成关联方，但仍与之进行显失公允的交易，或与潜在的关联方进行显失公允的交易。

（4）通过虚开商品销售发票虚增收入，而将货款挂在应收账款中，并可能在以后期间计提坏账准备核销，或在期后冲销。

（5）为了虚构销售收入，将商品从某一地点移送至另一地点，以出库单和运输单据为依据确认销售收入。

（6）在与商品相关的风险和报酬尚未全部转移给客户之前确认销售收入。

（7）通过隐瞒售后回购或售后租回协议，将以售后回购或售后租回方式发出的商品作为销售商品确认收入。

（8）采用完工百分比法确认劳务收入且采用已经发生的成本占估计总成本的比例确定完工进度时，故意低估预计总成本或多计实际发生的成本，以通过高估完工百分比的方法实现当期多确认收入。

（9）在采用代理商的销售模式时，在代理商仅向购销双方提供帮助接洽、磋商等中介代理服务的情况下，按照相关购销交易的总额而非净额(扣除佣金和代理费等)确认收入。

(10) 当存在多种可供选择的收入确认会计政策或会计估计方法时，随意变更所选择的会计政策或会计估计方法。

(11) 选择与销售模式不匹配的收入确认会计政策。

2. 为在报告期内降低税负或转移利润等而少计收入或延后确认收入

(1) 被审计单位将商品发出、收到货款并满足收入确认条件后，不确认收入，而将收到的货款作为负债挂账，或转入本单位以外的其他账户。

(2) 被审计单位采用以旧换新的方式销售商品时，以新旧商品的差价确认收入。

(3) 对于在某一时间段内履行的履约义务，在履约进度能够合理确定的情况下，不在资产负债表日按履约进度确认收入，而推迟到完成履约义务时确认收入。

(三) 表明被审计单位在收入确认方面可能存在舞弊风险的迹象

舞弊迹象，是审计人员在实施审计过程中发现的、需要引起对舞弊风险警觉的事实或情况。了解舞弊风险迹象，有助于审计人员对审计过程中发现的异常情况产生警觉，从而更有针对性地采取应对措施。常见的收入确认方面的舞弊迹象如下：

(1) 审计人员发现，被审计单位的客户是否付款取决于下列情况：❶ 能否从第三方取得融资；❷ 能否转售给第三方(如经销商)；❸ 被审计单位能否满足特定的重要条件。

(2) 未经客户同意，在销售合同约定的发货期之前发送商品。

(3) 未经客户同意，将商品运送到销售合同约定地点以外的其他地点。

(4) 被审计单位的销售记录表明，已将商品发往外部仓库或货运代理人，却未指明任何客户。

(5) 在实际发货之前开具销售发票，或实际未发货而开具销售发票。

(6) 对于期末之后的发货，在本期确认相关收入。

(7) 实际销售情况与订单不符，或者根据已取消的订单发货或重复发货。

(8) 已经销售给货运代理人的商品，但在期后有大量退回。

(9) 销售合同或发运单上的日期被更改，或者销售合同上加盖的公章并不属于合同所指定的客户。

(10) 在接近期末时发生了大量或大额的交易。

(11) 交易之后长期不进行结算。

(12) 在被审计单位业务或其他相关事项未发生重大变化的情况下，询证函回函相符比例明显异于以前年度。

(13) 发生异常大量的现金交易，或被审计单位有非正常的资金流转及往来，特别是有非正常现金收付的情况。

(14) 应收款项收回时，付款单位与购买方不一致，存在较多代付款的情况。

(15) 交易标的对交易对手而言不具有合理用途。

(16) 主要客户自身规模与其交易规模不匹配。

(四) 对收入确认实施分析程序

在收入确认领域，审计人员可以实施的常见的分析程序方式：

(1) 将本期销售收入金额与以前可比期间的对应数据或预算数进行比较。

(2) 分析月度或季度销售量变动趋势。

(3) 将销售收入变动幅度与销售商品及提供服务收到的现金、应收账款、存货、税金等项目的变动幅度进行比较。

（4）将销售毛利率、应收账款周转率、存货周转率等关键财务指标与可比期间数据、预算数或同行业其他企业数据进行比较。

（5）分析销售收入等财务信息与投入产出率、劳动生产率、产能、水电能耗、运输数量等非财务信息之间的关系。

（6）分析销售收入与销售费用之间的关系，包括销售人员的人均业绩指标、销售人员薪酬、差旅费用、运费，以及销售机构的设置、规模、数量、分布等。

通过实施分析程序，可能识别出未注意到的异常关系，或难以发现的变动趋势，从而有目的性、有针对性地关注可能发生重大错报风险的领域，有助于评估重大的错报风险，为设计和实施应对措施提供基础。如果发现异常或偏离预期的趋势或关系，审计人员需要认真调查其原因，评价是否可能存在由于舞弊导致的重大错报风险。

课程视频：带你认识风险导向审计

二、根据重大错报风险的评估结果设计进一步审计程序

审计人员基于销售与收款循环的重大错报风险评估结果，制定实施进一步审计程序的总体方案（包括综合性方案和实质性方案），如表 5－2 所示，进而实施控制测试和实质性程序，以应对识别出的认定层次的重大错报风险。审计人员通过控制测试和实质性程序获取的审计证据综合起来应足以应对识别出的认定层次的重大错报风险。

表 5－2 销售与收款循环的重大错报风险和进一步审计程序总体方案

重大错报风险描述	相关财务报表项目及认定	风险程度	是否信赖控制	进一步审计程序的总体方案	拟从控制测试中获取的保证程度	拟从实质性程序中获取的保证程度
销售收入可能未真实发生	收入：发生 应收账款/合同资产：存在	特别	是	综合性方案	高	中
销售收入记录可能不完整	收入/应收账款/合同资产：完整性	一般	否	实质性方案	无	低
期末收入交易可能未计入正确的期间	收入：截止 应收账款/合同资产：存在/完整性	特别	否	实质性方案	无	高
发生的收入交易未能得到准确记录	收入/应收账款/合同资产：准确性、计价和分摊	一般	是	综合性方案	部分	低
应收账款/合同资产坏账准备的计提不准确	应收账款/合同资产：准确性、计价和分摊	一般	否	实质性方案	无	中

注　意

"拟从控制测试中获取的保证程度"一列所显示的"高、部分、无"以及"拟从实质性程序中获取的保证程度"一列所显示的"高、中、低"的级别的确定属于审计人员的职业判断。针对不同的风险级别，其对应的拟获取的保证程度并非一成不变。表5-2中的内容仅为演示审计人员基于特定情况所作出的对应审计方案的评价结果，基于该结果确定控制测试和实质性程序的性质、时间安排和范围。

审计人员根据重大错报风险的评估结果初步确定实施进一步审计程序的具体审计计划，因为风险评估和审计计划都是贯穿审计全过程的动态活动，而且控制测试的结果可能导致审计人员改变对内部控制的信赖程度，因此，具体审计计划并非一成不变，可能需要在审计过程中进行调整。

任务三　测试销售与收款循环的内部控制

风险评估和风险应对是整个审计过程的核心，审计人员通常以识别的重大错报风险为起点，选取拟测试的控制并实施控制测试。销售与收款循环的风险、存在的控制及控制测试程序，如表5-3所示。

表5-3　销售与收款循环的风险、存在的控制及控制测试程序

可能发生错报的环节	相关的财务报表项目及认定	存在的内部控制（自动）	存在的内部控制（人工）	控制测试程序
订单处理和赊销的信用控制				
可能向没有获得赊销授权或超出了其信用额度的客户赊销	收入：发生 应收账款/合同资产：存在	订购单上的客户代码与应收账款主文档记录的代码一致。目前未偿付余额加上本次销售额在信用限额范围内。上述两项均满足才能生成销售单	对于不在主文档中的客户或是超过信用额度的客户订购单，需要经过适当授权批准，才可生成销售单	询问员工销售单的生成过程，检查是否所有生成的销售单均有对应的客户订购单为依据。 检查系统中自动生成销售单的生成逻辑，是否确保满足了客户范围及其信用控制的要求。 检查系统外授权审批的销售单是否经过适当批准
发运商品				
可能在没有批准发货的情况下发出了商品	收入：发生 应收账款/合同资产：存在	当客户销售单在系统中获得发货批准时，系统自动生成连续编号的出库单	保安人员只有当附有经批准的销售单和出库单时才能放行	检查系统内出库单的生成逻辑以及出库单是否连续编号。 询问并观察发运时保安人员的放行检查

续表

可能发生错报的环节	相关的财务报表项目及认定	存在的内部控制（自动）	存在的内部控制（人工）	控制测试程序
发运商品与客户销售单可能不一致	收入/应收账款/合同资产：准确性、计价和分摊	计算机把出库单中所有准备发出的商品与销售单上的商品种类和数量进行比对。打印种类或数量不符的例外报告，并暂缓发货	管理层复核例外报告和暂缓发货的清单，并解决问题	检查例外报告和暂缓发货的清单
已发出商品可能与出库单上的商品种类和数量不符	收入/应收账款/合同资产：准确性、计价和分摊		商品打包发运前，装运部门对商品和出库单内容进行独立核对，并在出库单上签字以示商品已与出库单核对且种类和数量相符。客户要在出库单上签字以作为收到商品且商品与订购单一致的证据	检查出库单上相关员工及客户的签名，作为发货一致的证据
已销售商品可能未实际发运给客户	收入：发生 应收账款/合同资产：存在		客户要在出库单上签字以作为收到商品且商品与订购单一致的证据	检查出库单上客户的签名，作为收货的证据
开具发票				
商品发运可能未开具销售发票或已开出发票没有出库单的支持	应收账款/合同资产：存在、完整性、权利和义务 收入：发生、完整性	发货以后系统根据出库单及相关信息自动生成连续编号的销售发票。系统自动复核连续编号的发票和出库单的对应关系，并定期生成例外报告	复核例外报告并调查原因	检查系统生成发票的逻辑； 检查例外报告及跟进情况
由于定价或产品摘要不正确，以及销售单或出库单或销售发票代码输入错误，可能导致销售价格不正确	收入/应收账款/合同资产：准确性、计价和分摊	通过逻辑登录限制控制定价主文档的更改。只有得到授权的员工才能进行更改。 系统通过使用和检查主文档版本序号，确定正确的定价主文档版本已经被上传。 系统检查录入的产品代码的合理性	核对经授权的有效的价格更改清单与计算机获得的价格更改清单是否一致。 如果发票由手工填写或没有定价主文档，则有必要对发票的价格进行独立核对	检查文件以确定价格更改是否经授权。 重新执行以确定打印出的更改后价格与授权是否一致。通过检查信息技术的一般控制和收入交易的应用控制。确定正确的定价主文档版本是否已被用来生成发票。 如果发票由手工填写，检查发票中价格复核人员的签名。通过核对经授权的价格清单与发票上的价格，重新执行该核对过程

续表

可能发生错报的环节	相关的财务报表项目及认定	存在的内部控制(自动)	存在的内部控制(人工)	控制测试程序
发票上的金额可能出现计算错误	收入：准确性 应收账款/合同资产：计价和分摊	每张发票的单价、计算、商品代码、商品摘要和客户账户代码均由系统控制。 如果由系统的发票开具程序的更改是受监控的，在操作控制帮助下，可以确保使用的是正确的发票生成程序版本。 系统代码有密码保护，只有经授权的员工才可以更改。 定期打印所有系统上做出的更改	上述程序的所有更改由上级复核和审批。如果由手工开具发票，独立复核发票上计算的增值税和总额的正确性	自动化：询问发票生成程序更改的一般控制情况，确定是否经授权以及现有的版本是否正在被使用；检查有关程序更改的复核审批程序。 人工：检查与发票计算金额正确性相关的人员的签名；重新计算发票金额，证实其是否正确
记录赊销				
销售发票入账的会计期间可能不正确	收入：截止、发生 应收账款：存在、完整性、权利和义务	系统根据销售发票的信息自动汇总生成当期销售入账记录	定期执行人工销售截止检查程序。 向客户发送月末对账单，调查并解决客户质询的差异	检查系统中销售记录生成的逻辑。 重新执行销售截止检查程序。 检查客户质询信件并确定问题是否已得到解决
销售发票入账金额可能不准确	收入/应收账款/合同资产：准确性、计价和分摊	系统根据销售发票的信息自动汇总生成当期销售入账记录	复核明细账与总账间的调节。 向客户发送月末对账单，调查并解决客户质询的差异	检查系统销售入账记录的生成逻辑，对于人工调节项目进行检查，并调查原因是否合理。 检查客户质询信件并确定问题是否已得到解决
销售发票可能被记入不正确的应收账款明细账户	应收账款/合同资产：准确性、计价和分摊	系统将客户代码、商品发送地址、出库单、发票与应收账款主文档中的相关信息进行比对	应收账款客户主文档中明细账的汇总金额应与应收账款总分类账核对。对于二者之间的调节项需要调查原因并解决。 向客户发送月末对账单，调查并解决客户质询的差异	检查应收账款客户主文档中明细余额汇总金额的调节结果与应收账款总分类账是否核对相符，以及负责该项工作的员工签名。 检查客户质询信件并确定问题是否已得到解决
记录应收账款/合同资产的收款				
应收账款/合同资产记录的收款与银行存款可能不一致	应收账款/合同资产/货币资金：完整性，存在，权利和义务，准确性、计价和分摊	在每日编制电子版存款清单时，系统自动贷记应收账款/合同资产	将每日收款汇总表、电子版收款清单和银行存款清单相比较。 定期取得银行对账单，独立编制银行存款余额调节表。	检查核对每日收款汇总表、电子版收款清单和银行存款清单的核对记录和核对人签名。 检查银行存款余额调节表和负责编制的员

续表

可能发生错报的环节	相关的财务报表项目及认定	存在的内部控制（自动）	存在的内部控制（人工）	控制测试程序
			向客户发送月末对账单，对客户质询差异应予以调查并解决	工的签名。 检查客户质询信件并确定问题是否已被解决
收款可能被记入不正确的应收账款/合同资产账户	应收账款/合同资产：准确性、计价和分摊，存在	电子版的收款清单与应收账款/合同资产明细账之间建立连接界面，根据对应的客户名称、代码、发票号等将收到的款项对应到相应的客户账户。对于无法对应的款项生成例外事项报告。 系统定期生成按客户细分应收账款账龄分析表	将生成的例外事项报告的项目进行人工核对，或调查产生的原因并解决。 向客户发送月末对账单，对客户质询的差异应予以调查并解决管理层每月复核按客户细分的应收账款账龄分析表，并调查长期余额或其他异常余额	检查系统中的对应关系审核设置是否合理。 检查对例外事项报告中的信息进行核对的记录以及无法核对事项的解决情况。 检查客户质询信件并确定问题是否已被解决。 检查管理层对应收账款账龄分析表的复核及跟进措施
坏账准备计提及坏账核销				
坏账准备的计提可能不充分	应收账款/合同资产：准确性、计价和分摊	系统自动生成应收账款/合同资产账龄分析表	管理层对财务人员基于账龄分析表，采用预期信用损失模型计算编制的坏账准备计提表进行复核。复核无误后须在坏账准备计提表上签字。 管理层复核坏账核销的依据，并进行审批	检查财务系统计算账龄分布表的规则是否正确。 询问管理层如何复核坏账准备计提表的计算，检查是否有复核人员的签字。 检查坏账核销是否经过管理层的恰当审批
记录现金销售				
登记入账的现金收入与企业已经实际收到的现金不符	收入：完整性，发生，截止，准确性、计价与分摊 货币资金：完整性、存在	现金销售通过统一的收款台用收银机集中收款，并自动打印销售小票	销售小票应交予客户确认金额一致。 通过监视器监督收款台。每个收款台都打印每日现金销售汇总表。 盘点每个收款台收到的现金，并与相关销售汇总表调节相符。 独立检查所有收到的现金已存入银行。 将每日现金销售汇总表与银行存款单相比较。定期取得银行对账单，独立编制银行存款余额调节表	实地观察收银台、销售点的收款过程，并检查在这些地方是否有足够的物理监控。 检查收款台打印销售小票和现金销售汇总表的程序设置和修改权限设置。 检查盘点记录和结算记录上负责计算现金和与销售汇总表相调节工作的员工的签名。 检查银行存款单和销售汇总表上的签名，证明已实施复核。 检查银行存款余额调节表的编制和复核人员的审核记录

注　意

表5-3列示了常见的内部控制和相应的控制测试程序，目的在于帮助审计人员根据具体情况设计能够应对已识别风险、实现审计目标的控制测试。表5-3既未包含销售和收款循环所有的内部控制和控制测试，也并不意味着在审计实务中应当完全按此执行。在审计实务工作中，注册会计师需要从实际出发，设计适合被审计单位具体情况的实用高效的控制测试计划。

例 5-1

审计人员在7月中旬对某单位上半年的销售业务进行符合性测试，其中对销售与收款循环符合性测试的内容、结论及工作底稿如表5-4所示。

表5-4　某单位销售与收款循环符合性测试内容、结论及工作底稿

索引号：

单位名称：××××　　测试人员：×××　　测试日期：2023.7.15

复核人员：×××　　复核日期：2023.7.20

程序编号	查验过程记录	索引号
	测试情况：	
1	随机抽取2023年1—6月开出的销售发票50份，进行(1)至(5)项测试(按程序表内所列项目)，测试相符率100%。	Y1-2
2	抽取6月开出的所有销售发票，发现有3张作废发票，但均有“作废”印章，其他发票编号连续、无缺号。	(略)
3	将送货单和销售发票核对，未发现货发出不开具发票现象。	Y1-3
4	经查，1—6月被审计单位未发生销售折扣、折让行为，有两笔销售退回业务：销售退回附有按顺序编号并经主管人员核准的贷项通知单，有仓库签发的退货验收报告，有对方税务部门开具的有关证明，会计处理正确。	(略)
5	收款凭证的检查在现金和银行存款符合性测试时进行。	Y7-2
	测试结论： 该循环测试相符率高，可适当简化实质性测试审计程序。	

审计人员通过对销售额较大的主要产品的销售收入进行分析，找出异常变动情况，确定主要抽查范围。根据主营业务收入明细分类账编制主要产品销售收入分析表。参考格式如表5-5所示。

表5-5　主要产品销售收入分析表

2023年度

月份	A产品		B产品	
	销售收入	占全年/%	销售收入	占全年/%
1				
2				
⋮				
11				
12				
全年合计				

制表人：　　日期：　　复核人：　　日期：

如果某种产品某月销售收入有异常情况，例如，A 产品每月销售额占全年销售额的 7%～10%，而 12 月突然增加到 11%以上或降低到 6%以下，就可能是一种不正常的变动，应作为抽查的对象。

任务四 实施销售与收款循环的实质性程序

课程视频：主营业务收入的实质性程序

一、营业收入审计

（一）营业收入的审计目标

营业收入审计目标为：

（1）确定利润表中记录营业收入是否已发生，且与被审计单位有关（“发生”认定）。

（2）确定所有应当记录的营业收入是否均已记录（“完整性”认定）。

（3）确定与营业收入有关的金额及其他数据是否已恰当记录，包括对销售退回、折扣与折让的处理是否适当（“准确性”认定）。

（4）确定营业收入是否已记录于正确的会计期间（“截止”认定）。

（5）确定营业收入是否已按照企业会计准则的规定在财务报表中做出恰当的列报（“列报”认定）。

（二）主营业务收入的实质性程序

1. 获取主营业务收入明细表

（1）复核加计是否正确，并与总账数和明细账合计数核对是否相符。

（2）检查以非记账本位币结算主营业务收入使用的折算汇率及折算是否正确。

2. 实施实质性分析程序

（1）针对已识别需要运用分析程序的有关项目，并基于对被审计单位及其环境的了解，通过进行以下比较，同时考虑有关数据间关系的影响，以建立有关数据的期望值：

❶ 将本期的主营业务收入与上期的主营业务收入、销售预算或预测数等进行比较，分析主营业务收入及其构成的变动是否异常，并分析异常变动的原因；❷ 计算本期重要产品的毛利率，与上期预算或预测数据比较，检查是否存在异常，各期之间是否存在重大波动，查明原因；❸ 比较本期各月各类主营业务收入的波动情况，分析其变动趋势是否正常，是否符合被审计单位季节性、周期性的经营规律，查明异常现象和重大波动的原因；❹ 将本期重要产品的毛利率与同行业企业进行对比分析，检查是否存在异常。

（2）确定可接受的差异额。

（3）将实际金额与期望值相比较，计算差异。

（4）如果差异额超过确定的可接受差异额，调查并获取充分的解释和恰当的、佐证性质的审计证据。需要注意的是，如果差异超过可接受差异额，审计人员需要对差异额的全额进行调查证实，而非仅针对超出可接受差异额的部分。

（5）评估实施实质性分析程序的结果。

3. 检查主营业务收入确认方法的正确性

根据《企业会计准则第 14 号——收入》的规定，企业应当在履行了合同中的履约义务，及在客户取得相关商品控制权时确认收入。取得相关商品控制权，是指能够主导该商品的使用并从中获得几乎全部的经济利益。

当企业与客户之间的合同同时满足下列条件时，企业应当在客户取得商品控制权时确认收入的实现：❶ 合同各方已批准该合同并承诺将履行各自义务；❷ 该合同明确了合同各方与所转让商品或提供劳务相关的权利和义务；❸ 该合同有明确的与所转让的商品相关的支付条款；❹ 该合同具有商业实质，即履行该合同将改变企业未来现金流量的风险、时间分布或金额；❺ 企业因向客户转让商品而有权取得的对价很可能收回。

拓展阅读：《企业会计准则第 14 号——收入》

《企业会计准则第 14 号——收入》分别对"在某一时段内履行的履约义务"和"在某一时点履行的履约义务"的收入确认作出了规定。

（1）在某一时段内履行的履约义务。

对于在某一时段内履行的履约义务，企业应当在该段时间内按照履约进度确认收入。当履约进度能够合理确定时，采用产出法或投入法确定恰当的履约进度。当履约进度不能合理确定时，企业已经发生的成本预计能够得到补偿的，应当按照已经发生的成本金额确认收入，直到履约进度能够合理确定为止。

（2）在某一时点履行的履约义务。

对于在某一时点履行的履约义务，企业应当在客户取得相关商品的控制权时确认收入，在判断客户是否已取得商品控制权时，企业应当考虑下列迹象：❶ 企业就该商品享有现时收款权利，即客户就该商品负有现时付款义务；❷ 企业已将该商品的法定所有权转移给客户，即客户已拥有该商品的法定所有权；❸ 企业已将该商品实物转移给客户，即客户已实际占有该商品；❹ 企业已将该商品所有权上的主要风险和报酬转移给客户，即客户已取得该商品所有权上的主要风险和报酬；❺ 客户已接受该商品；❻ 其他表明客户已取得商品控制权的迹象。

因此，审计人员需要基于对被审计单位商业模式和日常经营活动的了解，判断被审计单位的合同履约义务是在某一时段内履行还是某一时点履行的，据以评估被审计单位确认产品销售收入的会计政策是否符合《企业会计准则第 14 号——收入》，并测试被审计单位是否按照会计准则规定确认产品销售收入。

例 5－2

审计人员审查某企业主营业务收入时，抽查了该企业 12 月的有关销售业务的凭证和账表，发现下列问题：

（1）12 月 17 日销售给 A 公司甲产品 60 000 元，货款已收到但未入账。

（2）12 月 20 日企业福利部门领用乙产品 5 000 元，未作销售收入。

（3）12 月 25 日 A 公司退回丙产品 2 000 元，产品已收到，但未作账务处理。

（4）12 月 25 日出口甲产品 20 000 美元，按当日汇率折算为人民币 124 000 元入账。该企业原选用当月月初汇率作为折算汇率，当月月初汇率为 6.5。

审计人员针对以上数据，计算了该企业主营业务收入应调整的数额，并作出相应的审计评价和审计意见，如主营业务收入应调整的数额为：

60 000＋5 000－2 000＋6 000＝69 000（元）

审计评价和审计意见为：该企业对主营业务收入的确认违反权责发生制和收入确认的原则，对外汇收入的折算缺乏一致性，12 月主营业务收入计算不正确，少计收入 69 000 元，虚减收入，该企业应调整有关账务并补缴相关税费。

4. 检查主营业务收入确认的真实性

核对收入交易的原始凭证与会计分录，以主营业务收入明细账中的会计分录为起点，检查相关原始凭证如订购单、销售单、出库单、销售发票等，以评价已入账的营业收入是否真实发生。检查订购单和销售单，用以确认存在真实的客户购买要求，销售交易已经过适当的授权批准。销售发票存根上所列的单价，通常还要与经过批准的商品价目表进行比较核对，对其金额小计和合计数也要进行复算。销售发票中列出的商品的规格、数量和客户代码等，则应与出库单进行比较核对，尤其是由客户签收商品的一联，确定已按合同约定履行了履约义务，可以确认收入。同时，还要检查原始凭证中的交易日期，以确认收入计入了正确的会计期间。

例 5-3

某企业年度利润指标为 200 万元，到年底只完成 192 万元，利润指标未达成。利润指标不达标直接影响了企业领导（特别是承包厂长）以及职工的利益，于是该企业在年底虚开出销售发票 60 万元，并借记“应收账款”账户 60 万元，贷记“主营业务收入”账户 60 万元。假设该企业的销售毛利率为 15%，则虚增了利润 9 万元（60 万元×15%）。至下年年初，该企业再作销售退回的账务处理，这样当年的利润指标就可以完成了，领导及职工也取得了不应得的承包利益。对于这种虚构销售收入的情况，审计人员可联系应收账款的审计，查看对账单上是否有客户不承认的应收账款，并与该销货款的销售发票相核对。

5. 检查主营业务收入确认的完整性

从出库单（客户签收联）中选取样本，追查至主营业务收入明细账，以确定是否存在遗漏事项（“完整性”认定）。为使这程序成为一项有意义的测试，审计人员一般可以通过检查出库单的编号顺序来确认全部出库单均已归档，有助于测试收入“完整性”这一目标的实现。同时，结合对应收账款实施的函证程序，选择主要客户函证本期销售额。

6. 执行主营业务收入截止测试

对销售实施截止测试，其目的主要在于确定被审计单位主营业务收入的会计记录归属期是否正确：应计入本期（或下期）的主营业务收入是否被推延至下期（或提前至本期）。审计人员对销售交易实施的截止测试可能包括但不限于以下程序：

（1）选取资产负债表日前后若干天的出库单，与应收账款和收入明细账进行核对。同时，从应收账款和收入明细账选取在资产负债表日前后若干天的凭证，与出库单核对，以确定销售是否存在跨期现象。

（2）复核资产负债表日前后销售和发货水平，确定业务活动水平是否异常，并考虑是否有必要追加实施截止测试程序。

（3）取得资产负债表日后所有的销售退回记录，检查是否存在提前确认收入的情况。

（4）结合对资产负债表日应收账款的函证程序，检查有无未取得对方认可的销售交易。

7. 检查销售退回

如果存在销售退回的，审计人员应检查相关手续是否符合规定，结合原始销售凭证检查其会计处理是否正确，结合存货审计关注其真实性。

8. 检查销售折扣、折让

审计人员针对销售折扣、折让的实质性程序可能包括：

（1）获取折扣、折让明细表，复核加计正确，并与明细账合计数核对相符。

（2）了解被审计单位有关折扣、折让的政策和程序，抽查折扣、折让的授权批准情况，与实际执行情况进行核对。

（3）检查折扣、折让的会计处理是否正确。

例 5－4

审计人员在审查某被审计单位的销售发票时，发现有一笔销售给某外地企业的商品 200 万元，所给予的销售折让金额达 16 万元。经过进一步追查证实，该销售的商品既不是过时商品，也没有质量和规格的问题，而是这家客户主要是依靠该企业供应的产品开展业务，关系十分密切。双方约定给予的销售折让必须返回。该企业则把客户返回的 16 万元的折让款列入小金库，供不正当开支之用。这种虚构销售折让的行为，不仅是偷漏增值税、所得税的非法行为，还属违反财政、银行等财经法纪的行为。因此，审计人员应特别注意审查销售折扣、折让与退回的业务中，是否有弄虚作假的行为。具体审查方法可根据主营业务收入的明细账中有否销售折扣、折让与退回的业务，抽查其销售发票。如果这种业务专门给某一客户而且数额较大的，要从成品出库单中查明出库检验有无质量问题，同时询问有关人员证实其是否有正常原因，并可作为问题反映在审计工作底稿内。

9. 检查特殊销售行为

对于特殊销售行为，如附有销售退回条件的商品销售、委托代销、售后回购、以旧换新、商品需要安装和检验的销售、分期收款销售、出口销售、售后租回等，注册会计师应确定恰当的审计程序进行审核。

10. 确定主营业务收入的列报情况

检查主营业务收入在财务报表中的列报和披露是否符合企业会计准则的规定。

例 5－5

审计人员于 2024 年 1 月 15 日审查某公司 2023 年产品销售业务时发现，该公司于 2023 年 12 月 28 日出售给外地某厂 B 产品 700 件，每件售价（不含增值税）为 800 元，已向银行办理了托收手续，尚未作销售收入和应收账款入账。该产品的单位成本为 650 元，增值税税率为 13%，所得税税率为 25%，法定盈余公积的提取比率为 10%。

审计人员审查了销售合同、出库单和银行托收凭证，证实该公司已经履行了合同，并向银行办妥了托收手续。根据《企业会计准则第 14 号——收入》所规定的收入确认条件，采用托收承付结算方式销售产品，应于产品已经发出，并已将发票账单提交银行办妥了托收手续时确认收入的实现，由此认定该公司的产品销售收入已经实现。审计人员审查了该公司的主营业务收入明细账、应收账款明细账和应交税费明细账，证实此项业务未作任何账务处理。经询问有关会计人员，系年终较繁忙疏漏所致。

根据上述情况，审计人员认为该公司违反了《企业会计准则第 14 号——收入》的有关规定，提请该公司调整有关账簿记录。其会计分录如下：

(1) 补记收入和应交增值税：

借：应收账款	632 800	
贷：应交税费——增值税检查调整		72 800
以前年度损益调整		560 000

(2) 补记转已销产品成本：

借：以前年度损益调整	455 000	
贷：库存商品		455 000

(3) 补记应交所得税：

借：以前年度损益调整	26 250	
贷：应交税费——查补的所得税		26 250

(4) 补提法定盈余公积：

借：以前年度损益调整	7 875	
贷：盈余公积——法定盈余公积		7 875

(5) 转入未分配利润：

借：以前年度损益调整	70 875	
贷：利润分配——未分配利润		70 875

在经济实务中，有的被审计单位可能采用一些不当手法来处理经济业务，致使财务信息失真。在主营业务收入领域，这样的手法主要如下：

(1) 销售发票开票过程中的非法行为。如虚开发票、代替其他单位或个人开具发票、开具上下联次内容不相符的发票等。

(2) 人为改变销售的入账时间。如在销售未最终实现的情况下确认销售收入、将本期销售延迟到下期入账或者长期不入账、将下期收入提前到本期入账等。

(3) 有意或无意漏计销售收入。如只计合格产品的销售，不计残次品的销售；只计主要产品的销售收入，不计算副产品、自制半成品、边角余料的销售；不计特殊销售，将自制产品用于本企业基本建设、福利设施等。

(4) 入账金额不正确。

(5) 混淆各种主营业务收入的分类。包括主营业务收入内部类别及主营业务收入与其他业务收入、营业外收入的区分。

（三）其他业务收入的实质性程序

其他业务收入的实质性程序一般包括以下内容：

(1) 获取其他业务收入明细表，复核加计是否正确，并与总账数和明细账合计数核对是否相符，结合主营业务收入科目与营业收入报表数核对是否相符。

(2) 计算本期其他业务收入与其他业务成本的比率，并与上期该比率比较，检查是否有重大波动，并查明原因。

(3) 检查其他业务收入是否真实准确，收入确认原则及会计处理是否符合规定，抽查原始凭证予以核实。

（4）对异常项目，追查入账依据及有关法律文件是否充分。

（5）抽查资产负债表日前后一定数量的记账凭证，实施截止测试，确定入账时间是否正确。

（6）确定其他业务收入在财务报表中的列报是否恰当。

例 5－6

审计人员审查某公司本年 5 月银行存款日记账时，发现 5 月 12 日 36# 银行收入 80 000 元的对方账户是“其他应付款”，但“摘要”栏中注明是转让专有技术的收入。审计人员进一步查阅 5 月 12 日 36# 的记账凭证和所附的原始凭证。记账凭证上的会计分录是：

借：银行存款　　80 000

　　贷：其他应付款　　80 000

而记账凭证所附的原始凭证是双方的专有技术转让协议和“送款单”回单。经询问有关人员，证实该公司是故意将应记录在“其他业务收入”账户的无形资产转让收入记录在“其他应付款”账户上，其目的是少计当期收入、虚减利润，从而少缴增值税、所得税等。针对这种偷税、漏税行为，审计人员责成该公司调整有关账簿记录，作如下会计调整分录：

借：其他应付款　　80 000

　　贷：其他业务收入　　75 471.70

　　　　应交税费——增值税检查调整　　4 528.30

对其他业务收入的审查还应注意检查其各项收入的分类是否恰当，账户运用是否合理，是否划清与主营业务收入、营业外收入的界限。

练一练

审计人员在审查 ABC 公司年度利润表时，发现临近年末的 3 天之内该公司实现销售收入 100 万元（年度总利润 120 万元），以应收账款入账。经查对，审计人员发现该公司年末的商品库中没有这么多的产品。

要求：请分析 ABC 公司该项业务中可能存在的问题及审计人员应采取的措施。

课程视频：应收账款及坏账准备的实质性程序

二、应收账款审计

（一）应收账款的审计目标

应收账款的审计有以下五个目标：

（1）确定资产负债表中记录的应收账款是否存在（“存在”认定）。

（2）确定所有应当记录的应收账款是否均已记录（“完整性”认定）。

（3）确定记录的应收账款是否由被审计单位拥有或控制（“权利和义务”认定）。

（4）确定应收账款是否可收回，坏账准备的计提方法和比例是否恰当，计提是否充分（“准确性、计价和分摊”认定）。

（5）确定应收账款及其坏账准备是否已按照企业会计准则的规定在财务报表中作出恰当列报（“列报”认定）。

（二）应收账款的实质性程序

1. 取得应收账款明细表

（1）复核加计正确，并与总账数和明细账合计数核对是否相符，结合坏账准备科目与报表数核对是否相符。

（2）检查非记账本位币应收账款的折算汇率及折算是否正确。

（3）分析有贷方余额的项目，查明原因，必要时，建议作重分类调整。

（4）结合其他应收款、预收款项等往来项目的明细余额，调查有无同客户多处挂账、异常余额或与销售无关的其他款项（如代销账户、关联方账户或员工账户）。

2. 分析与应收账款相关的财务指标

（1）复核应收账款借方累计发生额与主营业务收入关系是否合理，并将当期应收账款借方发生额占销售收入净额的百分比与管理层拟定考核指标和被审计单位相关赊销政策比较，确定是否存在异常现象并查明原因。

（2）计算应收账款周转率、应收账款周转天数等指标，并与被审计单位相关赊销政策、被审计单位以前年度指标、同行业同期相关指标对比，分析是否存在重大异常并查明原因。

3. 检查应收账款账龄分析是否正确

（1）获取应收账款账龄分析表。被审计单位通常会编制应收账款账龄分析报告，监控货款回收情况、及时识别可能无法收回的应收账款，并将其作为计提坏账准备的依据之一。审计人员可以通过查看应收账款账龄分析表，了解和评估应收账款的可收回性。

（2）测试应收账款账龄分析表计算的准确性。将应收账款账龄分析表中的合计数与应收账款总分类账余额比较，并调查重大调节项目。

（3）测试账龄划分的准确性。账龄分析表中抽取一定数量的项目，追查至相关原始凭证，测试账龄划分的准确性。

例 5－7

审计人员在审计某企业应收账款时，编制了应收账款账龄分析表，如表 5－6 所示。

表 5－6 应收账款账龄分析表

2024 年 1 月 7 日　　　　单位：元

户　名	余　额	未到期	逾期 一年以内	逾期 二年以内	逾期 三年以内	逾期 三年以上
大庆电气	60 000		60 000			
西湖仪表	20 000	20 000				
长江五金	35 000					35 000
南方电子	12 800	10 000	2 800			
四达公司	10 000	10 000				
其他客户	96 280	60 180	25 010	5 000	2 090	4 000
总　额	234 080	100 180	87 810	5 000	2 090	39 000

根据该账龄分析表，审计人员作了如下分析：❶ 该企业应收账款余额共 234 080 元，其中未到期应收账款 100 180 元，占 42.8%，逾期应收账款共 133 900 元，占 57.2%，说明拖欠款项情况比较严重的；❷ 逾期 3 年以上的应收账款 39 000 元，可能难以收回，在进一步调查后，如确认难以收回，应及时按规定予以核销；❸ 对金额较大的款项和拖欠时间较长的账户，审计人员应采取发函询证等措施，作进一步的审核；❹ 账龄分析情况表明该企业发生坏账的概率较大，如果现行的坏账准备提取不合理，应补提坏账准备。

课程视频：函证

4. 对应收账款实施函证程序

应收账款函证的目的在于证实应收账款账户余额是否真实准确。通过第三方提供的函证回复，可以比较有效地证明被询证者的存在和被审计单位记录的可靠性。

（1）函证决策。除非有充分证据表明应收账款对被审计单位财务报表而言是不重要的，或者函证很可能是无效的，否则，注册会计师应当对应收账款进行函证。如果审计人员不对应收账款进行函证，应当在审计工作底稿中说明理由。

（2）函证的范围和对象。注册会计师选择函证对象时需要考虑以下因素：❶ 应收账款在全部资产中的重要程度。若应收账款在全部资产中占比较大，则函证的范围应相应扩大。❷ 被审计单位内部控制的有效性。若相关内部控制有效，则可以相应减少函证范围。反之，则扩大函证范围。❸ 以前期间的函证结果。若以前期间函证中发现过重大差异，或欠款纠纷较多，则函证范围应相应扩大。❹ 考虑风险较高的项目，如账龄较长的项目、与债务人发生纠纷的项目、重大关联方项目、主要客户（包括关系密切的客户）项目、新增客户项目、交易频繁但期末余额较小甚至余额为零的项目、可能产生重大错报或舞弊的非正常的项目等。

（3）函证的方式。审计人员可采用积极的或消极的函证方式实施函证，也可将两种方式结合使用。由于应收账款通常存在高估风险，且与之相关的收入确认存在舞弊风险假定，因此，实务中通常对应收账款采用积极的函证方式。积极式与消极式询证函格式参考如下。

企业询证函（积极式）

编号：

××（公司）：

本公司聘请的××会计师事务所正在对本公司××年度财务报表进行审计，按照中国注册会计师审计准则的要求，应当询证本公司与贵公司的往来账项等事项。下列数据出自本公司账簿记录，如与贵公司记录相符，请在本函下端“信息证明无误”处签章证明；如有不符，请在“信息不符”处列明不符金额。回函请直接寄至××会计师事务所。

回函地址：

邮编：　　　　　　电话：　　　　　　传真：　　　　　　联系人：

1. 本公司与贵公司的往来账项列示如下：

单位：元

截止日期	贵公司欠	欠贵公司	备　注

2. 其他事项。

本函仅为复核账目之用，并非催款结算。若款项在上述日期之后已经付清，仍请及时函复为盼。

（公司盖章）

年　月　日

结论：

❶ 信息证明无误。

（公司盖章）

年　月　日

经办人：

❷ 信息不符，请列明不符的详细情况：

（公司盖章）

年　月　日

经办人：

企业询证函（消极式）

编号：

××（公司）：

本公司聘请的××会计师事务所正在对本公司××年度财务报表进行审计，按照中国注册会计师审计准则的要求，应当询证本公司与贵公司的往来账项等事项。下列数据出自本公司账簿记录，如与贵公司记录相符，则无须回复；如有不符，请直接通知会计师事务所，并请在空白处列明贵公司认为是正确的信息。回函请直接寄至××会计师事务所。

回函地址：

邮编：　　　　电话：　　　　传真：　　　　联系人：

1. 本公司与贵公司的往来账项列示如下：

单位：元

截止日期	贵公司欠	欠贵公司	备　注

2. 其他事项。

本函仅为复核账目之用，并非催款结算。若款项在上述日期之后已经付清，仍请及时函复为盼。

（公司盖章）
年　月　日

××会计师事务所：

上面的信息不正确，差异如下：

（公司盖章）
年　月　日
经办人：

(4) 函证时间的选择。审计人员通常以资产负债表日为截止日，在资产负债表日后适当时间内实施函证。如果重大错报风险评估为低水平，审计人员可选择资产负债表日前适当日期为截止日实施函证，并对所函证项目自该截止日起至资产负债表日止发生的变动实施其他实质性程序。

(5) 函证的控制。审计人员通常利用被审计单位提供的应收账款明细账户名及客户地址等资料据以编制询证函，审计人员应当对确定需要确认或填列的信息、选择适当的被询证者、设计询证函以及发出和跟进（包括收回）询证函保持控制，并编制应收账款函证结果汇总表，如表 5－7 所示。

表 5－7　应收账款函证结果汇总表

被审计单位名称：　　　　制表：　　　　日期：
结账日：　年　月　日　　复核：　　　　日期：

询证函编号	客户名称	地址及联系方式	账面金额	函证方式	函证日期		回函日期	替代程序	确认余额	差异金额及说明	备注
					第一次	第二次					
合　计											

(6) 对不符事项的处理。审计人员收回的询证函若出现了不符事项，应当先提请被审计单位查明原因，并进一步分析和核实。不符事项的原因可能是双方登记入账的时间不同，或是一方或双方记账错误，也可能是被审计单位存在舞弊行为。对应收账款而言，登记入账的时间不同而产生的不符事项主要表现为：❶ 客户已经付款，被审计单位尚未收到货款；❷ 被审计单位的货物已经发出并已作销售记录，但货物仍在途中，客户尚未收到货物；❸ 客户由于某种原因将货物退回，而被审计单位尚未收到；❹ 客户对收到的货物的数量、质量及价格等方面有异议而全部或部分拒付货款等。

(7) 对未回函项目实施替代程序。如果未收到被询证方的回函，审计人员应当实施替代审计程序。

5. 对应收账款余额实施函证以外的细节测试

在未实施应收账款函证的情况下（如由于实施的函证不可行），审计人员需要实施其他审计程序获取有关应收账款的审计证据。这种程序通常与上述未收到回函情况下实施的替代程序相似。

例 5-8

审计人员在2023年12月17日对某企业的应收账款进行审计,并对其中的30户共计569 800元应收账款发出了积极式询证函。在30份函证中,假定有27份复函表示"数额证明无误",其余3户的答复情况分别是:❶ A公司20 000元没有回复;❷ B公司答复:所欠余额18 000元已于12月15日支付;❸ C公司反映从来没有和该企业发生过业务往来,根本没有欠该企业50 000元。

针对上述情况,审计人员进行了分析:❶ 对没有回复的,审计人员应重新发出询证函;❷ 这种情况可能是时间差异造成的,审计人员应审查收款凭证,查看货款是否收到及收到日期;❸ 有可能是该企业虚列应收账款,审计人员应要求被审计单位提供货物销售合同或相关凭证,以进一步确定该款项的真实情况。

经过进一步审查,审计人员查清了事实,编制了函证结果汇总表,如表5-8所示。

表5-8 函证结果汇总表 单位:元

函证编号	债务人名称	债务人地址	函证日期	账面金额	函证结果	差异金额及说明	审定金额
01	A公司	×××	12.17	20 000	没有回复	重发询证函	20 000
			12.23		相符	相符	
02	B公司	×××	12.17	18 000	12月15日已支付	相符	18 000
03	C公司	×××	12.17	50 000	从未发生业务往来	虚列债权	0
04	D公司	×××	12.17	38 960	相符	相符	38 960
……	……	……	……	……	……	……	……
30	Z公司	×××	12.17	24 000	相符	相符	24 000
合计				569 800			519 800

最后,审计人员对"应收账款——C公司"的50 000元进行责任追查,要求该企业进行必要的账务调整,并对弄虚作假行为进行了处理。

6. 检查坏账的冲销和转回

对于检查坏账的冲销和转回,审计人员应当:❶ 检查有无债务人破产或者死亡的,以及破产或以遗产清偿后仍无法收回的,或者债务人长期未履行清偿义务的应收账款;❷ 检查被审计单位坏账的处理是否经授权批准,有关会计处理是否正确。

7. 确定应收账款的列报是否恰当

除了企业会计准则要求的披露之外,如果被审计单位为上市公司,审计人员还要评价其披露是否符合证券监管部门的特别规定。

（三）坏账准备的实质性程序

1. 坏账准备的审计目标

（1）确定计提坏账准备比率是否恰当，坏账准备是否充分。

（2）确定坏账准备增减变动的记录是否完整。

（3）确定坏账准备年末余额是否正确。

（4）确定坏账准备在会计报表中的披露是否恰当。

2. 坏账准备的实质性程序

坏账准备审计常用的实质性程序有以下几方面：

（1）取得坏账准备明细表，复核加计是否正确，与坏账准备总账数、明细账合计数核对是否相符。

（2）将应收账款坏账准备本期计提数与信用减值损失相应明细项目发生额核对是否相符。

（3）检查应收账款坏账准备计提和核销的批准程序，取得书面报告等证明文件，结合应收账款函证的回函结果，评价计提坏账准备所依据的资料、假设及方法是否恰当。

（4）实际发生坏账损失的，检查转销依据是否符合有关规定，会计处理是否正确。

（5）已经确认并转销的坏账重新收回的，检查其会计处理是否正确。

（6）确定应收账款坏账准备的披露是否恰当。企业应当在财务报表附注中清晰地说明坏账的确认标准、坏账准备的计提方法和计提比例。

例 5-9

审计人员对××公司年末应收账款、应收票据、长期应收款、其他应收款账户审计时，取得如下资料：

“应收账款”账户借方余额为 553 000 元，“应收票据”账户借方余额为 60 000 元，“长期应收款”账户借方余额为 300 000 元，“其他应收款”账户借方余额为 139 000 元，“坏账准备”账户贷方余额为 5 260 元。

经查，该公司坏账准备提取率一直为 4‰，今年擅自改为 5‰。公司的计提计算依据是：

(553 000 + 60 000 + 300 000 + 139 000) × 5‰ = 5 260(元)

审计人员采用复算法，计算坏账准备的余额应为：

(553 000+60 000+300 000+139 000)×4‰=4 208(元)

从而指出了该公司存在的问题是：❶ 擅自将计提比率从 4‰提高到 5‰；❷ 虚减当年利润 1 052 元(5 260−4 208)。审计人员要求该公司作如下账务调整：

借：坏账准备　　1 052
　　贷：信用减值损失　　1 052

在应收账款领域，部分被审计单位可能采用不当的业务处理手法，具体如下：

（1）虚列应收账款，由此虚列销售收入。

（2）应收账款长期挂账。被审计单位因赊账商品而产生的应收账款本应及时收回，但又出于各种原因而造成被审计单位应收销货款的长期挂账。例如，购货双方存在业务纠纷，购货方故意长期占用应付货款、购货方已无还款能力等。不论出于什么原因，被审计单位都应尽快处理，并确定该应收账款是否能收回。

(3) 通过调节坏账准备而达到调节利润的目的。例如，调整坏账计提比例，调整计提坏账准备的金额，由此达到调节当期利润的目的。

(4) 坏账损失任意确认。例如，将本可以收回的应收账款作坏账核销，实际收回时成为账外资金；或者对无法收回的坏账不予核销，长期挂账。

(5) 人为改变应收账款账龄。例如，将具有较长账龄的应收账款金额调入较低账龄应收账款的金额中；以每一账户最后一笔往来款的发生时间作为确认该账户账龄的时间等。

三、销售与收款循环审计工作底稿实例

温州中源立德会计师事务所，接受南宁市骏业材料有限公司(以下简称“南宁骏业”)委托，对南宁骏业 2023 年年报进行审计。温州中源立德会计师事务所审计项目组于 2024 年 1 月对南宁骏业进行审计。负责审计的注册会计师何向东及审计助理冬小红于 2024 年 1 月 15 日对南宁骏业销售与收款循环的相关项目实施审计。与该业务循环相关的部分资料如下：

(1) 南宁骏业 2023 年 12 月 31 日资产负债表(表 5－9)。

(2) 南宁骏业 2023 年度利润表(表 5－10)。

(3) 南宁骏业 2023 年 1—12 月部分科目汇总表(表 5－11)。

(4) 南宁骏业 2023 年主营业务收入总账(表 5－12)。

(5) 南宁骏业 2023 年主营业务收入科目明细账(表 5－13、表 5－14、表 5－15、表5－16、表 5－17)。

(6) 南宁骏业 2023 年主营业务成本科目总账(表 5－18)。

(7) 南宁骏业 2023 年主营业务成本明细账(表 5－19、表 5－20、表 5－21、表 5－22、表 5－23)。

(8) 南宁骏业应收账款明细汇总表(表 5－24、表 5－25、表 5－26)。

(9) 南宁骏业资产负债表日前后几天的出库单(表 5－27～表 5－32)。

南宁骏业应收款项仅对应收账款计提坏账准备，并根据账龄按余额百分比计提坏账准备：1 年内按 5%计提；1～2 年按 10%计提；2～3 年按 20%计提；3 年以上按 50%计提。

要求：根据南宁骏业的相关资料，对南宁骏业营业收入和应收账款实施审计，并完成该业务循环部分审计工作底稿(假设审计过程发现的不符事项金额均超过重要性水平)。

(一) 营业收入审计

1. 审计过程

营业收入审计的审计过程如下：

(1) 账账、账表核对。根据南宁骏业提供的主营业务收入和主营业务成本账簿，完成审计底稿 5－101/401－1(表 5－33)，并将总账和明细账合计数核对、将总账与报表数核对。

(2) 实施实质性分析程序。通过计算各月销售成本率，全年平均销售成本率为 41%，但 12 月毛利率偏低(销售成本率为 50%)。通过检查 12 月销售收入产品数量和销售成本结转的产品数量，发现 12 月销售收入的产品数量和成本结转的产品数量不相符，具体审计过程见生产与存货循环的审计。

(3) 检查营业收入的确认方法是否符合企业会计准则的规定。审计人员通过询问、检查，未发现异常，收入确认的方法符合企业会计准则的规定。

(4) 核对收入交易的原始凭证与会计记录。审计人员以主营业务收入明细账中的会计

记录为起点，通过抽查凭证及相关原始凭证，营业收入的发生是真实的，账证相符，未见异常。检查过程记录在审计工作底稿 5－101－6(收入检查表本案例省略列示)。

(5) 实施销售截止测试。选择资产负债表日前后 5 天的出库单，与应收账款、收入明细账进行核对，发现本年度收入存在跨期入账现象，具体审计过程记录在审计底稿 5－101－3(表 5－34)。

(6) 检查营业收入在财务报表中的列报和披露是否符合企业会计准则的规定。未审数的账表核对已在步骤(1)中体现，审定数的核对在完成审计阶段执行。

2. 审计结果

营业收入完成的审计工作底稿详见表 5－33、表 5－34。

(二) 应收账款审计

1. 审计过程

(1) 账账、账表核对，并分析应收账款账龄。根据南宁骏业提供的应收账款明细账完成审计底稿 1－131－2(表 5－36)，并根据其完成的审计底稿及企业相关的资料完成审计底稿 1－131－1(表 5－35)，最后核对账账、账表是否相符。

本案例账龄分析采用的是先进先出法，即每次收款收到的是最早应收的款项，首次审计要求企业提供三年以上的应收账款明细账，分析时应从最早的年度开始分析，最后完成审计年度的账龄分析。本案例账龄分析过程详见表 5－40、表 5－41、表 5－42。在实务中，也可以由被审计单位提供应收账款账龄分析表，但审计人员要核对企业提供的账龄分析表是否正确。

(2) 对应收账款实施函证程序。根据被审计单位的经营环境、内部控制的有效性、应收账款账户的性质、被询证者处理询证的习惯做法及回函的可能性等，确定应收账款函证的范围、对象、方式和时间。本案例对应收账款余额 25 万元以上的大额客户及余额虽然较小，但发生频繁的客户实施函证，共确定函证单位 4 家，并在资产负债表日后实施函证程序。

在函证过程中特别要注意，注册会计师对函证全过程保持控制，包括对确定需要确认或填列的信息、选择适当的被询证者、设计询证函以及发出和跟进(包括收回)询证函均保持控制。

对回函结果，要核对信息。如存在回函不符事项，需要调查核实原因，确定其是否构成错报。本案例假设回函相符。

对未回函项目实施替代程序，其方法与实施函证以外的细节测试相似。假定本案例不存在未回函的问题。

(3) 对应收账款余额实施函证以外的细节测试。在未实施应收账款函证的情况下，需要实施其他审计程序获取有关应收账款的审计证据。本案例采取检查其发生额获取审计证据。其他细节测试结果记录在审计底稿 1－131－5(表 5－37)。

(4) 对坏账准备的实质性测试。本案例中，被审计单位本年度发生坏账核销。经查，其坏账核销符合相关的规定，手续齐全。本年度无以前年度已核销的坏账转回。

审计期末坏账准备余额相符正确：通过重新计算检查期末坏账准备计提是否正确。其审计过程记录于审计底稿 1－131－6(表 5－38)。

(5) 确定应收账款的列报是否恰当，坏账准备的披露是否恰当。未审数的账表核对已在步骤(1)中体现，审定数的核对在完成审计阶段执行。

2. 审计结果

应收账款审计完成的审计工作底稿详见表 5－35、表 5－36、表 5－37、表 5－38、表 5－39。

表 5-9 资产负债表

2023 年 12 月 31 日

单位：南宁骏业　　　　单位：元

资　　产	行次	期末余额	上年年末余额	负债和所有者权益	行次	期末余额	上年年末余额
流动资产：				流动负债：			
货币资金	1	1 486 899.39	2 828 836.64	短期借款	33		1 900 000.00
交易性金融资产	2		1 000 000.00	交易性金融负债	34		
衍生金融资产	3			衍生金融负债	35		
应收票据及应收账款	4	1 871 228.14	3 409 898.70	应付票据及应付账款	36	450 963.40	232 085.14
应收款项融资	5			预收款项	37	218 000.00	165 000.00
预付款项	6	85 000.00	26 500.00	合同负债	38		
其他应收款	7	18 100.00	45 000.00	应付职工薪酬	39	16 870.58	75 170.06
存货	8	508 135.18	827 700.57	应交税费	40	219 450.66	430 892.40
合同资产	9			其他应付款	41	510 496.17	550 850.72
持有待售资产	10			持有待售负债	42		
一年内到期非流动资产	11			一年内到期的非流动负债	43		
其他流动资产	12	28 966.22		其他流动负债	44		
流动资产合计	13	3 998 328.93	8 137 935.91	流动负债合计	45	1 415 780.81	3 353 998.32
非流动资产：				非流动负债：			
债权投资	14			长期借款	46	1 500 000.00	
其他债权投资	15			应付债券	47		

续表

资　　产	行次	期末余额	上年年末余额	负债和所有者权益	行次	期末余额	上年年末余额
长期应收款	16			长期应付款	48		
长期股权投资	17			预计负债	49		
其他权益工具投资	18			递延收益	50		
其他非流动金融资产	19			递延所得税负债	51		
投资性房地产	20			其他非流动负债	52		
固定资产	21	11 544 657.20	7 426 073.23	非流动负债合计	53	1 500 000.00	
在建工程	22	3 839 700.00	2 749 000.00	负债合计	54	2 915 780.81	3 353 998.32
生产性生物资产	23			所有者权益：			
油气资产	24			实收资本(股本)	55	14 000 000.00	14 000 000.00
无形资产	25	1 184 102.58	1 839 201.06	其他权益工具	56		
开发支出	26			资本公积	57	514 453.77	500 000.00
商誉	27			减：库存股	58		
长期待摊费用	28	65 098.19	34 284.00	其他综合收益	59		
递延所得税资产	29			盈余公积	60	693 247.85	504 374.39
其他非流动资产	30			未分配利润	61	2 508 404.47	1 828 121.49
非流动资产合计	31	16 633 557.97	12 048 558.29	所有者权益合计	62	17 716 106.09	16 832 495.88
资产总计	32	20 631 886.90	20 186 494.20	负债和所有者权益总计	63	20 631 886.90	20 186 494.20

表 5-10 利润表

2023 年度

编制单位：南宁骏业　　　　单位：元

项目	行次	本期金额	上期金额
一、营业收入	1	9 432 580.00	8 038 116.67
减：营业成本	2	3 833 347.99	3 332 755.58
税金及附加	3	121 932.60	103 906.76
销售费用	4	132 522.28	398 447.49
管理费用	5	3 317 816.27	2 117 944.64
研发费用	6		
财务费用	7	18 766.25	−2 002.59
其中：利息费用	8		
利息收入	9		
资产减值损失	10	100 041.86	15 000.00
加：其他收益	11		
投资收益(损失以“—”号填列)	12	38 960.00	27 200.00
其中：对联营企业和合营企业的投资收益	13		
公允价值变动收益(损失以“—”号填列)	14		
资产处置收益(损失以“—”号填列)	15		
二、营业利润(亏损以“—”号填列)	16	1 947 112.75	2 099 264.79
加：营业外收入	17	9 899.48	9 475.92
减：营业外支出	18	6 180.00	3 895.41
三、利润总额(亏损总额以“—”号填列)	19	1 950 832.23	2 104 845.30
减：所得税费用	20	691 675.79	694 598.95
四、净利润(净亏损以“—”号填列)	21	1 259 156.44	1 410 246.35

表 5-11 科目汇总表(部分)

2023 年 1 月—2023 年 12 月

单位：南宁骏业　　　　单位：元

科目代码	科目名称	期初余额		本期发生额		期末余额	
		借　方	贷　方	借　方	贷　方	借　方	贷　方
1122	应收账款	3 427 260.00		7 650 541.60	9 197 170.30	1 880 631.30	
1231	坏账准备		17 361.30	108 000.00	100 041.86		9 403.16
6001	主营业务收入			9 432 580.00	9 432 580.00		
6401	主营业务成本			3 833 347.99	3 833 347.99		

表 5-12 科 目 总 账

2023 年 1 月—2023 年 12 月

单位：南宁骏业

(6001)主营业务收入　　　　单位：元

日　期	凭证号	摘要	期初余额	借方发生数	贷方发生数	余额方向	期末余额
2023-1-31	略	本月发生额		1 018 500.00	1 018 500.00	平	
2023-2-28	略	本月发生额		612 600.00	612 600.00	平	
2023-3-31	略	本月发生额		860 550.00	860 550.00	平	
2023-4-30	略	本月发生额		730 200.00	730 200.00	平	
2023-5-31	略	本月发生额		691 200.00	691 200.00	平	
2023-6-30	略	本月发生额		843 600.00	843 600.00	平	
2023-7-31	略	本月发生额		832 840.00	832 840.00	平	

续表

日期	凭证号	摘要	期初余额	借方发生数	贷方发生数	余额方向	期末余额
2023-8-31	略	本月发生额		722 750.00	722 750.00	平	
2023-9-30	略	本月发生额		844 500.00	844 500.00	平	
2023-10-31	略	本月发生额		721 480.00	721 480.00	平	
2023-11-30	略	本月发生额		844 340.00	844 340.00	平	
2023-12-31	略	本月发生额		710 020.00	710 020.00	平	
		累计		9 432 580.00	9 432 580.00		

表 5-13 科目明细账

2023 年 1 月—2023 年 12 月

单位：南宁骏业　　　　数量单位：台

(600101)主营业务收入——除气机　　　　金额单位：元

日期	凭证号	摘要	数量	借方发生数	贷方发生数	余额方向	余额
2023-1-6	记账凭证-9	销售除气机/石墨轮/石墨杆/过滤袋	1		120 000.00	贷	120 000.00
2023-1-7	记账凭证-20	销售除气机/石墨杆/石墨轮/过滤袋	2		240 000.00	贷	360 000.00
2023-1-10	记账凭证-24	销售除气机/石墨杆/石墨轮	1		120 000.00	贷	480 000.00
2023-1-26	记账凭证-69	销售除气机/石墨杆/石墨轮/过滤袋	1		120 000.00	贷	600 000.00
2023-1-31	记账凭证-81	销售除气机/石墨杆/石墨轮	1		120 000.00	贷	720 000.00
2023-1-31	记账凭证-102	结转收入到本年利润		720 000.00		平	0.00
		……					

续表

日　期	凭 证 号	摘　　要	数量	借方发生数	贷方发生数	余额方向	余　　额
2023-2-28	记账凭证-101	结转收入到本年利润		360 000.00		平	0.00
		……					
2023-3-31	记账凭证-126	结转收入到本年利润		600 000.00		平	0.00
		……					
2023-4-30	记账凭证-115	结转收入到本年利润		480 000.00		平	0.00
		……					
2023-5-31	记账凭证-115	结转收入到本年利润		480 000.00		平	0.00
		……					
2023-6-30	记账凭证-102	结转收入到本年利润		600 000.00		平	0.00
		……					
2023-7-31	记账凭证-113	结转收入到本年利润		600 000.00		平	0.00
		……					
2023-8-31	记账凭证-114	结转收入到本年利润		480 000.00		平	0.00
		……					
2023-9-30	记账凭证-106	结转收入到本年利润		600 000.00		平	0.00
		……					
2023-10-31	记账凭证-111	结转收入到本年利润		480 000.00		平	0.00

续表

日　期	凭 证 号	摘　要	数量	借方发生数	贷方发生数	余额方向	余　额
		……					
2023-11-30	记账凭证-116	结转收入到本年利润		600 000.00		平	0.00
2023-12-5	记账凭证-17	销售除气机/石墨杆/石墨轮/过滤袋	1		120 000.00	贷	120 000.00
2023-12-19	记账凭证-62	销售除气机/石墨杆/石墨轮/过滤袋	1		120 000.00	贷	240 000.00
2023-12-28	记账凭证-96	销售除气机/石墨杆/石墨轮	1		120 000.00	贷	360 000.00
2023-12-29	记账凭证-99	销售除气机/石墨杆/石墨轮/过滤袋	1		120 000.00	贷	480 000.00
2023-12-31	记账凭证-130	结转收入到本年利润		480 000.00		平	0.00
		本年累计	54	6 480 000.00	6 480 000.00		

表 5-14 科目明细账

2023 年 1 月—2023 年 12 月

单位：南宁骏业　　　　数量单位：个

(600102)主营业务收入——过滤袋　　　　金额单位：元

日　期	凭 证 号	摘　要	数量	借方发生数	贷方发生数	余额方向	余　额
2023-1-6	记账凭证-9	销售除气机/石墨轮/石墨杆/过滤袋	200		6 600.00	贷	6 600.00
2023-1-7	记账凭证-20	销售除气机/石墨杆/石墨轮/过滤袋	180		5 940.00	贷	12 540.00
2023-1-13	记账凭证-36	销售石墨轮/过滤袋	520		17 160.00	贷	29 700.00
2023-1-17	记账凭证-45	销售石墨轮/过滤袋	300		9 900.00	贷	39 600.00
2023-1-26	记账凭证-69	销售除气机/石墨杆/石墨轮/过滤袋	270		8 910.00	贷	48 510.00

续表

日 期	凭 证 号	摘 要	数量	借方发生数	贷方发生数	余额方向	余 额
2023-1-28	记账凭证-75	销售石墨轮/过滤袋	530		17 490.00	贷	66 000.00
2023-1-31	记账凭证-102	结转收入到本年利润		66 000.00		平	0.00
		……					
2023-2-28	记账凭证-101	结转收入到本年利润		56 100.00		平	0.00
		……					
2023-3-31	记账凭证-126	结转收入到本年利润		61 050.00		平	0.00
		……					
2023-4-29	记账凭证-91	展览销售产品	18		540.00	贷	50 040.00
2023-4-30	记账凭证-115	结转收入到本年利润		50 040.00		平	0.00
		……					
2023-5-31	记账凭证-115	结转收入到本年利润		46 200.00		平	0.00
		……					
2023-6-30	记账凭证-102	结转收入到本年利润		47 850.00		平	0.00
		……					
2023-7-31	记账凭证-113	结转收入到本年利润		48 840.00		平	0.00
		……					
2023-8-31	记账凭证-114	结转收入到本年利润		49 500.00		平	0.00
		……					

续表

日 期	凭 证 号	摘 要	数量	借方发生数	贷方发生数	余额方向	余 额
2023－9－30	记账凭证-106	结转收入到本年利润		52 800.00		平	0.00
		……					
2023－10－31	记账凭证-111	结转收入到本年利润		51 480.00		平	0.00
		……					
2023－11－30	记账凭证-116	结转收入到本年利润		48 840.00		平	0.00
2023－12－5	记账凭证-17	销售除气机/石墨杆/石墨轮/过滤袋	200		6 600.00	贷	6 600.00
2023－12－12	记账凭证-39	销售石墨杆/石墨轮/过滤袋	100		3 300.00	贷	9 900.00
2023－12－15	记账凭证-52	销售石墨杆/石墨轮/过滤袋	150		4 950.00	贷	14 850.00
2023－12－16	记账凭证-57	销售石墨杆/石墨轮/过滤袋	200		6 600.00	贷	21 450.00
2023－12－19	记账凭证-62	销售除气机/石墨杆/石墨轮/过滤袋	120		3 960.00	贷	25 410.00
2023－12－21	记账凭证-70	销售过滤袋/石墨轮	100		3 300.00	贷	28 710.00
2023－12－26	记账凭证-85	销售石墨杆/石墨轮/过滤袋	150		4 950.00	贷	33 660.00
2023－12－28	记账凭证-96	销售除气机/石墨杆/石墨轮/过滤袋	150		4 950.00	贷	38 610.00
2023－12－29	记账凭证-98	销售石墨轮/过滤袋	120		3 960.00	贷	42 570.00
2023－12－29	记账凭证-99	销售除气机/石墨杆/石墨轮/过滤袋	150		4 950.00	贷	47 520.00
2023－12－31	记账凭证-130	结转收入到本年利润		47 520.00		平	0.00
		本年累计	18 978	626 220.00	626 220.00		

表 5-15 科目明细账

2023 年 1 月—2023 年 12 月

单位：南宁骏业　　　　数量单位：根

(600103)主营业务收入——石墨杆 $\phi75$　　　　金额单位：元

日期	凭证号	摘要	数量	借方发生数	贷方发生数	余额方向	余额
2023-1-6	记账凭证-9	销售除气机/石墨轮/石墨杆/过滤袋	30		27 000.00	贷	27 000.00
2023-1-7	记账凭证-20	销售除气机/石墨杆/石墨轮/过滤袋	40		36 000.00	贷	63 000.00
2023-1-10	记账凭证-24	销售除气机/石墨杆/石墨轮	30		27 000.00	贷	90 000.00
2023-1-26	记账凭证-69	销售除气机/石墨杆/石墨轮/过滤袋	25		22 500.00	贷	112 500.00
2023-1-31	记账凭证-81	销售除气机/石墨杆/石墨轮	25		22 500.00	贷	135 000.00
2023-1-31	记账凭证-102	结转收入到本年利润		135 000.00		平	0.00
		……					
2023-2-28	记账凭证-101	结转收入到本年利润		108 000.00		平	0.00
		……					
2023-3-31	记账凭证-126	结转收入到本年利润		112 500.00		平	0.00
		……					
2023-4-29	记账凭证-91	展览销售产品	4		3 200.00	贷	111 200.00
2023-4-30	记账凭证-115	结转收入到本年利润		111 200.00		平	0.00
		……					
2023-5-31	记账凭证-115	结转收入到本年利润		99 000.00		平	0.00
		……					
2023-6-30	记账凭证-102	结转收入到本年利润		117 000.00		平	0.00
		……					

续表

日期	凭证号	摘要	数量	借方发生数	贷方发生数	余额方向	余额
2023-7-31	记账凭证-113	结转收入到本年利润		108 000.00		平	0.00
		……					
2023-8-31	记账凭证-114	结转收入到本年利润		112 500.00		平	0.00
		……					
2023-9-30	记账凭证-106	结转收入到本年利润		115 200.00		平	0.00
		……					
2023-10-31	记账凭证-111	结转收入到本年利润		99 000.00		平	0.00
		……					
2023-11-30	记账凭证-116	结转收入到本年利润		117 000.00		平	0.00
2023-12-5	记账凭证-17	销售除气机/石墨杆/石墨轮/过滤袋	20		18 000.00	贷	18 000.00
2023-12-12	记账凭证-39	销售石墨杆/石墨轮/过滤袋	15		13 500.00	贷	31 500.00
2023-12-15	记账凭证-52	销售石墨杆/石墨轮/过滤袋	10		9 000.00	贷	40 500.00
2023-12-16	记账凭证-57	销售石墨杆/石墨轮/过滤袋	10		9 000.00	贷	49 500.00
2023-12-19	记账凭证-62	销售除气机/石墨杆/石墨轮/过滤袋	15		13 500.00	贷	63 000.00
2023-12-26	记账凭证-85	销售石墨杆/石墨轮/过滤袋	10		9 000.00	贷	72 000.00
2023-12-28	记账凭证-96	销售除气机/石墨杆/石墨轮/过滤袋	20		18 000.00	贷	90 000.00
2023-12-29	记账凭证-99	销售除气机/石墨杆/石墨轮/过滤袋	10		9 000.00	贷	99 000.00
2023-12-31	记账凭证-130	结转收入到本年利润		99 000.00		平	0.00
		本年累计	1 482	1 333 400.00	1 333 400.00		

表 5-16 科目明细账

2023 年 1 月—2023 年 12 月

单位：南宁骏业　　　　数量单位：个

(600104)主营业务收入——石墨轮 $\phi150$　　　　金额单位：元

日期	凭证号	摘要	数量	借方发生数	贷方发生数	余额方向	余额
2023-1-6	记账凭证-9	销售除气机/石墨轮/石墨杆/过滤袋	30		12 000.00	贷	12 000.00
2023-1-17	记账凭证-45	销售石墨轮/过滤袋	40		16 000.00	贷	28 000.00
2023-1-28	记账凭证-75	销售石墨轮/过滤袋	20		8 000.00	贷	36 000.00
2023-1-31	记账凭证-81	销售除气机/石墨杆/石墨轮	30		12 000.00	贷	48 000.00
2023-1-31	记账凭证-102	结转收入到本年利润		48 000.00		平	0.00
		……					
2023-2-28	记账凭证-101	结转收入到本年利润		48 000.00		平	0.00
		……					
2023-3-31	记账凭证-126	结转收入到本年利润		42 000.00		平	0.00
		……					
2023-4-29	记账凭证-91	展览销售产品	13		3 900.00	贷	43 900.00
2023-4-30	记账凭证-115	结转收入到本年利润		43 900.00		平	0.00
		……					
2023-5-31	记账凭证-115	结转收入到本年利润		30 000.00		平	0.00
		……					

续表

日期	凭证号	摘要	数量	借方发生数	贷方发生数	余额方向	余额
2023-6-30	记账凭证-102	结转收入到本年利润		36 000.00		平	0.00
		……					
2023-7-31	记账凭证-113	结转收入到本年利润		40 000.00		平	0.00
		……					
2023-8-31	记账凭证-114	结转收入到本年利润		38 000.00		平	0.00
		……					
2023-9-30	记账凭证-106	结转收入到本年利润		36 000.00		平	0.00
		……					
2023-10-31	记账凭证-111	结转收入到本年利润		46 000.00		平	0.00
		……					
2023-11-30	记账凭证-116	结转收入到本年利润		38 000.00		平	0.00
2023-12-12	记账凭证-39	销售石墨杆/石墨轮/过滤袋	15		6 000.00	贷	6 000.00
2023-12-15	记账凭证-52	销售石墨杆/石墨轮/过滤袋	30		12 000.00	贷	18 000.00
2023-12-16	记账凭证-57	销售石墨杆/石墨轮/过滤袋	20		8 000.00	贷	26 000.00
2023-12-28	记账凭证-96	销售除气机/石墨杆/石墨轮/过滤袋	20		8 000.00	贷	34 000.00
2023-12-31	记账凭证-130	结转收入到本年利润		34 000.00		平	0.00
		本年累计	1 203	479 900.00	479 900.00		

表 5－17　科目明细账

2023 年 1 月—2023 年 12 月

单位：南宁骏业　　　　数量单位：个

(600105)主营业务收入——石墨轮 ϕ180　　　　金额单位：元

日　期	凭证号	摘　要	数量	借方发生数	贷方发生数	余额方向	余　额
2023－1－7	记账凭证－20	销售除气机/石墨杆/石墨轮/过滤袋	35		15 750.00	贷	15 750.00
2023－1－10	记账凭证－24	销售除气机/石墨杆/石墨轮	30		13 500.00	贷	29 250.00
2023－1－13	记账凭证－36	销售石墨轮/过滤袋	25		11 250.00	贷	40 500.00
2023－1－26	记账凭证－69	销售除气机/石墨杆/石墨轮/过滤袋	20		9 000.00	贷	49 500.00
2023－1－31	记账凭证－102	结转收入到本年利润		49 500.00		平	0.00
		……					
2023－2－28	记账凭证－101	结转收入到本年利润		40 500.00		平	0.00
		……					
2023－3－31	记账凭证－126	结转收入到本年利润		45 000.00		平	0.00
		……					
2023－4－29	记账凭证－91	展览销售产品	12		4 560.00	贷	45 060.00
2023－4－30	记账凭证－115	结转收入到本年利润		45 060.00		平	0.00
		……					
2023－5－31	记账凭证－115	结转收入到本年利润		36 000.00		平	0.00
		……					
2023－6－30	记账凭证－102	结转收入到本年利润		42 750.00		平	0.00

续表

日　　期	凭 证 号	摘　　要	数量	借方发生数	贷方发生数	余额方向	余　　额
		……					
2023-7-31	记账凭证-113	结转收入到本年利润		36 000.00		平	0.00
		……					
2023-8-31	记账凭证-114	结转收入到本年利润		42 750.00		平	0.00
		……					
2023-9-30	记账凭证-106	结转收入到本年利润		40 500.00		平	0.00
		……					
2023-10-31	记账凭证-111	结转收入到本年利润		45 000.00		平	0.00
		……					
2023-11-30	记账凭证-116	结转收入到本年利润		40 500.00		平	0.00
2023-12-5	记账凭证-17	销售除气机/石墨杆/石墨轮/过滤袋	20		9 000.00	贷	9 000.00
2023-12-19	记账凭证-62	销售除气机/石墨杆/石墨轮/过滤袋	15		6 750.00	贷	15 750.00
2023-12-21	记账凭证-70	销售过滤袋/石墨轮	20		9 000.00	贷	24 750.00
2023-12-26	记账凭证-85	销售石墨杆/石墨轮/过滤袋	15		6 750.00	贷	31 500.00
2023-12-29	记账凭证-98	销售石墨轮/过滤袋	10		4 500.00	贷	36 000.00
2023-12-29	记账凭证-99	销售除气机/石墨杆/石墨轮/过滤袋	30		13 500.00	贷	49 500.00
2023-12-31	记账凭证-130	结转收入到本年利润		49 500.00		平	0.00
		本年累计	1 142	513 060.00	513 060.00		

表5-18　科目总账

2023年1月—2023年12月

单位：南宁骏业

(6401)主营业务成本

单位：元

日期	凭证号	摘要	期初余额	借方发生数	贷方发生数	余额方向	余额
2023-1-31	略	本月发生额		411 955.42	411 955.42	平	
2023-2-28	略	本月发生额		257 052.63	257 052.63	平	
2023-3-31	略	本月发生额		331 923.45	331 923.45	平	
2023-4-30	略	本月发生额		269 650.61	269 650.61	平	
2023-5-31	略	本月发生额		266 218.18	266 218.18	平	
2023-6-30	略	本月发生额		312 146.61	312 146.61	平	
2023-7-31	略	本月发生额		307 325.41	307 325.41	平	
2023-8-31	略	本月发生额		294 365.38	294 365.38	平	
2023-9-30	略	本月发生额		375 300.29	375 300.29	平	
2023-10-31	略	本月发生额		286 989.09	286 989.09	平	
2023-11-30	略	本月发生额		364 994.97	364 994.97	平	
2023-12-31	略	本月发生额		355 425.95	355 425.95	平	
		本年累计		3 833 347.99	3 833 347.99		

表 5-19 科目明细账

2023 年 1 月—2023 年 12 月

单位：南宁骏业　　　　数量单位：台

(640101)主营业务成本——除气机　　　　金额单位：元

日　　期	凭 证 号	摘　　要	数量	借方发生数	贷方发生数	余额方向	余　　额
2023-1-31	记账凭证-99	结转已售产品成本	6	271 821.72		借	271 821.72
2023-1-31	记账凭证-103	结转成本费用到本年利润			271 821.72	平	0.00
2023-2-28	记账凭证-96	结转已售产品成本	3	136 621.83		借	136 621.83
2023-2-28	记账凭证-102	结转成本费用到本年利润			136 621.83	平	0.00
2023-3-31	记账凭证-122	结转已售产品成本	5	216 037.60		借	216 037.60
2023-3-31	记账凭证-127	结转成本费用到本年利润			216 037.60	平	0.00
2023-4-30	记账凭证-109	结转已售产品成本	4	171 439.70		借	171 439.70
2023-4-30	记账凭证-114	结转成本费用到本年利润			171 439.70	平	0.00
2023-5-31	记账凭证-112	结转已售产品成本	4	175 867.74		借	175 867.74
2023-5-31	记账凭证-116	结转成本费用到本年利润			175 867.74	平	0.00
2023-6-30	记账凭证-100	结转已售产品成本	5	209 718.96		借	209 718.96
2023-6-30	记账凭证-103	结转成本费用到本年利润			209 718.96	平	0.00
2023-7-31	记账凭证-110	结转已售产品成本	5	208 743.51		借	208 743.51
2023-7-31	记账凭证-114	结转成本费用到本年利润			208 743.51	平	0.00
2023-8-31	记账凭证-110	结转已售产品成本	4	196 122.01		借	196 122.01
2023-8-31	记账凭证-113	结转成本费用到本年利润			196 122.01	平	0.00
2023-9-30	记账凭证-103	结转已售产品成本	5	271 573.09		借	271 573.09

续表

日期	凭证号	摘要	数量	借方发生数	贷方发生数	余额方向	余额
2023-9-30	记账凭证-105	结转成本费用到本年利润			271 573.09	平	0.00
2023-10-31	记账凭证-108	结转已售产品成本	4	181 087.90		借	181 087.90
2023-10-31	记账凭证-110	结转成本费用到本年利润			181 087.90	平	0.00
2023-11-30	记账凭证-113	结转已售产品成本	5	236 202.70		借	236 202.70
2023-11-30	记账凭证-115	结转成本费用到本年利润			236 202.70	平	0.00
2023-12-31	记账凭证-128	结转已售产品成本	5	232 269.73		借	232 269.73
2023-12-31	记账凭证-131	结转成本费用到本年利润			232 269.73	平	0.00
		本年累计	55	2 507 506.49	2 507 506.49		

表 5-20 科目明细账

2023 年 1 月—2023 年 12 月

单位：南宁骏业　　　　数量单位：个

(640102)主营业务成本——过滤袋　　　　金额单位：元

日期	凭证号	摘要	数量	借方发生数	贷方发生数	余额方向	余额
2023-1-31	记账凭证-99	结转已售产品成本	2 000	58 280.00		借	58 280.00
2023-1-31	记账凭证-103	结转成本费用到本年利润			58 280.00	平	0.00
2023-2-28	记账凭证-96	结转已售产品成本	1 700	49 011.00		借	49 011.00
2023-2-28	记账凭证-102	结转成本费用到本年利润			49 011.00	平	0.00
2023-3-31	记账凭证-122	结转已售产品成本	1 850	49 543.00		借	49 543.00
2023-3-31	记账凭证-127	结转成本费用到本年利润			49 543.00	平	0.00

续表

日　期	凭证号	摘　要	数量	借方发生数	贷方发生数	余额方向	余　额
2023-4-30	记账凭证-109	结转已售产品成本	1 500	35 721.45		借	35 721.45
2023-4-30	记账凭证-114	结转成本费用到本年利润			35 721.45	平	0.00
2023-5-31	记账凭证-112	结转已售产品成本	1 400	37 648.17		借	37 648.17
2023-5-31	记账凭证-116	结转成本费用到本年利润			37 648.17	平	0.00
2023-6-30	记账凭证-100	结转已售产品成本	1 450	39 761.60		借	39 761.60
2023-6-30	记账凭证-103	结转成本费用到本年利润			39 761.60	平	0.00
2023-7-31	记账凭证-110	结转已售产品成本	1 480	39 862.51		借	39 862.51
2023-7-31	记账凭证-114	结转成本费用到本年利润			39 862.51	平	0.00
2023-8-31	记账凭证-110	结转已售产品成本	1 500	36 482.73		借	36 482.73
2023-8-31	记账凭证-113	结转成本费用到本年利润			36 482.73	平	0.00
2023-9-30	记账凭证-103	结转已售产品成本	1 600	41 948.45		借	41 948.45
2023-9-30	记账凭证-105	结转成本费用到本年利润			41 948.45	平	0.00
2023-10-31	记账凭证-108	结转已售产品成本	1 560	41 100.01		借	41 100.01
2023-10-31	记账凭证-110	结转成本费用到本年利润			41 100.01	平	0.00
2023-11-30	记账凭证-113	结转已售产品成本	1 480	50 624.04		借	50 624.04
2023-11-30	记账凭证-115	结转成本费用到本年利润			50 624.04	平	0.00
2023-12-31	记账凭证-128	结转已售产品成本	1 440	45 676.80		借	45 676.80
2023-12-31	记账凭证-131	结转成本费用到本年利润			45 676.80	平	0.00
		本年累计	18 960	525 659.76	525 659.76		

表 5-21　科目明细账

2023 年 1 月—2023 年 12 月

单位：南宁骏业　　　　　　　　　　　　　　　　　　数量单位：根

(640103)主营业务成本——石墨杆 $\phi75$　　　　　　　　金额单位：元

日期	凭证号	摘要	数量	借方发生数	贷方发生数	余额方向	余额
2023-1-31	记账凭证-99	结转已售产品成本	150	40 546.50		借	40 546.50
2023-1-31	记账凭证-103	结转成本费用到本年利润			40 546.50	平	0.00
2023-2-28	记账凭证-96	结转已售产品成本	120	32 984.40		借	32 984.40
2023-2-28	记账凭证-102	结转成本费用到本年利润			32 984.40	平	0.00
2023-3-31	记账凭证-122	结转已售产品成本	125	32 138.75		借	32 138.75
2023-3-31	记账凭证-127	结转成本费用到本年利润			32 138.75	平	0.00
2023-4-30	记账凭证-109	结转已售产品成本	120	29 962.92		借	29 962.92
2023-4-30	记账凭证-114	结转成本费用到本年利润			29 962.92	平	0.00
2023-5-31	记账凭证-112	结转已售产品成本	110	27 764.42		借	27 764.42
2023-5-31	记账凭证-116	结转成本费用到本年利润			27 764.42	平	0.00
2023-6-30	记账凭证-100	结转已售产品成本	130	32 854.20		借	32 854.20
2023-6-30	记账凭证-103	结转成本费用到本年利润			32 854.20	平	0.00
2023-7-31	记账凭证-110	结转已售产品成本	120	30 052.86		借	30 052.86
2023-7-31	记账凭证-114	结转成本费用到本年利润			30 052.86	平	0.00
2023-8-31	记账凭证-110	结转已售产品成本	125	31 417.45		借	31 417.45
2023-8-31	记账凭证-113	结转成本费用到本年利润			31 417.45	平	0.00

续表

日　　期	凭 证 号	摘　　要	数量	借方发生数	贷方发生数	余额方向	余　　额
2023-9-30	记账凭证-103	结转已售产品成本	128	32 577.07		借	32 577.07
2023-9-30	记账凭证-105	结转成本费用到本年利润			32 577.07	平	0.00
2023-10-31	记账凭证-108	结转已售产品成本	110	28 725.88		借	28 725.88
2023-10-31	记账凭证-110	结转成本费用到本年利润			28 725.88	平	0.00
2023-11-30	记账凭证-113	结转已售产品成本	130	39 430.13		借	39 430.13
2023-11-30	记账凭证-115	结转成本费用到本年利润			39 430.13	平	0.00
2023-12-31	记账凭证-128	结转已售产品成本	110	34 639.00		借	34 639.00
2023-12-31	记账凭证-131	结转成本费用到本年利润			34 639.00	平	0.00
		本年累计	1 478	393 093.58	393 093.58		

表 5-22　科目明细账

2023 年 1 月—2023 年 12 月

单位：南宁骏业　　　　数量单位：个

(640104)主营业务成本——石墨轮 ϕ150　　　　金额单位：元

日　　期	凭 证 号	摘　　要	数量	借方发生数	贷方发生数	余额方向	余　　额
2023-1-31	记账凭证-99	结转已售产品成本	120	20 121.20		借	20 121.20
2023-1-31	记账凭证-103	结转成本费用到本年利润			20 121.20	平	0.00
2023-2-28	记账凭证-96	结转已售产品成本	120	21 632.40		借	21 632.40
2023-2-28	记账凭证-102	结转成本费用到本年利润			21 632.40	平	0.00
2023-3-31	记账凭证-122	结转已售产品成本	105	17 180.10		借	17 180.10

续表

日　期	凭证号	摘　　要	数量	借方发生数	贷方发生数	余额方向	余　额
2023-3-31	记账凭证-127	结转成本费用到本年利润			17 180.10	平	0.00
2023-4-30	记账凭证-109	结转已售产品成本	100	15 804.61		借	15 804.61
2023-4-30	记账凭证-114	结转成本费用到本年利润			15 804.61	平	0.00
2023-5-31	记账凭证-112	结转已售产品成本	75	11 789.18		借	11 789.18
2023-5-31	记账凭证-116	结转成本费用到本年利润			11 789.18	平	0.00
2023-6-30	记账凭证-100	结转已售产品成本	90	15 640.28		借	15 640.28
2023-6-30	记账凭证-103	结转成本费用到本年利润			15 640.28	平	0.00
2023-7-31	记账凭证-110	结转已售产品成本	100	15 579.53		借	15 579.53
2023-7-31	记账凭证-114	结转成本费用到本年利润			15 579.53	平	0.00
2023-8-31	记账凭证-110	结转已售产品成本	95	14 826.72		借	14 826.72
2023-8-31	记账凭证-113	结转成本费用到本年利润			14 826.72	平	0.00
2023-9-30	记账凭证-103	结转已售产品成本	90	14 924.86		借	14 924.86
2023-9-30	记账凭证-105	结转成本费用到本年利润			14 924.86	平	0.00
2023-10-31	记账凭证-108	结转已售产品成本	115	18 893.64		借	18 893.64
2023-10-31	记账凭证-110	结转成本费用到本年利润			18 893.64	平	0.00
2023-11-30	记账凭证-113	结转已售产品成本	95	19 577.95		借	19 577.95
2023-11-30	记账凭证-115	结转成本费用到本年利润			19 577.95	平	0.00
2023-12-31	记账凭证-128	结转已售产品成本	110	23 769.28		借	23 769.28
2023-12-31	记账凭证-131	结转成本费用到本年利润			23 769.28	平	0.00
		本年累计	1 215	209 739.75	209 739.75		

表 5－23 科目明细账

2023 年 1 月—2023 年 12 月

单位：南宁骏业　　　　数量单位：个

(640105)主营业务成本——石墨轮 ϕ180　　　　金额单位：元

日期	凭证号	摘要	数量	借方发生数	贷方发生数	余额方向	余额
2023－1－31	记账凭证－99	结转已售产品成本	110	21 186.00		借	21 186.00
2023－1－31	记账凭证－103	结转成本费用到本年利润			21 186.00	平	0.00
2023－2－28	记账凭证－96	结转已售产品成本	90	16 803.00		借	16 803.00
2023－2－28	记账凭证－102	结转成本费用到本年利润			16 803.00	平	0.00
2023－3－31	记账凭证－122	结转已售产品成本	100	17 024.00		借	17 024.00
2023－3－31	记账凭证－127	结转成本费用到本年利润			17 024.00	平	0.00
2023－4－30	记账凭证－109	结转已售产品成本	90	16 721.93		借	16 721.93
2023－4－30	记账凭证－114	结转成本费用到本年利润			16 721.93	平	0.00
2023－5－31	记账凭证－112	结转已售产品成本	80	13 148.67		借	13 148.67
2023－5－31	记账凭证－116	结转成本费用到本年利润			13 148.67	平	0.00
2023－6－30	记账凭证－100	结转已售产品成本	95	14 171.57		借	14 171.57
2023－6－30	记账凭证－103	结转成本费用到本年利润			14 171.57	平	0.00
2023－7－31	记账凭证－110	结转已售产品成本	80	13 087.00		借	13 087.00
2023－7－31	记账凭证－114	结转成本费用到本年利润			13 087.00	平	0.00
2023－8－31	记账凭证－110	结转已售产品成本	95	15 516.47		借	15 516.47
2023－8－31	记账凭证－113	结转成本费用到本年利润			15 516.47	平	0.00
2023－9－30	记账凭证－103	结转已售产品成本	90	14 276.82		借	14 276.82

续表

日　　期	凭 证 号	摘　　要	数量	借方发生数	贷方发生数	余额方向	余　　额
2023-9-30	记账凭证-105	结转成本费用到本年利润			14 276.82	平	0.00
2023-10-31	记账凭证-108	结转已售产品成本	100	17 181.66		借	17 181.66
2023-10-31	记账凭证-110	结转成本费用到本年利润			17 181.66	平	0.00
2023-11-30	记账凭证-113	结转已售产品成本	90	19 160.15		借	19 160.15
2023-11-30	记账凭证-115	结转成本费用到本年利润			19 160.15	平	0.00
2023-12-31	记账凭证-128	结转已售产品成本	85	19 071.14		借	19 071.14
2023-12-31	记账凭证-131	结转成本费用到本年利润			19 071.14	平	0.00
		本年累计	1 105	197 348.41	197 348.41		

表 5-24　应收账款明细汇总表

2023 年 1 月—2023 年 12 月

单位：南宁骏业　　　　单位：元

序　号	项　　目	期 初 余 额	本期发生额		期 末 余 额
			借　　方	贷　　方	
1	北京丰田美达电炉厂	659 000.00	543 274.20	1 202 274.20	0.00
2	青海西宁市垣丰铝业有限公司		150 585.50	100 000.00	50 585.50
3	福州中远铝业有限公司		2 235 048.50	2 235 048.50	0.00
4	广州华达铝业有限公司	256 600.00		6 600.00	250 000.00
5	深圳振华冶金材料有限公司	1 602 920.00	102 383.40	1 055 398.80	649 904.60
6	哈尔滨铝加工厂		4 519 250.00	4 397 848.80	121 401.20
7	长沙铝业科技开发公司	908 740.00	100 000.00	200 000.00	808 740.00
合　　计		3 427 260.00	7 650 541.60	9 197 170.30	1 880 631.30

表 5-25 应收账款明细汇总表

2022 年 1 月—2022 年 12 月

单位：南宁骏业　　　　单位：元

序　号	项　　目	期 初 余 额	本期发生额		期 末 余 额
			借　　方	贷　　方	
1	北京丰田美达电炉厂	500 000.00	1 159 000.00	1 000 000.00	659 000.00
2	福州中远铝业有限公司	200 000.00	850 000.00	1 050 000.00	0.00
3	广州华达铝业有限公司	256 600.00			256 600.00
4	深圳振华冶金材料有限公司	800 800.50	1 500 000.00	697 880.50	1 602 920.00
5	哈尔滨铝加工厂	100 000.00	2 510 000.30	2 610 000.30	0.00
6	长沙铝业科技开发公司	1 250 680.00	503 500.00	845 440.00	908 740.00
合　　计		3 108 080.50	6 522 500.30	6 203 320.80	3 427 260.00

表 5-26 应收账款明细汇总表

2021 年 1 月—2021 年 12 月

单位：南宁骏业　　　　单位：元

序　号	项　　目	期 初 余 额	本期发生额		期 末 余 额
			借　　方	贷　　方	
1	北京丰田美达电炉厂		1 500 000.00	1 000 000.00	500 000.00
2	福州中远铝业有限公司	320 000.00	100 000.00	220 000.00	200 000.00
3	广州华达铝业有限公司	556 600.00		300 000.00	256 600.00
4	深圳振华冶金材料有限公司	800 800.50	1 500 000.00	1 500 000.00	800 800.50
5	哈尔滨铝加工厂	100 000.00	1 600 000.00	1 600 000.00	100 000.00
6	长沙铝业科技开发公司	250 680.00	1 500 500.00	500 500.00	1 250 680.00
合　　计		2 028 080.50	6 200 500.00	5 120 500.00	3 108 080.50

注：期初数均为 2020 年发生。

表 5－27 2023 年 12 月 31 日前的出库单（记账凭证－99）

出库单 №1012009

提货部门 销售部　　　　2023 年 12 月 26 日　　　　金额单位：元

产品 编号	名称	规格	单位	数量	单价	成本总额 十	万	千	百	十	元	角	分	产品明细账 号	页	说明
	除气机		台	1												
	过滤袋		个	150												
	石墨杆	ϕ75	根	10												
	石墨轮	ϕ180	个	30												

第一联 存根

部门主管　　会计　　记账　　保管 刘景伟　　提货人 曾麒麟　　制单 陈桂林

表 5－28 2023 年 12 月 31 日前的出库单（记账凭证－98）

出库单 №1012010

提货部门 销售部　　　　2023 年 12 月 26 日　　　　金额单位：元

产品 编号	名称	规格	单位	数量	单价	成本总额 十	万	千	百	十	元	角	分	产品明细账 号	页	说明
	过滤袋		个	120												
	石墨轮	ϕ180	个	10												

第一联 存根

部门主管　　会计　　记账　　保管 刘景伟　　提货人 曾麒麟　　制单 陈桂林

表 5－29　2023 年 12 月 31 日前的出库单（记账凭证－10 附件 1）

出 库 单

№ 1012011

提货部门 销售部　　2023 年 12 月 30 日　　金额单位：元

产品			单位	数量	单价	成本总额								产品明细账		说明
编号	名称	规格				十	万	千	百	十	元	角	分	号	页	
	除气机		台	1												
	过滤袋		个	100												
	石墨轮	ϕ150	个	20												

部门主管　　会计　　记账　　保管刘景伟　　提货人曾麒麟　　制单陈桂林

第一联　存根

表 5－30　2023 年 12 月 31 日后的出库单（记账凭证－16）

出 库 单

№ 0601001

提货部门 销售部　　2024 年 01 月 03 日　　金额单位：元

产品			单位	数量	单价	成本总额								产品明细账		说明
编号	名称	规格				十	万	千	百	十	元	角	分	号	页	
	除气机		台	1												
	过滤袋		个	180												
	石墨杆	ϕ75	根	25												
	石墨轮	ϕ150	个	30												

部门主管　　会计　　记账　　保管刘景伟　　提货人曾麒麟　　制单陈桂林

第一联　存根

表 5－31 2023 年 12 月 31 日前的出库单(记账凭证－10 附件 2)

出 库 单 № 1012012

提货部门 销售部　　2023 年 12 月 30 日　　金额单位：元

产品			单位	数量	单价	成本总额								产品明细账		说明
编号	名称	规格				十	万	千	百	十	元	角	分	号	页	
	过滤袋		个	60												
	石墨杆	φ75	根	20												
	石墨轮	φ150	个	15												

第一联 存根

部门主管　　会计　　记账　　保管刘景伟　　提货人曾麒麟　　制单陈桂林

表 5－32 2023 年 12 月 31 日后的出库单(2)

出 库 单 № 0601002

提货部门 销售部　　2024 年 01 月 06 日　　金额单位：元

产品			单位	数量	单价	成本总额								产品明细账		说明
编号	名称	规格				十	万	千	百	十	元	角	分	号	页	
	过滤袋		个	180												
	石墨杆	φ75	根	25												
	石墨轮	φ180	个	35												

第一联 存根

部门主管　　会计　　记账　　保管刘景伟　　提货人曾麒麟　　制单陈桂林

表 5-33 主营业务收入、主营业务成本审定表

被审计单位名称：南宁骏业　　索引号：5-101/401-1　　页次：　　金额单位：元

审计项目名称：主营业务收入/主营业务成本　　执行人：冬小红　　日期：2024.1.15

财务报表截止日：2023 年 12 月 31 日　　复核人：何向东　　日期：2024.1.20

月份	全部产品			主要产品														
				品名：除气机			品名：过滤袋			品名：石墨杆 ϕ75			品名：石墨轮 ϕ150			品名：石墨轮 ϕ180		
	销售收入	销售成本	销售成本率	销售收入	销售成本	销售成本率	销售收入	销售成本	销售成本率	销售收入	销售成本	销售成本率	销售收入	销售成本	销售成本率	销售收入	销售成本	销售成本率
1月	1 018 500.00	411 955.42	40%	720 000.00	271 821.72	38%	66 000.00	58 280.00	88%	135 000.00	40 546.50	30%	48 000.00	20 121.20	42%	49 500.00	21 186.00	43%
2月	612 600.00	257 052.63	42%	360 000.00	136 621.83	38%	56 100.00	49 011.00	87%	108 000.00	32 984.40	31%	48 000.00	21 632.40	45%	40 500.00	16 803.00	41%
3月	860 550.00	331 923.45	39%	600 000.00	216 037.60	36%	61 050.00	49 543.00	81%	112 500.00	32 138.75	29%	42 000.00	17 180.10	41%	45 000.00	17 024.00	38%
4月	730 200.00	269 650.61	37%	480 000.00	171 439.70	36%	50 040.00	35 721.45	71%	111 200.00	29 962.92	27%	43 900.00	15 804.61	36%	45 060.00	16 721.93	37%
5月	691 200.00	266 218.18	39%	480 000.00	175 867.74	37%	46 200.00	37 648.17	81%	99 000.00	27 764.42	28%	30 000.00	11 789.18	39%	36 000.00	13 148.67	37%
6月	843 600.00	312 146.61	37%	600 000.00	209 718.96	35%	47 850.00	39 761.60	83%	117 000.00	32 854.20	28%	36 000.00	15 640.28	43%	42 750.00	14 171.57	33%
7月	832 840.00	307 325.41	37%	600 000.00	208 743.51	35%	48 840.00	39 862.51	82%	108 000.00	30 052.86	28%	40 000.00	15 579.53	39%	36 000.00	13 087.00	36%
8月	722 750.00	294 365.38	41%	480 000.00	196 122.01	41%	49 500.00	36 482.73	74%	112 500.00	31 417.45	28%	38 000.00	14 826.72	39%	42 750.00	15 516.47	36%
9月	844 500.00	375 300.29	44%	600 000.00	271 573.09	45%	52 800.00	41 948.45	79%	115 200.00	32 577.07	28%	36 000.00	14 924.86	41%	40 500.00	14 276.82	35%
10月	721 480.00	286 989.09	40%	480 000.00	181 087.90	38%	51 480.00	41 100.01	80%	99 000.00	28 725.88	29%	46 000.00	18 893.64	41%	45 000.00	17 181.66	38%
11月	844 340.00	364 994.97	43%	600 000.00	236 202.70	39%	48 840.00	50 624.04	104%	117 000.00	39 430.13	34%	38 000.00	19 577.95	52%	40 500.00	19 160.15	47%
12月	710 020.00	355 425.95	50%	480 000.00	232 269.73	48%	47 520.00	45 676.80	96%	99 000.00	34 639.00	35%	34 000.00	23 769.28	70%	49 500.00	19 071.14	39%
本年合计	9 432 580.00	3 833 347.99	41%	6 480 000.00	2 507 506.49	39%	626 220.00	525 659.76	84%	1 333 400.00	393 093.58	29%	479 900.00	209 739.75	44%	513 060.00	197 348.41	38%

续表

月份	全部产品			主要产品														
				品名：除气机			品名：过滤袋			品名：石墨杆 ϕ75			品名：石墨轮 ϕ150			品名：石墨轮 ϕ180		
	销售收入	销售成本	销售成本率	销售收入	销售成本	销售成本率	销售收入	销售成本	销售成本率	销售收入	销售成本	销售成本率	销售收入	销售成本	销售成本率	销售收入	销售成本	销售成本率
调整数	157 280.00	−81 257.30		120 000.00	−99 790.82		5 280.00	7 303.59		18 000.00	3 448.27		14 000.00	2 279.47	16%		5 502.19	
审定数	9 589 860.00	3 752 090.69	39%	6 600 000.00	2 407 715.67	36%	631 500.00	532 963.35	84%	1 351 400.00	396 541.85	29%	493 900.00	212 019.22	43%	513 060.00	202 850.60	40%
上年合计	8 038 116.67	3 332 755.58	41%	略														
变动幅度	19%	13%																

审计说明及调整分录：

(1) 实施分析程序，计算发现 12 月毛利率偏低，经分析主要为 12 月收入产品数量与成本结转的数量不相符。

(2) 根据 5-101-3 审计结果，本年应确认的收入跨期在 2024 年 1 月入账，应予以调增本年收入 157 280 元，其中：除气机 120 000 元（1 台）、过滤袋 5 280 元(160 个)、石墨杆 ϕ75 18 000 元(20 根)、石墨轮 ϕ150 14 000 元(35 个)。

(3) 本期多转主营业务成本 81 257.30 元。

其中：❶ 部分产品成本结转数量不正确应调增 26 373.93 元，调整分录见 5-101/401-2 底稿；

❷ 成本计算错误，多计 102 771.60 元，调整分录见 1-200-1 底稿；

❸ 部分发出产品，计价错误，导致多计成本 7 068.35 元，调整分录见 1-200-1 底稿；

❹ 固定资产折旧计提不正确，应调增成本 2 208.72 元，调整分录见 1-500-1 底稿。

调整分录：

跨期收入调整：

借：应收账款——贵州亚德铝厂	184 017.60	
贷：主营业务收入——除气机(1 台)		120 000.00
主营业务收入——过滤袋(160 个)		5 280.00
主营业务收入——石墨杆 ϕ75(20 根)		18 000.00
主营业务收入——石墨轮 ϕ150(35 个)		14 000.00
应交税费——应交增值税——销项税额		26 737.60

审计结论：调整后发生额可以确认

表 5-34 主营业务收入截止测试(从发货单到明细账)

被审计单位名称：南宁骏业　　索引号：5-101-3　　页次：　　金额单位：元

审计项目名称：主营业务收入　　执行人：冬小红　　日期：2024.1.15

财务报表截止日：2023 年 12 月 31 日　　复核人：何向东　　日期：2024.1.20

	编号	发货单 日期	发货单 号码	发票内容 日期	发票内容 号码	发票内容 客户名称	发票内容 货物名称	发票内容 销售额	发票内容 税额	明细账 日期	明细账 凭证号	明细账 主营业务收入	明细账 应交税费	是否跨期(√/×)
截止日前	1	2023 年 12 月 26 日	№ 1012009	2023 年 12 月 29 日	№ 00085104	哈尔滨铝加工厂	除气机	120 000.00	20 400.00	2023 年 12 月 29 日	记账凭证-99	120 000.00	20 400.00	×
							过滤袋	4 950.00	841.50			4 950.00	841.50	×
							石墨杆 ϕ75	9 000.00	1 530.00			9 000.00	1 530.00	×
							石墨轮 ϕ180	13 500.00	2 295.00			13 500.00	2 295.00	×
	2	2023 年 12 月 29 日	№ 1012010	2023 年 12 月 29 日	№ 00085103	长沙铝业科技开发公司	过滤袋	3 960.00	673.50	2023 年 12 月 29 日	记账凭证-98	3 960.00	673.50	×
							石墨轮	4 500.00	765.00			4 500.00	765.00	×
	3	2023 年 12 月 30 日	№ 1012011 № 1012012	2024 年 1 月 5 日	№ 00085105	贵州亚德铝厂	除气机	120 000.00	20 400.00	2024 年 1 月 5 日	记账凭证-10	120 000.00	20 400.00	√
							过滤袋	5 280.00	897.60			5 280.00	897.60	√
							石墨杆 ϕ75	18 000.00	3 060.00			18 000.00	3 060.00	√
							石墨轮 ϕ150	14 000.00	2 380.00			14 000.00	2 380.00	√
截止日后	1	2024 年 1 月 3 日	№ 0601001	2024 年 1 月 6 日	№ 00085106	福州中远铝业有限公司	除气机	120 000.00	20 400.00	2024 年 1 月 6 日	记账凭证-16	120 000.00	20 400.00	×
							过滤袋	5 940.00	1 009.80			5 940.00	1 009.80	×
							石墨杆 ϕ75	22 500.00	3 825.00			22 500.00	3 825.00	×
							石墨轮 ϕ150	12 000.00	2 040.00			12 000.00	2 040.00	×

审计说明：

通过截止测试，发现 2023 年 12 月 30 日发货的产品，该公司在 2024 年 1 月 5 日入账，系跨期收入，其中包括：除气机 1 台、过滤袋 160 个、石墨杆 ϕ75 20 根、石墨轮 ϕ150 35 个

表 5－35 应收账款审定表

被审计单位名称：南宁骏业　　索引号：1－131－1　　页次：　　金额单位：元

审计项目名称：应收账款　　执行人：冬小红　　日期：2024.1.15

财务报表截止日：2023 年 12 月 31 日　　复核人：何向东　　日期：2024.1.20

项　目	上年末审定数余额	本年末未审余额	调整数	重分类调整数	审定余额	应收账款坏账准备审定数	审定净额	索引号
合计	3 427 260.00	1 880 631.30	184 017.60		2 064 648.90	299 069.50	1 765 579.40	
其中：1 年以内	2 662 500.00	374 370.10	184 017.60		558 387.70	27 919.38	530 468.32	
1～2 年	508 160.00	1 051 021.20			1 051 021.20	105 102.12	945 919.08	
2～3 年	256 600.00	205 240.00			205 240.00	41 048.00	164 192.00	
3 年以上		250 000.00			250 000.00	125 000.00	125 000.00	
减：坏账准备	17 361.30	9 403.16	289 666.34		299 069.50			
净额	3 409 898.70	1 871 228.14	−105 648.74		1 765 579.40			

审计说明：

（1）根据该企业的具体情况，确定年末余额 25 万元以上的大额客户及虽然余额较小，但发生频繁企业实施函证程序，共 4 家客户实施函证程序。

（2）根据收入审计，应调增“应收账款——贵州亚德铝厂”账户 184 017.6 元。调整分录详见 5－101/401－1底稿。

（3）应收账款坏账准备审计过程详见 1－131－6 审计底稿

调整分录与重分类分录：

审计结论：调整后余额可以确认

表 5－36 应收账款明细表

被审计单位名称：南宁骏业　　索引号：1－131－2　　页次：　　金额单位：元
审计项目名称：应收账款　　执行人：冬小红　　日期：2024.1.15
会计期间截止日：2023 年 12 月 31 日　　复核人：何向东　　日期：2024.1.20

序号	户名	主要内容	期初审定数	期末未审数及账龄分析				函证	替代程序	其他细节测试	调整数	审定数
				1 年内	1～2 年	2～3 年	3 年以上					
1	长沙铝业科技开发公司	货款	908 740.00	100 000.00	503 500.00	205 240.00		c√				808 740.00
2	深圳振华冶金材料有限公司	货款	1 602 920.00	102 383.40	547 521.20			c√				649 904.60
3	广州华达铝业有限公司	货款	256 600.00				250 000.00	c√				250 000.00
4	贵州亚德铝厂	货款								检查	184 017.60	184 017.60
5	哈尔滨铝加工厂	货款		121 401.20				c√				121 401.20
6	青海西宁市垣丰铝业有限公司	货款		50 585.50						检查		50 585.50
7	北京丰田美达电炉厂	货款	659 000.00									
	合计		3 427 260.00	374 370.10	1 051 021.20	205 240.00	250 000.00				184 017.60	2 064 648.90

企业期末应收账款总金额：2 064 648.90　　函证抽取企业应收账款样本户数：4 户　　函证抽取样本占总户数的比例：57%
企业期末应收账款客户总数：6 户　　函证抽取样本的总金额：1 830 045.80　　函证抽取样本占期末总金额的比例：88.64%
抽样方法：

表 5－37　主要往来款项检查情况表

被审计单位名称：南宁骏业　　索引号：1－131－5　　页次：　　金额单位：元

审计项目名称：应收账款　　青海西宁市垣丰铝业有限公司　　执行人：冬小红　　日期：2024.1.15

会计期间或截止日：2023 年 12 月 31 日　　复核人：何向东　　日期：2024.1.20

业务内容	日期	凭证号	金额	审计记录	业务内容	日期	凭证号	金额	审计记录
期初余额	*	*			本期减少合计	*	*	100 000.00	
加：本期增加合计	*	*	150 585.50		期末余额	*	*	50 585.50	
本期增加抽查	2023－2－7	记账凭证－30	127 337.60	账证相符	本期减少抽查	2023－6－16	记账凭证－46	100 000.00	账证相符
	2023－8－17	记账凭证－52	23 247.90	账证相符					

说明：	结论：
经查，账证相符，未见异常	该账户余额可以确认

表 5-38 坏账准备审定表

单位名称：南宁骏业　　索引号：1-131-6　　页次：　　金额单位：元

审计项目：坏账准备　　编制人：冬小红　　日期：2024.1.15

会计期间：2023 年 12 月 31 日　　复核人：何向东　　日期：2024.1.20

项目	坏账准备					
	期初余额	借方累计	贷方累计	期末余额	调整数	审定数
应收账款	17 361.30	108 000.00	100 041.86	9 403.16	289 666.34	299 069.50
合计	17 361.30	108 000.00	100 041.86	9 403.16	289 666.34	299 069.50
	应收账款					
账龄	未审计	调整数	审定数	应计提比例	应计提坏账准备	
一年内	374 370.10	184 017.60	558 387.70	0.05	27 919.38	
1—2 年	1 051 021.20		1 051 021.20	0.10	105 102.12	
2—3 年	205 240.00		205 240.00	0.20	41 048.00	
3 年以上	250 000.00		250 000.00	0.50	125 000.00	
合计	1 880 631.30	184 017.60	2 064 648.90		299 069.50	

(1) 应收账款调整数详见 5-104/401-1 底稿。

(2) 根据该公司坏账准备计提的会计估计政策：仅对应收账款计提坏账准备，并根据账龄按余额百分比计提坏账准备。1 年内按 5%计提；1～2 年按 10%计提；2～3 年按 20%计提；3 年以上按 50%计提。

(3) 经检查，本期核销坏账符合相关的规定，审批手续齐全，账务处理恰当。本期无转回已核销的坏账。

(4) 经重新计算应补提坏账准备 289 666.34 元。其调整分录如下：

借：资产减值损失　　289 666.34

　贷：坏账准备——应收账款　　289 666.34

结论	调整后的余额可以确认

表 5－39　企业询证函

编号：1－131－001

致：长沙铝业科技开发公司

本单位聘请的温州中源立德会计师事务所正在对本单位 2023 年度(会计期间)财务报表进行审计，按照中国注册会计师执业准则和财政部、中国人民银行《关于做好企业的银行存款借款及往来款项函证工作的通知》(财协字〔1999〕1 号)的要求，应当询证本单位与贵单位的往来账项等事项。下列数据出自本单位账簿记录，如与贵单位记录相符，请在本函下端“信息证明无误”处签章证明；如有不符，请在“信息不符”处列明不符金额。回函请直接寄至温州中源立德会计师事务所有限公司。

通信地址：温州市瓯海区娄桥街道中汇路 81 号　　　　收件人：何向东

邮编：325041　　　　电话：0577－88599739

1. 本单位与贵单位的往来账项列示如下：

截止日期	贵单位欠/元	欠贵单位/元	备注
2023 年 12 月 31 日	808 740.00		货款

2. 其他事项

本函仅为复核账目之用，并非催款结算。若款项在上述日期之后已经付清，仍请及时函复为盼。

南宁市骏业材料有限公司
(盖章)
经办人：张静娜
2024 年 1 月 10 日

结论：

1. 信息证明无误

(盖章)
年　月　日
经办人：

2. 信息不符，请列明不符的详细情况

(盖章)
年　月　日
经办人：

表 5-40 应收账款账龄分析表

2021 年 12 月 31 日

单位：南宁骏业　　　　单位：元

序号	项目	年末余额	账龄			
			一年内	1～2 年	2～3 年	3 年以上
1	北京丰田美达电炉厂	500 000.00	500 000.00			
2	福州中远铝业有限公司	200 000.00	100 000.00	100 000.00		
3	广州华达铝业有限公司	256 600.00		256 600.00		
4	深圳振华冶金材料有限公司	800 800.50	800 800.50			
5	哈尔滨铝加工厂	100 000.00	100 000.00			
6	长沙铝业科技开发公司	1 250 680.00	1 250 680.00			
合计		3 108 080.50	2 751 480.50	356 600.00		

表 5-41 应收账款账龄分析表

2022 年 12 月 31 日

单位：南宁骏业　　　　单位：元

序号	项目	年末余额	账龄			
			一年内	1～2 年	2～3 年	3 年以上
1	北京丰田美达电炉厂	659 000.00	659 000.00			
2	福州中远铝业有限公司					
3	广州华达铝业有限公司	256 600.00			256 600.00	
4	深圳振华冶金材料有限公司	1 602 920.00	1 500 000.00	102 920.00		
5	哈尔滨铝加工厂					
6	长沙铝业科技开发公司	908 740.00	503 500.00	405 240.00		
合计		3 427 260.00	2 662 500.00	508 160.00	256 600.00	

表 5－42　应收账款账龄分析表

2023 年 12 月 31 日

单位：南宁骏业　　　　单位：元

序号	项　　目	年末余额	账　　龄			
			一年内	1～2 年	2～3 年	3 年以上
1	北京丰田美达电炉厂					
2	青海西宁市垣丰铝业有限公司	50 585.50	50 585.50			
3	广州华达铝业有限公司	250 000.00				250 000.00
4	深圳振华冶金材料有限公司	649 904.60	102 383.40	547 521.20		
5	哈尔滨铝加工厂	121 401.20	121 401.20			
6	长沙铝业科技开发公司	808 740.00	100 000.00	503 500.00	205 240.00	
合　　计		1 880 631.30	374 370.10	1 051 021.20	205 240.00	250 000.00

项目六

审计采购与付款循环

知识目标

1. 了解采购与付款循环业务活动和内部控制。
2. 掌握与采购与付款相关的重大错报风险。
3. 熟悉采购与付款循环控制测试的方法。
4. 掌握固定资产与应付账款审计的目的和主要审计项目。
5. 熟悉固定资产、应付账款和管理费用的实质性程序。

能力目标

1. 能够识别采购与付款循环的重大错报风险。
2. 能够测试采购与付款循环的内部控制。
3. 能够审计固定资产、应付账款和管理费用。

案例导入

温州中源立德会计师事务所审计人员审查南宁市骏业材料有限公司，对相关采购与付款循环的内部控制进行了调查。该公司的采购与付款循环内部控制情况如下。

(1) 采购物资由请购部门编制请购单，经请购部门经理批准后送交采购部门。

(2) 公司采购物资时，按照采购金额的大小，分别设定由采购经理和总经理批准相应的采购物资。

(3) 根据请购单中所列的信息，采购员王某负责编制订购单，并直接寄送至供应商处。

(4) 采购完成后，由采购部门指定采购部门的人员进行验收，并编制一式多联的未连续编号的验收单。仓库根据验收单验收货物并签字，将货物移送仓库加以保管。其中一联验收单交采购部门登记采购明细账；一联验收单转交应付凭单部门，核对验收单、采购订单和供应商发票后编制连续编号的付款凭单；一联交由会计部门登记存货明细账；一联由仓库保留并登记相应的明细账。

(5) 采购中发生的退货由采购部门负责，采购部门集中于每个季度末向会计部门提供退货清单。

讨论题：该公司的采购与付款循环的内部控制存在哪些缺陷？应如何进行改进？

案例导入分析：
项目六

任务一　认识采购与付款循环的业务活动和相关内部控制

一、采购与付款循环涉及的主要单据与会计记录

典型的采购与付款循环涉及的主要单据与会计记录有以下几种(不同被审计单位的单据名称可能不同)：

(一) 采购计划

企业以销售和生产计划为基础,考虑供需关系及市场竞争战略变化等因素,制定采购计划,并经适当的管理层审批后执行。

(二) 供应商清单

企业通过文件审核及实地考察等方式对合作的供应商进行认证,将通过认证的供应商信息进行手工或系统维护,并及时进行更新。

(三) 请购单

请购单由生产、仓库等相关部门的有关人员填写,送交采购部门,是申请购买商品、劳务或其他资产的书面凭据。

(四) 订购单

订购单由采购部门填写,经适当的管理层审核后发送供应商,是向供应商购买订购单上所指定的商品和服务的书面凭据。

(五) 验收及入库单

验收单是收到商品时所编制的凭据,列示通过质量检验的、从供应商处收到的商品的种类和数量等内容。入库单是由仓库管理人员填写的验收合格品入库的凭证。

(六) 卖方发票

卖方发票(供应商发票)是供应商开具的,交给买方以载明发运的货物或提供的服务、应付款项金额和付款条件等事项的凭证。

(七) 付款凭单

付款凭单是采购方企业的应付凭单部门编制的,载明已收到的商品、资产或接受的服务、应付款项金额和付款日期的凭证。付款凭单是采购方企业内部记录和支付负债的授权证明文件。

(八) 转账凭证

转账凭证是记录转账交易的记账凭证,是根据有关转账交易(即不涉及库存现金、银行存款收付的各项交易)的原始凭证编制的。

(九) 付款凭证

付款凭证包括现金付款凭证和银行存款付款凭证,是指用来记录库存现金和银行存款支出交易的记账凭证。

(十) 应付账款明细账

设置应付账款明细账对未付款形成的短期债务进行记录。

(十一) 库存现金日记账和银行存款日记账

根据付款凭证,记录库存现金日记账和银行存款日记账。

（十二）供应商对账单

客户定期寄送的对账单，能够帮助确定应付账款记录的准确性。

实务中，采购及应付账款定期对账通常由供应商发起。供应商对账单是由供应商编制的、用于核对与采购企业往来款项的凭据，通常标明期初余额、本期购买额、本期支付给供应商的款项和期末余额等信息。供应商对账单是供应商对有关交易的陈述，如果不考虑买卖双方在收发货物上可能存在的时间差等因素，其期末余额通常应与采购方相应的应付账款期末余额一致。

二、采购与付款循环涉及的主要业务活动

（一）制定采购计划

基于企业的生产经营计划，生产、仓库等部门定期编制采购计划，经部门负责人等适当的管理人员审批后提交采购部门，具体安排商品及服务采购。

（二）供应商认证及信息维护

企业通常对于合作的供应商事先进行资质等审核，将通过审核的供应商信息录入系统形成完整的供应商清单，并及时对其信息变更进行更新。采购部门只能向通过审核的供应商进行采购。

（三）请购商品和服务

生产部门根据采购计划，对需要购买的已列入存货清单的原材料等项目填写请购单，其他部门也可以对所需购买的商品或服务编制请购单。请购单可由手工或计算机编制。由于企业内不少部门都可以填列请购单，可以分部门设置请购单的连续编号，每张请购单必须经过对这类支出预算负责的主管人员签字批准。请购单是证明有关采购交易的“发生”认定的凭据之一，也是采购交易轨迹的起点。

（四）编制订购单

采购部门在收到请购单后，只能对经过恰当批准的请购单发出订购单。对每张订购单，采购部门应确定最佳的供应来源。对一些大额、重要的采购项目，应采取竞价方式来确定供应商，以保证供货的质量、及时性和成本。

订购单应正确填写所需要的商品品名、数量、价格、厂商名称和地址等，预先予以顺序编号并经过被授权的采购人员签名。正联应当交给供应商，副联则送至企业内部的验收部门、应付凭单部门和编制请购单的部门。随后，应独立检查订购单的处理，以确定是否确实收到商品并正确入账。这项检查与采购交易的“完整性”和“发生”认定有关。

（五）验收商品

有效的订购单代表企业已授权验收部门接受供应商发运来的商品。验收部门首先应比较所收商品与订购单上的要求是否相符，如商品的品名、摘要、数量、到货时间等，然后再盘点商品并检查商品有无损坏。

验收后，验收部门应根据已收货的每张订购单编制一式多联、预先按顺序编号的验收单，作为验收和检验商品的依据。验收人员将商品送交仓库或其他请购部门时，应取得经过签字的收据，或要求其在验收单的副联上签收，以确立他们对所采购的资产应负的保管责任。验收人还应将其中的一联验收单送交应付凭单部门。

验收单是支持资产以及与采购有关的负债的“存在”或“发生”认定的重要凭据。定期独立检查验收单的顺序以确定每笔采购交易都已编制凭单，这与采购交易的“完整性”认定

有关。

（六）储存已验收的商品

将已验收商品的保管与采购的其他职责相分离，可减少未经授权的采购和盗用商品的风险。存放商品的仓储区应相对独立，限制无关人员接近。这些控制与商品“存在”认定有关。

（七）编制付款凭单

记录采购交易之前，应付凭单部门应核对订购单、验收单和卖方发票的一致性并编制付款凭单。这项控制的功能包括：

（1）确认供应商发票的内容与相关的验收单、订购单的一致性。

（2）确认供应商发票计算的正确性。

（3）编制有预先顺序编号的付款凭单，并附上支持性凭证（如订购单、验收单和供应商发票等）。这些支持性凭证的种类，因交易对象的不同而不同。

（4）独立检查付款凭单计算的正确性。

（5）在付款凭单上填入应借记的资产或费用账户名称。

（6）由被授权人员在凭单上签字，以示批准照此凭单要求付款。所有未付凭单的副联应保存在未付凭单档案中，以待日后付款。经适当批准和有预先编号的凭单为记录采购交易提供了依据，因此，这些控制与“存在”“发生”“完整性”“权利和义务”和“准确性、计价和分摊”等认定有关。

（八）确认与记录负债

正确确认与记录已验收货物和已接受服务的负债，对企业财务报表和实际现金支出具有重大影响。与应付账款确认与记录相关的部门一般有责任核查购置的财产，并在应付凭单登记簿或应付账款明细账中加以记录。在收到供应商发票时，应付账款部门应将发票上所记载的品名、规格、价格、数量、条件及运费与订购单上的有关资料进行核对，如有可能，还应与验收单上的资料进行比较。

（九）办理付款

通常是由应付凭单部门负责确定未付凭单在到期日付款。公司在准备付款前，应核对付款条件，并检查资金是否充足。

（十）记录现金、银行存款支出

根据付款凭单、支票登记簿及有关记账凭证登记库存现金、银行存款日记账和总账账簿。

三、采购与付款循环涉及的内部控制设计与执行

（一）适当的职责分离

适当的职责分离有助于防止各种有意或无意的错误。企业应当建立采购与付款交易的岗位责任制，明确相关部门和岗位的职责、权限，确保办理采购与付款交易的不相容岗位相互分离、制约和监督。采购与付款交易不相容岗位至少包括：❶ 请购与审批；❷ 询价与确定供应商；❸ 采购合同的订立与审批；❹ 采购与验收；❺ 采购、验收与相关会计记录；❻ 付款审批与付款执行。这些都是对企业提出的、有关采购与付款交易相关职责适当分离的基本要求，以确保办理采购与付款交易的不相容岗位相互分离、制约和监督。

（二）恰当的授权审批

付款需要由经授权的人员审批，审批人员在审批前需检查相关支持文件，根据采购与付款业务授权批准制度的规定，在授权范围内进行审批，不得超越审批权限，同时应对其发现的例外事项进行跟进处理。经办人应当在职责范围内，按照审批人的批准意见办理采购与付款业务。

（三）请购申请

企业应当建立采购申请制度，依据购置物品或服务等类型，确定归口管理部门，授予相应的请购权，并确定相关部门或人员的职责权限及相应的请购程序。

（四）订货审核

在订购审核方面，采购部门首先应审查每一份请购单请购数量是否在控制限额的范围内，其次检查使用物品和获得服务的部门主管是否在请购单上签字同意。在向谁订购的问题上，采购部门应充分了解和掌握供应商的信誉、供货能力等有关情况，比较不同供应商所提供的资料，选择最有利于企业生产和成本最低的供应商，与供应商签订合同。

（五）验收管理

企业应根据规定的验收制度和经批准的订单、合同等采购文件，由独立的验收部门或指定专人对所购物品或服务等的品种、规格、数量、质量和其他相关内容进行验收，出具验收证明。对验收过程中发现的异常情况，负责验收的部门或人员应当立即向有关部门报告，有关部门应查明原因，及时处理。

（六）付款的控制

关于付款的控制，应关注以下五项事项：

（1）单位财会部门在办理付款业务时，应当对采购发票、结算凭证、验收证明等相关凭证的真实性、完整性、合法性及合规性进行严格审核。

（2）单位应当建立预付款项和定金的授权批准制度，加强预付款项和定金的管理。

（3）单位应当加强应付账款和应付票据的管理，由专人按照约定的付款日期、折扣条件等管理应付款项。已到期的应付款项须经有关授权人员审批后，方可办理结算与支付。

（4）单位应当建立退货管理制度，对退货条件、退货手续、货物出库、退货货款回收等作出明确规定，及时收回退货款。

（5）单位应当定期与供应商核对应付账款、应付票据、预付款项等往来款项。如有不符，应查明原因，及时处理。

（七）凭证的预先编号及对例外报告的跟进处理

通过对入库单的预先编号以及对例外情况的汇总处理，被审计单位可以应对存货和负债记录方面的完整性风险。如果该项控制是人工执行的，被审计单位可以安排入库单编制人员以外的独立复核人员定期检查已经进行会计处理的入库单记录，确认是否存在遗漏或重复记录的入库单，并对例外情况予以跟进。如果该项控制是自动化的，则系统可以定期生成列明跳号或重号的入库单统计例外报告，由经授权的人员对例外报告进行复核和跟进，可以确认所有入库单都进行了处理，且没有重复处理。

（八）内部监督检查

企业应当建立对采购与付款内部控制的监督检查制度，明确监督检查机构或人员的职责权限，定期或不定期地进行检查。对监督检查过程中发现的采购与付款内部控制中的薄弱环节，企业应当采取措施，及时加以纠正和完善。

任务二 识别采购与付款循环的重大错报风险

一、采购与付款循环可能存在的重大错报风险

影响采购与付款交易和余额的重大错报风险可能包括：

1. 低估负债或相关减值准备

在承受反映较高盈利水平预期和较高营运资本的压力下，被审计单位管理层可能试图低估应付账款等负债或资产相关减值准备，包括低估对有一些资产应计提的跌价准备。重大错报风险常常集中体现在：

(1) 遗漏交易，未记录已收取货物但尚未收到发票的采购相关的负债或未记录尚未付款但已经购买的服务支出等。

(2) 采用不正确的费用支出截止期，比如将本期的支出延迟到下期确认。

(3) 将应当及时确认损益的费用性支出资本化，通过资产的逐步摊销予以消化等。

这些错报风险将对相关项目的完整性、截止、发生、存在、准确性（计价和分摊）以及分类认定产生影响。

2. 管理层错报负债和费用支出的偏好和动因

被审计单位管理层可能为了完成预算，满足业绩考核要求，保证从银行获得资金，吸引潜在投资者，误导股东，影响公司股价等动机，通过操纵负债和费用的确认控制损益。操纵负债和费用的方法一般有：

(1) 通过多计或少计负债和准备金，把损益控制在被审计单位管理层希望的程度。

(2) 利用特殊目的实体把负债从资产负债表中剥离，或利用关联方之间的费用定价优势制造虚假的收益增长趋势。

(3) 把私人费用计入企业费用，把企业资金当作私人资金运作。

3. 安排复杂的费用支出

被审计单位以复杂的交易安排购买一定期间的多种服务，管理层对于涉及的服务受益与付款安排所涉及的复杂性缺乏足够的了解，可能导致费用支出分配或计提的错误。

4. 舞弊和盗窃的固有风险

企业所采购商品和固定资产的数量及支付的款项庞大、交易复杂时，容易造成商品发运错误，员工和客户发生舞弊和盗窃的风险相对较高。如果负责付款的会计人员有权接触应付账款主文档，并能够通过在应付账款主文档中擅自添加新的账户来虚构采购交易，风险也会增加。

5. 存在未记录的权利和义务

未记录的权利和义务的存在可能导致资产负债表分类错误以及财务报表附注不正确或披露不充分。

二、根据重大错报风险的评估结果设计进一步审计程序

为了评估重大错报风险，审计人员应详细了解有关交易或付款的内部控制，这些控制主要是为预防、检查和纠正所认定的重大错报的固有风险而设置的。审计人员可以通过审查

以前年度审计工作底稿、观察内部控制执行情况、询问管理层和员工、检查相关的文件和资料等方法加以了解。只有充分了解被审计单位对采购与付款交易的控制活动，对被审计单位的重大错报风险有一定认识的基础，设计并实施进一步审计程序，才能有效应对重大错报风险。

审计人员基于采购与付款循环的重大错报风险评估结果，制定实施进一步审计程序的总体方案（包括综合性方案和实质性方案，如表 6－1 所示），进而实施控制测试和实质性程序，以应对识别出的认定层次的重大错报风险。审计人员通过控制测试和实质性程序获取的审计证据综合起来应足以应对识别出的认定层次的重大错报风险。

表 6－1 采购及付款循环的重大错报风险及进一步审计程序总体审计方案

重大错报风险描述	相关财务报表项目及认定	固有风险等级	是否信赖控制	进一步的审计程序的总体方案	拟从控制测试中获取的保证程度	拟从实质性程序中获取的保证程度
确认的负债及费用并未实际发生	应付账款/其他应付款：存在 销售费用/管理费用：发生	中	是	综合性方案	高	低
不确认采购相关的负债或与尚未付款的已经购买的服务支出相关的负债	应付账款/其他应付款：完整性 销售费用/管理费用：完整性	最高	是	综合性方案	高	中
采用不正确的费用支出截止期，例如将本期的支出延迟到下期确认	应付账款/其他应付款：存在/完整性 销售费用/管理费用：截止	高	否	实质性方案	无	高
发生的采购未能以正确的金额记录	应付账款/其他应付款：准确性 销售费用/管理费用：准确性、计价和分摊	低	是	综合性方案	高	低

注　意

“拟从控制测试中获取的保证程度”一列所显示的“高”和“无”以及“拟从实质性程序中获取的保证程度”一列所显示的“高”“中”“低”的级别的确定属于注册会计师的职业判断。针对不同的风险级别，其对应的拟获取的保证程度并非一成不变。表 6－1 中的内容仅为演示审计人员基于特定情况所做出的对应审计方案的评价结果，基于该结果可以确定控制测试和实质性程序的性质、时间安排和范围。

审计人员根据重大错报风险的评估结果初步确定实施进一步审计程序的具体审计计划，因为风险评估和审计计划都是贯穿审计全过程的动态的活动，而且控制测试的结果可能导致审计人员改变对内部控制的信赖程度，因此具体审计计划并非一成不变，可能需要在审计过程中进行调整。

任务三　测试采购与付款循环的内部控制

风险评估和风险应对是整个审计过程的核心，审计人员通常以识别的重大错报风险为起点，选取拟测试的控制并实施控制测试。通常情况下审计人员对采购与付款循环实施的控制测试，如表6－2所示。

注　意

表6－2列示了常见的内部控制和相应的控制测试程序，目的在于帮助审计人员根据具体情况设计能够应对已识别风险、实现审计目标的控制测试。该表既未包含采购和付款循环所有的内部控制和控制测试，也并不意味着审计实务应当按此执行。在审计实务工作中，审计人员需要从实际出发，设计适合被审计单位具体情况的实用高效的控制测试计划。

任务四　实施采购与付款循环的实质性程序

一、应付账款审计

拓展阅读：应付账款的审计

应付账款是企业在正常经营过程中，因购买材料、商品和接受服务供应等经营活动而付给供应商的款项。审计人员应结合赊购交易进行应付账款的审计。

（一）应付账款的审计目标

应付账款的审计目标一般包括：

（1）确定资产负债表中记录的应付账款是否存在（“存在”认定）。

（2）确定所有应当记录的应付账款是否均已记录（“完整性”认定）。

（3）确定资产负债表中记录的应付账款是否为被审计单位应当履行的现时义务（“权利和义务”认定）。

（4）确定应付账款是否以恰当的金额包括在财务报表中，与之相关的计价调整是否已恰当记录（“准确性、计价和分摊”认定）。

（5）确定应付账款是否已按照相关企业会计准则的规定在财务报表中作出恰当的列报（“列报”认定）。

（二）应付账款的实质性程序

1. 获取或编制应付账款明细表，并执行以下工作

（1）复核加计是否正确，并与报表数、总账数和明细账合计数核对是否相符。

（2）检查非记账本位币应付账款的折算汇率及折算是否正确。

（3）分析出现借方余额的项目，查明原因，必要时，建议作重分类调整。

（4）结合预付账款、其他应付款等往来项目的明细余额，检查有无针对同一交易在应付账款和预付款项同时记账的情况、异常余额或与购货无关的其他款项（如关联方账户或雇员账户）。

表 6-2 采购与付款循环的风险、存在的控制及控制测试程序

可能发生错报的环节	相关财务报表项目及认定	对应的内部控制示例（自动）	对应的内部控制示例（人工）	内部控制测试程序
采购计划未经适当审批	存货：存在 其他费用：发生 应付账款：存在		生产、仓储等部门根据生产计划制定需求计划，采购部门汇总需求，按采购类型制定采购计划，经复核人复核后执行	询问复核人复核采购计划的过程，检查采购计划是否经复核人恰当复核
新增供应商或供应商信息变更未经恰当认证	存货：存在 其他费用：发生 应付账款：存在	采购订单上的供应商代码必须在系统供应商清单中存在匹配的代码，才能生效并发送供应商	复核人复核并批准每一个对供应商数据的变更请求，包括供应商地址或银行账户的变更以及新增供应商等。复核时，评估拟进行的供应商数据变更是否得到合适文件的支持，诸如由供应商提供的新地址或银行账户明细或经批准新供应商的授权表格。当复核完成且复核人提出的问题及要求的修改已经得到满意的解决后，复核人在系统中确认复核完成	询问复核人复核供应商数据变更请求的过程，抽样检查变更需求是否有相关文件支持及有复核人的复核确认。检查系统中采购订单的生成逻辑，确认是否存在供应商代码匹配的要求
录入系统的供应商数据可能未经恰当复核	存货：存在 其他费用：发生 应付账款/其他应付款：存在	系统定期生成对所有供应商信息新增变更的报告（包括新增供应商、更改银行账户等）	复核人员定期复核系统生成报告中的项目是否均经恰当授权，当复核工作完成或要求的修改得到满意解决后签署确认复核工作完成	检查系统报告的生成逻辑及完整性。 询问复核人对报告的检查过程，确认其是否签署
采购订单与有效的请购单不符	存货：存在、准确性 其他费用：发生、准确性 应付账款/其他应付款：存在，准确性、计价和分摊		复核人复核并批准每一个采购订单，包括复核采购订单是否有经适当权限人员签署的请购单支持。复核人也确认采购订单的价格与供应商协商一致且该供应商已通过审批。当复核完成且复核人提出的问题及要求的修改已经得到满意的解决后，签署确认复核完成	询问复核人复核采购订单的过程，包括复核人提出的问题及其跟进记录。抽样检查采购订单是否有对应的请购单及复核人签署确认

续表

可能发生错报的环节	相关财务报表项目及认定	对应的内部控制示例（自动）	对应的内部控制示例（人工）	内部控制测试程序
订单未被录入系统或在系统中重复录入	存货：存在、完整性 其他费用：发生、完整性 应付账款/其他应付款：存在、完整性	系统每月月末生成列明跳码或重码的采购订单的例外报告	复核人定期复核列明重码或跳码的采购订单编号的例外报告，以确定是否有遗漏、重复的记录。订单是否都输入系统，且仅输入了一次	检查系统例外报告的生成逻辑。 询问复核人对例外报告的检查过程，确认发现的问题是否及时得到了跟进处理
接收了缺乏有效采购订单或未经验收的商品	应付账款：存在、完整性 存货：存在、完整性 其他费用：发生、完整性	入库确认后，系统生成连续编号的入库单	收货人员只有完成以下程序后，才能在系统中确认商品入库： ❶ 检查是否存在有效的采购订单； ❷ 检查是否存在有效的验收单； ❸ 检查收到的货物的数量是否与发货单一致	检查系统入库单编号的连续性。 询问收货人员的收货过程，抽样检查入库单是否有对应一致的采购订单及验收单
临近会计期末的采购未被记录在正确的会计期间	应付账款：完整性 存货、其他费用：完整性	系统每月月末生成列明跳码或重码的入库单的例外报告	复核人复核系统生成的例外报告，检查是否有遗漏、重复入库单。当复核完成且复核人提出的问题及要求的修改已经得到满意的解决后，签署确认复核已经完成	检查系统例外报告的生成逻辑。 询问复核人对例外报告的检查过程，确认发现的问题是否及时得到了跟进处理
	应付账款：存在、完整性 存货：存在、完整性 其他费用：发生、完整性	系统每月月末生成包含所有已收货但相关发票未录入系统货物信息的例外报告	复核人复核该例外报告中的项目，确定采购是否被记录在正确的期间以及负债计提是否有效。当复核完成且复核人提出的问题及要求的修改已经得到满意的解决后，签署确认复核已经完成	检查系统例外报告的生成逻辑。 询问复核人对报告的复核过程，核对报告中的采购是否计提了相应负债，检查复核人的签署确认
发票未被正确编码，导致在成本或费用之间的错误分类	存货：准确性、计价和分摊，完整性 其他费用：准确性、完整性 应付账款：存在、完整性	系统自动将相关的发票归集入对应的总分类账费用科目	每张发票开具前均经复核人复核并批准，复核人评估正确的总分类账代码是否被应用到该项目	询问复核人对发票编号、总分类代码的复核过程，抽样检查相关发票是否被恰当分类到了相关费用

续表

可能发生错报的环节	相关财务报表项目及认定	对应的内部控制示例(自动)	对应的内部控制示例(人工)	内部控制测试程序
发票未被正确编码，导致在成本或费用之间的错误分类	费用/成本：完整性，准确性 应付账款：完整性，准确性、计价和分摊		定期编制所选定关键绩效指标(例如，分成本中心或部门的费用、费用占收入的比例等)与管理层预期(包括以前期间或预算等信息)相比较的报告，复核人识别关键绩效指标与预期之间差异的相关问题(例如波动、例外或异常调整)，并与相关人员跟进。所有问题会被合理应对，复核人通过签署关键绩效指标报告以证明完成复核	根据样本量要求选取关键绩效报告，确定是否经管理层复核；复核是否在合理的时间内完成；检查关键绩效指标的计算是否准确，是否与账面记录核对一致；评估用于调查重大差异的界限是否适当。向复核人询问其复核方法，对于其提出的问题，检查是否经恰当根据处理。评价使用数据的完整性和准确性
批准付款的发票上存在价格/数量错误或劳务尚未提供的情形	应付账款/存货/成本：完整性，准确性、计价和分摊	当入库单录入系统后，系统将其与采购订单进行核对。当发票录入系统后，系统将其详细信息与采购订单及入库单进行核对。如信息相符或差异不超过可接受差异，系统将自动批准发票的付款。如信息不符，发票将被列示于例外报告中，由人工跟进	负责应付账款且无职责冲突的人员负责跟进例外报告中的所有项目。仅当不符信息从例外报告中消除后才可以付款	检查系统报告的生成逻辑，确认例外报告的完整性及准确性。 与复核人讨论其复核过程，抽样选取例外以及删改情况报告。检查每一份报告并确定： ❶ 是否存在管理层复核的证据； ❷ 复核是否在合理的时间范围内完成； ❸ 复核人提出问题的跟进是否恰当、是否能使交易恰当记录于会计系统。 抽样选取采购发票，检查是否与入库单和采购订单所记载的价格、供应商、日期、描述及数量一致
现金支付未记录、未记录在正确的供应商账户(串户)或记录金额不正确	应付账款：准确性、计价和分摊，存在 存货：计价和分摊 其他费用：准确性		独立于负责现金交易处理的会计人员每月末编制银行存款余额调节表。所有重大差异由调节表编制人跟进，并根据具体情形进行跟进处理。经授权的管理人员复核所编制的银行余额调节表，当复核工作完成或复核人提出的问题及要求的修改已得到满意的解决后，签署确认复核工作已完成	询问复核人对银行存款余额调节表的复核过程。 抽样检查银行余额调节表，检查其是否及时得到复核，复核的问题是否得到了恰当跟进处理，复核人是否签署确认

续表

可能发生错报的环节	相关财务报表项目及认定	对应的内部控制示例（自动）	对应的内部控制示例（人工）	内部控制测试程序
现金支付未记录、未记录在正确的供应商账户（串户）或记录金额不正确	应付账款：存在，完整性，准确性、计价和分摊 存货：存在，完整性，准确性、计价和分摊 其他费用：发生，完整性，准确性、计价和分摊		应付账款会计人员将供应商提供的对账单与应付账款明细表进行核对，并对差异进行跟进处理。 复核人定期复核供应商对账结果，该对账通过从应付账款明细账中抽取的一定数量的应付供应商余额与供应商提供的对账单进行核对。当复核工作完成或复核人提出的问题及要求的修改已得到满意的解决后，签署确认复核工作已完成	询问复核人对供应商对账结果的复核过程，抽样选取供应商对账单，检查其是否与应付账款明细账得到了正确的核对，差异是否得到了恰当的跟进处理。 检查复核人的相关签署确认
员工具有不适当的访问权限，使其能够实施违规交易或隐瞒错误	应付账款：存在，完整性，准确性、计价和分摊 存货：存在，完整性，准确性、计价和分摊 其他费用：发生，完整性，准确性、计价和分摊	采购系统根据管理层的授权进行权限设置，以支持采购职能所要求的上述职责分离	管理层分离以下活动： ❶ 供应商主信息维护； ❷ 请购授权； ❸ 输入采购订单； ❹ 开具供应商发票； ❺ 按照订单收取货物； ❻ 存货盘点调整等	检查系统中相关人员的访问权限。 复核管理层的授权职责分配表，对不相容职位（申请与审批等）是否设置了恰当的职责分离
总账与明细账中的记录不一致	应付账款：完整性，准确性、计价和分摊 其他费用：完整性，准确性	应付账款以及费用明细账的总余额与总账账户间的调节表会在每个期末及时执行	任何差异都会被调查，如恰当，将进行调整。 复核人会复核调节表及相关支持文档，任何差异及调整均经过批准	核对总账与明细账的一致性，检查复核人的复核及差异跟进记录

2. 揭示应付账款期末余额变动的合理性

运用分析性复核方法揭示应付账款期末余额的变动是否合理，具体分析方法有：

(1) 将本期各主要应付账款账户与上年进行比较。

(2) 将本期采购的商品、材料物资或服务的有关成本费用账户金额与上年进行比较。

(3) 运用应付账款占采购金额的比率、应付账款占当年流动负债的比率，进行对比分析。经过比较，如果发现应付账款期末余额的变动不合理，应在其他环节加强审核。

(4) 判断被审计单位的偿债能力，特别注意是否利用应付账款隐匿收入。

例 6－1

2024 年 4 月，审计人员在对某企业 2023 年度财务收支审计中，发现“应付账款——其他”2023 年年底余额为 504 820 元，询问有关人员，相关人员无法说清该应付账款的付款对象及具体情况。

审计人员结合产品销售审计中发现的疑点，认为该应付款项系企业未开具销售发票的部分销售收入。在证据面前，财务人员承认了将部分销售收入转入应付账款账户，以达到隐匿收入、少缴纳税金的目的。审计人员要求该企业进行以下账务调整：

借：应付账款——其他　　504 820

　贷：以前年度损益调整　　504 820

3. 函证应付账款

获取适当的供应商相关清单，例如本期采购量清单、现存供应商名单或应付账款明细账。询问该清单是否完整并考虑该清单是否应包括预期负债等附加项目。选取样本进行测试并执行如下程序：

(1) 向债权人发送询证函。审计人员应根据审计准则的规定对询证函保持控制，包括确定需要确认或填列的信息、选择适当的被询证者、设计询证函，包括正确填列被询证者的姓名和地址，以及被询证者直接向审计人员回函的地址等信息，必要时再次向被询证者寄发询证函等。

(2) 将询证函回函确认的余额与已记录金额相比较，如存在差异，检查支持性文件，评价已记录金额是否适当。

(3) 对于未作回复的函证实施替代程序，如检查至付款文件(现金支出、电汇凭证和支票复印件等)、相关的采购文件(采购订单、验收单、发票和合同等)或其他适当文件。

(4) 如果认为回函不可靠，评价对评估的重大错报风险以及其他审计程序的性质、时间安排和范围的影响。

4. 检查应付账款

检查应付账款是否计入了正确的会计期间，是否存在未入账的应付账款。

(1) 对本期发生的应付账款增减变动，检查至相关支持性文件，确认会计处理是否正确。

(2) 检查资产负债表日后应付账款明细账贷方发生额的相应凭证，关注其验收单、购货发票的日期，确认其入账时间是否合理。

(3) 获取并检查被审计单位与其供应商之间的对账单以及被审计单位编制的差异调节表，确定应付账款金额的准确性。

(4) 针对资产负债表日后付款项目，检查银行对账单及有关付款凭证(银行汇款通知、供应商收据等），询问被审计单位内部或外部的知情人员，查找有无未及时入账的应付账款。

（5）结合存货监盘程序，检查被审计单位在资产负债表日前后的存货入库资料（验收报告或入库单），检查相关负债是否计入了正确的会计期间。

如果审计人员通过这些审计程序发现某些未入账的应付账款，应将有关情况详细记入审计工作底稿，并根据其重要性确定是否需要建议被审计单位进行相应的调整。

5. 寻找未入账负债的测试

获取期后收取、记录或支付的发票明细，包括获取支票登记簿、电汇报告、银行对账单（根据被审计单位情况不同）以及入账的发票和未入账的发票。从中选取项目（尽量接近审计报告日）进行测试并实施以下程序：

（1）检查支持性文件，如相关的发票、采购合同（申请）、收货文件以及接受服务明细，以确定收到商品或接受服务的日期及应在期末之前入账的日期。

（2）追踪已选取项目至应付账款明细账、货到票未到的暂估入账或预提费用明细表，并关注费用所计入的会计期间。调查并跟进所有已识别的差异。

（3）评价费用是否被记录于正确的会计期间，并相应确定是否存在期末未入账负债。

6. 检查应付账款长期挂账的原因并进行记录，对确实无须支付的应付账款的会计处理是否正确

7. 检查应付关联方款项

如存在应付关联方的款项：

（1）了解交易的商业理由。

（2）检查证实交易的支持性文件（如发票、合同、协议及入库和运输单据等相关文件）。

（3）检查被审计单位与关联方的对账记录或向关联方函证。

8. 检查应付账款是否已按照企业会计准则的规定在财务报表中恰当列报和披露

例 6－2

2023 年 7 月，审计人员对某公司的应付账款业务进行审计。审计人员对该企业“应付账款”账户进行了详细审计。经核对，总账与明细账相符，但在有关明细账中发现一些疑点，需要进一步审查。审计人员将该企业应付账款相关的各明细账资料进行了整理，如表 6－3 所示。

表 6－3　2023 年 6 月月末某公司“应付账款”余额表

账户名称	账　　龄	金额/元	结构/%
总账贷方余额		360 000	100.00
其中：A 公司	2 年 3 个月	5 000	1.38
B 公司	1 年 2 个月	200 000	55.56
C 公司	5 个月	120 000	33.33
D 公司	30 天	12 000	3.33
E 公司	5 天	23 000	6.40

审计人员对相关的原始凭证和记账凭证进行了详细的审计，认定如下：❶ 欠A公司货款5 000元，原始凭证中有购销合同、发货单及材料验收入库单各一份，检查结果反映该材料与合同规定的质量不符，应作退货处理，不需要付款；❷ 欠B公司材料款200 000元，因其原始凭证中仅有收款收据一份，且无业务性质说明，未加盖财务专用章，待进一步追查；❸ 欠C公司货款120 000元，欠D公司货款12 000元，欠E公司货款23 000元属于合法债务。

经过调查取证和深入分析，审计人员得出事实如下：❶ 所欠A公司货款5 000元，确系质量与合同不符，但A公司不承认，双方有争议，长期挂账；❷ 经向购货部门经办人员、财会部门有关人员取证，所欠B公司款200 000元，与B公司毫无关系，属于该公司销售多余材料的银行存款收入。银行存款日记账记录金额正确，其"摘要"栏写"销售多余材料款"。此项认定为销售不入账，以转移资金，偷逃税款。

根据实际情况及有关法规，审计人员提出审计意见如下：❶ 对所欠A公司材料款5 000元，应聘请有关专业人员对材料质量是否符合合同规定做出鉴定，如确定质量不符，应敦促A公司重新发送材料并收回不符合标准材料。❷ 按会计制度规定，该公司销售多余材料款200 000元应作如下调整，并按规定补交增值税和企业所得税：

借：应付账款　　200 000

　　贷：以前年度损益调整　　200 000

潜在错报

在应付账款领域，被审计单位可能采用的不当的业务处理手法如下：

（1）利用应付账款隐瞒收入。有的被审计单位将营业外收入列入应付账款，而不按会计制度规定计入有关收入账户中，以达到人为调节损益、减少当期应交税费的目的。

（2）应付账款长期挂账。出现长期挂账的原因可能有：被审计单位不按合同规定的期限及时偿还货款，双方之间有业务纠纷，账务处理错误，对方已破产或倒闭。不论出于哪种原因，长期挂账的应付账款都应得到及时处理。

（3）虚列应付账款。有的被审计单位采用伪造发票、虚开验收单和入库单等手段虚列应付账款，以达到虚增费用、虚减利润、偷税漏税的目的，甚至用"应付账款"账户记录非法收支活动。

（4）少计应付账款。有的被审计单位为了粉饰财务状况，在期末对已收到的购货发票或货到单未到的情况，不作账务处理，少列应付账款。

二、固定资产审计

拓展阅读：固定资产审计的建议

（一）固定资产的审计目标

固定资产的审计目标有：

（1）确定资产负债表中记录的固定资产是否存在（"存在"认定）。

（2）确定所有应记录的固定资产是否均已记录（"完整性"认定）。

（3）确定记录的固定资产是否由被审计单位拥有或控制（"权利和义务"认定）。

(4) 确定固定资产以恰当的金额包括在财务报表中，相关的计价和分摊已恰当记录（“准确性、计价和分摊”认定）。

(5) 确定固定资产原价、累计折旧和固定资产减值准备是否已按照企业会计准则的规定在财务报表中做出恰当列报（“列报”认定）。

(二) 固定资产的实质性程序

1. 固定资产增加的审查

被审计单位如果不正确核算固定资产的增加，将对资产负债表和利润表产生长期影响，因此审计固定资产的增加是固定资产实质性测试中的重要内容。固定资产的增加有购入、自制自建、投资人投入、融资租入、在原有基础上改建或扩建、接受捐赠和盘盈等多种方式。由于来源渠道不同，业务手续各异，账面处理程序也不一样，审计人员具体应查明：

(1) 固定资产增加是否合理、合规。审查固定资产增加是否合理、合规，即审查新增的固定资产是否属于企业生产经营所必须购建的资产，是否进行了可行性论证，是否纳入计划或预算，经过规定审批手续。对于实际成本超预算幅度较大的资产项目，应追查原因。例如，对于采购价格严重偏离正常市价的，应进一步审查是否存在回扣等不法行为。自建自购或其他单位投入的固定资产，是否有不合需要的情况，有无盲目购进、造成浪费的现象。对自行购建或改扩建的工程，应在查明是否合规的基础上，检查是否按合同规定执行，有无违反合同偷工减料及其他违法行为。

(2) 新增固定资产价值是否真实、正确。固定资产应以取得时的实际成本入账。以不同方式取得的固定资产，其实际成本的确定方法与构成内容是不同的。为了确定企业固定资产的真实价值，审计人员应在点明数量、查明质量、手续完备的基础上，对其入账价值进行审查。审查的主要内容有：

❶ 对于购入固定资产，应审查其入账价值是否按实际支付的买价或售出单位的账面原价、包装费、运输费和安装成本计价。

❷ 对于自行建造的固定资产，应审查其入账价值是否为建造过程中实际发生的支出，支出的内容是否都属于固定资产的建造支出，且符合规定的标准。

❸ 对于其他单位投资转入的固定资产，应审查其是否按评估确认或合同、协议约定的价格入账。

❹ 对于融资租入的固定资产，应审查其是否按租赁协议确定的设备价款、运输费、安装调试保险费等规定的项目入账，有无多计或少计。

❺ 对于改建扩建的固定资产，应审查其是否按原有固定资产账面原值减去改建扩建过程中的变价收入，加上改建扩建增加的支出入账。

❻ 对于接受捐赠的固定资产，应审查其入账价值是否按同类资产的市场价格，或根据所提供的有关凭证，同时考虑所发生的费用来确定的。

❼ 对于盘盈的固定资产，应审查其是否按重置价值入账，有无随意确定入账价值或不入账的行为。

❽ 对于为取得固定资产而发生的借款利息或外币折算差额，应审查其是否按照办理竣工决算手续的时间为界限，分别列入固定资产价值和财务费用。

❾ 在审查固定资产入账价值时，审计人员还应注意企业有无任意变动已入账价值的情况。

小提示

根据企业会计准则规定，除下述五种情况外，不得任意变动固定资产入账价值：❶ 根据国家规定对固定资产价值重新估价；❷ 增加补充设备或改良装置；❸ 将固定资产的一部分拆除；❹ 根据实际价值调整原来的暂估价值；❺ 发现原记固定资产价值有误。

（3）新增固定资产所有权的归属。在审查各类固定资产增加额时，应同时检查其所有权：❶ 对外购的机器设备等固定资产应审核采购发票、购货合同等；❷ 对房地产应验证其所有权或使用权的证明文件；❸ 对汽车等运输设备应验证发票及有关执照；❹ 对融资租入的固定资产，应验证有关租约，以证实其非经营租赁；❺ 对受留置权限制的固定资产的审查，通常审核被审计单位的有关负债项目即可证实。如有经营租赁固定资产和代管固定资产混入，应予剔除。

2. 固定资产减少的审查

固定资产的减少主要包括出售、报废、毁损、向其他单位投资转出、盘亏等。由于情况不同，业务手续各异，账务处理程序也不一样，审计人员应查明：

（1）固定资产减少是否合理、合法。通过审查固定资产减少的凭据，分别对报废、出售及转出、盘亏的固定资产进行分析。

对固定资产的报废，应根据固定资产清理报废的文件，审查是否经过检验鉴定，确认：❶ 是否已不能使用；❷ 是否达到了规定的使用年限；❸ 是否已按规定管理权限申请报经批准；❹ 报废固定资产损失计算是否正确，有无差错和弊端；❺ 报废的固定资产残值是否及时回收入库。对提前报废的固定资产更应查明原因以及审批手续。

对出售或投资转出的固定资产，应查明：❶ 是否确属本企业不需要的；❷ 是否符合联营投资协议规定；❸ 是否办理了审批手续，并由专业部门和人员对其新旧程度进行鉴定，出售价格或投资作价是否合理等。

对盘亏的固定资产，应根据固定资产盘点表，查明数量是否真实，原因和责任是否查明，有无办理审批核销手续。

（2）减少固定资产的价值是否真实、正确。根据固定资产清理报废、盘亏和出售的处理凭证和审批文件，核实固定资产减少的数量，并按会计制度规定，分别核实减少的价值。

审查减少固定资产的会计记录是否符合有关规定，验证其数额计算的准确性，并审查是否存在未作会计记录的固定资产减少业务。审查的方法是：❶ 审核是否以本年新增加的固定资产替换了原有固定资产；❷ 分析营业外收支或资产处置损益账户，查明有无处置固定资产所带来的收支；❸ 对因故停产的产品，应追查其专用生产设备等的处理情况；❹ 向被审计单位的固定资产管理部门查询本年有无未作会计记录的固定资产减少业务。

（3）减少固定资产的净损益是否真实、准确。对于出售和报废处置的固定资产，应与银行存款、营业外收支或资产处置损益等有关账户相核对，审核净损益的计算是否真实、准确。

例 6-3

2023 年 6 月某企业有一台设备，因使用期满经批准报废。该设备原值 186 700 元，累计已计提折旧 177 080 元，已计提减值准备 2 500 元。在清理过程中，以银行存款支付清理费用 5 000 元，残料变价收入 6 500 元。其账务处理如下：

❶ 借：固定资产清理 9 620
　　累计折旧 177 080
　　贷：固定资产 186 700
❷ 借：银行存款 1 500
　　贷：固定资产清理 1 500
❸ 借：资产处置损益——处置非流动资产损失 8 120
　　贷：固定资产清理 8 120

审计人员指出了固定资产清理中的错误之处：❶ 没有冲减固定资产减值准备 2 500 元；❷ 处置非流动资产损失多计 2 500 元，虚减利润。

审计人员提出了账务处理调整的建议：

借：固定资产减值准备 2 500
　　贷：资产处置损益——处置非流动资产损失 2 500

3. 固定资产结存的审查

审查固定资产结存主要是为了确定期末账面记录的固定资产的真实性。审查的内容有：

(1) 审查固定资产实存额的真实性。为了深入了解购入固定资产的结存情况，审计人员可以通过实地观察固定资产来考察固定资产的实物存在状态。该程序的实施有助于审计人员深入了解、熟悉被审计单位的生产经营情况，有助于理解增加、减少固定资产的会计处理。当被审计单位固定资产内部控制较为薄弱时，实地观察显得更为重要。

实施实地观察审计程序时，审计人员应要求企业组成清查盘点小组，在会计报表、总账、明细账和卡片、台账相符的基础上，随同企业人员到各存放地点进行观察和监督其盘点清查。审计人员一般以固定资产明细分类账为起点，进行实地追查，以证明会计记录中所列固定资产是否确实存在，并了解其目前的使用状况；也可将实地盘点情况作为起点，追查至固定资产明细分类账，以获取实际存在的固定资产均已入账的证据。

由于固定资产变动情况较少，数量变化只是部分品种，如果企业是定期按年或半年进行盘点的，且经内部控制符合性测试认为是健全有效的，可有重点地只对本年度增加的重要固定资产以及以前年度增加的价值大、增减变化事项多的固定资产进行抽查。

观察范围的确定需要依据被审计单位内部控制的强弱、固定资产的重要性和审计人员的经验来判断：❶ 一般对房屋、建筑物等不动产可重点抽查点验；❷ 对安装使用的机器设备可在小范围内抽查盘点；❸ 对流动性大、可用于日常生活的固定资产，如冰箱、手提电脑等，应在较大范围内抽查验证。

根据盘点结果，填制固定资产盘点表，如有盘盈或盘亏，应在表上记录，并建议查明原因后，按有关规定办理调账手续。

例 6－4

审计人员在对某企业进行审计前，通知该单位事先进行固定资产的自查盘点。审计组进场后，企业提供了自查盘点的明细表，如表 6－4 所示。

表 6-4 固定资产盘存自查表

2023 年 11 月 20 日 单位：元

序号	固定资产名称	单位	单价	账面数		盘存数		盘盈		盘亏	
				数量	金额	数量	金额	数量	金额	数量	金额
1	电脑	台	8 000	7	56 000	7	56 000				
2	办公桌	张	600	10	6 000	10	6 000				
3	打印机	台	1 200	2	2 400	1	1 200			1	1 200
4	传真机	台	2 600	1	2 600	1	2 600				
5	汽车	辆	150 000	2	300 000	2	300 000				
6	沙发	张	3 500			2	7 000	2	7 000		
合计					367 000		372 800		7 000		1 200

财务主管： 盘点人员：

审计人员在此基础上，对电脑、打印机、传真机、沙发又进行了抽查盘点，结果发现：❶ 1 台电脑已经无法使用，存放在仓库中，其余 6 台电脑确实存在；❷ 自查发现的 1 台打印机已经无法使用，另 1 台打印机确实存在；❸ 传真机 1 台确实存在；❹ 对该单位的办公室进行了巡视，发现实有沙发共 5 张，均系有关单位赠送，其中 2 张已经反映在自查表中。对此，审计人员重新编制了固定资产审计盘存表，如表 6-5 所示。

表 6-5 固定资产盘存自查表

2023 年 11 月 25 日 单位：元

序号	固定资产名称	单位	单价	账面数		盘存数		盘盈		盘亏	
				数量	金额	数量	金额	数量	金额	数量	金额
1	电脑	台	8 000	7	56 000	6	48 000			1	8 000
2	办公桌	张	600	10	6 000	10	6 000				
3	打印机	台	1 200	2	2 400	1	1 200			1	1 200
4	传真机	台	2 600	1	2 600	1	2 600				
5	汽车	辆	150 000	2	300 000	2	300 000				
6	沙发	张	3 500			5	17 500	5	17 500		
合计					367 000		375 300		17 500		9 200

审计组长： 审计人员： 盘点人员：

最后，审计人员做出了如下结论：❶ 该单位固定资产盘盈沙发 5 张 17 500 元，应及时入账登记管理；❷ 固定资产盘亏电脑 1 台 8 000 元、打印机 1 台 1 200 元，合计 9 200 元，应报经有关部门批准后，调整固定资产账户。

（2）验证固定资产的所有权。对各类固定资产，审计人员应获取、汇集不同的证据以确定是否确实归被审计单位所有，有无经营租入的固定资产、代管固定资产或已作抵押的固定资产。

4. 固定资产折旧的审查

固定资产折旧是指由于固定资产在使用过程中始终保持其原有的物质形态，但其价值随着固定的磨损而逐渐转移的过程。影响固定资产折旧的因素有折旧基数（通常为原始价值）、固定资产的残值和使用年限。企业在各个会计期间都要计算固定资产的折旧额，并将其计入有关的成本费用之中。

由于在计算折旧时，对固定资产的残余价值和清理费用只能人为估计，由于固定资产的有形和无形损耗难以准确计算，对其使用年限确定也只能估计，带有一定程度的主观随意性，因此固定资产折旧主要取决于企业的折旧政策。这就决定了固定资产折旧审计的主要目标在于：❶ 确定折旧政策和方法是否符合并一贯遵循国家的有关财务会计制度，❷ 折旧额的计算是否正确。固定资产折旧的审查主要有以下几方面的内容：

（1）审查固定资产的折旧政策和折旧方法。审查折旧政策及方法是否合规，需要运用分析性复核等方法。❶ 审查固定资产折旧政策和方法是否符合相关规定，所选用的方法能否在固定资产的使用年限内合理分摊其成本。审计人员应审查企业所采用的折旧方法是否符合企业财务制度的规定。❷ 审查固定资产的折旧方法是否与上年一致。按制度规定，折旧方法一经确定，不允许任意变动，否则将直接影响成本、利润的真实性。审计人员应检查折旧计算单和累计折旧账户，检查企业是否遵循一贯性原则。❸ 分析折旧额的变动是否正常。其具体做法是在索取或编制固定资产及累计折旧汇总表的基础上，将期初余额和上年工作底稿中的审定数额相核对，同时应查明汇总表所列累计折旧合计数是否与累计折旧明细账所载数额的总和核对相符，是否与累计折旧总账核对相符。

例 6－5

审计人员对某企业 2023 年度进行财务收支审计。在对固定资产进行审计时，审计人员通过审阅固定资产明细账了解到 2023 年度企业没有新增、减少固定资产。在对累计折旧账户进行审计时，发现 2023 年 1—11 月，企业每月计提折旧 238 790 元，但 12 月计提的折旧额为 438 790 元。

审计人员经过分析，认为 12 月在没有新增固定资产的情况下，折旧额大幅增加属于异常情况。审计人员核实：1—11 月的折旧额正确，而 12 月多提折旧的目的在于企业人为调节利润。对此，审计人员作出了提请被审计单位纠正错误的会计处理，并补缴企业所得税的决定。

（2）审查折旧计提范围的正确性。固定资产的折旧是按月初固定资产原值为基础进行计提的。审查时应注意，应计提折旧的固定资产是否都已计提，不应计提折旧的固定资产是否已经进行了剔除。房屋、建筑物以外的未使用、不需用的固定资产，以经营租赁方式租入的固定资产，已提足折旧仍继续使用的固定资产，按规定单独估价作为固定资产入账的土地都不应计提折旧。

（3）审查固定资产折旧计算的正确性。审查固定资产折旧计算的正确性，包括：❶ 审查固定资产预计使用年限和预计残值是否符合国家规定；❷ 确定本年度使用的折旧方法和折旧率是否合理并与上年一致；❸ 抽查各类固定资产的重要项目，重新计算其折旧额，看其是否正确；❹ 通过测算对折旧计提额的总体合理性进行分析；❺ 核对“累计折旧”账户中本年度折旧总额与计入有关成本费用中的折旧总额，以确定折旧额是否全部摊入相关的成本费用科目。

例 6-6

2023 年 6 月某公司固定资产计提折旧的情况如下：管理部门计提折旧 83 000 元，销售部门计提折旧 89 000 元。管理部门 6 月新投入使用设备一台，价值 500 000 元，预计使用年限 10 年，期满无残值。销售部门 5 月新增加设备一台，价值 1 500 000 元，预计使用年限 11 年，净残值率 3%。上述新投入设备系用平均年限法计提折旧。该公司 6 月计提折旧的会计分录如下：

借：管理费用　　87 167

　　销售费用　　100 364

　　贷：累计折旧　　187 531

经审查，审计人员指出了固定资产折旧计提的错误：❶ 管理部门多提折旧 4 167 元，错在将本月新增加的一台设备计提了折旧；❷ 销售部门多计提折旧 341 元，错在计提折旧时未将预计净残值减去。审计人员提出了账务处理调整的建议：

借：累计折旧　　4 508

　　贷：管理费用　　4 167

　　　　销售费用　　341

潜在错报

在固定资产和累计折旧方面，部分被审计单位可能采用如下不当业务处理手法：

（1）新增固定资产计价中的错报。固定资产增加可能有不同来源，不同来源的固定资产有不同的计价要求，不论被审计单位出于有意或无意，未完全按照计价要求处理相关账务，都会造成固定资产价值计量中的错弊。

（2）固定资产减少中的错报。如固定资产变价收入不入账；固定资产清理完毕，不及时结转资产处置损益等。

（3）混淆资本化支出和费用化支出。被审计单位如果有意增加当期成本、费用，可能将符合固定资产标准的物品划入低值易耗品；而如果有意减少当期成本、费用，则可能将应属于低值易耗品的物品划入固定资产进行管理，延缓其摊销速度。因此，利用上述方式混淆资本化支出和收益化支出的结果，使固定资产和存货之间产生此生彼消的关系，将使会计信息产生错报。

(4) 固定资产分类不准确。一般被审计单位应按经济用途和使用情况对固定资产进行分类。对固定资产的分类正确与否主要涉及被审计单位对哪些固定资产应计提折旧，以及折旧费用的列支问题。这样的问题直接影响到被审计单位费用和成本的计算、财务成果的确定和计算所得税的依据。例如，被审计单位混淆经营租赁方式租入的固定资产和融资租赁方式租入的固定资产，由此对计提的折旧费用产生影响。

(5) 累计折旧计算的错误。如折旧年限选择、折旧方法确定、残值率估计有误，折旧范围不当等。

5. 在建工程的审查

企业自行建造、购入需要安装的固定资产以及固定资产的大修理等，都需要通过“在建工程”账户进行核算，完工后再转入“固定资产”账户。因此，在建工程的审查是固定资产审计的一个重要组成部分。审查的内容和方法主要有：❶ 获取或编制在建工程明细表，核对明细账与总账余额是否相符；❷ 检查在建工程项目及其规模是否经授权批准；❸ 抽查年度在建工程增加数的原始凭证是否齐全，会计处理是否正确；❹ 检查已完工工程项目以及其他转出数的原始凭证是否齐全，会计处理是否正确；❺ 审查“在建工程”账户余额构成内容，并实地了解工程内容是否真实；❻ 检查是否存在已交付使用，但未及时办理决算手续或未及时进行会计处理的项目；❼ 检查工程合同，以确定资本化支出与费用化支出的界限是否清楚；❽ 确定在建工程是否已在资产负债表上恰当披露。

三、管理费用审计

(一) 管理费用的审计目标

管理费用的审计目标有：

(1) 确定利润表中记录的管理费用是否确认发生(“发生”认定)。

(2) 确定所有应当记录的管理费用是否均已记录(“完整性”认定)。

(3) 确定管理费用是否以恰当金额列示在财务报表中(“准确性”认定)。

(4) 确定管理费用是否已计入恰当的会计期间(“截止”认定)。

(二) 管理费用的实质性程序

管理费用的实质性程序有：

(1) 获取管理费用明细表，复核其加计数是否正确、与总账和明细账合计数核对是否正确。

(2) 实施相关实质性分析程序：❶ 考虑可获取信息的来源、可比性、性质和相关性以及与信息编制相关的控制，评价对记录的金额或比率作出预期时使用数据的可靠性；❷ 将费用细化到适当层次，根据关键因素和相互关系(例如本期预算、费用类别与销售数量、职工人数的变化之间的关系等)，设定预期值，评价预期值是否足够精确以识别重大错报；❸ 确定已记录金额与预期值之间可接受的、无须作进一步调查的可接受的差异额；❹ 将已记录金额与期望值进行比较，识别需要进一步调查的差异；❺ 调查差异，询问管理层，针对管理层的答复获取适当的审计证据，根据具体情况在必要时实施其他审计程序。

(3) 从资产负债表日后的银行对账单或付款凭证中选取项目进行测试，检查支持性文件(如合同、发票)，关注发票日期和支付日期，追踪已选取项目至相关费用明细表，检查费用所计入的会计期间，评价费用是否被记录于正确的会计期间。

(4) 对本期发生的费用选取样本，检查其支持性文件，确定原始凭证是否齐全，记账凭证与原始凭证是否相符以及账务处理是否正确。

(5) 抽取资产负债表日前后的凭证，实施截止测试，评价费用是否被记录于正确会计期间。

(6) 检查管理费用是否已按照企业会计准则及其他相关规定在财务报表中作出恰当的列报和披露。

四、采购与付款循环审计工作底稿实例

负责审计的注册会计师何向东及审计助理冬小红，在对销售与收款循环的相关项目实施审计之后，于 2024 年 1 月 16 日对南宁骏业采购与付款循环的相关项目实施审计。与该业务循环相关的部分资料如下：

(1) 南宁骏业 2023 年 1—12 月部分科目汇总表，如表 6－6 所示。

(2) 南宁骏业 2023 年固定资产明细表，如表 6－7 所示和固定资产明细账，如表 6－8 所示。

(3) 南宁骏业 2023 年管理费用总账，如表 6－9 所示。

(4) 南宁骏业 2023 年管理费用明细账，如表 6－10 所示。

要求：

根据南宁骏业的相关资料，对南宁骏业固定资产和管理费用实施审计，并完成该业务循环部分审计工作底稿。(假设审计过程发现的不符事项金额均超过重要性水平)

(一) 固定资产的审计

1. 审计过程

(1) 账账、账表核对。获取(或编制)固定资产明细表，复核加计是否正确，并与总账数和明细账合计数核对是否相符，结合累计折旧和固定资产减值准备与报表数核对是否相符，并完成审计底稿 1－500－1，如表 6－11 所示。

(2) 实施实质性分析程序。分类计算本期计提折旧额与固定资产原值的比率，并与上期比较。本案例由于固定资产项目较简单，省略该步骤，直接全额重新计算本期固定资产折旧是否正确。审计过程记录在审计底稿 1－500－3、审计底稿 1－500－3－1(表 6－12、表 6－13)。计算固定资产修理及维护费用占固定资产原值的比例，并进行本期各月、本期与以前各期的比较。本案例由于固定资产项目较简单，无重大修理费用的支出，有关费用支出是否合理真实，结合费用相关项目审计予以确认。

(3) 实地检查重要固定资产。通过实地检查，确定其是否存在，关注是否存在已报废但仍未核销的固定资产。本案例审计人员通过询问，实地检查，未发现异常。检查过程记录在审计底稿 1－500－2，如表 6－15 所示。

(4) 检查固定资产的所有权或控制权。对各类固定资产，获取、收集不同的证据以确定其是否归属被审计单位。对外购的机器设备等固定资产，审核采购发票、采购合同等；对于房地产类固定资产，查阅有关的合同、产权证明、财产税单、抵押借款的还款凭据、保险单等书面文件；对融资租入的固定资产，检查有关融资租赁合同；对汽车等运输设备，检查有关运营证件等；对受留置权限制的固定资产，结合有关负债项目进行检查。

在检查相关权属资料后，要将房屋的房产证、机动车行驶证复印件作为审计底稿的附

件。本案例中无融资租入固定资产、无房屋贷款抵押等。

(5) 检查本期固定资产的增加和减少。通过抽查大额固定资产的增加,发现本年度购入的车辆账务处理不恰当,具体审计过程记录在审计底稿 1-500-5,如表 6-14 所示。本年减少的固定资产为提前报废的车辆,经查其该报废的固定资产已经授权批准,会计处理正确。

(6) 检查累计折旧。经查,被审计单位制定的折旧政策和方法符合相关会计准则的规定,前后期一致。根据被审计单位相关的会计估计方法,实施重新计算审计程序,确定本期固定资产的折旧计提是否正确,其审计过程记录于审计底稿 1-500-3,如表 6-15 所示。

(7) 检查固定资产是否已在财务报表中做出恰当列报。未审数的账表核对已在步骤(1)中体现,审定数的核对在完成审计阶段执行。

2. 审计结果

固定资产审计完成的工作底稿详见表 6-11 至表 6-15。

(二) 管理费用的审计

1. 审计过程

(1) 账账、账表核对,并核对分析相关明细的勾稽关系的合理性。根据南宁骏业提供的相关资料,编制管理费用明细表,复核加计是否正确,并与报表数、总账数及明细账合计数核对是否相符。将管理费用中的职工薪酬、无形资产摊销、折旧等项目与各有关账户进行核对,分析其勾稽关系的合理性,并记录在 5-502-1 审计底稿,如表 6-16 所示。

(2) 实施实质性分析程序。计算分析管理费用中各项目发生额及占费用总额的比率,将本期、上期管理费用各主要明细项目作比较分析,判断其变动的合理性;将管理费用实际金额与预算金额进行比较;比较本期各月管理费用,对有重大波动和异常情况的项目应查明原因,必要时作适当处理。分析过程记录在 5-502-2 审计底稿,如表 6-18 所示。

检查管理费用的明细项目的设置是否符合规定的核算内容与范围,检查是否存在费用分类错误,若有,应提请被审计单位调整。

(3) 检查本期发生的管理费用。检查相关费用报销内部管理办法,是否有合法原始凭证支持。选择重要或异常的管理费用,检查费用及其支持性文件,确定原始凭证是否合法、齐全,记账凭证与原始凭证是否相符,会计处理是否正确。检查过程记录在 5-502-3 审计底稿,如表 6-17 所示。

(4) 实施截止性测试。抽取资产负债表日前后 3 天凭证,实施截止性测试,若存在异常迹象,并考虑是否追加审计程序,对于重大跨期项目,应作必要调整并记录在 5-502-4 审计底稿,如表 6-19 所示。

(5) 确定管理费用是否已在财务报表中做出恰当的列报。未审数的账表核对已在步骤(1)中体现,审定数的核对在完成审计阶段执行。

2. 审计结果

管理费用审计完成的审计工作底稿分别如表 6-16、表 6-17、表 6-18、表 6-19 所示。

表 6-6 科目汇总表(部分)

2023 年 1 月—2023 年 12 月

单位：南宁骏业 单位：元

科目代码	科目名称	期初余额		本期发生额		期末余额	
		借方	贷方	借方	贷方	借方	贷方
1601	固定资产	9 403 761.00		5 243 779.01	443 500.00	14 204 040.01	
1602	累计折旧		1 977 687.77	379 074.08	1 060 769.12		2 659 382.81
6602	管理费用			3 317 816.27	3 317 816.27		

表 6-7 固定资产明细表

2023 年 1 月—2023 年 12 月

单位：南宁骏业 单位：元

序号	固定资产名称	购入日期	使用年限	计量单位	数量	原值	累计折旧	本年已提折旧	分类名称	使用部门
1	台式电脑	略	5	台	54	433 740.00	265 438.30	82 410.60	电器及办公家具	行政部
2	电脑开票系统	略	5	套	1	21 144.00	15 588.09	4 017.36	电器及办公家具	行政部
3	打印机	略	5	台	16	21 420.00	14 446.41	4 069.80	电器及办公家具	行政部
4	冷暖空调柜机	略	5	台	12	42 800.00	30 153.02	8 132.00	电器及办公家具	行政部
5	混合集团电话	略	5	套	1	11 900.00	7 897.04	2 261.00	电器及办公家具	共用
6	家具	略	5	套	5	28 229.00	20 582.52	5 363.51	电器及办公家具	行政部
7	复印机等	略	5	台	2	45 090.00	24 506.54	8 567.10	电器及办公家具	行政部
8	发电机	2023-3-9	5	台	3	21 691.80	3 091.08	3 091.08	电器及办公家具	行政部
9	会议台椅及屏风	2023-3-8	5	套	1	6 025.50	858.63	858.63	电器及办公家具	行政部
10	中央空调	略	5	套	1	520 000.00	210 785.28	73 500.65	电器及办公家具	共用

续表

序号	固定资产名称	购入日期	使用年限	计量单位	数量	原值	累计折旧	本年已提折旧	分类名称	使用部门
11	喷墨打印机	2023－5－29	5	台	20	17 400.00	1 928.50	1 928.50	电器及办公家具	市场部
12	笔记本电脑	2023－9－26	5	台	4	72 540.00	3 445.65	3 445.65	电器及办公家具	市场部
13	打印机	2023－12－27	5	台	1	1 800.00	0.00	0.00	电器及办公家具	市场部
	小计					1 243 780.30	598 721.06	197 645.88		
14	房屋	略	40	平方米	6 790	5 113 050.00	480 138.49	121 434.94	房屋及建筑物	共用
15	围墙	略	20	平方米		80 200.00	15 595.62	3 809.50	房屋及建筑物	共用
16	职工宿舍楼 1 号	2023－3－29	20	平方米		3 996 000.00	145 174.34	145 174.36	房屋及建筑物	职工宿舍
	小计					9 189 250.00	640 908.45	270 418.80		
17	抽风机	略	5	台	11	41 644.00	29 774.13	7 912.36	机器设备	材料仓库
18	货架	略	5	台	1	6 900.00	4 839.66	1 311.00	机器设备	材料仓库
19	机械货架	2023－11－2	5	套	1	70 000.00	1 108.33	1 108.33	机器设备	材料仓库
20	叉车(新型)	2023－11－15	5	台	1	134 800.00	2 134.33	2 134.33	机器设备	产成品仓库
21	电焊机	略	5	台	2	5 450.00	3 995.16	1 035.50	机器设备	除气机车间
22	进口切割机	略	5	台	2	24 871.00	11 092.51	4 725.49	机器设备	除气机车间
23	普通车床	略	10	台	3	211 506.00	79 210.18	20 093.07	机器设备	除气机车间
24	钻铣床	略	10	台	4	306 110.00	84 678.53	29 080.45	机器设备	除气机车间
25	新型箱式电阻	2023－5－15	10	台	1	36 855.00	2 042.38	2 042.38	机器设备	除气机车间
26	工业缝纫机	略	5	台	7	21 548.00	14 283.80	4 094.12	机器设备	过滤袋车间

续表

序号	固定资产名称	购入日期	使用年限	计量单位	数量	原值	累计折旧	本年已提折旧	分类名称	使用部门
27	除尘设备两套	略	5	套	2	242 188.00	162 535.84	46 015.72	机器设备	石墨制品车间
28	发电设备	2023-11-10	10	台	1	24 556.71	194.41	194.41	机器设备	石墨制品车间
29	车床Ⅱ	2023-10-17	10	台	2	105 000.00	1 662.50	1 662.50	机器设备	石墨制品车间
30	锯床	2023-10-17	10	台	1	12 000.00	190.00	190.00	机器设备	石墨制品车间
31	渗入器	略	10	台	2	59 767.00	24 651.88	5 677.87	机器设备	石墨制品车间
32	数控车床	略	10	台	1	176 500.00	62 324.05	16 767.50	机器设备	石墨制品车间
33	钻铣床Ⅱ	2023-5-15	10	台	1	97 110.00	10 997.33	10 997.33	机器设备	石墨制品车间
	小计					1 576 805.71	495 715.02	155 042.36		
34	电动升降叉车	略	8	辆	3	184 000.00	57 718.05	34 960.00	运输工具	行政部
35	轿车 A	略	8	辆	1	356 400.00	206 096.59	67 716.00	运输工具	行政部
36	轿车 C	略	8	辆	1	334 800.00	105 886.08	63 612.00	运输工具	行政部
37	大货车	略	8	辆	1	210 000.00	142 891.00	39 900.00	运输工具	行政部
38	轿车 B	略	8	辆	1	443 500.00	379 074.08	56 176.67	运输工具	行政部
39	轿车 B	2023-8-19	8	辆	1	−443 500.00	−379 074.08	0.00	运输工具	行政部
40	客货两用车	略	8	辆	2	461 004.00	323 739.91	87 590.76	运输工具	市场部
41	商务车	2023-8-22	8	辆	1	648 000.00	87 706.65	87 706.65	运输工具	行政部
	小计					2 194 204.00	924 038.28	437 662.08		
	合计					14 204 040.01	2 659 382.81	1 060 769.12		

表 6-8　科目明细账

2023 年 1 月—2023 年 12 月

单位：南宁骏业

(1601)固定资产　　　　单位：元

日　期	凭证号	分类名称	摘　要	借方发生数	贷方发生数	余额方向	余　额
2023-1-1			期初			借	9 403 761.00
2023-3-8	记账凭证-39	电器及办公家具	购入会议台椅及屏风 1 套	6 025.50		借	9 409 786.50
2023-3-9	记账凭证-42	电器及办公家具	购入发电机 3 台	21 691.80		借	9 431 478.30
2023-3-29	记账凭证-99	建筑物	自建职工宿舍楼 1 号完工转入 4 200 m^2	3 996 000.00		借	13 427 478.30
2023-5-15	记账凭证-42	机器设备	购入新型箱式电阻 1 台	36 855.00		借	13 464 333.30
		机器设备	购入钻铣床Ⅱ 1 台	97 110.00		借	13 561 443.30
2023-5-29	记账凭证-84	电器及办公家具	购入喷墨打印机 20 台	17 400.00		借	13 578 843.30
2023-8-19	记账凭证-62	运输工具	轿车 B 报废转入固定资产清理		443 500.00	借	13 135 343.30
2023-8-22	记账凭证-71	运输工具	购入商务车 1 辆	648 000.00		借	13 783 343.30
2023-9-26	记账凭证-70	电器及办公家具	购买笔记本电脑 4 台	72 540.00		借	13 855 883.30
2023-10-17	记账凭证-47	机器设备	车床Ⅱ	105 000.00		借	13 960 883.30
		机器设备	锯床	12 000.00		借	13 972 883.30
2023-11-2	记账凭证-12	机器设备	购入机械货架 1 套	70 000.00		借	14 042 883.30
2023-11-10	记账凭证-39	机器设备	购买发电设备 1 台	24 556.71		借	14 067 440.01
2023-11-15	记账凭证-51	机器设备	购买叉车(新型)1 台	134 800.00		借	14 202 240.01
2023-12-27	记账凭证-87	电器及办公家具	购买打印机 1 台	1 800.00		借	14 204 040.01
			本年累计	5 243 779.01	443 500.00		

表 6-9 总 账

2023 年 1 月—2023 年 12 月

单位：南宁骏业

(6602)管理费用

单位：元

日　期	凭证号	摘　要	期初余额	借方发生数	贷方发生数	余额方向	期末余额
2023-1-31	略	本月发生额		278 656.61	278 656.61	平	
2023-2-28	略	本月发生额		227 390.20	227 390.20	平	
2023-3-31	略	本月发生额		292 790.85	292 790.85	平	
2023-4-30	略	本月发生额		248 708.91	248 708.91	平	
2023-5-31	略	本月发生额		248 791.99	248 791.99	平	
2023-6-30	略	本月发生额		236 815.14	236 815.14	平	
2023-7-31	略	本月发生额		244 634.14	244 634.14	平	
2023-8-31	略	本月发生额		339 523.09	339 523.09	平	
2023-9-30	略	本月发生额		258 210.33	258 210.33	平	
2023-10-31	略	本月发生额		265 086.85	265 086.85	平	
2023-11-30	略	本月发生额		322 699.52	322 699.52	平	
2023-12-31	略	本月发生额		354 508.64	354 508.64	平	
		本年累计		3 317 816.27	3 317 816.27		

表 6-10 科目明细账

2023 年 1 月—2023 年 12 月

单位：南宁骏业

(6602)管理费用

单位：元

日期	凭证号	科目名称	摘要	借方发生数	贷方发生数	余额方向	余额
2023-1-6	记账凭证-13	交通费	文红萍报销加油费	1 950.00		借	1 950.00
			…				
2023-12-1	记账凭证-3	办公用品	彭耀安购买办公用品	8 500.00		借	8 500.00
2023-12-5	记账凭证-12	交通费	红萍报销加油费	1 877.00		借	10 377.00
2023-12-5	记账凭证-13	交通费	支付加油费	2 792.15		借	13 169.15
2023-12-5	记账凭证-16	其他管理费用	彭耀安购台历	11 000.00		借	24 169.15
2023-12-6	记账凭证-18	业务招待费	刘昆报销餐费	2 231.00		借	26 400.15
2023-12-7	记账凭证-23	其他管理费用	购买发电机用油	4 150.00		借	30 550.15
2023-12-8	记账凭证-27	水电费	缴纳水费	166.40		借	30 716.55
2023-12-8	记账凭证-30	修理费用	文红萍支付修理费	1 258.00		借	31 974.55
2023-12-13	记账凭证-43	办公用品	何桂雁购买办公用品	1 265.00		借	33 239.55
2023-12-14	记账凭证-46	其他管理费用	韦喜香支付工登记费	220.00		借	33 459.55
2023-12-15	记账凭证-51	办公用品	谭吉吉购买原始凭证	200.00		借	33 659.55
2023-12-16	记账凭证-54	邮费	陈家龙支付邮费	1 044.00		借	34 703.55
2023-12-16	记账凭证-56	工资	发放年终奖金	65 000.00		借	99 703.55
2023-12-19	记账凭证-59	办公用品	何桂雁购买复印纸、碳粉等	7 100.00		借	106 803.55
2023-12-20	记账凭证-64	电话费	发放手机通信补助	3 540.00		借	110 343.55
2023-12-20	记账凭证-65	电话费	支付电话费	4 437.00		借	114 780.55

续表

日　　期	凭证号	科目名称	摘　　要	借方发生数	贷方发生数	余额方向	余额
2023-12-27	记账凭证-87	办公用品	陈海斌购买打印机及移动硬盘	1 000.00		借	115 780.55
2023-12-27	记账凭证-88	其他管理费用	陈家龙支付宽带费	1 080.00		借	116 860.55
2023-12-27	记账凭证-92	其他管理费用	支付产品照片费	868.00		借	117 728.55
2023-12-28	记账凭证-93	水电费	分配电费	200.00		借	117 928.55
2023-12-29	记账凭证-100	业务招待费	覃菁报销餐饮费	987.00		借	118 915.55
2023-12-30	记账凭证-103	修理费用	周锟支付设备修理费	652.00		借	119 567.55
2023-12-31	记账凭证-109	其他管理费用	陈家龙购买纯净水	690.00		借	120 257.55
2023-12-31	记账凭证-110	工资	结转工资费用	83 740.00		借	203 997.55
2023-12-31	记账凭证-111	工会经费等	按工资提取各项费用	34 500.87		借	238 498.42
2023-12-31	记账凭证-115	其他管理费用	结转领用低值易耗品成本	1 566.55		借	240 064.97
2023-12-31	记账凭证-116	汽车保险费等	摊销待摊费用	9 225.83		借	249 290.80
		无形资产摊销	摊销待摊费用	13 105.00		借	262 395.80
2023-12-31	记账凭证-117	折旧费	结转折旧费用	91 402.82		借	353 798.62
2023-12-31	记账凭证-120	防洪保安费	计提防洪保安费	710.02		借	354 508.64
2023-12-31	记账凭证-131	折旧费	结转成本费用到本年利润		354 508.64	平	0.00
			本月合计	354 508.64	354 508.64		
			本年累计	3 317 816.27	3 317 816.27		

表 6 - 11　固定资产及累计折旧审定表

被审计单位名称：南宁骏业　　索引号：1 - 500 - 1　　页次：　　金额单位：元
审计项目名称：固定资产及其累计折旧　　执行人：冬小红　　日期：2024.1.16
财务报表截止日：2023 年 12 月 31 日　　复核人：何向东　　日期：2024.1.20

固定资产类别		电器及办公家具	房屋及建筑物	机器设备	运输工具	合计	索引号
固定资产原值	期初数	1 124 323.00	5 193 250.00	1 096 484.00	1 989 704.00	9 403 761.00	
	加：本年增加数	119 457.30	3 996 000.00	480 321.71	648 000.00	5 243 779.01	
	减：本年减少数	0.00			443 500.00	443 500.00	
	期末数	1 243 780.30	9 189 250.00	1 576 805.71	2 194 204.00	14 204 040.01	
	调整数	0.00		0.00	−8 000.00	−8 000.00	1 - 500 - 5
	审定数	1 243 780.30	9 189 250.00	1 576 805.71	2 186 204.00	14 196 040.01	
累计折旧	期初数	401 075.18	370 489.65	340 672.66	865 450.28	1 977 687.77	
	加：本年增加数	197 645.88	270 418.80	155 042.36	437 662.08	1 060 769.12	
	减：本年减少数	0.00			379 074.08	379 074.08	
	期末数	598 721.06	640 908.45	495 715.02	924 038.28	2 659 382.81	
	调整数	25 299.35	−2 816.86	−5 615.82	−47 173.32	−30 306.65	1 - 500 - 3
	审定数	624 020.41	638 091.59	490 099.20	876 864.96	2 629 076.16	

续表

<table>
<tr><th>固定资产类别</th><th>电器及办公家具</th><th>房屋及建筑物</th><th>机器设备</th><th>运输工具</th><th>合计</th><th>索引号</th></tr>
<tr><td colspan="4">审计说明：
(1) 根据审计，2023.8.71＃凭证，购入车辆保险费 8 000 元(详见 1-500-5 底稿，表 6-14)，计入固定资产成本，账务处理不恰当，予以调整。
(2) 经对本年固定资产计提折旧重新计算，应调减固定资产折旧 30 306.65 元，计算过程详见 1-500-3(表 6-12)。
(3) 折旧调整分配表见 1-500-3-1(表 6-13)。
(4) “制造费用”账户期末无余额，调整数应予以转出。转出金额应当在期末产品和本期已售产品之间分配，由于本案例库存商品余额较小，且调整金额也较小，即本期生产的产品大部分已出售，为简化处理，本次制造费用不在期末产品和已售产品之间进行分配，全部作已售产品的成本调整。另外，石墨车间生产三个产品，由于调整金额较小，而该车间生产的主要产品为石墨杆，本次审计调整的成本均简化为石墨杆产品成本的调整</td><td colspan="3">调整分录与重分类分录：
1. 调整 2023.8.71＃凭证错记
借：管理费用——财产保险费 8 000
贷：固定资产——运输工具 8 000
2. 调整本年折旧计提的多记
借：累计折旧——房屋建筑物 2 816.86
累计折旧——机器设备 5 615.82
累计折旧——运输工具 47 173.32
制造费用——除气机车间 2 980.78
制造费用——过滤袋车间 2 235.58
贷：累计折旧——电器及办公家具 25 299.35
管理费用——折旧 30 816.30
制造费用——石墨车间 3 007.64
应付职工薪酬——职工福利 1 699.07
3. 制造费用调整数转出
借：主营业务成本——除气机 2 980.78
主营业务成本——过滤袋 2 235.58
制造费用——石墨车间 3 007.64
贷：制造费用——除气机车间 2 980.78
制造费用——过滤袋车间 2 235.58
主营业务成本——石墨杆 ϕ75 3 007.64</td></tr>
<tr><td>审计结论</td><td colspan="6">调整后余额可以确认</td></tr>
</table>

表 6－12　固定资产折旧计算表

被审计单位名称：南宁骏业　　索引号：1－500－3　　页次：　　金额单位：元
审计项目名称：固定资产及其累计折旧　　执行人：冬小红　　日期：2024.1.16
会计期间或截止日：2023 年 12 月 31 日　　复核人：何向东　　日期：2024.1.20

序号	固定资产名称	购入日期	使用年限	残值率%	应提折旧月份	原　值	本年已提折旧	本年应提折旧	差　异
1	台式电脑	略	5	5%	12	433 740.00	82 410.60	82 410.60	0.00
2	电脑开票系统	略	5	5%	12	21 144.00	4 017.36	4 017.36	0.00
3	打印机	略	5	5%	12	21 420.00	4 069.80	4 069.80	0.00
4	冷暖空调柜机	略	5	5%	12	42 800.00	8 132.00	8 132.00	0.00
5	混合集团电话	略	5	5%	12	11 900.00	2 261.00	2 261.00	0.00
6	家具	略	5	5%	12	28 229.00	5 363.51	5 363.51	0.00
7	复印机等	略	5	5%	12	45 090.00	8 567.10	8 567.10	0.00
8	发电机	2022－3－9	5	5%	9	21 691.80	3 091.08	3 091.08	0.00
9	会议台椅及屏风	2022－3－8	5	5%	9	6 025.50	858.63	858.63	0.00
10	中央空调	略	5	5%	12	520 000.00	73 500.65	98 800.00	25 299.35
11	喷墨打印机	2022－5－29	5	5%	7	17 400.00	1 928.50	1 928.50	0.00
12	笔记本电脑	2022－9－26	5	5%	3	72 540.00	3 445.65	3 445.65	0.00
13	打印机	2022－12－27	5	5%	0	1 800.00	0.00	0.00	0.00
	小计			5%		1 243 780.30	197 645.88	222 945.24	25 299.35
14	房屋	略	40	5%	12	5 113 050.00	121 434.94	121 434.94	0.00
15	围墙	略	20	5%	12	80 200.00	3 809.50	3 809.50	0.00
16	职工宿舍楼 1 号	2023－3－29	20	5%	9	3 996 000.00	145 174.36	142 357.50	—2 816.86
	小计			5%		9 189 250.00	270 418.80	267 601.94	—2 816.86

续表

序号	固定资产名称	购入日期	使用年限	残值率%	应提折旧月份	原　值	本年已提折旧	本年应提折旧	差　异
17	抽风机	略	5	5%	12	41 644.00	7 912.36	7 912.36	0.00
18	货架	略	5	5%	12	6 900.00	1 311.00	1 311.00	0.00
19	机械货架	2023－11－2	5	5%	1	70 000.00	1 108.33	1 108.33	0.00
20	叉车(新型)	2023－11－15	5	5%	1	134 800.00	2 134.33	2 134.33	0.00
21	电焊机	略	5	5%	12	5 450.00	1 035.50	1 035.50	0.00
22	进口切割机	略	5	5%	12	24 871.00	4 725.49	4 725.49	0.00
23	普通车床	略	10	5%	12	211 506.00	20 093.07	20 093.07	0.00
24	钻铣床	略	10	5%	12	306 110.00	29 080.45	29 080.45	0.00
25	新型箱式电阻	2023－5－15	10	5%	7	36 855.00	2 042.38	2 042.38	0.00
26	工业缝纫机	略	5	5%	12	21 548.00	4 094.12	4 094.12	0.00
27	除尘设备两套	略	5	5%	12	242 188.00	46 015.72	46 015.72	0.00
28	发电设备	2023－11－10	10	5%	1	24 556.71	194.41	194.41	0.00
29	车床Ⅱ	2023－10－17	10	5%	2	105 000.00	1 662.50	1 662.50	0.00
30	锯床	2023－10－17	10	5%	2	12 000.00	190.00	190.00	0.00
31	渗入器	略	10	5%	12	59 767.00	5 677.87	5 677.87	0.00
32	数控车床	略	10	5%	12	176 500.00	16 767.50	16 767.50	0.00
33	钻铣床Ⅱ	2023－5－15	10	5%	7	97 110.00	10 997.33	5 381.51	－5 615.82
	小计			5%		1 576 805.71	155 042.36	149 426.54	－5 615.82
34	电动升降叉车	略	5	5%	12	184 000.00	34 960.00	34 960.00	0.00
35	轿车 A	略	5	5%	12	356 400.00	67 716.00	67 716.00	0.00

续表

序号	固定资产名称	购入日期	使用年限	残值率%	应提折旧月份	原　值	本年已提折旧	本年应提折旧	差　异
36	轿车 C	略	5	5%	12	334 800.00	63 612.00	63 612.00	0.00
37	大货车	略	5	5%	12	210 000.00	39 900.00	39 900.00	0.00
38	轿车 B	略	5	5%	8	443 500.00	56 176.67	56 176.67	0.00
39	轿车 B	2023-8-19	5	5%		−443 500.00	0.00	0.00	0.00
40	客货两用车	略	5	5%	12	461 004.00	87 590.76	87 590.76	0.00
41	商务车	2023-8-22	5	5%	4	640 000.00	87 706.65	40 533.33	−47 173.32
	小计					2 186 204.00	437 662.08	390 488.76	−47 173.32
	合计					14 196 040.01	1 060 769.12	1 030 462.48	−30 306.65

注：商务车未审数原值 648 000 元，审计调减 8 000 元，调整后的原值为 640 000 元。

表 6-13　固定资产折旧调整分配表

被审计单位名称：南宁骏业　　索引号：1-500-3-1　　页次：　　金额单位：元
审计项目名称：固定资产及其累计折旧　　执行人：冬小红　　日期：2024.1.16
会计期间或截止日：2023 年 12 月 31 日　　复核人：何向东　　日期：2024.1.20

一、折旧调整明细表

资产分类	调整金额	费用承担部门				
		行政部门	除气机车间	过滤袋车间	石墨制品车间	职工福利
电器及办公家具	25 299.35	16 357.02	2 980.78	2 235.58	2 608.18	1 117.79
房屋及建筑物	−2 816.86					−2 816.86
机器设备	−5 615.82				−5 615.82	
运输工具	−47 173.32	−47 173.32				
合计	−30 306.65	−30 816.30	2 980.78	2 235.58	−3 007.64	−1 699.07

注：电器及办公家具折旧按建筑面积分配。

二、共用部分分配表

使　用　部　门	面积(m^3)	分配金额(元)
仓库(690 m^2)	1 390	5 179.10
除气机车间	800	2 980.78
过滤袋车间	600	2 235.58
石墨制品车间	700	2 608.18
办公楼	3 000	11 177.92
员工食堂	300	1 117.79
合计	6 790	25 299.35

表 6-14　固定资产及其累计折旧检查情况表

被审计单位名称：南宁骏业　　索引号：1-500-5　　页次：　　金额单位：元

审计项目名称：固定资产及其累计折旧　　执行人：冬小红　　日期：2024.1.16

会计期间或截止日：2023 年 12 月 31 日　　复核人：何向东　　日期：2024.1.20

日　期	凭证编号	业务内容	对应科目	金　额	核对内容								备注
					1	2	3	4	5	6	7	8	
2023-3-29	记账凭证-99	自建职工宿舍楼 1 号完工转入	在建工程	3 996 000.00	√	√	√	√	√	√			原始凭证复印件见附件
2023-5-16	记账凭证-42	购入新型箱式电阻 1 台	应付账款、预付账款	36 855.00	√	√	√	√	√	√			
		购入钻铣床Ⅱ型 1 台		97 110.00	√	√	√	√	√	√			
2023-8-23	记账凭证-71	购入商务车 1 辆	银行存款	648 000.00	√	√	√	√	√	×			
2023-10-18	记账凭证-47	购入车床Ⅱ型 2 台	银行存款、预付账款	105 000.00	√	√	√	√	√	√			
		购入锯床 1 台		12 000.00	√	√	√	√	√	√			
2023-11-16	记账凭证-51	购买叉车(新型)1 台	应付账款、预付账款	134 800.00	√	√	√	√	√	√			
		……											

续表

<table>
<tr><th rowspan="2">日　　期</th><th rowspan="2">凭证编号</th><th rowspan="2">业务内容</th><th rowspan="2">对应科目</th><th rowspan="2">金　额</th><th colspan="8">核　对　内　容</th><th rowspan="2">备注</th></tr>
<tr><th>1</th><th>2</th><th>3</th><th>4</th><th>5</th><th>6</th><th>7</th><th>8</th></tr>
<tr><td colspan="4">核对内容说明：
（1）购建事前列入计划或经董事会讨论决定。
（2）增减已经授权人审批。
（3）有相关合同或协议。
（4）新增固定资产已办理验收或交接手续。
（5）增减变动的原始凭证合规、齐全。
（6）增减变动的会计处理正确、及时</td><td colspan="10">审计说明：
（1）2023.8.71＃凭证，购入商务车 1 辆，其中车款 640 000 元，车辆保险费 8 000 元。根据企业会计准则的规定，车辆保险费不能构成固定资产成本。
（2）其他检查未见异常</td></tr>
</table>

表 6－15　固定资产数量检查情况表

被审计单位名称：南宁骏业　　索引号：1－500－2　　页次：　　金额单位：元

审计项目名称：固定资产及其累计折旧　　执行人：冬小红　　日期：2024.1.16

财务报表截止日：2023 年 12 月 31 日　　复核人：何向东　　日期：2024.1.20

	序号	名　称	规　格	账面原值	账面数量	实盘数量	备注	序号	名称	规格	账面原值	账面数量	实盘数量	备注
年初余额检查	1	台式电脑		433 740.00	54 台	54 台	√	7	数控车床		176 500.00	1 台	1 台	√
	2	中央空调		520 000.00	1 套	1 套	√	8	电动升降叉车		184 000.00	1 辆	1 辆	√
	3	房屋		5 113 050.00	6 790 m^2	6 790 m^2	√	9	轿车 A		356 400.00	1 辆	1 辆	√
	4	普通车床		211 506.00	3 台	3 台	√	10	轿车 C		334 800.00	1 辆	1 辆	√
	5	钻铣床		306 110.00	4 台	4 台	√	11	大货车		210 000.00	1 辆	1 辆	√
	6	除尘设备		242 188.00	2 套	2 套	√	12	客货两用车		461 004.00	2 辆	2 辆	√

<table>
<tr><th rowspan="2"></th><th rowspan="2">入账月份</th><th rowspan="2">凭证号</th><th rowspan="2">名称及规格</th><th rowspan="2">账面原值</th><th colspan="4">平均值计算归类</th><th rowspan="2">账面数量</th><th rowspan="2">实盘数量</th><th rowspan="2">手续完备</th><th rowspan="2">具有所有权</th><th rowspan="2">备注</th></tr>
<tr><th></th><th></th><th></th><th></th></tr>
<tr><td rowspan="3">本年增加检查</td><td>3</td><td>记账凭证－39</td><td>购入会议台椅及屏风 1 套</td><td>6 025.50</td><td></td><td></td><td></td><td></td><td>1 套</td><td>1 套</td><td>√</td><td>√</td><td>√</td></tr>
<tr><td>3</td><td>记账凭证－42</td><td>购入发电机 3 台</td><td>21 691.80</td><td></td><td></td><td></td><td></td><td>3 台</td><td>3 台</td><td>√</td><td>√</td><td>√</td></tr>
<tr><td>3</td><td>记账凭证－99</td><td>自建职工宿舍楼 1 号完工转入 4 200 m^2</td><td>3 996 000.00</td><td></td><td></td><td></td><td></td><td>4 200 m^2</td><td>4 200 m^2</td><td>√</td><td>√</td><td>√</td></tr>
</table>

续表

	入账月份及凭证号		名称及规格	账面原值	平均值计算归类				账面数量	实盘数量	手续完备	具有所有权	备注
本年增加检查	5	记账凭证-42	购入新型箱式电阻1台	36 855.00					1台	1台	√	√	√
	5	记账凭证-42	购入钻铣床Ⅱ型1台	97 110.00					1台	1台	√	√	√
	5	记账凭证-84	购入喷墨打印机20台	17 400.00					20台	20台	√	√	√
	8	记账凭证-71	购入商务1辆	648 000.00					1辆	1辆	√	√	√
	9	记账凭证-70	购买笔记本电脑4台	72 540.00					4台	4台	√	√	√
	10	记账凭证-47	车床Ⅱ	105 000.00					2台	2台	√	√	√
	10	记账凭证-47	锯床	12 000.00					1台	1台	√	√	√
	11	记账凭证-12	购入机械货架1套	70 000.00					1套	1套	√	√	√
	11	记账凭证-39	购买发电设备1台	24 556.71					1台	1台	√	√	√
	11	记账凭证-51	购买叉车(新型)1台	134 800.00					1辆	1辆	√	√	√
	12	记账凭证-87	购买打印机1台	1 800.00					1台	1台	√	√	√
	合计			5 243 779.01									
本年减少检查	8	记账凭证-62	轿车B	443 500.00							√		√
	合计			443 500.00									

审计说明：
(1) 经实地抽查部分固定资产，账存数与实存数一致。
(2) 附南宁骏业2023年12月31日固定资产盘点表。
(3) 附房屋产权证书及运输工具的行驶证的复印件

审计结论：
固定资产账实相符

平均值计算说明：按固定资产类别计算本年所有新增、减少固定资产平均值＝当月增减额×(12－N)÷12(N为发生增减的月份)。

表 6－16 管理费用审定表

被审计单位名称：南宁骏业　　索引号：5－502－1　　页次：　　金额单位：元
审计项目名称：管理费用　　执行人：冬小红　　日期：2024.1.16
会计期间：2023 年度　　复核人：何向东　　日期：2024.1.20

项　目	上年数	未审数	调整数	审定数	备　注	索引号
管理费用合计	略	3 317 816.27	−36 703.30	3 281 112.97		
本期转出数		3 317 816.27	−36 703.30	3 281 112.97		
其中：						
职工薪酬		1 624 942.67		1 624 942.67		
办公费		168 577.00		168 577.00		
差旅费		66 154.00		66 154.00		
水电费		5 852.93		5 852.93		
业务招待费		53 781.00	−4 897.00	48 884.00		
折旧		859 537.30	−30 816.30	828 721.00		1－500－1
税费		78 311.83		78 311.83		
聘请中介机构费		8 500.00		8 500.00		
修理费		23 134.35		23 134.35		
小车费		37 258.96		37 258.96		
劳动保护费				0.00		

续表

项　　目	上年数	未审数	调整数	审定数	备　注	索引号
报纸杂志费		1 200.00		1 200.00		
残疾人保障金				0.00		
累计摊销		160 098.48		160 098.48		
交通费		58 079.70	−3 800.00	54 279.70		
财产保险费		54 000.00	8 000.00	62 000.00		1-500-1
其他		118 388.05	−5 190.00	113 198.05		
				0.00		
				0.00		
合计		3 317 816.27	−36 703.30	3 281 112.97		

审计说明：

(1) 2023.1.18＃凭证，员工聚餐费 4 897 元，科目使用不恰当，予以调整。

(2) 2023.1.49＃凭证，销售部领用低值易耗品 1 040 元，科目使用不正确，予以调整。

(3) 2023.3.30＃、2023.12.23＃凭证，购买发电机用油 3 800 元、4 150 元，合计 7 950 元，账务处理不恰当，予以调整。

(4) 其他调整数详见 1-500-1 底稿(表 6-11)。

(5) 业务招待费超计税标准＝48 884－9 589 860×0.5％＝934.7 元，应做纳税调增

调整分录与重分类分录：

(1) 调整 2023.1.18＃凭证，福利支出错记本账户

借：应付职工薪酬——职工福利费　　4 897

　贷：管理费用——业务招待费　　4 897

(2) 调整 2023.1.49＃凭证，销售部门领用

借：销售费用——包装物　　1 040

　贷：管理费用——其他　　1 040

(3) 调整 2023.3.30＃、2023.12.7＃凭证错记

借：原材料——辅助材料　　7 950

　贷：管理费用——交通费　　3 800

　　　管理费用——其他　　4 150

审计结论	经审计调整后发生额可以确认。业务招待费超计税标准金额 934.7 元

表 6－17　管理费用检查情况表

被审计单位名称：南宁骏业　　索引号：5－502－3　　页次：　　金额单位：元
审计项目名称：管理费用　　执行人：冬小红　　日期：2024.1.16
会计期间或截止日：2023 年 12 月 31 日　　复核人：何向东　　日期：2024.1.20

日期	凭证编号	业务内容	对应科目	金额	核对内容								备注
					1	2	3	4	5	6	7	8	
2023－1－13	记账凭证－39	购买打印纸等	银行存款	2 375.00	√	√	√						办公费
2023－1－19	记账凭证－54	支付电话费	银行存款	6 841.00	√	√	√						办公费
2023－5－12	记账凭证－34	购买电脑配件	银行存款	4 430.00	√	√	√						办公费
2023－5－17	记账凭证－47	购买复印纸墨盒等	银行存款	4 090.00	√	√	√						办公费
2023－5－23	记账凭证－67	陈家龙支付邮费	银行存款	1 155.00	√	√	√						办公费
2023－5－25	记账凭证－75	支付电话费	银行存款	4 427.00	√	√	√						办公费
2023－5－31	记账凭证－111	通信费补助	银行存款	3 540.00	√	√	√						办公费
2023－10－18	记账凭证－46	购买电脑配件	银行存款	6 135.00	√	√	√						办公费
2023－12－1	记账凭证－3	购稳压电源等	银行存款	8 500.00	√	√	√						办公费
2023－12－19	记账凭证－59	购买复印纸、碳粉等	银行存款	7 100.00	√	√	√						办公费
2023－12－27	记账凭证－87	陈海斌购移动硬盘	银行存款	1 000.00	√	√	√						办公费
2023－1－13	记账凭证－38	覃菁报销差旅费	其他应收款	5 600.00	√	√	√						差旅费
2023－1－14	记账凭证－42	陈世玉报销差旅费	其他应收款	3 160.00	√	√	√						差旅费

续表

日期	凭证编号	业务内容	对应科目	金额	核对内容								备注
					1	2	3	4	5	6	7	8	
2023-4-29	记账凭证-90	黄善良报销差旅费	其他应收款	11 260.00	√	√	√						差旅费
2023-1-7	记账凭证-16	黄善良报销餐费及礼品费	其他应收款	2 000.00	√	√	√						业务招待费
2023-1-7	记账凭证-18	员工聚餐费	库存现金	4 897.00	√	√	×						业务招待费
2023-1-14	记账凭证-41	福林报销招待餐费	其他应收款	2 815.00	√	√	√						业务招待费
2023-3-7	记账凭证-30	购发电机用油	银行存款	3 800.00	√	√	×						交通费
2023-3-15	记账凭证-57	缴纳房产税	银行存款	57 873.24	√	√	√						税费
2023-3-15	记账凭证-57	缴纳印花税	银行存款	6 852.45	√	√	√						税费
2023-1-18	记账凭证-49	领用低值易耗品	周转材料	10 225.10	其中：销售部领用的金额 1 040 元								其他
2023-8-23	记账凭证-71	支付车辆年检费	银行存款	51 625.00	√	√	√						其他
2023-12-5	记账凭证-16	购买台历	银行存款等	11 000.00	√	√	√						其他
2023-12-7	记账凭证-23	购买发电机用油	银行存款	4 150.00	√	√	×						其他

核对内容说明：
（1）原始凭证内容完整。
（2）有授权批准。
（3）账务处理正确

审计说明：
（1）经查，2023.1.18＃凭证，员工聚餐费 4 897 元，科目使用不恰当。
（2）经查，2023.1.49＃凭证领用低值易耗品 1 040 元，科目使用不正确。
（3）2023.3.30＃、2023.12.23＃凭证，购买发电机用油 3 800 元、4 150 元，合计 7 950 元，科目使用不恰当

表 6－18 管理费用明细表

被审计单位名称：南宁骏业　　索引号：5－502－2　　页次：　　金额单位：元
审计项目名称：管理费用　　执行人：冬小红　　日期：2024.1.16
财务报表截止日：2023 年 12 月 31 日　　复核人：何向东　　日期：2024.1.20

月份	管理费用明细项目											
	合计	职工薪酬	累计摊销	折旧	办公费	小车费	差旅费	业务招待费	交通费	税费	其他	水电费等其他项目
1 月	278 656.61	155 884.80	14 051.16	51 928.46	10 161.00	3 000.33	11 840.00	9 712.00	5 523.00	1 018.50	11 855.10	3 682.26
2 月	227 390.20	120 294.71	14 051.16	51 928.46	10 605.00	3 000.33	1 718.00	5 639.00	4 767.90	612.60	2 000.00	12 773.04
3 月	234 917.61	120 512.89	14 051.16	51 928.46	14 768.00	3 125.83	2 950.00	3 163.00	8 098.00	7 713.00	3 062.55	5 544.72
4 月	248 708.91	116 970.08	13 105.00	68 361.48	13 439.00	3 125.83	15 600.00	3 097.00	4 472.85	730.20	3 914.75	5 892.72
5 月	306 665.23	118 170.07	13 105.00	68 361.48	18 135.00	3 125.83	4 480.00	7 564.00	4 454.15	58 564.44	3 278.00	7 427.26
6 月	236 815.14	117 252.28	13 105.00	71 180.28	10 615.50	3 125.83	3 024.00	2 434.00	4 426.35	843.60	5 259.00	5 549.30
7 月	244 634.14	114 781.48	13 105.00	71 180.28	10 330.00	3 125.83	8 396.00	1 414.00	4 570.80	4 986.40	4 648.00	8 096.35
8 月	339 523.09	162 278.28	13 105.00	71 180.28	11 237.00	3 125.83	4 128.00	5 779.00	4 501.80	722.75	53 449.00	10 016.15
9 月	258 210.33	117 605.46	13 105.00	85 751.38	15 436.50	3 125.83	2 602.00	2 803.00	4 474.10	844.50	4 048.00	8 414.56
10 月	265 086.85	116 546.48	13 105.00	88 166.96	17 328.00	3 125.83	8 400.00	5 367.00	3 502.40	721.48	702.00	8 121.70
11 月	322 699.52	181 405.27	13 105.00	88 166.96	9 436.00	3 125.83	3 016.00	3 591.00	4 619.20	844.34	6 597.10	8 792.82
12 月	354 508.64	183 240.87	13 105.00	91 402.82	27 086.00	3 125.83		3 218.00	4 669.15	710.02	19 574.55	8 376.40

续表

月份	管理费用明细项目											
	合计	职工薪酬	累计摊销	折旧	办公费	小车费	差旅费	业务招待费	交通费	税费	其他	水电费等其他项目
合计	3 317 816.27	1 624 942.67	160 098.48	859 537.30	168 577.00	37 258.96	66 154.00	53 781.00	58 079.70	78 311.83	118 388.05	92 687.28
上期数	略											
变动额	3 317 816.27	1 624 942.67	160 098.48	859 537.30	168 577.00	37 258.96	66 154.00	53 781.00	58 079.70	78 311.83	118 388.05	92 687.28
变动比例	0%	0%	0%	0%	0%	0%	0%	0%	0%		0%	0%

审计说明及调整分录：

(1) 职工薪酬、累计摊销及折旧项目与各有关账户核对，分析其勾稽关系合理。具体审计由应付职工薪酬、无形资产、固定资产项目审计确认。

(2) 计算分析管理费用中各项目发生额及占费用总额的比率，确定重点抽查“办公费”项目及抽查“差旅费”1月和4月，“业务招待费”1月，“交通费”3月，“税费”5月，“其他”项目1月、8月、12月的发生额。

(3) 由于本案例未提供上期数，无法将本期、上期管理费用各主要明细项目作比较，判断其变动的合理性

调整分录与重分类分录：

表 6－19　管理费用截止测试

被审计单位名称：南宁骏业　　索引号：5－502－4　　页次：　　金额单位：元
审计项目名称：管理费用　　执行人：冬小红　　日期：2024.1.16
会计期间：2023 年度　　复核人：何向东　　日期：2024.1.20

截止日前：3 天								
序号	摘要	明细账凭证			原始凭证		是否跨期	备注
		日期	凭证号	金额	日期	金额		
1	本月电费分配	2023.12.28	记账凭证－93	200.00	2023.12.28	6 720.02	×	总电费 6 720.02 元，分配管理部门 200 元
2	餐饮费支出	2023.12.29	记账凭证－100	987.00	2023.12.28	987.00	×	
3	设备修理费	2023.12.30	记账凭证－103	652.00	2023.12.30	652.00	×	
4	购纯净水	2023.12.31	记账凭证－109	690.00	2023.12.31	690.00	×	
5	计提 12 月员工工资	2023.12.31	记账凭证－110	83 740.00	2023.12.25	83 740.00	×	
截止日前：3 天								
	无发生额							
审计说明： 经对资产负债表日前三天共 5 笔业务的检查，管理费用入账不存在跨期现象。而资产负债表日后三天，公司账面无管理费用发生					审计调整：			
审计结论		费用不存在跨期入账						

项目七

审计生产与存货循环

知识目标

1. 了解生产与存货循环业务活动和内部控制。
2. 掌握与生产与存货循环相关的重大错报风险。
3. 熟悉生产与存货循环控制测试的方法。
4. 掌握存货与营业成本审计的目的和主要审计项目。
5. 熟悉存货和营业成本的实质性程序。

能力目标

1. 能够识别生产与存货循环的重大错报风险。
2. 能够测试生产与存货循环的内部控制。
3. 能够审计存货和营业成本。

案例导入分析：项目七

案例导入

温州中源立德会计师事务所审计人员审查南宁市骏业材料有限公司，对相关生产与存货循环的内部控制进行了调查。该公司的生产与存货循环内部控制情况如下。

（1）计划员根据销售计划、库存量控制标准制定月度生产计划，将月度生产计划报经生产部门领导批准。

（2）计划员根据批准的月度生产计划向生产部门签发连续编号的生产通知单，生产班组长接到生产通知单后审批领料单，并到仓库领取申请的材料。

（3）仓库保管员审核领料单无误后，将其中一联连同材料交给领料员，其余两联经仓库保管员登记材料明细账后，送达会计部门进行材料收发核算和成本核算。

（4）生产部门未耗用完的生产原材料，由生产部门自行保管，无须通知仓库。

（5）会计部门的成本会计根据收到的生产通知单、领料单、工时记录和产成品入库单等资料，在月末编制材料费用、人工费用和制造费用分配表，以及完工产品与在产品成本分配表，经本部门的复核人员复核后，据以核算成本并登记相关账簿。

（6）仓库保管员收到验收部门送交的存货和验收单后，点验和查收入库的产品，并根据验收单登记存货台账。

讨论题：

该公司的生产与存货循环的内部控制存在哪些缺陷？应如何进行改进？

任务一 认识生产与存货循环的业务活动和相关内部控制

一、生产与存货循环涉及的主要单据与会计记录

在内部控制比较健全的企业，处理生产和存货业务通常需要使用很多单据与会计记录。典型的生产与存货循环所涉及的主要单据与会计记录有以下几种（不同被审计单位的单据名称可能不同）：

（一）生产指令

生产指令又称“生产任务通知单”或“生产通知单”，是企业下达制造产品等生产任务的书面文件，用以通知供应部门组织材料发放，生产车间组织产品制造，会计部门组织成本计算。

（二）领发料凭证

领发料凭证是企业为控制材料发出所采用的各种凭证，如材料发出汇总表、领料单、限额领料单、领料登记簿、退料单等。

（三）产量和工时记录

产量和工时记录是登记工人或生产班组在出勤时间内完成产品数量、质量和生产这些产品所耗费工时数量的原始记录。常见的产量和工时记录主要有工作通知单、工序进程单、工作班产量报告、产量出知单、产量明细表、废品通知单等。

（四）工薪汇总表及工薪费用分配表

工薪汇总表是为了反映企业全部工薪的结算情况，并据以进行工薪总分类核算的记录，是企业进行工薪费用分配的依据。工薪费用分配表反映了各生产车间各产品应负担的生产工人工薪及福利费。

（五）材料费用分配表

材料费用分配表是用来汇总反映各生产车间各产品所耗费的材料费用的原始记录。

（六）制造费用分配汇总表

制造费用分配汇总表是用来汇总反映各生产车间各产品所应负担制造费用的原始记录。

（七）成本计算单

成本计算单是用来归集某种成本计算对象所应承担的生产费用，计算该种成本对象的总成本和单位成本的记录。

（八）产成品入库单和出库单

产成品入库单是产品生产完成并经检验合格后从生产部门转入仓库的凭证。产成品出库单是根据经批准的销售单发出产成品的凭证。

（九）存货明细账

存货明细账是用来反映各种存货增减变动和期末库存数量及相关成本信息的会计记录。

（十）存货盘点指令、盘点表及盘点标签

一般制造型企业通常会定期对存货实物进行盘点，将实物盘点数量与账面数量进行核对，对差异进行分析调查，必要时作账务调整，以确保账实相符。在实施存货盘点之前，管理

人员通常编制存货盘点指令，对存货盘点的时间、人员、流程及后续处理等方面作出安排。在盘点过程中，通常会使用盘点表来记录盘点结果，使用盘点标签对已盘点存货及数量作出标识。

（十一）存货货龄分析表

一般制造型企业通过编制存货货龄分析表，识别流动较慢或滞销的存货，并根据市场和经营情况，确定是否需要计提存货跌价准备。该分析表在管理具有保质期的存货（如食物、药品、化妆品）时尤其重要。

二、生产与存货循环涉及的主要业务活动

（一）计划和安排生产

生产计划部门的职责是根据客户订购单或者销售部门对销售预测和产品需求的分析来决定授权生产，即签发预先顺序编号的生产通知单。同时，应将发出的所有生产通知单顺序编号并加以记录控制。此外，该部门通常还需要编制材料需求报告，列示所需要的材料和零件及其库存。

（二）发出原材料

仓储部门的责任是根据从生产部门收到的领料单发出原材料。领料单上必须列示所需的材料种类、数量以及领料部门的名称。领料单通常为一式三联，仓库管理人员发料并签署后，将其中的一联领料单连同材料交给领料部门（生产部门存根联），一联留在仓库登记材料明细账（仓库联），一联交会计部门进行材料收发核算和成本核算（财务联）。

（三）生产产品

生产部门在收到生产通知单及领取原材料后，便将生产任务分解到每一个生产工人，并将所领取的原材料交给生产工人，据以执行生产任务。生产工人在完成生产任务后，将完工的产品交付生产部门统计人员查点，然后转交检验员验收并办理入库手续或是将半成品移交下一个部门，作进一步加工。

（四）核算产品成本

为了正确核算并有效控制产品成本，企业必须建立健全成本会计制度，将生产控制和成本核算有机结合在一起。一方面，生产过程中的各种记录、生产通知单、领料单、计工单、产量统计记录表、生产统计报告、入库单等文件资料都要汇集到会计部门，由会计部门对其进行检查和核对，了解和控制生产过程中存货的实物流转；另一方面，会计部门要设置相应的会计账户，会同有关部门对生产过程中的成本进行核算和控制。

（五）储存产成品

产成品入库，须由仓储部门先行点验和检查，然后签收。签收后，仓储部门将实际入库数量通知会计部门。据此，仓储部门确立了本身应承担的责任，并对验收部门的工作进行验证。此外，仓储部门还应根据产成品的品质特征分类存放，并填制标签。

（六）发出产成品

产成品的发出须由独立的发运部门处理。装运产成品时必须持有经有关部门核准的发运通知单，并据此编制出库单。出库单通常为一式四联：一联交仓储部门；一联由发运部门留存；一联送交客户；一联作为开具发票的依据。

（七）存货盘点

管理人员编制盘点指令，安排适当人员对存货实物（如原材料、在产品和产成品等所有

存货类别)进行定期盘点,将盘点结果与存货账面数量进行核对,调查差异并进行适当调整。

(八) 计提存货跌价准备

财务部门根据存货货龄分析表信息及相关部门提供的有关存货状况的信息,结合存货盘点过程中对存货状况的检查结果,对出现损毁、滞销、跌价等降低存货价值的情况进行分析计算,计提存货跌价准备。

三、生产与存货循环涉及的内部控制设计与执行

(一) 计划和安排生产活动

计划和安排生产活动的内部控制主要要求为:根据经审批的月度生产计划书,由生产计划经理签发预先按顺序编号的生产通知单。

(二) 发出原材料活动

对于发出原材料这项活动,其对应的内部控制要求为:

(1) 领料单应经生产主管批准,仓库管理员凭经批准的领料单发料,领料单通常为一式三联,分别作为生产部门存根联、仓库联和财务联。

(2) 仓库管理员应把领料单编号、领用数量、规格等信息输入计算机系统,经仓储经理复核并以电子签名方式确认后,系统自动更新材料明细台账。

(三) 生产产品和核算产品活动

对于生产产品和核算产品成本两项业务活动,其对应的内部控制要求为:

(1) 生产成本记账员应根据领料单财务联,编制原材料领用日报表,与计算机系统自动生成的生产记录的日报表核对材料耗用和流转信息,由会计主管审核无误后,生成记账凭证并过账至生产成本及原材料明细账和总分类账。

(2) 生产部门记录生产各环节所耗用工时数,包括人工工时数和机器工时数,并将工时信息输入生产记录的日报表。

(3) 每月月末,由生产车间与仓库核对原材料和产成品的转出和转入记录,如有差异,仓库管理员应编制差异分析报告,经仓储经理和生产经理签字确认后交会计部门进行调整。

(4) 每月月末,由计算机系统对生产成本中各项组成部分进行归集,按照预设的分摊公式和方法,自动将当月发生的生产成本在完工产品和在产品之间按比例分配,同时将完工产品成本在各不同产品类别之间分配,由此生成产品成本计算表和生产成本分配表;由生产成本记账员编制生产成本结转凭证,经会计主管审核批准后进行账务处理。

(四) 产成品入库和储存业务活动

对于产成品入库和储存业务活动,其对应的内部控制要求为:

(1) 产成品入库时,质量检验员应检查并签发预先按顺序编号的产成品验收单,由生产车间将产成品送交仓库,仓库管理员应检查产成品验收单,并清点产成品数量,填写预先顺序编号的产成品入库单经质检经理、生产经理和仓储经理签字确认后,由仓库管理员将产成品入库单信息输入计算机系统,计算机系统自动更新产成品明细台账,并与采购订购单编号核对。

(2) 存货存放在安全的环境中,只有经过授权的工作人员可以接触及处理存货。

(五) 发出产成品业务活动

对于发出产成品业务活动,其对应的内部控制要求为:

（1）产成品出库时，由仓库管理员填写预先顺序编号的出库单，并将出库单信息输入计算机系统，经仓储经理复核并以电子签名方式确认后，计算机系统自动更新产成品明细台账，与发运通知单编号核对。

（2）产成品装运发出前，由运输经理独立检查出库单、销售订购单和发运通知单，确定从仓库提取的商品附有经批准的销售订购单，并且所提取商品的内容与销售订购单一致。

（3）每月月末，生产成本记账员根据计算机系统状态显示为“已处理”的订购单数量，编制销售成本结转凭证，结转相应的销售成本，经会计主管审核批准后进行账务处理。

（六）盘点存货业务活动

对于盘点存货业务活动，其对应的内部控制要求为：

（1）生产部门和仓储部门在盘点日前对所有存货进行清理和归整，便于盘点顺利进行。

（2）每一组盘点人员中应包括仓储部门以外的其他部门人员，不能由负责保管存货的人员单独负责盘点存货，应安排不同的工作人员分别负责初盘和复盘。

（3）盘点表和盘点标签事先连续编号，发放给盘点人员时登记领用人员，盘点结束后回收并清点所有已使用和未使用的盘点表和盘点标签。

（4）为防止存货被遗漏或重复盘点，所有盘点过的存货贴盘点标签，注明存货品名数量和盘点人员，完成盘点前检查并现场确认所有存货均已贴上盘点标签。

（5）将不属于本单位的代保管的存货单独堆放并作标识，将盘点期间需要领用的原材料或出库的产成品分开堆放并作标识。

（6）汇总盘点结果，与存货账面数量进行比较，调查分析差异原因，并对认定的盘盈和盘亏货物账务调整，经仓储经理、生产经理、财务经理和总经理复核批准后入账。

（七）计提存货跌价准备业务活动

对于计提存货跌价准备业务活动，其对应的内部控制要求为：

（1）定期编制存货货龄分析表，管理人员复核该分析表，确定是否有必要对滞销存货计提存货跌价准备，并计算存货可变现净值，据此计提存货跌价准备。

（2）生产部门和仓储部门每月上报残、冷、背、次存货明细，采购部门和销售部门每月上报原材料和产成品最新价格信息，财务部门据此分析存货跌价风险并计提跌价准备，由财务经理和总经理复核批准并入账。

任务二 识别生产与存货循环的重大错报风险

一、生产与存货循环存在的重大错报风险

拓展阅读：存货中的常见虚假形式

影响生产与存货循环交易和余额的重大错报风险因素（以制造业为例）可能包括：

（1）交易的数量和复杂性。制造类企业交易的数量庞大，业务复杂，增加了错误和舞弊的风险可能性。

（2）成本核算的复杂性。制造类企业的成本核算比较复杂，尤其是间接费用的分配，且同一行业中的不同企业也可能采用不同的认定和计量基础。

（3）产品的多元化。产品的多元化使得计算库存存货数量的方法也可能不尽相同，难

以验证其质量、状况或价值。

（4）某些存货项目的可变现净值难以确定。对于价格受全球经济供求关系影响的存货，由于其可变现净值难以确定，会影响存货采购价格和销售价格的确定，并将影响审计人员对存货准确性、计价和分摊认定有关的风险进行的评估。

（5）将存货存放在很多地点。有些企业可能将存货存放在很多地点，并且可以在不同的地点之间配送存货，增加了商品途中受损或遗失的风险，或者导致存货在两个地点被重复列示，也可能产生转移定价的错误或舞弊。

（6）寄存的存货。有时候存货虽然还存放在企业，但可能已经不归企业所有。反之，企业的存货也可能被寄存在其他企业。

上述各种潜在影响因素的存在，使生产与存货循环存在重大错报风险的可能：❶ 存货实物可能不存在（存在认定）；❷ 属于被审计单位的存货可能未在账面反映（完整性认定）；❸ 存货的所有权可能不属于被审计单位（权利和义务认定）；❹ 存货的单位成本可能存在计算错误（准确性、计价和分摊认定）；❺ 存货账面价值可能无法实现，即跌价损失准备计提可能不充分（准确性、计价和分摊认定）。

二、根据重大错报风险的评估结果设计进一步审计程序

为了评估重大错报风险，审计人员应详细询问参与生产和存货循环各业务活动的被审计单位人员，获取并阅读企业的相关业务流程图或内部控制手册等资料，观察生产和存货循环中特定控制的运用，检查文件资料以及实施相关的测试等方法加以了解。只有充分了解被审计单位对生产与存货交易的控制活动，对被审计单位的重大错报风险有一定认识的基础上，设计并实施进一步审计程序，才能有效应对重大错报风险。

审计人员基于生产与存货循环的重大错报风险评估结果，制定实施进一步审计程序的总体方案（包括综合性方案和实质性方案），如表 7－1 所示，进而实施控制测试和实质性程序，以应对识别出的认定层次的重大错报风险。审计人员通过控制测试和实质性程序获取的审计证据综合起来应足以应对识别出的认定层次的重大错报风险。

表 7－1　生产和存货循环的重大错报风险和进一步审计程序总体方案

重大错报风险描述	相关财务报表项目及认定	风险程度	是否信赖控制	进一步审计程序的总体方案	拟从控制测试中获取的保证程度	拟从实质性程序中获取的保证程度
存货实物可能不存在	存货：存在	特别	是	综合性方案	中	高
存货的单位成本可能存在计算错误	存货：准确性、计价和分摊 营业成本：准确性	一般	是	综合性方案	中	低
已销售产品的成本可能没有准确结转至营业成本	存货：准确性、计价和分摊 营业成本：准确性	一般	是	综合性方案	中	低
存货账面价值可能无法实现	存货：准确性、计价和分摊	特别	否	实质性方案	无	高

注 意

"拟从控制测试中获取的保证程度"一列所显示的"中"和"无"以及"拟从实质性程序中获取的保证程度"一列所显示的"高""低"的级别的确定属于注册会计师的职业判断。针对不同的风险级别，其对应的拟获取的保证程度并非一成不变。表7－1中的内容是注册会计师基于特定情况所做出的对应审计方案的评价结果，基于该结果确定控制测试和实质性程序的性质、时间安排和范围。

审计人员根据重大错报风险的评估结果初步确定实施进一步审计程序的具体审计计划，因为风险评估和审计计划都是贯穿审计全过程的动态的活动，而且控制测试的结果可能导致审计人员改变对内部控制的信赖程度。因此，具体审计计划并非一成不变，可能需要在审计过程中进行调整。

任务三 测试生产与存货循环的内部控制

风险评估和风险应对是整个审计过程的核心，审计人员通常以识别的重大错报风险为起点，选取拟测试的控制并实施控制测试。通常情况下审计人员对生产与存货循环实施的控制测试，如表7－2所示。

表7－2 生产与存货循环的风险、存在的控制及控制测试程序

可能发生错报的环节	相关财务报表项目及认定	存在的内部控制（自动）	存在的内部控制（人工）	内部控制测试程序
发出原材料				
原材料的发出可能未经授权	生产成本：存在		所有领料单由生产主管签字批准，仓库管理员凭经批准的领料单发出原材料	选取领料单，检查是否有生产主管的签字授权
发出的原材料可能未正确记入相应产品的生产成本中	生产成本：准确性	领料单信息输入系统时须输入对应的生产任务单编号和所生产的产品代码，每月月末系统自动归集生成材料成本明细表	生产主管每月月末将其生产任务单及相关领料单存根联与材料成本明细表进行核对，调查差异并处理	检查生产主管核对材料成本明细表的记录，并询问其核对过程及结果
记录人工成本				
生产工人的人工成本可能未得到准确反映	生产成本：准确性	所有员工有专属员工代码和部门代码，员工的考勤记录记入相应员工代码	人事部每月编制工薪费用分配表，按员工所属部门将工薪费用分配至生产成本、制造费用、管理费用和销售费用，经财务经理复核后入账	检查系统中员工的部门代码设置是否与其实际职责相符。 询问并检查财务经理复核工资费用分配表的过程和记录

续表

可能发生错报的环节	相关财务报表项目及认定	存在的内部控制（自动）	存在的内部控制（人工）	内部控制测试程序
记录制造费用				
发生的制造费用可能没有得到完整归集	制造费用：完整性	系统根据输入的成本和费用代码自动识别制造费用并进行归集	成本会计每月复核系统生成的制造费用明细表并调查异常波动。必要时由财务经理批准进行调整	检查系统的自动归集设置是否符合有关成本和费用的性质，是否合理。询问并检查成本会计复核制造费用明细表的过程和记录，检查财务经理对调整制造费用的分录的批准记录
计算产品成本				
生产成本和制造费用在不同产品之间、在产品和产成品之间的分配可能不正确	存货：准确性、计价和分摊 营业成本：准确性		成本会计执行产品成本核算日常成本核算，财务经理每月月末审核产品成本计算表及相关资料（原材料成本核算表、工薪费用分配表、制造费用分配表等），并调查异常项目	询问财务经理如何执行复核及调查选取。产品成本计算表及相关资料，检查财务经理的复核记录
产成品入库				
已完工产品的生产成本可能没有转移到产成品中	存货：准确性、计价和分摊	系统根据当月输入的产成品入库单和出库单信息自动生成产成品收（入库）、发（出库）、存（余额）报表	成本会计将产成品收发存报表中的产品入库数量与当月成本计算表中结转的产成品成本对应的数量进行核对	询问和检查成本会计将产成品收发存报表与成本计算表进行核对的过程和记录
发出产成品				
销售发出的产成品的成本可能没有准确转入营业成本	存货：准确性、计价和分摊 营业成本：准确性	系统根据确认的营业收入所对应的售出产品自动结转营业成本	财务经理和总经理每月对毛利率进行比较分析，对异常波动进行调查和处理	检查系统设置的自动结转功能是否正常运行，成本结转方式是否符合公司成本核算政策。询问和检查财务经理和总经理进行毛利率分析的过程和记录，并对异常波动的调查和处理结果进行核实
盘点存货				
存货可能被盗或因材料领用、产品销售未入账而出现账实不符	存货：存在		仓库保管员每月月末盘点存货并与仓库台账核对并调节一致；成本会计监督其盘点与核对，并抽查部分存货进行复盘	

续表

可能发生错报的环节	相关财务报表项目及认定	存在的内部控制(自动)	存在的内部控制(人工)	内部控制测试程序
			每年年末盘点所有存货,并根据盘点结果分析盘盈盘亏并进行账面调整	
计提存货跌价准备				
可能存在残、冷、背、次的存货,影响存货的价值	存货:准确性、计价和分摊 资产减值损失:完整性	系统根据存货入库日期自动统计货龄,每月月末生成存货货龄分析表	财务部根据系统生成的存货货龄分析表,结合生产和仓储部门上报的存货损毁情况及存货盘点中对存货状况的检查结果,计提存货减值准备,报总经理审核批准后入账	询问财务经理识别减值风险并确定减值准备的过程,检查总经理的复核批准记录

注 意

表7-2列示了常见的内部控制和相应的控制测试程序,目的在于帮助审计人员根据具体情况设计能够应对已识别风险、实现审计目标的控制测试。表7-2既未包含生产和存货循环所有的内部控制和控制测试,也并不意味着审计实务应当按此执行。在审计实务工作中,审计人员需要从实际出发,设计适合被审计单位具体情况的实用高效的控制测试计划。

任务四 实施生产与存货循环的实质性程序

一、存货审计

(一)存货的审计目标

存货的审计目标有:

拓展阅读:存货审计建议

(1)确定资产负债表中列报的存货是否存在("存在"认定)。

(2)确定记录的存货是否为被审计单位所拥有或控制("权利和义务"认定)。

(3)确定存货的增减变动是否均已记录("完整性"认定)。

(4)确定存货的品质状况,存货跌价准备的计提是否合理("准确性、计价和分摊"认定)。

(5)确定存货相关的计价方法是否恰当("准确性、计价和分摊"认定)。

(6)确定存货的期末余额是否正确("准确性、计价和分摊"认定)。

(7)确定存货是否已在财务报表中作出恰当列报("列报"认定)。

（二）存货的一般审计程序

1. 获取年末存货余额明细表

（1）复核单项存货金额的计算（单位成本×数量）和明细表的汇总计算是否准确。

（2）将本年年末存货余额与上年年末存货余额进行比较，分析变动原因。

2. 实施实质性分析程序

存货的实质性分析程序中较常见的是针对存货周转天数的分析，其分析程序如下：

（1）根据对被审计单位的经营活动、供应商、贸易条件、行业惯例和行业现状的了解，确定存货周转天数的预期值。

（2）根据对本期存货余额组成、实际生产经营情况、市场情况、存货采购情况的了解，确定可接受的周转差异天数。

（3）计算实际存货周转天数和预期周转天数之间的差异。

（4）通过询问管理层和相关员工，调查存在重大差异的原因，并评估差异是否表明存在重大错报风险，是否需要设计恰当的细节测试程序以识别和应对重大错报风险。

（三）存货监盘的分析程序

1. 存货监盘计划

（1）为了避免误解并有效地实施存货监盘，审计人员通常需要与被审计单位就存货监盘等问题达成一致意见。根据被审计单位存货的特点、盘存制度和存货内部控制的有效性等情况，评价被审计单位管理层制定的存货盘点程序。根据计划过程所搜集到的信息，编制存货监盘计划，对存货的监盘作出合理安排。

（2）制定存货监盘计划应考虑的相关事项。审计人员在编制存货监盘计划时，需要考虑以下注意事项：

❶ 与存货相关的重大错报风险。存货通常具有较高水平的重大错报风险，影响重大错报风险的因素具体包括：存货的数量和种类、成本归集的难易程度、陈旧过时的速度或易损坏程度、遭受失窃的难易程度。例如，飞机制造和酒类产品酿造等具有漫长制造过程的存货，服装产品等消费者对风格或颜色的偏好容易发生变化的存货，因物质特性和保质期短暂的鲜活、易腐商品存货，珠宝玉石等单位价值高昂、容易被盗窃的存货。此外，技术进步等外部因素也会对重大错报风险产生影响。

❷ 与存货相关的内部控制的性质。在制定存货监盘计划时，审计人员应当了解被审计单位与存货相关的内部控制，并根据内部控制的完善程度确定进一步审计程序的性质、时间安排和范围。与存货相关的内部控制涉及被审计单位供、产、销各个环节，包括采购、验收、仓储、领用、加工、装运出库以及被审计单位与存货实地盘点相关的内部控制等方面。

❸ 对存货盘点是否制定了适当的程序，并下达了正确的指令。审计人员需要复核或与管理层讨论其存货盘点程序时，应当考虑下列主要因素，以评价其能否合理地确定存货的数量和状况：盘点的时间安排；存货盘点范围和场所的确定；盘点人员的分工及胜任能力；盘点前的会议及任务布置；存货的整理和排列，对毁损、陈旧、过时、残次、短缺及所有权不属于被审计单位的存货的区分；存货的计量工具和计量方法；在产品完工程度的确定方法；存放在其他单位的存货盘点安排；存货收发截止的控制；盘点期间存货移动的控制；盘点表单的设计、使用与控制；盘点结果的汇总以及盘盈或盘亏的分析、调查与处理。如果认为被审计单位的存货盘点程序存在缺陷，审计人员应当提请被审计单位调整。

❹ 存货盘点的时间安排。如果存货盘点安排在资产负债表日以外的其他日期，审计人员除实施存货监盘相关审计程序外，还应实施其他审计程序，以获取审计证据，确定存货盘点日与财务报表日之间的存货变动是否已得到恰当的记录。

❺ 被审计单位是否一贯采用永续盘存制。存货数量的盘存制度分为实地盘存制和永续盘存制。存货盘存制度不同，审计人员需要作出的存货监盘安排也不同。如果被审计单位通过实地盘存制确定存货数量，则审计人员要参加盘点。如果被审计单位采用永续盘存制，审计人员应在年度中一次或多次参加盘点。

❻ 根据风险评估及相关的审计程序以确定适当的监盘地点。审计人员应根据具体情况下的风险评估结果，并结合以下一项或多项审计程序，确定存货监盘地点，其确定程序，如表 7－3 所示。

表 7－3 存货监盘地点的确定程序

控制程序	审计目的
询问管理层和财务以外其他人员	了解存货存放地点的情况
比较不同时期存货存放清单	确定是否因仓库变动而未将部分存货纳入盘点范围
检查存货出、入库单	是否存在尚未告知审计人员的仓库(如“零”仓库)
检查费用支出明细账和租赁合同	仓库清单中是否存在租赁仓库问题
检查房屋建筑物明细清单	了解可用于存放存货的房屋建筑物

在获取完整的存货存放地点清单的基础上，审计人员可以根据不同地点所存放存货的重要性以及对各个地点与存货相关的重大错报风险的评估结果，选择适当的地点进行监盘，并记录选择这些地点的原因。

❼ 是否需要专家协助。审计人员可能不具备其他专业领域专长与技能。在确定资产数量或资产实物状况(如矿石堆)，或在收集特殊类别存货(如艺术品、稀有玉石、房地产、电子器件、工程设计)的审计证据时，审计人员可以考虑利用专家的工作。

(3) 存货监盘计划的主要内容。

❶ 存货监盘的目标、范围及时间安排。存货监盘的主要目标包括获取被审计单位资产负债表日有关存货数量和状况以及有关管理层存货盘点程序可靠性的审计证据，检查存货的数量是否真实完整，是否归属被审计单位，存货有无毁损、陈旧、过时、残次和短缺等状况。存货监盘范围的大小取决于存货的内容、性质以及与存货相关的内部控制的完善程度和重大错报风险的评估结果。存货监盘的时间安排，包括实地察看盘点现场的时间、观察存货盘点的时间和对已盘点存货实施检查的时间等，应当与被审计单位实施存货盘点的时间相协调。

❷ 存货监盘的要点及关注事项。存货监盘的要点包括审计人员实施存货监盘程序的方法、步骤，各个环节应注意的问题以及所要解决的问题。审计人员需要重点关注的事项包括盘点期间的存货移动、存货的状况、存货的截止确认、存货的各个存放地点及金额等。

❸ 参加存货监盘人员的分工。审计人员应当根据被审计单位参加存货盘点人员分工、

分组、存货监盘工作量的大小和人员素质等情况，确定参加存货监盘的人员组成以及各组成人员的职责和具体的分工，并加强督导。

❹ 抽盘存货的范围。审计人员应当根据对被审计单位存货盘点和对被审计单位内部控制的评价结果确定抽盘存货的范围。在实施观察程序后，如果认为被审计单位内部控制良好且得到有效实施，存货盘点组织良好，可以相应缩小实施抽盘的范围。

2. 存货监盘程序

存货监盘程序主要包括控制测试和实质性程序两种方式。审计人员需要确定存货监盘程序是以控制测试为主还是以实质性程序为主，哪种方式更加有效。如果只有少数项目构成存货的主要部分，审计人员采用以实质性程序为主的审计方式获取与存货认定相关的证据更为有效；如果审计人员采用以控制测试为主的审计方式，并准备信赖被审计单位存货盘点的控制措施和程序，绝大多数的审计程序将局限于询问、观察及抽查。

在存货盘点现场实施监盘时，审计人员应当实施下列审计程序：

（1）评价管理层用以记录和控制存货盘点结果的指令和程序，包括：❶ 适当控制活动的运用；❷ 准确认定在产品的完工程度，流动缓慢（呆滞）、过时或毁损的存货项目，以及第三方拥有的存货；❸ 用于估计存货数量的方法；❹ 对存货在不同存放地点之间移动以及截止日前后出入库的控制等。

（2）观察管理层制定的盘点程序的执行情况。在监盘过程中，注意观察被审计单位事先制定的存货盘点计划是否得到了贯彻执行，盘点人员是否准确无误地记录被盘点存货的数量和状况，尤其要注意观察盘点时及其前后的存货移动的控制程序是否执行到位。

（3）检查存货。在存货监盘过程中检查存货，有助于确定存货的存在，以及识别过时、毁损或陈旧的存货。审计人员应当把所有过时、毁损或陈旧存货的详细情况记录下来，既便于进一步追查这些存货的处置情况，也能为测试被审计单位存货跌价准备计提的准确性提供证据。

（4）执行抽盘。审计人员可以从存货盘点记录中选取项目追查至存货实物，以测试盘点记录的准确性；还应从存货实物中选取项目追查至存货盘点记录，以测试存货盘点记录的准确性。

注　意

审计人员在实施抽盘程序时发现差异，很可能表明被审计单位的存货盘点在准确性或完整性方面存在错误，也可能意味着被审计单位的存货盘点还存在着其他错误。对于发现的差异，一方面，审计人员应当查明原因，并及时提请被审计单位更正；另一方面，审计人员应当考虑错误的潜在范围和重大程度，在可能的情况下，扩大检查范围以减少错误的发生。审计人员还可要求被审计单位重新盘点。重新盘点的范围可限于某一特殊领域的存货或特定盘点小组。

例 7-1

审计人员抽查盘点了某企业的材料，并编制了存货盘存表，如表 7-4 所示。审计人员通过材料盘点，发现了材料盘盈 5 000 元，盘亏 27 400 元，建议该企业按有关规定及时调整账务，确保账实相符，并加强对材料的管理。

表 7-4 存货盘存表

2023 年 5 月 10 日　　金额单位：元

序号	名称	单位	单价	账面数		盘存数		盘盈		盘亏		备注
				数量	金额	数量	金额	数量	金额	数量	金额	
1	A	千克	200	300	60 000	280	56 000			20	4 000	
2	B	千克	60	120	7 200	120	7 200					
3	C	米	100	90	9 000	95	9 500	5	500			
4	D	箱	800	80	64 000	78	62 400			2	1 600	
5	E	桶	500	120	60 000	120	60 000					
6	F	米	450	80	36 000	90	40 500	10	4 500			
7	G	千克	200	100	20 000	0	0			100	20 000	已报废
8	H	千克	317	50	15 850	50	15 850					
9	I	袋	502	189	94 878	189	94 878					
10	J	袋	300	86	25 800	80	24 000			6	1 800	
合计					392 728		370 328		5 000		27 400	

(5) 需要特别关注的情况。❶ 存货盘点范围。在被审计单位盘点存货前，审计人员应当观察盘点现场，确定应纳入盘点范围的存货是否已经适当整理和排列，并附有盘点标识，防止遗漏或重复盘点。对未纳入盘点范围的存货，审计人员应当查明未纳入的原因。❷ 对特殊类型存货的监盘。对某些特殊类型的存货而言，被审计单位通常使用的盘点方法和控制程序并不完全适用。这些存货通常或者没有标签，或者其数量难以估计，或者其质量难以确定，或者盘点人员无法对其移动实施控制。对此，审计人员需要运用职业判断，根据存货的实际情况，设计恰当的审计程序，对存货的数量和状况获取审计证据。

(6) 存货监盘结束时的工作。在被审计单位存货盘点结束前，审计人员应当：❶ 再次观察盘点现场，以确定所有应纳入盘点范围的存货是否均已盘点。❷ 取得并检查已填用、作废及未使用盘点表单的号码记录，确定其是否连续编号，查明已发放的表单是否均已收回，并与存货盘点的汇总记录进行核对。审计人员应当根据自己在存货监盘过程中获取的信息对被审计单位最终的存货盘点结果汇总记录进行复核，并评估其是否正确地反映了实际盘点结果。

(7) 存货盘点日不是资产负债表日的处理。审计人员应当实施适当的审计程序，确定盘点日与资产负债表日之间存货的变动是否已得到恰当的记录。

在实质性程序方面，审计人员可以实施以下示例性的程序：❶ 比较盘点日和资产负债表日间的存货信息以识别异常项目，并对其执行适当审计程序。❷ 对存货周转率或存货销售周转天数等实施实质性分析程序。❸ 对盘点日至资产负债表日之间的存货采购和销售分别实施双向检查，即对存货采购从入库单查至其相应的永续盘存记录及从永续盘存记录查至其相应的入库单等支持性文件；对存货销售从货运单据查至其相应的永续盘存记录及从永续盘存记录查至其相应的货运单据等支持性文件。❹ 测试存货采购和销售在盘点日和资产负债表日的截止是否正确。

3. 特殊情况的处理

(1) 在存货盘点现场实施存货监盘不可行时的处理。审计人员应当实施替代审计程序(如检查盘点日后出售盘点日之前取得或购买的特定存货的文件记录)，以获取有关存货的存在和状况的充分、适当的审计证据。

(2) 因不可预见的情况导致无法在存货盘点现场实施监盘时的处理。通常有两种比较典型的无法在存货盘点现场实施监盘的情形：❶ 审计人员无法亲临现场，即由于不可抗力导致其无法到达存货存放地实施存货监盘；❷ 气候因素，即由于恶劣的天气导致审计人员无法实施存货监盘程序，或由于恶劣的天气无法观察存货。

如果由于不可预见的情况无法在存货盘点现场实施监盘，审计人员应当另择日期实施监盘，并对间隔期内发生的交易实施审计程序。

(3) 由第三方保管或控制存货的处理。如果由第三方保管或控制的存货对财务报表是重要的，审计人员应当实施下列相关的审计程序，以获取有关该存货存在和状况的充分、适当的审计证据：❶ 向持有被审计单位存货的第三方函证存货的数量和状况；❷ 实施检查；❸ 实施其他审计程序。

小提示

实施其他审计程序包括：实施或安排其他审计人员实施对第三方的存货监盘(如可行)；获取其他审计人员或服务机构审计人员针对用以保证存货得到恰当盘点和保管的内部控制的适当性而出具的报告；检查与第三方持有的存货相关的文件记录，如仓储单；当存货被作为抵押品时，要求其他机构或人员进行确认。

(四) 存货计价测试

监盘程序主要是对存货的结存数量予以确认。为验证财务报表上存货余额的真实性，还必须对存货的计价进行审计，即确定存货实物数量和永续盘存记录中的数量是否经过正确的计价和汇总。存货计价测试主要是指针对被审计单位所使用的存货单位成本是否正确所做的测试。

1. 存货计价测试的目的

存货计价测试的目的是：❶ 存货准确性、计价和分摊的认定；❷ 存货单位成本的测试。

2. 存货计价实施审计抽样

存货计价实施审计抽样应当考虑：❶ 选取样本范围，应从存货数量已经盘点、单价和金额已经记入存货汇总表的结存存货中选择；❷ 选取样本对象，重点选择结存余额较大且价格变化比较频繁的项目，同时考虑所选样本的代表性。

3. 测试样本的内容

(1) 应对存货价格的组成内容予以审核。

(2) 按照所了解的计价方法对所选择的存货样本进行计价测试。

(3) 根据测试的结果，与被审计单位账面记录进行比较，编制对比分析表，分析形成差异的原因。

(4) 如果差异过大，应扩大测试范围，并根据审计结果考虑是否应提出审计调整建议。

例 7-2

某企业采用实际成本法核算材料。审计人员抽查了一份记账凭证，发现是甲材料的采购业务。其会计分录为：

借：在途材料——甲材料 185 520

管理费用 1 520

贷：银行存款 186 840

库存现金 200

经检查所附的三份原始凭证，分别是：❶ 购货发票，注明单价200元/千克、数量820千克、增值税税额21 320元；❷ 运输费发票，金额为520元；❸ 加工、整理及挑选费用1 000元；❹ 采购员的途中津贴领款收据为200元。

审计人员指出了企业在材料采购成本核算中的错误：❶ 增值税税额应记入"应交税费——应交增值税(进项税额)"账户；❷ 运输费、加工整理费应记入"材料成本"账户，不应记入"管理费用"账户；❸ 采购人员津贴应记入"管理费用"账户，不应记入"材料成本"账户。材料采购核算的错误，造成虚增材料成本20 000元，多记管理费用1 320元，影响了本期及以后有关会计期内经营成果的准确性。

审计人员要求该企业在冲销原错误会计分录后，补作以下会计分录：

借：在途材料——甲材料 165 520

应交税费——应交增值税(进项税额) 21 320

管理费用 200

贷：银行存款 186 840

库存现金 200

4. 存货跌价准备的测试

在存货计价审计中，由于被审计单位对期末存货采用成本与可变现净值孰低的方法计价，所以审计人员应充分关注其对存货可变现净值的确定及存货跌价准备的计提。

小提示

可变现净值是指企业在日常活动中，存货的估计售价减去至完工时估计将要发生的成本、估计的销售费用以及相关税费后的金额。企业确定存货的可变现净值，应当以取得的确凿证据为基础，并且考虑持有存货的目的以及资产负债表日后事项的影响等因素。

例 7-3

某企业发出材料采用先进先出法。审计人员经过审阅存货明细账，抽查了余额较大的黑色金属材料明细账，如表7-5所示。

表 7－5　存货明细账

存货类别：黑色金属　　　　　　　　最高存量：2 000 千克
存货名称及规格：A－5　　　　　　　最低存量：200 千克
存货编号：0120　　　　　　　　　　计量单位：千克
存放地点：1 仓库　　　　　　　　　金额单位：元

年		摘要	收入			发出			结存		
月	日		数量	单价	金额	数量	单价	金额	数量	单价	金额
5	1	期初余额							1 000	200	200 000
	2	购入	1 000	190	190 000				2 000		390 000
	8	发出				1 500	200	300 000	500		90 000
	15	购入	1 500	210	315 000				2 000		405 000
	25	发出				1 200	200	240 000	800		165 000
	31	合计	2 500		505 000	2 700		540 000	800		165 000

审计人员经过审查，发现该材料在发出时没有遵循先进先出法，于是，审计人员采用复算的方法，按照先进先出法编制了存货明细表，如表 7－6 所示。

表 7－6　存货明细账——依据先进先出法编制

存货类别：黑色金属　　　　　　　　最高存量：2 000 千克
存货名称及规格：A－5　　　　　　　最低存量：200 千克
存货编号：0120　　　　　　　　　　计量单位：千克
存放地点：1 仓库　　　　　　　　　金额单位：元

年		摘要	收入			发出			结存		
月	日		数量	单价	金额	数量	单价	金额	数量	单价	金额
5	1	期初余额							1 000	200	200 000
	2	购入	1 000	190	190 000				1 000 1 000	200 190	200 000 190 000
	8	发出				1 000 500	200 190	200 000 95 000	500	190	95 000
	15	购入	1 500	210	315 000				500 1 500	190 210	95 000 315 000
	25	发出				500 700	190 210	95 000 147 000	800	210	168 000
	31	合计	2 500		505 000	2 700		537 000	800	210	168 000

经过核对，查明了企业由于材料计价方法不当，造成该材料库存金额少记 3 000 元，发出材料多记 3 000 元。其结果是扩大了当月生产领用的材料费用，减少了当月利润。

潜在错报

在存货领域，被审计单位可能采用的不当的业务处理手法如下：

（1）存货成本计价中的错报。包括：❶ 随意变更存货计价，造成会计指标前后各期口径不一致，人为调节生产和销售成本，调节当期利润；❷ 存货成本项目的不合理分摊；❸ 虚记在产品完工程度，由此调整完工产品成本等。

（2）存货分类中的错报。包括：❶ 以次等品冒充优等品；❷ 以廉价物品冒充贵重物品；❸ 以旧商品冒充新商品；❹ 混淆不同批号、不同产地、不同价格的物资等，由此形成存货期末价值失实。

（3）对货到票未到的材料，不进行暂估入库。根据企业会计准则应用指南的规定，对于月末已收到的购入材料应作暂估入库处理，待下月红字冲回。但有些被审计单位对于收到的部分材料，月末不进行财务处理，造成账实不符。

（4）材料盘盈、盘亏不作处理。为了调节利润，被审计单位可能只处理材料盘盈，或者只处理材料盘亏；还有的被审计单位材料盘盈、盘亏时不符合会计制度规定，或者在发生材料盘亏时不转出相应的进项税额等。

练一练

审计人员在审查某企业材料采购业务时，发现被审计年度内一笔业务的处理如下：从外地购进原材料一批，共 8 500 千克，计价款 300 000 元（不含增值税税额），运费 3 000 元，财会部门将原材料价款计入原材料成本，运费计入管理费用。材料入库后，仓库转来材料入库验收单，发现材料短缺 40 千克，查明是在运输中的合理耗损。

要求：请根据上述资料，指出企业在材料采购核算与管理中存在的问题。

二、营业成本审计

（一）营业成本的审计目标

营业成本的审计目标有：

（1）确定利润表中记录的营业成本是否已发生，且与被审计单位有关（“发生”认定）。

（2）确定所有应当记录的营业成本均已记录（“完整性”认定）。

（3）确定与营业成本有关的金额及其他数据已恰当记录（“准确性”认定）。

（4）确定营业成本已记录于正确的会计期间（“截止”认定）。

（5）确定营业成本已记录于恰当的账户（“分类”认定）。

（6）确定营业成本已按照企业会计准则的规定在财务报表中恰当列报（“列报”认定）。

（二）营业成本审计的实质性程序

构成产品成本的三大要素为：直接材料、直接人工和制造费用。

1. 直接材料成本的审计

直接材料成本是产品成本的重要组成部分，其真实性、正确性对产品成本有重要影响，所以应当作为产品成本审计的重点。直接材料成本包括生产经营过程中实际耗用的原材料、辅助材料、备品配件、外购半成品、燃料、动力、包装物以及其他直接材料。对直接材料成本的审计，一般应从审计原材料和生产成本明细账入手，抽查有关凭证和账册，验证产品耗用材料的数量、计价和材料费用分配是否真实、合理和正确。其审计的主要内容具体包括：

（1）审查材料耗用数量的真实性。查明有无将在建工程、行政部门、福利部门及其他非生产部门的领料计入直接材料成本；有无将非生产用燃料、动力计入生产电力消耗；已领料的材料余料是否按规定办理退库手续。

（2）审查材料单位成本计价方法的正确性。材料计价有按实际成本计价和按计划成本计价两种方法。采用实际成本计价的材料，一般用加权平均法计算出加权平均单价，审查时应验算其成本计算是否正确，计价方法是否前后一致，是否有不按实际费用调节成本的现象；采用计划成本计价的材料，一般是先计算出月度材料成本差异率，然后再对成本差异进行摊销，审查时应检查不同时期的摊销额是否真实正确，有无人为地调节材料成本的现象。

（3）审查直接材料成本分配的合理性。直接材料成本应直接计入各种产品，在审查时应核实分配对象是否真实。如一种材料为几种产品共同耗用，应首先在各种产品之间进行分配，审查时还应核实分配办法是否恰当，有无分配不公或分配错误的情况。

（4）分析比较同一产品前后年度的直接材料成本，如有重大波动应查明原因。

（5）对采用定额成本或标准成本的企业，应检查其成本差异的计算、分配与会计处理是否正确，同时还应检查定额成本或标准成本有无重大变化。

对直接材料耗用和分配的审查方法，主要是抽查材料和材料成本差异明细账、生产成本明细账、材料费用分配汇总表，并结合领料单、退料单、产品成本计算单及有关原始凭证进行对照，核实材料耗用的数量、计价和分配是否正确，以及成本差异的分配是否正确。

例 7-4

审计人员审查某企业2月发出材料的实际成本。经查，有关的账户资料如下：月初结存材料成本差异为4 000元，本月收入材料成本差异为12 000元。月初结存材料计划成本为240 000元，本月收入材料计划成本为560 000元，本月发出材料计划成本为640 000元，本月材料成本差异率为2.2%，本月发出材料实际成本为654 080元。根据以上账面数据，审计人员采用核对、审查和复算方法进行审查。审查结果是：期初数额及收发数额经核对、审查和复算无误，但材料成本差异率计算错误，从而发出材料的实际成本也不正确。审计复算结果如下：

材料成本差异率＝(4 000＋12 000)÷(240 00＋560 000)×100%＝2%

本月发出材料应分摊差异＝640 000×2%＝12 800(元)

本月发出材料实际成本＝640 000＋12 800＝652 800(元)

本月发出材料实际成本多计数额为：654 080－652 800＝1 280(元)

根据以上复算结果，审计人员可作出如下审计评价和审计意见：由于材料成本差异率计算错误，造成发出材料实际成本数额反映不正确，多计了1 280元，即有可能存在生产成本虚增、利润虚减等问题。被审计单位应调增利润并补缴所得税。

2. 直接人工成本的审计

直接人工成本主要包括直接从事产品生产人员的基本工资、奖金和津贴以及直接从事产品生产人员的职工福利费。其审计的主要内容包括：

（1）审查直接工资的发放数额是否正确。直接工资的发放额主要从发放的范围是否符合规定和计算是否正确两个方面进行检查。审计人员应查明其是否包括了非生产人员的工资和非生产性的工资，有无虚列工资、巧立名目等情况。工资的计算一般分为计时工资和计件工资两种：❶ 对计时工资应先核实职工人数、出勤工时和工资总额，注意是否发生记录不实或漏扣少扣等情况；❷ 对计件工资应先查明计件记录是否健全，计件工资计算是否正确，奖金、补贴的计算是否合法、合规。审查时，可将本期直接人工成本与前期或年内各月份数额进行比较，查看有无异常变动，如有应查明其原因。

(2) 审查直接工资的结算分配是否正确合理。企业的工资要根据不同对象进行分配，分别列入生产成本、管理费用等，直接工资中对同一时期不同产品之间还应进行分配。在审计时，应注意：❶ 计入产品成本的直接工资是否正确；❷ 各种产品所承担的工资费用是否合理；❸ 是否有混淆费用性支出与资本性支出，如生产成本与期间费用，职工福利费、职工教育经费和直接工资的界限。可结合应付职工薪酬的审查，查明其会计记录和会计处理是否正确。

(3) 审查职工福利费的计提是否符合规定。职工福利费一般是按照职工工资总额的 14%计提的。审计时应核实工资总额的计算是否准确，提取比例和提取金额是否正确，其会计处理是否恰当。

(4) 对采用标准成本法的企业，应抽查直接人工成本差异的计算、分配和会计处理是否正确，同时检查标准成本在年内有无重大变动。对职工工资审查的一般方法是：❶ 抽查职工名册、职工产量记录或工时记录；❷ 抽查产品成本计算单、工资结算表、工资明细表、工资分配汇总表和奖金、津贴及补贴的计算表；❸ 验证和分析工资发放、结算和分配是否合法、合规；❹ 记账凭证及会计处理是否恰当和正确。

例 7-5

审计人员对某厂 2023 年 5 月工资进行审查，重点审查“工资结算汇总表”和有关账户处理的计算和分配是否合理正确。该厂工资分配的汇总资料，如表 7-7 所示。

表 7-7 工资分配表

2023 年 5 月　　单位：元

部门	人员类别	借方账户				合计
		生产成本	制造费用	管理费用	应付福利费	
生产车间	生产工人	80 000				80 000
	管理人员			3 000		3 000
销售部门	门市部人员			6 000		6 000
医务室	医务人员			1 800		1 800
托儿所	保育人员				1 600	1 600
管理部门	管理人员			40 000		40 000
	基建工程人员		20 000			20 000
合计		80 000	20 000	50 800	1 600	152 400

根据以上工资分配表，审计人员提出以下审计意见：

该厂工资分配表的工资分配有下列项目不符合财务会计制度的规定，应进行账户调整。

❶ 车间管理人员的工资3 000元，不应列入管理费用，应列入制造费用。调整分录为：

借：制造费用　　3 000

　　贷：管理费用　　3 000

❷ 销售门市部人员的工资应列入销售费用。调整分录为：

借：销售费用　　6 000

　　贷：管理费用　　6 000

❸ 医务人员的工资应列入福利费。调整分录为：

借：应付职工薪酬　　1 800

　　贷：管理费用　　1 800

❹ 基建工程人员的工资应列入在建工程。调整分录为：

借：在建工程　　20 000

　　贷：制造费用　　20 000

3. 制造费用的审计

制造费用是指企业为生产产品和提供服务而发生的间接费用，主要包括生产管理人员的工资和福利费、折旧费、修理费、办公费、水电费、机物料消耗、劳动保护费、租赁费、保险费、季节性和修理期间的停工损失等。制造费用的大部分支出属于产品生产的间接费用，因而只能按车间或部门进行归集和分配。审查时应根据原始凭证和制造费用分配表，对照财务制度来判断其真实性和合法性。其审查的内容和方法是：

（1）审查制造费用是否按规定项目开支，是否按规定开支标准列支，是否将不应列入成本费用的项目列入制造费用，或将超过开支标准的费用入账。抽查制造费用中的重大数额项目和例外项目是否合理。审计时可获取或编制制造费用汇总表，并与有关明细账、总账进行核对。

（2）审查制造费用的分配方法是否合理，主要查明是否按受益情况进行分配，前后的分配原则是否一致。按计划分配率分配制造费用的，每月月末不应调整，应查明每月月末是否进行了调整。对固定资产折旧应查明是否按国家规定的折旧年限进行，折旧方法是否前后一致，是否有故意扩大折旧范围或少提折旧而调节利润的情况。

（3）审查预提费用的提取和待摊费用的分配是否合理、正确，有无利用预提和待摊，人为调节成本和利润的情况。

（4）对制造费用进行截止日测试，查看有无跨期入账的费用支出。

（5）对采用标准成本法的企业，应抽查制造费用的标准计算是否正确，标准变化是否合理，标准差异是否进行了调整。

4. 在产品成本的审计

在生产周期较长且期末在产品数量不均衡，或在产品成本变动较大的企业，其在产品成本计算是否合理直接影响到产品成本的正确性。所以审查时应着重检查在产品的结存数量和成本计价方法是否正确。其审查的内容和方法是：

（1）审查在产品的结存数量是否正确。由于在产品种类较多、变动较大、分散较广，不易核对，一般企业都采用实地盘存制的核算方法。审计时，由于全面审查工作量较大，因此一般采用抽查法进行审查。审查时应深入生产车间了解在产品盘存情况，检查盘存记录是否完整、正确，核实盘存数量，查明有无多盘、漏盘，是否以估计代替盘点，以及其他弄虚作假的情况。由于审计期与企业在产品盘点期的不一致，在产品数量已发生了变化。为了确认被审计单位在产品盘存的数量是否真实、正确，审计人员应按如下推算公式进行计算：

盘存日在产品应存数量＝审查日在产品实存数量
＋盘存日至审查日产品完工数量
－盘存日至审查日投产数量

然后将计算出的盘存期在产品应存数量同期末计算在产品成本时的盘存记录进行对比，如基本一致，即可确认盘存期在产品数量基本正确；反之，即可推断存在一定错误或弊端。

对某道工序上期期末的在产品数量进行审查，则推算公式如下：

上期期末本道工序在产品实存数＝审查日本道工序在产品实存数
＋上期期末至审查日本道工序转出数
－上期期末至审查日上道工序转入数

例 7－6

审计人员于 3 月 10 日对某厂在产品进行监督盘点，实存数为 1 320 千克，查得在产品 3 月 1 日至 10 日累计产量为：上道工序投入 18 400 千克，本道工序产出 17 900 千克。查得 3 月 1 日账面期初余额数量为 1 200 千克。经核对、审查和复算期初数及收发数额无误。审计人员根据以上数据推算上月月末在产品实存数为 820 千克（1 320＋17 900－18 400），与原账面数相差 380 千克（1 200－820），账实不符。这时，审计人员应进一步查明其原因：是否有故意多计在产品成本从而虚减生产成本、虚增利润的情况。

如果企业采用永续盘存制，则车间设有在产品台账，审查时可抽查一部分在产品记录，并与领用凭证和交库凭证相核对，以证实记录是否正确。

在产品结存量确定中常见的错弊有：❶ 以估计数作为盘存数；❷ 为调节产品成本有意多计在产品数量；❸ 以期末账面结存数作为实际结存数等。

（2）审查在产品成本计价方法是否正确。审查时首先要注意在产品成本的计价方法是否准确，是否符合本车间的生产特点。在产品成本的计价方法有约当产量法、定额成本法、定额比例法、固定成本法等多种，而且每种计价方法均有其适用的条件。计价方法选用不当或任意改变会影响在产品成本和完工产品成本。审查的重点在于计价方法的合理性。具体如下：

❶ 约当产量法是将归集在某种产品中的生产费用，以完工产品的产量和期末在产品的约当产量作为分配标准，在两者之间进行分配。对采用约当产量法计价的企业，审计人员除了对在产品数量是否按其完工程度计算约当产量进行检查外，还应检查投料率和完工率是否合理正确，计算是否正确，是否有虚假现象以及有误的投料的时间点。

❷ 定额成本法是将归集的某种产品中的生产费用先扣除月末在产品的定额成本，其剩余部分即为完工产品的成本；定额比例法是将归集在某种产品中的生产费用，按照完工产品

和期末在产品的定额比例进行费用的分配。对采用这两种方法的企业，审计人员应审查每个工序的在产品是否有成本定额，其定额成本是否合理，实际成本与定额成本的差异是否进行了调整，有无不调整而任意多计或少计在产品的情况。

❸ 固定成本法是对月末的在产品成本按每月固定数(年初在产品成本)计算，在年末重新调整。对采用这种方法的企业，审计人员应着重审查：企业在产品数量是否较多，而且期初期末在产品数量是否较均衡；年终是否对在产品进行实地盘点和重新计算成本，并调整本年完工产品的成本，有无长期不调整从而影响成本计算的准确性。

❹ 对采用按耗用材料费用计算在产品成本的，审计人员应审查企业产品成本中材料费用的占比是否较大且一次投入。

在审查各种计价方法的同时，审计人员还要审查各期计价方法是否一致，是否有各取所需、人为调节成本的做法。

5. 产成品成本的审计

产成品成本的审查主要包括对产成品数量和成本计算方法两个方面的审查，其具体内容和方法是：

(1) 审查生产部门提供的“产量统计表”和财会部门提供的“产品成本计算单”，并对产成品的数量进行核对，确认产品数量的一致性。

(2) 审查“产成品明细账”，并与“产品成本计算单”进行核对，验证产品数量是否相符。

(3) 将成品仓库的“产品入库单”与生产车间的完工产品记录进行核对，查明产品完工数与入库数是否一致。

(4) 审查“产品收发结存汇总表”，证实本期产品数量的正确性。

(5) 审查产品成本计算方法的合理性。具体如下：❶ 对采用品种法的，应查明和确认该种产品是否为大量、大批、单步骤生产，或虽系多步骤生产，但因生产规模较小，不要求按生产步骤计算成本。❷ 对采用分批法的，应查明并确认该种产品是否为小批、单件生产。❸ 对采用分步法的，应查明并确认该种产品是否为大量、大批、多步骤生产，且产品的生产要求分别计算完工产品成本和在产品成本。

(6) 审查产品成本计算方法的正确性。具体如下：❶ 对采用品种法计算产品成本的，因品种法是以产品品种为成本计算对象的，审查时可以通过审查“生产成本——基本生产成本明细账”，并进行复算，以证实其总成本是否正确，然后按核实后的产品产量计算其单位成本，以验证“产品成本计算单”中所列成本的正确性。❷ 对采用分批法计算产品成本的，审查时应将完工产品与生产部门最后生产阶段完工产品入库数量进行核对，分清全部完工与未完工的产品的批号，并与财会部门所结转的批号产品相核对，查看有无明确划分未完工批号产品与已完工批号产品的成本。❸ 对采用分步法计算产品成本的，应首先了解产品生产费用在各生产步骤计算单之间的结转方式是平行结转还是逐步结转，然后审查并核对“期末在产品盘存表”和“产品成本计算单”，复算其产品成本计算是否正确。❹ 对采用定额法计算产品成本的，应审查产品成本是否按合理的料、工、费定额计算，有无任意估算成本的情况，同时还要审查定额成本和实际成本的差异是否进行了调整，调整的金额是否正确。❺ 对采用分类法计算产品成本的，应审查产品的分类是否合理，是否根据产品的特点分别采用不同的标准制定分配系数，系数的确定是否正确合理。

审计人员在审查产成品的数量和计算方法以后，还应审查降低费用、控制成本的措施：从主要产品的单位成本着手，以实际成本与计划成本或定额成本进行对比，找出差异；通过抽查领料单、工时单或费用分配单，核实其是否确实为企业生产所耗用，是否有浪费或其他弊端的情形。

例 7-7

审计人员审查某企业2023年12月甲产品生产成本计算单和有关账册，12月产品成本计算单如表7-8所示，经审查、核对和查证发现下列问题：

(1) 在建工程领用原材料20 400元，计入生产成本。

(2) 季节性停工损失1 000元未列入制造费用。

(3) 车间两名退休工人的工资1 000元列入直接人工。

(4) 有关账面资料，12月生产产品600件，期末在产品盘存400件，在产品投料程度100%，加工程度50%，在产品成本采用约当产量法计算，但审计人员查证期末在产品盘存数量为600件。

例 7-8 产品成本计算单

车间： 产品名称：甲产品 2023年12月31日 单位：元

成本项目	期初在产品成本	本期生产费用	生产费用合计	期末在产品成本	本期产品成本
直接材料	40 000	560 000	600 000	240 000	360 000
直接人工	5 600	34 400	40 000	10 000	30 000
制造费用	16 000	64 000	80 000	20 000	60 000
合　计	61 600	658 400	720 000	270 000	450 000

审计人员根据以上问题，判定产品成本计算单中本期生产费用数额和生产成本的分配数额都不正确，应进行调整，即调减直接材料20 400元，调减直接人工1 000元，调增制造费用1 000元。在产品和产成品成本的分配也应重新计算分配调整，调整后的成本计算单如表7-9所示。

表 7-9 调整后的产品成本计算单

车间： 产品名称：甲产品 2023年12月31日 单位：元

成本项目	期初在产品成本	本期生产费用	生产费用合计	期末在产品成本	本期产品成本
直接材料	40 000	539 600	579 600	289 800	289 800
直接人工	5 600	33 400	39 000	13 000	26 000
制造费用	16 000	65 000	80 000	27 000	54 000
合　计	61 600	638 000	699 600	329 800	369 800

分配率计算如下：

直接材料分配率＝579 600÷1 200＝483

直接人工分配率＝39 000÷900≈43.33

制造费用分配率＝78 750÷900＝87.5

审计意见和审计评价：该企业生产成本的计算和账务处理问题较多，如混淆费用界限，虚列在产品数量400件（实际为600件），虚增产品成本80 200元（450 000－369 800）。相应虚减利润、税金等。以上错误应予以纠正，即调整有关账表数额，补缴有关税金。

审查产成品成本计算方法时，还应同时注意对产成品销售成本的计算和结转方法是否正确进行审查。产成品销售成本的计算和结转的方法一般有：加权平均法、移动加权平均法、先进先出法和个别计价法；平时按计划成本核算，期末再调整为实际成本等。因此，审计人员在审查时，应注意审查其采用的计算和结转成本的方法是否符合企业生产经营管理的需要，有无经常变更成本计算和结转方法，以达到减少成本增加利润，或增加成本减少利润的目的；采用计划成本核算产品销售成本的企业，有无以计划成本代替实际成本，出现多计或少计产品销售成本的情况。

三、生产与存货循环审计工作底稿实例

负责审计的注册会计师何向东及审计助理冬小红，在对采购与付款循环的相关项目实施审计之后，于2024年1月17日对南宁骏业生产与存货循环的相关项目实施审计。与该业务循环相关的部分资料如下：

（1）南宁骏业2023年1至12月部分科目汇总表（表7－10）。

（2）南宁骏业2023年、2024年原材料明细账（表7－11、表7－12）。

（3）南宁骏业2023年库存商品明细账（表7－13至表7－17）。

（4）南宁骏业2023年生产成本明细账（表7－18）。

（5）南宁骏业2023年制造费用明细账（表7－19）。

（6）南宁骏业2023年部分收料单（表7－20至表7－25）。

要求：

根据南宁骏业的相关资料，对南宁骏业存货和营业成本实施审计，并完成该业务循环部分审计工作底稿。

假设审计过程发现的不符事项金额均超过重要性水平。

（一）存货的审计

1. 审计过程

企业的存货项目包括：在途物资、原材料、库存商品、发出商品、委托加工物资、周转材料、生产成本、制造费用、劳务成本、存货跌价准备等。虽然存货包含的项目很多，但每个项目审计的主要程序基本相似，应根据不同项目的特点采取相应的审计程序。

（1）账账、账表核对。获取或编制存货（在途物资、原材料、库存商品、发出商品、委托加工物资、周转材料、生产成本、制造费用、劳务成本）的明细表，复核加计是否正确，并与总账数、明细账合计数核对是否相符，并完成1－200－1审计底稿（表7－26）。

(2) 实地检查重要存货。选取代表性样本抽查存货明细账的数量与盘点记录的存货数量是否一致，以确定存货明细账的数量的准确性和完整性。本案例以库存商品为例，对库存商品实施实地检查，审计过程详见 1-200-3、1-200-4 审计底稿（表 7-27 至表 7-33）。

(3) 实施截止测试，具体包括：❶ 存货项目入库的截止测试。在存货科目明细账的借方发生额中选取资产负债表日前后若干张的凭证，并与入库记录（如入库单、购货发票或运输单据）核对，以确定存货入库被记录在正确的会计期间；在入库记录（如入库单、购货发票或运输单据）选取资产负债表日前后若干张的凭据，与存货科目明细账的借方发生额进行核对，以确定存货入库被记录在正确的会计期间。❷ 存货出库截止测试。在存货科目明细账的贷方发生额中选取有资产负债表日前后若干张的凭证，并与出库记录（如出库单，或销货发票，或运输单据）核对，以确定存货出库被记录在正确的会计期间；在出库记录（如出库单、销货发票、或运输单据）中选取资产负债表日前后若干张的凭据，与存货科目明细账的贷方发生额进行核对，以确定存货出库被记录在正确的会计期间。本案例以“原材料——主要材料”入库为例，实施截止测试，审计过程详见 1-200-5 审计底稿（表7-34）。

(4) 存货计价方法的测试。❶ 了解存货的计价方法，并检查前后期是否一致。❷ 检查存货的入账基础和计价方法是否正确。对于外购存货，以实际成本计价时，将其单位成本与购货发票核对，并确认存货成本构成是否符合企业会计准则的规定；对于自制库存商品，以实际成本计价时，将其单位成本与成本计算单核对，抽查库存商品入库单，核对库存商品的品种、数量与入账记录是否一致，并将入库库存商品的实际成本与相关科目（如生产成本）的结转额核对并作交叉索引。❸ 检查存货的发出计价是否正确。抽取主要存货项目，检查其计算是否正确，编制本期存货（如原材料、库存商品）发出汇总表，与相关科目勾稽核对，并复核存货（如原材料、库存商品）发出汇总表的正确性。❹ 结合原材料的盘点，检查“期末有无料到单未到”情况。如有，应查明是否已暂估入账，其暂估价是否合理。本案例对库存商品项目实施计价测试，审计过程详见 1-200-4 审计底稿。

(5) 实施实质性分析程序（必要时）。南宁骏业生产的产品包括：除气机、过滤袋、石墨杆及石墨轮，其中主要的产品为除气机，本案例以“生产成本——除气机”为例，说明通过实施实质性分析程序，发现该公司“生产成本——除气机”存在错记的过程。审计实施过程详见 1-200-6、1-200-9 等审计底稿（表 7-35、表 7-36、表 7-39、表 7-40）。

制造费用的审计方法与管理费用的审计方法相类似，本案例省略了对制造费用实施实质性分析程序和其他项目的审计，仅列示了制造费用审定表 1-200-10 等审计底稿（表 7-37、表 7-38）。

(6) 存货监盘。编制存货监盘报告，对存货进行监盘。存货的监盘程序是一个非常重要的审计程序，并且没有代替程序。如果对于年度财务报告审计无法实施存货监盘程序，根据具体情况可能会影响审计报告的类型。本案例假设已对存货实施监盘程序。

(7) 存货跌价准备计提情况测试。结合存货监盘，对存货的外观形态进行检视，以了解其物理形态是否正常；检查期末结存存货项目，考虑市场需求是否变化情形，是否存在降价以确定是否需要计提存货跌价准备。本案例中假设存货项目不存在存货减值迹象。

(8) 检查存货是否已在财务报表中作出恰当列报。各类存货的期初和期末账面余额账表核对已在步骤(1)中体现，审定数的核对及发出存货成本所采用的方法、存货可变现净值的确定依据、存货跌价准备的计提方法等在完成审计阶段执行。

2. 审计结果

存货审计完成的审计工作底稿详见表 7－26、表 7－27、表 7－28、表 7－29、表 7－30 表 7－31、表 7－32、表 7－33、表 7－34。

（二）营业成本的审计

1. 审计过程

（1）账账、账表核对。获取或编制主营业务成本明细表，复核加计是否正确，并与总账数和明细账合计数核对是否相符，结合其他业务成本科目（本案例无其他业务发生）与营业成本报表数核对是否相符。并完成 5－101/401－1 审计底稿（表 7－42）。

（2）实施实质性分析程序（必要时）。在销售与收款循环，对营业收入审计过程中，分析出 12 月的毛利率存在异常，其主要原因是销售收入产品数量和销售成本结转的产品数量不相符。通过对营业收入的审计，发现 12 月存在跨期在次年 1 月入账；通过对营业成本的检查，审计发现销售成本结转的产品数量存在错误，具体审计结果详见 5－101/401－2、5－401－4、5－401－5 审计底稿（表 7－41、表 7－43、表 7－44）。

（3）检查主营业务成本的内容和计算方法是否符合企业会计准则规定，前后期是否一致，在存货审计中通过对生产成本、制造费用及库存商品发出的计价测试，确认商品结转成本的计价是否正确。审计过程见相关审计底稿（表 7－28 至表 7－33）。

（4）检查结转主营业务成本的数量和主营业务收入的数量是否一致。抽查主营业务成本结转明细清单，比较计入主营业务成本的品种、规格、数量和主营业务收入的口径是否一致，是否符合配比原则。审计过程见 5－401－4、5－101/401－2 审计底稿（表 7－41、表 7－43）。根据监盘及实地检查重要存货，确定存货期末实有数是否正确，确定结转商品的数量是否正确。审计过程见 5－401－5、1－200－3 审计底稿（表 7－44、表 7－27）。

（5）检查营业成本是否已在财务报表中作出恰当列报。未审数的账表核对已在步骤（1）中体现，审定数的核对在完成审计阶段执行。

2. 审计结果

营业成本审计完成的审计工作底稿详见表 7－41、表 7－42、表 7－43、表 7－44。

表 7-10 科目汇总表(部分)

2023 年 1 月—2023 年 12 月

单位：南宁骏业　　　　单位：元

科目代码	科目名称	期初余额		本期发生额		期末余额	
		借方	贷方	借方	贷方	借方	贷方
1402	在途物资	84 603.26			84 603.26		
1403	原材料	423 698.24		2 087 084.64	2 123 730.69	387 052.19	
140301	主要材料	377 759.88		1 979 372.90	1 985 915.71	371 217.07	
140302	辅助材料	45 938.36		107 711.74	137 814.98	15 835.12	
1405	库存商品	269 146.00		3 647 084.73	3 833 347.99	82 882.74	
1411	周转材料	50 253.07		158 019.30	170 072.12	38 200.25	
141101	包装材料	15 306.00		45 958.20	48 524.51	12 739.69	
141102	低值易耗品	34 947.07		112 061.10	121 547.61	25 460.56	
5001	生产成本			3 647 084.73	3 647 084.73		
5101	制造费用			955 368.27	955 368.27		
6401	主营业务成本			3 833 347.99	3 833 347.99		

表 7－11 2023 年原材料科目明细账

2023 年 1 月—2023 年 12 月

单位：南宁骏业

(140301)原材料——主要材料

金额单位：元

日　期	凭证号	科目名称	摘　要	数量/件	单价	借方发生数	贷方发生数	余额方向	余　额
2023－1－1			期初					借	377 759.88
2023－1－5	记账凭证－4	石墨毛坯 ϕ75	购上海虹桥电极五厂石墨毛坯入库	570	105.50	60 135.00		借	437 894.88
		石墨毛坯 ϕ150	购上海虹桥电极五厂石墨毛坯入库	30	396.87	11 906.10		借	449 800.98
		石墨毛坯 ϕ180	购上海虹桥电极五厂石墨毛坯入库	26	483.16	12 562.16		借	462 363.14
2023－1－10	记账凭证－22	不锈钢₵90	购南宁市旺达钢材有限责任公司钢材入库	9	442.00	3 978.00		借	466 341.14
		不锈钢₵10	购南宁市旺达钢材有限责任公司钢材入库	17	170.00	2 890.00		借	469 231.14
		钢板	购南宁市旺达钢材有限责任公司钢材入库	5	223.00	1 115.00		借	470 346.14
		…							
2023－11－30	记账凭证－97	除气机外壳	结转本月发出材料成本				175 282.16	借	401 552.80
2023－12－8	记账凭证－29	提升杆 L900 mm	周鹏购入除气机材料	20	4 589.50	91 790.00		借	493 342.80
		变频器	周鹏购入除气机材料	20	1 600.92	32 018.40		借	525 361.20
		气动胶膜开关 FXIJ350	周鹏购入除气机材料	20	889.07	17 781.40		借	543 142.60

续表

日期	凭证号	科目名称	摘要	数量/件	单价	借方发生数	贷方发生数	余额方向	余额
2023-12-8	记账凭证-29	压力开关	周鹏购入除气机材料	20	476.57	9 531.40		借	552 674.00
		二位三通电磁阀	周鹏购入除气机材料	20	194.23	3 884.60		借	556 558.60
		二位五通电磁阀(国产)	周鹏购入除气机材料	20	167.20	3 344.00		借	559 902.60
		玻璃流量管FXIJ230	周鹏购入除气机材料	20	149.18	2 983.60		借	562 886.20
		单向阀 AK2000-02	周鹏购入除气机材料	100	129.15	12 915.00		借	575 801.20
2023-12-31	记账凭证-108	除气机外壳	盘亏材料、低值易耗品		918.07		28 605.72	借	547 195.48
2023-12-31	记账凭证-113	除气机外壳	结转本月发出材料成本		918.07		175 978.41	借	371 217.07
			本月合计	19 889	99.52	174 248.40	204 584.13		
			本年累计			1 979 372.90	1 985 915.71		

表 7-12 2024 年原材料科目明细账

2024 年 1 月

单位：南宁骏业

(140301)原材料——主要材料

金额单位：元

日期	凭证号	科目名称	摘要	数量/件	单价	借方发生数	贷方发生数	余额方向	余额
2024-1-1			期初					借	371 217.07
2024-1-10	记账凭证-25	不锈钢₵90	购南宁市富达轧钢公司不锈钢入库	11	442.45	4 866.95		借	376 084.02
		不锈钢₵10	购南宁市富达轧钢公司不锈钢入库	20	170.20	3 404.00		借	379 488.02
		钢板	购南宁市富达轧钢公司钢板入库	9	223.20	2 008.80		借	381 496.82

续表

日　　期	凭证号	科目名称	摘　　要	数量/件	单价	借方发生数	贷方发生数	余额方向	余　　额
2024-1-13	记账凭证-36	除气机外壳	购柳州市华美自控设备有限公司材料入库	18	917.90	16 522.20		借	398 019.02
		旋转头 FXIJ123	购柳州市华美自控设备有限公司材料入库	18	1 909.91	34 378.38		借	432 397.40
		两路五通电磁阀	购柳州市华美自控设备有限公司材料入库	18	643.65	11 585.70		借	443 983.10
		三相电动机	购柳州市华美自控设备有限公司材料入库	20	404.40	8 088.00		借	452 071.10
		调压阀	购柳州市华美自控设备有限公司材料入库	75	212.20	15 915.00		借	467 986.10
		时间继电器	购柳州市华美自控设备有限公司材料入库	40	152.15	6 086.00		借	474 072.10
		压力表 0-1MPaY-63	购柳州市华美自控设备有限公司材料入库	75	137.15	10 286.25		借	484 358.35
		两路两通电磁阀 220 V	购柳州市华美自控设备有限公司材料入库	55	133.13	7 322.15		借	491 680.50
2024-1-13	记账凭证-39	石墨毛坯 ϕ75	购买上海碳素厂石墨毛坯	600	106.13	63 678.00		借	555 358.50
		石墨毛坯 ϕ150	购买上海碳素厂石墨毛坯	40	397.48	15 899.20		借	571 257.70
		石墨毛坯 ϕ180	购买上海碳素厂石墨毛坯	40	484.58	19 383.20		借	590 640.90
			本月合计	1 039		219 423.83			

表 7-13 2023 年库存商品科目明细账(除气机)

2023 年 1 月—2023 年 12 月

单位：南宁骏业

(140501)库存商品——除气机

数量单位：台

金额单位：元

日期	凭证号	摘要	单价	借方发生数		贷方发生数		余额方向	余额	
				数量	金额	数量	金额		数量	金额
2023-1-1		期初						借	4	168 000.00
2023-1-31	记账凭证-94	结转完工产品成本	48 613.52	4	194 454.07			借	8	362 454.07
2023-1-31	记账凭证-99	结转已售产品成本	45 303.62			6	271 821.72	借	2	90 632.35
2023-2-28	记账凭证-93	结转完工产品成本	45 706.97	3	137 120.92			借	5	227 753.27
2023-2-28	记账凭证-96	结转已售产品成本	45 540.61			3	136 621.83	借	2	91 131.44
2023-3-31	记账凭证-118	结转完工产品成本	42 279.31	5	211 396.55			借	7	302 527.99
2023-3-31	记账凭证-122	结转已售产品成本	43 207.52			5	216 037.60	借	2	86 490.39
2023-4-30	记账凭证-106	结转完工产品成本	42 745.95	4	170 983.78			借	6	257 474.17
2023-4-30	记账凭证-109	结转已售产品成本	42 859.93			4	171 439.70	借	2	86 034.47
2023-5-31	记账凭证-107	结转完工产品成本	44 784.94	3	134 354.83			借	5	220 389.30
2023-5-31	记账凭证-112	结转已售产品成本	43 966.94			4	175 867.74	借	1	44 521.56
2023-6-30	记账凭证-97	结转完工产品成本	41 783.23	5	208 916.16			借	6	253 437.72
2023-6-30	记账凭证-100	结转已售产品成本	41 943.79			5	209 718.96	借	1	43 718.76
2023-7-31	记账凭证-107	结转完工产品成本	41 413.55	5	207 067.76			借	6	250 786.52
2023-7-31	记账凭证-110	结转已售产品成本	41 748.70			5	208 743.51	借	1	42 043.01
2023-8-31	记账凭证-107	结转完工产品成本	50 438.86	5	252 194.32			借	6	294 237.33
2023-8-31	记账凭证-110	结转已售产品成本	49 030.50			4	196 122.01	借	2	98 115.32

续表

日期	凭证号	摘要	单价	借方发生数		贷方发生数		余额方向	余额	
				数量	金额	数量	金额		数量	金额
2023-9-30	记账凭证-100	结转完工产品成本	56 901.75	4	227 607.01			借	6	325 722.33
2023-9-30	记账凭证-103	结转已售产品成本	54 314.62			5	271 573.09	借	1	54 149.24
2023-10-31	记账凭证-105	结转完工产品成本	43 131.31	4	172 525.25			借	5	226 674.49
2023-10-31	记账凭证-108	结转已售产品成本	45 271.98			4	181 087.90	借	1	45 586.59
2023-11-30	记账凭证-110	结转完工产品成本	47 634.25	5	238 171.27			借	6	283 757.86
2023-11-30	记账凭证-113	结转已售产品成本	47 240.54			5	236 202.70	借	1	47 555.16
2023-12-31	记账凭证-125	结转完工产品成本	46 296.63	5	231 483.14			借	6	279 038.30
2023-12-31	记账凭证-128	结转已售产品成本	46 453.95			5	232 269.73	借	1	46 768.57
		本年累计	45 889.91	52	2 386 275.06	55	2 507 506.49			

表 7-14　2023 年库存商品科目明细账(过滤袋)

2023 年 1 月—2023 年 12 月

单位：南宁骏业　　　数量单位：个

(140502)库存商品——过滤袋　　　金额单位：元

日期	凭证号	摘要	单价	借方发生数		贷方发生数		余额方向	余额	
				数量	金额	数量	金额		数量	金额
2023-1-1		期初						借	1 452	40 656.00
2023-1-31	记账凭证-96	结转完工产品成本	30.25	1 500	45 371.81			借	2 952	86 027.81
2023-1-31	记账凭证-99	结转已售产品成本	29.14			2 000	58 280.00	借	952	27 747.81
2023-2-28	记账凭证-94	结转完工产品成本	28.59	1 100	31 450.12			借	2 052	59 197.93

续表

日　期	凭证号	摘　要	单　价	借方发生数		贷方发生数		余额方向	余　额	
				数量	金额	数量	金额		数量	金额
2023-2-28	记账凭证-96	结转已售产品成本	28.83			1 700	49 011.00	借	352	10 186.93
2023-3-31	记账凭证-119	结转完工产品成本	26.34	1 600	42 138.96			借	1 952	52 325.89
2023-3-31	记账凭证-122	结转已售产品成本	26.78			1 850	49 543.00	借	102	2 782.89
2023-4-30	记账凭证-108	结转完工产品成本	23.29	1 600	37 268.43			借	1 702	40 051.32
2023-4-30	记账凭证-109	结转已售产品成本	23.81			1 500	35 721.45	借	202	4 329.87
2023-5-31	记账凭证-108	结转完工产品成本	27.55	1 300	35 817.19			借	1 502	40 147.06
2023-5-31	记账凭证-112	结转已售产品成本	26.89			1 400	37 648.17	借	102	2 498.89
2023-6-30	记账凭证-98	结转完工产品成本	27.14	1 550	42 068.32			借	1 652	44 567.21
2023-6-30	记账凭证-100	结转已售产品成本	27.42			1 450	39 761.60	借	202	4 805.61
2023-7-31	记账凭证-108	结转完工产品成本	26.96	1 600	43 139.68			借	1 802	47 945.29
2023-7-31	记账凭证-110	结转已售产品成本	26.93			1 480	39 862.51	借	322	8 082.78
2023-8-31	记账凭证-108	结转完工产品成本	23.65	1 550	36 664.68			借	1 872	44 747.46
2023-8-31	记账凭证-110	结转已售产品成本	24.32			1 500	36 482.73	借	372	8 264.73
2023-9-30	记账凭证-101	结转完工产品成本	26.56	1 560	41 436.11			借	1 932	49 700.84
2023-9-30	记账凭证-103	结转已售产品成本	26.22			1 600	41 948.45	借	332	7 752.39
2023-10-31	记账凭证-106	结转完工产品成本	26.75	1 300	34 770.32			借	1 632	42 522.71
2023-10-31	记账凭证-108	结转已售产品成本	26.35			1 560	41 100.01	借	72	1 422.70

续表

日期	凭证号	摘要	单价	借方发生数		贷方发生数		余额方向	余额	
				数量	金额	数量	金额		数量	金额
2023-11-30	记账凭证-111	结转完工产品成本	34.48	1 540	53 100.75			借	1 612	54 523.45
2023-11-30	记账凭证-113	结转已售产品成本	34.21			1 480	50 624.04	借	132	3 899.41
2023-12-31	记账凭证-126	结转完工产品成本	31.54	1 600	50 462.79			借	1 732	54 362.20
2023-12-31	记账凭证-128	结转已售产品成本	31.72			1 440	45 676.80	借	292	8 685.40
		本年累计		17 800	493 689.16	18 960	525 659.76			

表 7-15　2023 年库存商品科目明细账(石墨杆)

2023 年 1 月—2023 年 12 月

单位：南宁骏业　　　　数量单位：根

(140503)库存商品——石墨杆 ϕ 75　　　　金额单位：元

日期	凭证号	摘要	单价	借方发生数		贷方发生数		余额方向	余额	
				数量	金额	数量	金额		数量	金额
2023-1-1		期初						借	120	31 200.00
2023-1-31	记账凭证-97	结转完工产品成本	281.16	115	32 333.30			借	235	63 533.30
2023-1-31	记账凭证-99	结转已售产品成本	270.31			150	40 546.50	借	85	22 986.80
2023-2-28	记账凭证-95	结转完工产品成本	279.33	90	25 139.85			借	175	48 126.65
2023-2-28	记账凭证-96	结转已售产品成本	274.87			120	32 984.40	借	55	15 142.25
2023-3-31	记账凭证-121	结转完工产品成本	249.07	120	29 888.82			借	175	45 031.07
2023-3-31	记账凭证-122	结转已售产品成本	257.11			125	32 138.75	借	50	12 892.32
2023-4-30	记账凭证-107	结转完工产品成本	234.99	122	28 669.15			借	172	41 561.47

续表

日期	凭证号	摘要	单价	借方发生数		贷方发生数		余额方向	余额	
				数量	金额	数量	金额		数量	金额
2023-4-30	记账凭证-109	结转已售产品成本	249.69			120	29 962.92	借	52	11 598.55
2023-5-31	记账凭证-109	结转完工产品成本	258.04	105	27 094.53			借	157	38 693.08
2023-5-31	记账凭证-112	结转已售产品成本	252.40			110	27 764.42	借	47	10 928.66
2023-6-30	记账凭证-99	结转完工产品成本	251.63	125	31 453.81			借	172	42 382.47
2023-6-30	记账凭证-100	结转已售产品成本	252.72			130	32 854.20	借	42	9 528.27
2023-7-31	记账凭证-109	结转完工产品成本	250.63	125	31 329.16			借	167	40 857.43
2023-7-31	记账凭证-110	结转已售产品成本	250.44			120	30 052.86	借	47	10 804.57
2023-8-31	记账凭证-109	结转完工产品成本	252.29	120	30 274.91			借	167	41 079.48
2023-8-31	记账凭证-110	结转已售产品成本	251.34			125	31 417.45	借	42	9 662.03
2023-9-30	记账凭证-102	结转完工产品成本	254.58	130	33 095.62			借	172	42 757.65
2023-9-30	记账凭证-103	结转已售产品成本	254.51			128	32 577.07	借	44	10 180.58
2023-10-31	记账凭证-107	结转完工产品成本	265.31	100	26 530.63			借	144	36 711.21
2023-10-31	记账凭证-108	结转已售产品成本	261.14			110	28 725.88	借	34	7 985.33
2023-11-30	记账凭证-112	结转完工产品成本	313.85	120	37 661.98			借	154	45 647.31
2023-11-30	记账凭证-113	结转已售产品成本	303.31			130	39 430.13	借	24	6 217.18
2023-12-31	记账凭证-127	结转完工产品成本	316.75	125	39 594.16			借	149	45 811.34
2023-12-31	记账凭证-128	结转已售产品成本	314.90			110	34 639.00	借	39	11 172.34
		本年累计		1 397	373 065.92	1 478	393 093.58			

表 7-16　2023 年库存商品科目明细账(石墨轮 ϕ150)

2023 年 1 月—2023 年 12 月

单位：南宁骏业　　数量单位：个

(140504)库存商品——石墨轮 ϕ150　　金额单位：元

日期	凭证号	摘要	单价	借方发生数		贷方发生数		余额方向	余额	
				数量	金额	数量	金额		数量	金额
2023-1-1		期初						借	92	15 180.00
2023-1-31	记账凭证-97	结转完工产品成本	186.31	110	20 493.99			借	202	35 673.99
2023-1-31	记账凭证-99	结转已售产品成本	167.68			120	20 121.20	借	82	15 552.79
2023-2-28	记账凭证-95	结转完工产品成本	184.49	75	13 836.48			借	157	29 389.27
2023-2-28	记账凭证-96	结转已售产品成本	180.27			120	21 632.40	借	37	7 756.87
2023-3-31	记账凭证-121	结转完工产品成本	154.24	100	15 424.24			借	137	23 181.11
2023-3-31	记账凭证-122	结转已售产品成本	163.62			105	17 180.10	借	32	6 001.01
2023-4-30	记账凭证-107	结转完工产品成本	139.92	105	14 691.52			借	137	20 692.53
2023-4-30	记账凭证-109	结转已售产品成本	158.05			100	15 804.61	借	37	4 887.92
2023-5-31	记账凭证-109	结转完工产品成本	162.97	80	13 037.57			借	117	17 925.49
2023-5-31	记账凭证-112	结转已售产品成本	157.19			75	11 789.18	借	42	6 136.31
2023-6-30	记账凭证-99	结转完工产品成本	156.56	115	18 004.04			借	157	24 140.35
2023-6-30	记账凭证-100	结转已售产品成本	173.78			90	15 640.28	借	67	8 500.07
2023-7-31	记账凭证-109	结转完工产品成本	155.56	95	14 778.17			借	162	23 278.24
2023-7-31	记账凭证-110	结转已售产品成本	155.80			100	15 579.53	借	62	7 698.71
2023-8-31	记账凭证-109	结转完工产品成本	156.88	90	14 119.23			借	152	21 817.94

续表

日期	凭证号	摘要	单价	借方发生数		贷方发生数		余额方向	余额	
				数量	金额	数量	金额		数量	金额
2023-8-31	记账凭证-110	结转已售产品成本	156.07			95	14 826.72	借	57	6 991.22
2023-9-30	记账凭证-102	结转完工产品成本	159.17	100	15 917.14			借	157	22 908.36
2023-9-30	记账凭证-103	结转已售产品成本	165.83			90	14 924.86	借	67	7 983.50
2023-10-31	记账凭证-107	结转完工产品成本	169.90	85	14 441.16			借	152	22 424.66
2023-10-31	记账凭证-108	结转已售产品成本	164.29			115	18 893.64	借	37	3 531.02
2023-11-30	记账凭证-112	结转完工产品成本	218.44	115	25 120.53			借	152	28 651.55
2023-11-30	记账凭证-113	结转已售产品成本	206.08			95	19 577.95	借	57	9 073.60
2023-12-31	记账凭证-127	结转完工产品成本	221.23	105	23 228.90			借	162	32 302.50
2023-12-31	记账凭证-128	结转已售产品成本	216.08			110	23 769.28	借	52	8 533.22
		本年累计		1 175	203 092.97	1 215	209 739.75			

表 7-17 2023 年库存商品科目明细账(石墨轮 ϕ180)

2023 年 1 月—2023 年 12 月

单位：南宁骏业　　　　数量单位：个

(140505)库存商品——石墨轮 ϕ180　　　　金额单位：元

日期	凭证号	摘要	单价	借方发生数		贷方发生数		余额方向	余额	
				数量	金额	数量	金额		数量	金额
2023-1-1		期初						借	83	14 110.00
2023-1-31	记账凭证-97	结转完工产品成本	193.23	105	20 289.37			借	188	34 399.37
2023-1-31	记账凭证-99	结转已售产品成本	192.60			110	21 186.00	借	78	13 213.37

续表

日　期	凭证号	摘　要	单　价	借方发生数		贷方发生数		余额方向	余　额	
				数量	金额	数量	金额		数量	金额
2023-2-28	记账凭证-95	结转完工产品成本	191.38	65	12 439.85			借	143	25 653.22
2023-2-28	记账凭证-96	结转已售产品成本	186.70			90	16 803.00	借	53	8 850.22
2023-3-31	记账凭证-121	结转完工产品成本	161.16	95	15 310.60			借	148	24 160.82
2023-3-31	记账凭证-122	结转已售产品成本	170.24			100	17 024.00	借	48	7 136.82
2023-4-30	记账凭证-107	结转完工产品成本	146.90	95	13 955.82			借	143	21 092.64
2023-4-30	记账凭证-109	结转已售产品成本	185.80			90	16 721.93	借	53	4 370.71
2023-5-31	记账凭证-109	结转完工产品成本	169.90	80	13 591.88			借	133	17 962.59
2023-5-31	记账凭证-112	结转已售产品成本	164.36			80	13 148.67	借	53	4 813.92
2023-6-30	记账凭证-99	结转完工产品成本	165.05	90	14 854.76			借	143	19 668.68
2023-6-30	记账凭证-100	结转已售产品成本	149.17			95	14 171.57	借	48	5 497.11
2023-7-31	记账凭证-109	结转完工产品成本	162.49	90	14 623.97			借	138	20 121.08
2023-7-31	记账凭证-110	结转已售产品成本	163.59			80	13 087.00	借	58	7 034.08
2023-8-31	记账凭证-109	结转完工产品成本	159.70	92	14 692.57			借	150	21 726.65
2023-8-31	记账凭证-110	结转已售产品成本	163.33			95	15 516.47	借	55	6 210.18
2023-9-30	记账凭证-102	结转完工产品成本	166.12	95	15 781.71			借	150	21 991.89
2023-9-30	记账凭证-103	结转已售产品成本	158.63			90	14 276.82	借	60	7 715.07
2023-10-31	记账凭证-107	结转完工产品成本	176.85	80	14 147.84			借	140	21 862.91

续表

日　期	凭证号	摘　要	单　价	借方发生数		贷方发生数		余额方向	余　额	
				数量	金额	数量	金额		数量	金额
2023-10-31	记账凭证-108	结转已售产品成本	171.82			100	17 181.66	借	40	4 681.25
2023-11-30	记账凭证-112	结转完工产品成本	225.39	92	20 736.00			借	132	25 417.25
2023-11-30	记账凭证-113	结转已售产品成本	212.89			90	19 160.15	借	42	6 257.10
2023-12-31	记账凭证-127	结转完工产品成本	228.19	90	20 537.25			借	132	26 794.35
2023-12-31	记账凭证-128	结转已售产品成本	224.37			85	19 071.14	借	47	7 723.21
		本年累计		1 069	190 961.62	1 105	197 348.41			

表 7-18　2023 年生产成本科目明细账(除气机)

2023 年 1 月—2023 年 12 月

单位：南宁骏业　　　　数量单位：台

(500101)生产成本——除气机　　　　金额单位：元

日　期	凭证号	摘　要	数量	直接材料	直接人工	制造费用	余额方向	余　额
2023-1-31	记账凭证-83	按工资提取各项费用			9 270.00		借	9 270.00
2023-1-31	记账凭证-84	结转发出材料成本		124 840.88			借	134 110.88
2023-1-31	记账凭证-86	结转领用低值易耗品成本		1 440.28			借	135 551.16
2023-1-31	记账凭证-87	结转工资费用			22 500.00		借	158 051.16
2023-1-31	记账凭证-91	分配制造费用				36 402.91	借	194 454.07

续表

日期	凭证号	摘要	数量	直接材料	直接人工	制造费用	余额方向	余额
2023-1-31	记账凭证-94	结转完工产品成本	4	−126 281.16	−31 770.00	−36 402.91	平	
		…						
2023-2-28	记账凭证-93	结转完工产品成本	3	−94 725.22	−14 176.99	−28 218.71	平	
		…						
2023-3-31	记账凭证-118	结转完工产品成本	5	−157 885.51	−21 069.09	−32 441.95	平	
		…						
2023-4-30	记账凭证-106	结转完工产品成本	4	−126 332.54	−16 717.57	−27 933.67	平	
		…						
2023-5-31	记账凭证-107	结转完工产品成本	3	−94 762.99	−15 639.31	−23 952.53	平	
		…						
2023-6-30	记账凭证-97	结转完工产品成本	5	−157 965.73	−20 228.31	−30 722.12	平	
		…						
2023-7-31	记账凭证-107	结转完工产品成本	5	−157 981.28	−19 310.51	−29 775.97	平	
2023-8-31	记账凭证-93	结转工资费用			11 076.00		借	11 076.00
2023-8-31	记账凭证-94	按工资提取各项费用			4 563.31		借	15 639.31
2023-8-31	记账凭证-95	结转发出材料成本		209 424.03			借	225 063.34

续表

日期	凭证号	摘要	数量	直接材料	直接人工	制造费用	余额方向	余额
2023-8-31	记账凭证-104	分配制造费用				27 130.98	借	252 194.32
2023-8-31	记账凭证-107	结转完工产品成本	5	−209 424.03	−15 639.31	−27 130.98	平	
2023-9-30	记账凭证-86	结转工资费用			13 676.00		借	13 676.00
2023-9-30	记账凭证-87	按工资提取各项费用			5 634.51		借	19 310.51
2023-9-30	记账凭证-89	结转发出材料成本		177 786.16			借	197 096.67
2023-9-30	记账凭证-97	分配制造费用				30 510.34	借	227 607.01
2023-9-30	记账凭证-100	结转完工产品成本	4	−177 786.16	−19 310.51	−30 510.34	平	
		…						
2023-10-31	记账凭证-105	结转完工产品成本	4	−126 414.11	−15 639.31	−30 471.83	平	
		…						
2023-11-30	记账凭证-110	结转完工产品成本	5	−158 030.39	−20 228.31	−59 912.57	平	
		…						
2023-12-31	记账凭证-125	结转完工产品成本	5	−158 082.54	−15 639.31	−57 761.29	平	
		本月合计(借方)		158 082.54	15 639.31	57 761.29		
		本月合计(贷方)	5	−158 082.54	−15 639.31	−57 761.29		
		本年累计(借方)		1 745 671.66	225 368.53	415 234.87		
		本年累计(贷方)	52	−1 745 671.66	−225 368.53	−415 234.87		

表 7-19 2023 年制造费用科目明细账(除气机车间)

2023 年 1 月—2023 年 12 月

单位：南宁骏业

(510101)制造费用——除气机车间　　金额单位：元

日期	凭证号	科目名称	摘要	借方发生数	贷方发生数	余额方向	余额
2023-1-7	记账凭证-17	劳保用品费	卢伯安采购劳保用品	536.18		借	536.18
		消耗性材料	卢伯安采购劳保用品	434.04		借	970.22
2023-1-12	记账凭证-33	差旅费	白桦报销差旅费	2 110.00		借	3 080.22
2023-1-17	记账凭证-46	材料	卢伯安购进车间物资	334.15		借	3 414.37
2023-1-18	记账凭证-49	材料	领用低值易耗品	3 028.15		借	6 442.52
2023-1-18	记账凭证-52	差旅费	陈洁报销差旅费	2 370.00		借	8 812.52
2023-1-19	记账凭证-54	电话费	支付电话费	292.00		借	9 104.52
2023-1-20	记账凭证-59	差旅费	白桦报销差旅费	460.00		借	9 564.52
2023-1-27	记账凭证-74	水电费	分配电费	3 399.19		借	12 963.71
2023-1-31	记账凭证-79	差旅费	陈洁报销差旅费	2 188.00		借	15 151.71
2023-1-31	记账凭证-80	差旅费	覃家斌报销差旅费	2 570.00		借	17 721.71
2023-1-31	记账凭证-83	福利费等	按工资提取各项费用	4 037.60		借	21 759.31
2023-1-31	记账凭证-87	工资	结转工资费用	9 800.00		借	31 559.31
2023-1-31	记账凭证-90	折旧费	结转折旧费用	4 843.60		借	36 402.91
2023-1-31	记账凭证-91	劳保用品费	分配制造费用		36 402.91	平	
		…					
		…					

续表

日　期	凭证号	科目名称	摘　要	借方发生数	贷方发生数	余额方向	余额
2023－11－7	记账凭证－22	劳保用品费	卢伯安报劳保用品费	427.84		借	427.84
		消耗性材料	卢伯安报劳保用品费	542.55		借	970.39
2023－11－8	记账凭证－24	差旅费	陈洁报销差旅费	1 640.00		借	2 610.39
2023－11－10	记账凭证－36	差旅费	覃家斌报销差旅费	1 426.00		借	4 036.39
2023－11－15	记账凭证－48	差旅费	白桦报销差旅费	980.00		借	5 016.39
2023－11－15	记账凭证－50	材料	卢伯安购入材料	160.95		借	5 177.34
2023－11－18	记账凭证－58	差旅费	陈洁报销差旅费	2 046.00		借	7 223.34
2023－11－21	记账凭证－63	电话费	发放手机通信费	240.00		借	7 463.34
2023－11－21	记账凭证－64	电话费	支付电话费	119.00		借	7 582.34
2023－11－24	记账凭证－77	工资	发放年终奖金	29 300.00		借	36 882.34
2023－11－29	记账凭证－87	水电费	分配电费	2 971.10		借	39 853.44
2023－11－30	记账凭证－95	工资	结转工资费用	9 058.00		借	48 911.44
2023－11－30	记账凭证－96	福利费等	按工资提取各项费用	3 731.90		借	52 643.34
2023－11－30	记账凭证－100	材料	结转领用低值易耗品成本	2 127.10		借	54 770.44
2023－11－30	记账凭证－102	折旧费	结转折旧费用	5 142.13		借	59 912.57
2023－11－30	记账凭证－107	劳保用品费	分配制造费用		59 912.57	平	

续表

日期	凭证号	科目名称	摘要	借方发生数	贷方发生数	余额方向	余额
2023-12-6	记账凭证-21	劳保用品费	卢伯安采购劳保用品	419.28		借	419.28
		消耗性材料	卢伯安采购劳保用品	542.55		借	961.83
2023-12-9	记账凭证-33	差旅费	白桦报销差旅费	2 084.00		借	3 045.83
2023-12-13	记账凭证-42	机械维修费	种卿子支付修理费	584.00		借	3 629.83
2023-12-14	记账凭证-47	差旅费	覃家斌报销差旅费	2 056.00		借	5 685.83
2023-12-14	记账凭证-48	材料	梁红星购进车间用物资	165.65		借	5 851.48
2023-12-16	记账凭证-56	工资	发放年终奖金	29 300.00		借	35 151.48
2023-12-19	记账凭证-60	差旅费	陈洁报销差旅费	1 348.00		借	36 499.48
2023-12-20	记账凭证-64	电话费	发放手机通信补助	240.00		借	36 739.48
2023-12-20	记账凭证-65	电话费	支付电话费	163.00		借	36 902.48
2023-12-26	记账凭证-83	差旅费	白桦报销差旅费	2 566.00		借	39 468.48
2023-12-28	记账凭证-93	水电费	分配电费	2 970.38		借	42 438.86
2023-12-31	记账凭证-110	工资	结转工资费用	6 458.00		借	48 896.86
2023-12-31	记账凭证-111	福利费等	按工资提取各项费用	2 660.70		借	51 557.56
2023-12-31	记账凭证-115	材料	结转领用低值易耗品成本	1 061.60		借	52 619.16
2023-12-31	记账凭证-117	折旧费	结转折旧费用	5 142.13		借	57 761.29
2023-12-31	记账凭证-122	劳保用品费	分配制造费用		57 761.29	平	
			本月合计	57 761.29	57 761.29		
			本月累计	415 234.87	415 234.87		

表 7-20 收料单（2023 年 12 月收字第 4 号）

收 料 单

2023 年 12 月 08 日　　　　……收……字 第……4……号

供应者柳州市华美自控设备有限公司		发票			号	2023 年 12 月 08 日收到								第一联：仓库留存
编号	材料名称	规格	送验数量	实收数量	单位	单价	金额 万	千	百	十	元	角	分	
	提升杆	L900mm	20	20	根	4 589.50	9	1	7	9	0	0	0	
	变频器		20	20	台	1 600.92	3	2	0	1	8	4	0	
	气动胶膜开关	FXIJ350	20	20	个	889.07	1	7	7	8	1	4	0	
	压力开关		20	20	个	476.57		9	5	3	1	4	0	
	二位三通电磁阀		20	20	个	194.23		3	8	8	4	6	0	
备注			验收人盖章	区博		合计￥155 005.80								

会计　　出纳　　复核　　记账　　制单 区博

表 7-21 收料单（2023 年 12 月收字第 5 号）

收 料 单

2023 年 12 月 08 日　　　　……收……字 第……5……号

供应者柳州市华美自控设备有限公司		发票			号	2023 年 12 月 08 日收到								第一联：仓库留存
编号	材料名称	规格	送验数量	实收数量	单位	单价	金额 万	千	百	十	元	角	分	
	二位五通电磁阀	（国产）	20	20	个	167.20		3	3	4	4	0	0	
	玻璃流量管	FXIJ230	20	20	个	149.18		2	9	8	3	6	0	
	单向阀	AK2000-02	100	100	个	129.15	1	2	9	1	5	0	0	
备注			验收人盖章	区博		合计￥19 242.60								

会计　　出纳　　复核　　记账　　制单 区博

表 7－22　收料单(2023 年 12 月收字第 6 号)

收　料　单

2023 年 12 月 31 日　　　　……收……字　第……6……号

供应者上海碳素厂		发票		号		2023 年 12 月 31 日收到							
编号	材料名称	规　格	送验数量	实收数量	单位	单　价	金额						
							万	千	百	十	元	角	分
	石墨毛坯	φ75	600	600	米	106.13	6	3	6	7	8	0	0
	石墨毛坯	φ150	40	40	米	397.48	1	5	8	9	9	2	0
	石墨毛坯	φ180	40	40	米	484.58	1	9	3	8	3	2	0
备注			验收人盖章	区博		合计￥98 960.40							

会计　　出纳　　复核　　记账　　制单 区博

第一联：仓库留存

表 7－23　收料单(2024 年 1 月收字第 1 号)

收　料　单

2024 年 01 月 04 日　　　　……收……字　第……1……号

供应者南宁市南城百货有限责任公司		发票		号		2024 年 01 月 04 日收到							
编号	材料名称	规　格	送验数量	实收数量	单位	单　价	金额						
							万	千	百	十	元	角	分
	多丽排气扇	10 寸	2	2	台	68.00			1	3	6	0	0
	计算器		10	10	台	75.00			7	5	0	0	0
	顶灯		5	5	台	42.00			2	1	0	0	0
	清洁剂		10	10	瓶	18.80			1	8	8	0	0
	玻璃拖把		5	5	把	23.00			1	1	5	0	0
备注			验收人盖章	区博		合计￥1 399.00							

会计　　出纳　　复核　　记账　　制单 区博

第一联：仓库留存

表 7－24 收料单(2024 年 1 月收字第 2 号)

2024 年 01 月 10 日　　**收　料　单**　　……收……字　第……2……号

供应者南宁市富达轧钢有限责任公司			发票　　号			2024 年 01 月 10 日收到							
编号	材料名称	规　格	送验数量	实收数量	单位	单　价	金额						
							万	千	百	十	元	角	分
	不锈钢	C90	11	11	米	442.45		4	8	6	6	9	5
	不锈钢	C10	20	20	米	170.20		3	4	0	4	0	0
	钢板		9	9	平方米	223.20		2	0	0	8	8	0
备注			验收人盖章	区博		合计￥10 279.75							

会计　　出纳　　复核　　记账　　制单 区博

第一联：仓库留存

表 7－25 收料单(2024 年 1 月收字第 3 号)

2024 年 01 月 13 日　　**收　料　单**　　……收……字　第……3……号

供应者柳州市华美自控设备有限公司			发票　　号			2024 年 01 月 13 日收到							
编号	材料名称	规　格	送验数量	实收数量	单位	单　价	金额						
							万	千	百	十	元	角	分
	除气机外壳		18	18	套	917.90	1	6	5	2	2	2	0
	旋转头 FXIJ123		18	18	个	1 909.91	3	4	3	7	8	3	8
	两路五通电磁阀		18	18	个	643.65	1	1	5	8	5	7	0
	三相电动机		20	20	台	404.40		8	0	8	8	0	0
	调压阀		75	75	个	212.20	1	5	9	1	5	0	0
备注			验收人盖章	区博		合计￥86 489.28							

会计　　出纳　　复核　　记账　　制单 区博

第一联：仓库留存

表 7－26　存货审定表

被审计单位名称：南宁骏业　　索引号：1－200－1　　页次：　　金额单位：元
审计项目名称：存货　　执行人：冬小红　　日期：2024.1.17
财务报表截止日：2023 年 12 月 31 日　　复核人：何向东　　日期：2024.1.20

存货类别	期初审定数	期末账面未审数	调整数	调整后账面数	跌价准备	审定数	索引号
1. 在途物资/物资采购	84 603.26						
2. 库存材料	473 951.31	425 252.44	209 682.00	634 934.44		634 934.44	
① 原材料	423 698.24	387 052.19	209 682.00	596 734.19		596 734.19	
A 原料及主要材料	377 759.88	371 217.07	201 732.00	572 949.07		572 949.07	
B 辅助材料	45 938.36	15 835.12	7 950.00	23 785.12		23 785.12	5－502－1
C 外购半成品							
D 修理用备件							
② 包装物	15 306.00	12 739.69		12 739.69		12 739.69	
③ 低值易耗品	34 947.07	25 460.56		25 460.56		25 460.56	
3. 自制半成品							
4. 材料成本差异							
5. 在产品							
6. 库存商品	269 146.00	82 882.74	−19 305.58	63 577.16		63 577.16	5－101/401－2

续表

存货类别	期初审定数	期末账面未审数	调整数	调整后账面数	跌价准备	审定数	索引号
7. 委托加工物资							
8. 委托代销商品							
9. 分期收款发出商品							
10. 未完成劳务							
合　计	827 700.57	508 135.18	190 376.42	698 511.60		698 511.60	

审计说明：

（1）根据 1-200-4 审计，过滤袋、石墨杆、石墨轮期末计价不正确，应予以调整。

（2）根据 1-200-5 审计，应暂估“原材料——主要材料”入库，金额 98 960.40 元。

（3）根据 1-200-6 及 1-200-13 的审计，除气机领用材料成本计算汇总错误，导致多转主要材料成本 102 771.60 元，应予以调整。生产成本期末无余额，转出数的调整应当在主营业务成本和期末库存商品进行分配，由于该公司期末库存很少（与已销产品相比较），故本次调整简化为全部调整已售产品的成本。

（4）根据 1-200-3 及 5-101/401-2 的审计应调减库存商品 26 373.93 元，调整分录见 5-101/401-2 底稿。

（5）根据 5-502-3 审计，应调增“原材料——辅助材料”7 950 元，调整分录见 5-502-1 底稿

调整分录：

1. 库存商品计价错误调整

借：库存商品——过滤袋	581.71	
库存商品——石墨杆 ϕ75	1 090.65	
库存商品——石墨轮 ϕ150	2 680.48	
库存商品——石墨轮 ϕ180	2 715.51	
贷：主营业务成本——过滤袋		581.71
主营业务成本——石墨杆 ϕ75		1 090.65
主营业务成本——石墨轮 ϕ150		2 680.48
主营业务成本——石墨轮 ϕ180		2 715.51

2. 补记暂估材料入账

借：原材料——主要材料	98 960.40	
贷：应付账款——上海碳素厂		98 960.40

3. 生产成本计算错误调整

借：原材料——主要材料	102 771.60	
贷：生产成本——除气机		102 771.60
借：生产成本——除气机	102 771.60	
贷：主营业务成本——除气机		102 771.60

审计结论	审计调整后，余额可以确认

表 7-27　存货抽查表

被审计单位名称：南宁骏业　　索引号：1-200-3　　页次：　　金额单位：元
审计项目名称：存货——库存商品　　执行人：冬小红　　日期：2024.1.17
财务报表截止日：2023 年 12 月 31 日　　复核人：何向东　　日期：2024.1.20

序号	品名型号规格	计量单位	盘点日实存量	加：盘点前付出量	减：盘点前收入量	实存数量	账面结存		差异		
							数量	金额	数量	单价	金额
1	除气机	台	1	1	1	1	1	46 768.57	0		
2	过滤袋	个	504	360	750	114	292	8 685.40	−178	31.74	−5 649.72
3	石墨杆 ϕ75	根	27	50	62	15	39	11 172.34	−24	314.44	−7 546.56
4	石墨轮 ϕ150	个	54	30	55	29	52	8 533.22	−23	215.65	−4 959.95
5	石墨轮 ϕ180	个	23	35	48	10	47	7 723.21	−37	222.10	−8 217.70
合计		×	×	×	×	×	×	82 882.74	×	×	−26 373.93

被抽查单位有关人员签字：杨历林　　日期：2024.1.17

审计说明及调整分录：
（1）经对库存商品抽查，部分产品账面数与实有数存在差异，应追查差异原因并进行账务调整，以使账实相符。
（2）差异金额计算时，采用的单价应为审定的计价。
（3）附企业年末存货盘点表 1 份

审计结论	库存商品部分产品账实不相符，应查明原因予以调整

表 7-28 存货计价测试表(6-1)

被审计单位名称：南宁骏业　　索引号：1-200-4　　页次：6-1　　金额单位：元
存货类别：库存商品　　执行人：冬小红　　日期：2024.1.17　　数量单位：台/个/根
品名及规格：　　复核人：何向东　　日期：2024.1.20

抽查期间	品名及规格	期(月)初余额			本期(月)增加			本期(月)减少			期末应存余额			期末账面余额	差异
		数量	单价	金额	数量	单价	金额	数量	单价	金额	数量	单价	金额		
12 月	除气机	1	47 555.16	47 555.16	5	46 296.63	231 483.14	5	46 506.38	232 531.92	1	46 506.38	46 506.38	46 768.57	−262.19
12 月	过滤袋	132	29.54	3 899.41	1 600	31.54	50 462.79	1 440	31.39	45 197.21	292	31.39	9 164.99	8 685.40	479.59
12 月	石墨杆 ϕ75	24	259.05	6 217.18	125	316.75	39 594.16	110	307.46	33 820.45	39	307.46	11 990.89	11 172.34	818.55
12 月	石墨轮 ϕ150	57	159.19	9 073.60	105	221.23	23 228.90	110	199.40	21 933.80	52	199.40	10 368.70	8 533.22	1 835.48
12 月	石墨轮 ϕ180	42	148.98	6 257.10	90	228.19	20 537.25	85	202.99	17 253.94	47	202.99	9 540.41	7 723.21	1 817.20
合计		×	×	×	×	×	×	×	×	×	×	×	87 571.38	82 882.74	4 688.64

审计说明：
抽查 12 月的库存商品，发现该公司 12 月发出商品的计价不正确，故扩大测试范围，对其全年计价进行测试

审计结论　扩大测试范围，对其全年计价进行测试

计价方法：一、购入：本年实际成本法　上年实际成本法　　二、发出：本年月末一次加权平均法　　上年月末一次加权平均法

表 7－29　存货计价测试表(6－2)

被审计单位名称：南宁骏业　　索引号：1－200－4　　页次：6－2　　金额单位：元

存货类别：库存商品　　执行人：冬小红　　日期：2024.1.17　　数量单位：台

品名及规格：除气机　　复核人：何向东　　日期：2024.1.20

抽查期间	计价方法	期(月)初余额			本期(月)增加			本期(月)减少			期(月)末应存余额			期(月)末账面余额	差异
		数量	单价	金额	数量	单价	金额	数量	单价	金额	数量	单价	金额		
1 月	加权平均法	4	42 000.00	168 000.00	4	48 613.52	194 454.07	6	45 306.76	271 840.55	2	45 306.76	90 613.52	90 632.35	－18.83
2 月	加权平均法	2	45 306.76	90 613.52	3	45 706.97	137 120.92	3	45 546.89	136 640.66	2	45 546.89	91 093.78	91 131.44	－37.67
3 月	加权平均法	2	45 546.89	91 093.78	5	42 279.31	211 396.55	5	43 212.90	216 064.52	2	43 212.90	86 425.81	86 490.39	－64.58
4 月	加权平均法	2	43 212.90	86 425.81	4	42 745.95	170 983.78	4	42 901.60	171 606.39	2	42 901.60	85 803.20	86 034.47	－231.27
5 月	加权平均法	2	42 901.60	85 803.20	3	44 784.94	134 354.83	4	44 031.61	176 126.42	1	44 031.61	44 031.61	44 521.56	－489.95
6 月	加权平均法	1	44 031.61	44 031.61	5	41 783.23	208 916.16	5	42 157.96	210 789.80	1	42 157.96	42 157.96	43 718.76	－1 560.80
7 月	加权平均法	1	42 157.96	42 157.96	5	41 413.55	207 067.76	5	41 537.62	207 688.10	1	41 537.62	41 537.62	42 043.01	－505.39
8 月	加权平均法	1	41 537.62	41 537.62	5	50 438.86	252 194.32	4	48 955.32	195 821.29	2	48 955.32	97 910.65	98 115.32	－204.67
9 月	加权平均法	2	48 955.32	97 910.65	4	56 901.75	227 607.01	5	54 252.94	271 264.71	1	54 252.94	54 252.94	54 149.24	103.70
10 月	加权平均法	1	54 252.94	54 252.94	4	43 131.31	172 525.25	4	45 355.64	181 422.55	1	45 355.64	45 355.64	45 586.59	－230.95
11 月	加权平均法	1	45 355.64	45 355.64	5	47 634.25	238 171.27	5	47 254.48	236 272.42	1	47 254.48	47 254.48	47 555.16	－300.68
12 月	加权平均法	1	47 254.48	47 254.48	5	46 296.63	231 483.14	5	46 456.27	232 281.35	1	46 456.27	46 456.27	46 768.57	－312.30
合计					52	45 889.91	2 386 275.06	55	45 596.71	2 507 818.79					

审计说明：

全年测试结果为除气机账面库存商品余额与应存余额仅相差 312.30 元，可忽略不计

审计结论	期末计价可以确认

计价方法：(1) 购入：本年实际成本法，上年实际成本法。　　(2) 发出：本年月末一次加权平均法，上年月末一次加权平均法。

表 7－30 存货计价测试表(6－3)

被审计单位名称：南宁骏业　　索引号：1－200－4　　页次：6－3　　金额单位：元

存货类别：库存商品　　执行人：冬小红　　日期：2024.1.17　　数量单位：个

品名及规格：过滤袋　　复核人：何向东　　日期：2024.1.20

抽查期间	计价方法	期(月)初余额			本期(月)增加			本期(月)减少			期(月)末应存余额			期末账面余额	差异
		数量	单价	金额	数量	单价	金额	数量	单价	金额	数量	单价	金额		
1月	加权平均法	1 452	28.00	40 656.00	1 500	30.25	45 371.81	2 000	29.14	58 284.42	952	29.14	27 743.39	27 747.81	−4.42
2月	加权平均法	952	29.14	27 743.39	1 100	28.59	31 450.12	1 700	28.85	49 039.45	352	28.85	10 154.05	10 186.93	−32.88
3月	加权平均法	352	28.85	10 154.05	1 600	26.34	42 138.96	1 850	26.79	49 560.49	102	26.79	2 732.52	2 782.89	−50.37
4月	加权平均法	102	26.79	2 732.52	1 600	23.29	37 268.43	1 500	23.50	35 253.48	202	23.50	4 747.47	4 329.87	417.60
5月	加权平均法	202	23.50	4 747.47	1 300	27.55	35 817.19	1 400	27.01	37 809.94	102	27.01	2 754.72	2 498.89	255.83
6月	加权平均法	102	27.01	2 754.72	1 550	27.14	42 068.32	1 450	27.13	39 342.26	202	27.13	5 480.78	4 805.61	675.17
7月	加权平均法	202	27.13	5 480.78	1 600	26.96	43 139.68	1 480	26.98	39 932.46	322	26.98	8 688.01	8 082.78	605.23
8月	加权平均法	322	26.98	8 688.01	1 550	23.65	36 664.68	1 500	24.23	36 340.29	372	24.23	9 012.39	8 264.73	747.66
9月	加权平均法	372	24.23	9 012.39	1 560	26.56	41 436.11	1 600	26.11	41 779.30	332	26.11	8 669.20	7 752.39	916.81
10月	加权平均法	332	26.11	8 669.20	1 300	26.75	34 770.32	1 560	26.62	41 523.07	72	26.62	1 916.45	1 422.70	493.75
11月	加权平均法	72	26.62	1 916.45	1 540	34.48	53 100.75	1 480	34.13	50 512.07	132	34.13	4 505.13	3 899.41	605.72
12月	加权平均法	132	34.13	4 505.13	1 600	31.54	50 462.79	1 440	31.74	45 700.81	292	31.74	9 267.11	8 685.40	581.71
合计					17 800	27.74	493 689.16	18 960	27.69	525 078.05					

审计说明：

全年测试结果显示，过滤袋账面库存商品余额与应存余额相差 581.71 元，虽然差异金额较小，但由于该产品单价较低，期末计价不正确将会影响下期相关的数据，故应予以调整

审计结论	调整后期末计价可以确认

计价方法：(1) 购入：本年按实际成本法，上年按实际成本法。　　(2) 发出：本年按月末一次加权平均法，上年按月末一次加权平均法。

表 7－31　存货计价测试表(6－4)

被审计单位名称：南宁骏业　　索引号：1－200－4　　页次：6－4　　金额单位：元

存货类别：库存商品　　执行人：冬小红　　日期：2024.1.17　　数量单位：根

品名及规格：石墨杆 ϕ75　　复核人：何向东　　日期：2024.1.20

抽查期间	计价方法	期(月)初余额			本期(月)增加			本期(月)减少			期(月)末应存余额			期(月)末账面余额	差异
		数量	单价	金额	数量	单价	金额	数量	单价	金额	数量	单价	金额		
1月	加权平均法	120	260.00	31 200.00	115	281.16	32 333.30	150	270.35	40 553.17	85	270.35	22 980.13	22 986.80	－6.67
2月	加权平均法	85	270.35	22 980.13	90	279.33	25 139.85	120	274.97	32 996.56	55	274.97	15 123.42	15 142.25	－18.83
3月	加权平均法	55	274.97	15 123.42	120	249.07	29 888.82	125	257.21	32 151.60	50	257.21	12 860.64	12 892.32	－31.68
4月	加权平均法	50	257.21	12 860.64	122	234.99	28 669.15	120	241.45	28 974.27	52	241.45	12 555.52	11 598.55	956.97
5月	加权平均法	52	241.45	12 555.52	105	258.04	27 094.53	110	252.55	27 780.29	47	252.55	11 869.76	10 928.66	941.10
6月	加权平均法	47	252.55	11 869.76	125	251.63	31 453.81	130	251.88	32 744.56	42	251.88	10 579.01	9 528.27	1 050.74
7月	加权平均法	42	251.88	10 579.01	125	250.63	31 329.16	120	250.95	30 113.66	47	250.95	11 794.52	10 804.57	989.95
8月	加权平均法	47	250.95	11 794.52	120	252.29	30 274.91	125	251.91	31 489.09	42	251.91	10 580.33	9 662.03	918.30
9月	加权平均法	42	251.91	10 580.33	130	254.58	33 095.62	128	253.93	32 503.04	44	253.93	11 172.92	10 180.58	992.34
10月	加权平均法	44	253.93	11 172.92	100	265.31	26 530.63	110	261.83	28 801.32	34	261.83	8 902.23	7 985.33	916.90
11月	加权平均法	34	261.83	8 902.23	120	313.85	37 661.98	130	302.36	39 307.45	24	302.36	7 256.76	6 217.18	1 039.58
12月	加权平均法	24	302.36	7 256.76	125	316.75	39 594.16	110	314.44	34 587.93	39	314.44	12 262.99	11 172.34	1 090.65
合计					1 397	267.05	373 065.92	1 478	265.23	392 002.93					

审计说明：
全年测试结果显示，石墨杆 ϕ75 账面余额与测试结果相差 1 090.65 元，应予以调整

审计结论	调整后期末计价可以确认

计价方法：(1) 购入：本年按实际成本法，上年按实际成本法。　(2) 发出：本年按月末一次加权平均法，上年按月末一次加权平均法。

表 7-32 存货计价测试表(6-5)

被审计单位名称：南宁骏业　　索引号：1-200-4　　页次：6-5　　金额单位：元

存货类别：库存商品　　执行人：冬小红　　日期：2024.1.17　　数量单位：个

品名及规格：石墨轮 $\phi150$　　复核人：何向东　　日期：2024.1.20

抽查期间	计价方法	期(月)初余额			本期(月)增加			本期(月)减少			期(月)末应存余额			期末账面余额	差异
		数量	单价	金额	数量	单价	金额	数量	单价	金额	数量	单价	金额		
1月	加权平均法	92	165.00	15 180.00	110	186.31	20 493.99	120	176.60	21 192.47	82	176.60	14 481.52	15 552.79	−1 071.27
2月	加权平均法	82	176.60	14 481.52	75	184.49	13 836.48	120	180.37	21 644.33	37	180.37	6 673.67	7 756.87	−1 083.20
3月	加权平均法	37	180.37	6 673.67	100	154.24	15 424.24	105	161.30	16 936.35	32	161.30	5 161.56	6 001.01	−839.45
4月	加权平均法	32	161.30	5 161.56	105	139.92	14 691.52	100	144.91	14 491.30	37	144.91	5 361.78	4 887.92	473.86
5月	加权平均法	37	144.91	5 361.78	80	162.97	13 037.57	75	157.26	11 794.45	42	157.26	6 604.89	6 136.31	468.58
6月	加权平均法	42	157.26	6 604.89	115	156.56	18 004.04	90	156.74	14 107.03	67	156.74	10 501.90	8 500.07	2 001.83
7月	加权平均法	67	156.74	10 501.90	95	155.56	14 778.17	100	156.05	15 604.98	62	156.05	9 675.09	7 698.71	1 976.38
8月	加权平均法	62	156.05	9 675.09	90	156.88	14 119.23	95	156.54	14 871.45	57	156.54	8 922.87	6 991.22	1 931.65
9月	加权平均法	57	156.54	8 922.87	100	159.17	15 917.14	90	158.22	14 239.50	67	158.22	10 600.51	7 983.50	2 617.01
10月	加权平均法	67	158.22	10 600.51	85	169.90	14 441.16	115	164.75	18 946.00	37	164.75	6 095.67	3 531.02	2 564.65
11月	加权平均法	37	164.75	6 095.67	115	218.44	25 120.53	95	205.37	19 510.13	57	205.37	11 706.08	9 073.60	2 632.48
12月	加权平均法	57	205.37	11 706.08	105	221.23	23 228.90	110	215.65	23 721.28	52	215.65	11 213.70	8 533.22	2 680.48
合计					1 175	172.85	203 092.97	1 215	170.42	207 059.27					

审计说明：
全年测试结果显示，石墨轮 $\phi150$ 账面余额与测试结果相差 2 680.48 元，应予以调整

审计结论	调整后期末计价可以确认

计价方法：(1) 购入：本年按实际成本法，上年按实际成本法。　　(2) 发出：本年按月末一次加权平均法，上年按月末一次加权平均法。

表 7-33　存货计价测试表(6-6)

被审计单位名称：南宁骏业　　索引号：1-200-4　　页次：6-6　　金额单位：元

存货类别：库存商品　　执行人：冬小红　　日期：2024.1.17　　数量单位：个

品名及规格：石墨轮 ϕ180　　复核人：何向东　　日期：2024.1.20

抽查期间	计价方法	期(月)初余额			本期(月)增加			本期(月)减少			期(月)末应存余额			期末账面余额	差异
		数量	单价	金额	数量	单价	金额	数量	单价	金额	数量	单价	金额		
1月	加权平均法	83	170.00	14 110.00	105	193.23	20 289.37	110	182.98	20 127.29	78	182.98	14 272.08	13 213.37	1 058.71
2月	加权平均法	78	182.98	14 272.08	65	191.38	12 439.85	90	186.80	16 811.70	53	186.80	9 900.23	8 850.22	1 050.01
3月	加权平均法	53	186.80	9 900.23	95	161.16	15 310.60	100	170.34	17 034.34	48	170.34	8 176.48	7 136.82	1 039.66
4月	加权平均法	48	170.34	8 176.48	95	146.90	13 955.82	90	154.77	13 929.42	53	154.77	8 202.88	4 370.71	3 832.17
5月	加权平均法	53	154.77	8 202.88	80	169.90	13 591.88	80	163.87	13 109.63	53	163.87	8 685.13	4 813.92	3 871.21
6月	加权平均法	53	163.87	8 685.13	90	165.05	14 854.76	95	164.61	15 638.39	48	164.61	7 901.50	5 497.11	2 404.39
7月	加权平均法	48	164.61	7 901.50	90	162.49	14 623.97	80	163.23	13 058.24	58	163.23	9 467.23	7 034.08	2 433.15
8月	加权平均法	58	163.23	9 467.23	92	159.70	14 692.57	95	161.07	15 301.20	55	161.07	8 858.59	6 210.18	2 648.41
9月	加权平均法	55	161.07	8 858.59	95	166.12	15 781.71	90	164.27	14 784.18	60	164.27	9 856.12	7 715.07	2 141.05
10月	加权平均法	60	164.27	9 856.12	80	176.85	14 147.84	100	171.46	17 145.69	40	171.46	6 858.27	4 681.25	2 177.02
11月	加权平均法	40	171.46	6 858.27	92	225.39	20 736.00	90	209.05	18 814.28	42	209.05	8 780.00	6 257.10	2 522.90
12月	加权平均法	42	209.05	8 780.00	90	228.19	20 537.25	85	222.10	18 878.53	47	222.10	10 438.72	7 723.21	2 715.51
合计					1 069	178.64	190 961.62	1 105	176.14	194 632.90					

审计说明：

全年测试结果显示，石墨轮 ϕ180 账面余额与测试结果相差 2 715.51 元，应予以调整

审计结论	调整后期末计价可以确认

计价方法：(1) 购入：本年按实际成本法，上年按实际成本法。　(2) 发出：本年按月末一次加权平均法，上年按月末一次加权平均法。

表 7-34 存货出入库截止测试

被审计单位名称：南宁骏业	索引号：1-200-5	页次：	金额单位：元
审计项目名称：存货——原材料——主要材料	执行人：冬小红	日期：2024.1.17	
财务报表截止日：2023 年 12 月 31 日	复核人：何向东	日期：2024.1.20	

一、从存货明细账的借贷方发生额中抽取样本与出入库记录核对，以确定存货出入库被记录在正确的会计期间

截止日期：2023 年 12 月 31 日

序号		摘要	明细账凭证			出入库单(或购货/销售发票)			是否跨期
			编号	日期	金额	编号	日期	金额	
截止日前	1	提升杆 L900 mm	记账凭证-29	2023-12-8	91 790.00	收字第 4 号	2023-12-8	91 790.00	否
		变频器			32 018.40			32 018.40	否
		气动胶膜开关 FXIJ350			17 781.40			17 781.40	否
		压力开关			9 531.40			9 531.40	否
		二位三通电磁阀			3 884.60			3 884.60	否
截止日后	1	不锈钢₵90	记账凭证-25	2024-1-10	4 866.95	收字第 2 号	2024-1-10	4 866.95	否
		不锈钢₵10			3 404.00			3 404.00	否
		钢板			2 008.80			2 008.80	否

二、从存货出入库记录中抽取样本与明细账的借贷方发生额核对，以确定存货出入库被记录在正确的会计期间

截止日期：2023 年 12 月 31 日

序号		摘要	出入库单(或购货/销售发票)			明细账凭证			是否跨期
			编号	日期	金额	编号	日期	金额	
截止日前	1	二位五通电磁阀(国产)	收字第 5 号	2023.12.8	3 344.00	记账凭证-29	2023-12-8	3 344.00	否
		玻璃流量管 FXIJ230			2 983.60			2 983.60	否
		单向阀 AK2000-02			12 915.00			12 915.00	否

续表

序号		摘要	出入库单(或购货/销售发票)			明细账凭证			是否跨期
			编号	日期	金额	编号	日期	金额	
截止日前	2	购入石墨毛坯 ϕ75	收字第 6 号	2023.12.31	63 678.00	记账凭证-39	2024-1-13	63 678.00	是
		购入石墨毛坯 ϕ150			15 899.20			15 899.20	是
		购入石墨毛坯 ϕ180			19 383.20			19 383.20	是
截止日后	1	此入库单的检查内容已在“一、从存货明细账的…”中检查	收字第 2 号	2024-1-10	略				否
	2	除气机外壳	收字第 3 号	2024-1-13	16 522.20	记账凭证-36	2024-1-13	16 522.20	否
		旋转头 FXIJ123			34 378.38			34 378.38	否
		两路五通电磁阀			11 585.70			11 585.70	否
		三相电动机			8 088.00			8 088.00	否
		调压阀			15 915.00			15 915.00	否

审计说明：

经实施截止测试，2023 年 12 月 31 日购入石墨毛坯 ϕ75 等，已入库(收字第 6 号)，由于 2023 年 12 月 31 日发票未到，企业在 2024 年 1 月 13 日入账，根据企业会计准则要求，该笔采购应当暂估入账

编制说明：本表适用于材料采购、在途物资、原材料、在产品、库存商品等

表 7－35 生产成本检查表

被审计单位名称：南宁骏业　　索引号：1－200－6　　页次：　　金额单位：元
审计项目名称：除气机　　执行人：冬小红　　日期：2024.1.17
会计期间：2023 年度　　复核人：何向东　　日期：2024.1.20

月份	投产数量/台	成本项目				完工转出（成本结转方法：期末无在产品）		
		直接材料	直接人工	制造费用	合计	数量	总成本	余额
期初余额								
1 月	4.00	126 281.16	31 770.00	36 402.91	194 454.07	4.00	194 454.07	
2 月	3.00	94 725.22	14 176.99	28 218.71	137 120.92	3.00	137 120.92	
3 月	5.00	157 885.51	21 069.09	32 441.95	211 396.55	5.00	211 396.55	
4 月	4.00	126 332.54	16 717.57	27 933.67	170 983.78	4.00	170 983.78	
5 月	3.00	94 762.99	15 639.31	23 952.53	134 354.83	3.00	134 354.83	
6 月	5.00	157 965.73	20 228.31	30 722.12	208 916.16	5.00	208 916.16	
7 月	5.00	157 981.28	19 310.51	29 775.97	207 067.76	5.00	207 067.76	
8 月	5.00	209 424.03	15 639.31	27 130.98	252 194.32	5.00	252 194.32	
9 月	4.00	177 786.16	19 310.51	30 510.34	227 607.01	4.00	227 607.01	
10 月	4.00	126 414.11	15 639.31	30 471.83	172 525.25	4.00	172 525.25	
11 月	5.00	158 030.39	20 228.31	59 912.57	238 171.27	5.00	238 171.27	
12 月	5.00	158 082.54	15 639.31	57 761.29	231 483.14	5.00	231 483.14	
1—12 月合计	52.00	1 745 671.66	225 368.53	415 234.87	2 386 275.06	52.00	2 386 275.06	
期末余额								
上年发生额	略							
增减比例								

审计说明：
（1）经对“生产成本——除气机”各项目各月发生额的分析，2023 年 8 月、9 月“直接材料”金额特别大，应追查原因确定材料成本是否正确。
（2）制造费用 11 月、12 月金额偏高，应追查其发生额是否正确

表 7－36　生产成本（在产品）审定表

被审计单位名称：南宁骏业　　索引号：1－200－9　　页次：　　金额单位：元

审计项目名称：生产成本　　执行人：冬小红　　日期：2024.1.17

会计期间或截止日：2023 年度　　复核人：何向东　　日期：2024.1.20

索引号	项目及内容	期初数	本期发生数	本期转出数	期末未审数	调整数	审定数
	合　计		3 647 084.73	3 647 084.73			
	其中：						
	直接人工		577 716.94	577 716.94			
	直接材料		2 113 999.52	2 113 999.52			
	制造费用		955 368.27	955 368.27			

审计说明及调整分录：

根据 1－200－6 审计底稿（表 7－35），由于成本计算汇总错误，多记材料成本 102 771.60 元，应调减本账户 102 771.60 元，调整分录详见 1－200－1 底稿

审计结论	调整后发生额及余额可以确认

表 7-37 制造费用审定表(2-1)

被审计单位名称：南宁骏业　　索引号：1-200-10　　页次：2-1　　金额单位：元

审计项目名称：存货——制造费用　　执行人：冬小红　　日期：2024.1.17

会计期间或截止日：2023 年度　　复核人：何向东　　日期：2024.1.20

索引号	项目	总账金额	明细账(车间)金额				
			除气机车间	石墨制品车间	过滤袋车间		
	本期发生数(未审)	955 368.27	415 234.87	324 568.63	215 564.77		
	本期转出数	955 368.27	415 234.87	324 568.63	215 564.77		
	调整数	2 208.72	2 980.78	−3 007.64	2 235.58		
	审定数	957 576.99	418 215.65	321 560.99	217 800.35		

查证情况(车间不足填列可加页)：

索引号	明细项目	除气机车间			石墨制品车间		
		未审数	调整数	审定数	未审数	调整数	审定数
1-500-1	折旧费	60 212.91	2 980.78	63 193.69	119 712.07	−3 007.64	116 704.43
	工资	153 188.00		153 188.00	110 125.09		110 125.09
	福利费	13 242.32		13 242.32	9 985.51		9 985.51
	机械维修费	2 294.00		2 294.00	2 699.00		2 699.00
	水电费	34 676.34		34 676.34	18 253.38		18 253.38
	电话费	4 672.50		4 672.50	3 982.50		3 982.50

续表

索引号	明细项目	除气机车间			石墨制品车间		
		未审数	调整数	审定数	未审数	调整数	审定数
	差旅费	80 620.00		80 620.00			0.00
	员工保险	22 417.38		22 417.38	16 904.02		16 904.02
	材料	27 082.85		27 082.85	35 330.07		35 330.07
	劳保用品费	5 666.96		5 666.96	5 080.60		5 080.60
	消耗性材料	5 751.03		5 751.03			0.00
	工会经费	1 891.76		1 891.76	1 426.51		1 426.51
	教育经费	1 418.82		1 418.82	1 069.88		1 069.88
	其他制造费用	2 100.00		2 100.00			0.00
	合　　计	415 234.87	2 980.78	418 215.65	324 568.63	−3 007.64	321 560.99
	本期转出数	415 234.87	2 980.78	418 215.65	324 568.63	−3 007.64	321 560.99

审计说明及调整分录：

根据对固定资产的审计，应调整本账户 2 208.72 元，其中除气机车间 2 980.78 元，石墨制品车间 −3 007.64 元，过滤袋车间 2 235.58 元。调整分录详见 1-500-1 底稿

审计结论	调整后发生额及余额可以确认

表 7-38 制造费用审定表(2-2)

被审计单位名称：南宁骏业　　索引号：1-200-10　　页次：2-2　　金额单位：元
审计项目名称：存货——制造费用　　执行人：冬小红　　日期：2024.1.17
会计期间或截止日：2023 年度　　复核人：何向东　　日期：2024.1.17

索引号	项　目	总账金额	明细账(车间)金额				
			除气机车间	石墨制品车间	过滤袋车间		
	本期发生数(未审)	955 368.27	415 234.87	324 568.63	215 564.77		
	本期转出数	955 368.27	415 234.87	324 568.63	215 564.77		
	调整数	2 208.72	2 980.78	−3 007.64	2 235.58		
	审定数	957 576.99	418 215.65	321 560.99	217 800.35		

查证情况(车间不足填列可加页)：

索引号	明细项目	过滤袋车间			车　间		
		未审数	调整数	审定数	未审数	调整数	审定数
1-500-1	折旧费	21 306.84	2 235.58	23 542.42			
	工资	113 768.00		113 768.00			
	福利费	12 231.52		12 231.52			
	机械维修费	595.00		595.00			
	水电费	10 684.14		10 684.14			
	电话费	4 535.00		4 535.00			

续表

索引号	明细项目	过滤袋车间			车间		
		未审数	调整数	审定数	未审数	调整数	审定数
	差旅费						
	员工保险	20 706.26		20 706.26			
	材料	24 315.60		24 315.60			
	劳保用品费	4 364.53		4 364.53			
	消耗性材料						
	工会经费	1 747.36		1 747.36			
	教育经费	1 310.52		1 310.52			
	其他制造费用	2 100.00		2 100.00			
	合　计	217 664.77	2 235.58	219 900.35			
	本期转出数	217 664.77	2 235.58	219 900.35			

审计说明及调整分录：	调整分录与重分类分录：
审计结论	调整后发生额及余额可以确认

表 7－39 存货检查情况表

被审计单位名称：南宁骏业	索引号：1－200－13	页次：	金额单位：元
审计项目名称：存货	执行人：冬小红	日期：2024.1.17	
财务报表截止日：2023 年 12 月 31 日	复核人：何向东	日期：2024.1.20	

日期	凭证编号	业务内容	对应科目	金额	核对内容								备注
					1	2	3	4	5	6	7	8	
2023－8－31	记账凭证－95	结转发出材料成本	原材料、周转材料	209 424.03	√	√	×						生产成本——除气机
2023－9－30	记账凭证－89	结转发出材料成本	原材料、周转材料	177 786.16	√	√	×						生产成本——除气机
2023－11－24	记账凭证－77	发放年终奖金	库存现金	29 300.00	√	√	√						制造费用——除气机车间
2023－12－16	记账凭证－56	发放年终奖金	库存现金	29 300.00	√	√	√						制造费用——除气机车间
	…												

核对内容说明：
（1）原始凭证内容完整。
（2）有授权批准。
（3）账务处理正确

审计说明：
（1）2023.8.95＃凭证，发出材料汇总部分材料数量有误，导致，“生产成本——直接材料”成本多记 51 385.80 元，核对过程详见 1－200－13－1。
（2）2023.9.89＃凭证，发出材料汇总部分材料数量有误，导致，“生产成本——直接材料”多记 51 385.80 元，核对过程详见 1－200－13－1

表 7-40 发出材料检查核对结果

索引号：1-200-13-1 金额单位：元

2023.8.95＃凭证检查核对结果

名称及规格	计量单位	领料单			材料发出汇总计算单数量	差异	单价	金额
		8.1 实发数量	8.20 实发数量	合计数量				
气动开关 FXIJ108	个	3	2	5	15	10	2 642.39	26 423.90
流量计 CAB016	个	3	2	5	15	10	1 256.14	12 561.40
转速表 DP4-PRI	个	3	2	5	15	10	428.38	4 283.80
铝棒₵90	米	1.5	1	2.5	7.5	5	320.26	1 601.30
泄气阀 FXIJ117	个	3	2	5	15	10	183.15	1 831.50
交流接触器 台安	个	10	5	15	45	30	84.07	2 522.10
铜棒₵30	米	5	2.5	7.5	22.5	15	144.12	2 161.80
合计								51 385.80

2023.9.89＃凭证检查核对结果

名称及规格	计量单位	领料单			材料发出汇总计算单数量	差异	单价	金额
		9.1 实发数量	9.15 实发数量	合计数量				
气动开关 FXIJ108	个	2	2	4	14	10	2 642.39	26 423.90
流量计 CAB016	个	2	2	4	14	10	1 256.14	12 561.40
转速表 DP4-PRI	个	2	2	4	14	10	428.38	4 283.80
铝棒₵90	米	1	1	2	7	5	320.26	1 601.30
泄气阀 FXIJ117	个	2	2	4	14	10	183.15	1 831.50
交流接触器 台安	个	6	6	12	42	30	84.07	2 522.10
铜棒₵30	米	3	3	6	21	15	144.12	2 161.80
合计								51 385.80

表 7-41 主营业务成本检查情况表

被审计单位名称：南宁骏业　　索引号：5-401-4　　页次：　　金额单位：元
审计项目名称：主营业务成本　　执行人：冬小红　　日期：2024.1.17
会计期间或截止日：2023 年度　　复核人：何向东　　日期：2024.1.20

日期	凭证编号	业务内容	对应科目	金额	核对内容								备注
					1	2	3	4	5	6	7	8	
2023-1-31	记账凭证-99	结转除气机成本	库存商品	271 821.72	√	√	√						
		结转过滤袋成本	库存商品	58 280.00	√	√	√						
		结转石墨杆 ϕ75 成本	库存商品	40 546.50	√	√	√						
		结转石墨轮 ϕ150 成本	库存商品	20 121.20	√	√	√						
		结转石墨轮 ϕ180 成本	库存商品	21 186.00	√	√	√						
2023-4-30	记账凭证-109	结转除气机成本	库存商品	171 439.70	√	√	√						
		结转过滤袋成本	库存商品	35 721.45	√	√	×	少转成本 18 个					
		结转石墨杆 ϕ75 成本	库存商品	29 962.92	√	√	×	少转成本 4 个					
		结转石墨轮 ϕ150 成本	库存商品	15 804.61	√	√	×	少转成本 13 个					
		结转石墨轮 ϕ180 成本	库存商品	16 721.93	√	√	×	少转成本 12 个					
2023-12-31	记账凭证-128	结转除气机成本	库存商品	232 269.73	√	√	√						
		结转过滤袋成本	库存商品	45 676.80	√	√	×	少转成本 160 个					
		结转石墨杆 ϕ75 成本	库存商品	34 639.00	√	√	×	少转成本 20 个					
		结转石墨轮 ϕ150 成本	库存商品	23 769.28	√	√	×	少转成本 10 个					
		结转石墨轮 ϕ180 成本	库存商品	19 071.14	√	√	×	少转成本 25 个					
		…											
		…											
		…											

核对内容说明：
(1) 原始凭证内容完整。
(2) 有授权批准。
(3) 账务处理正确

审计说明：
经查 2023.4.109＃凭证、2023.12.128＃凭证，两笔分录共计少转 178 个过滤袋、24 个石墨杆 ϕ75、23 个石墨轮 ϕ150、37 个石墨轮 ϕ180

表 7-42　主营业务收入、主营业务成本审定表

被审计单位名称：南宁骏业　　索引号：5-101/401-1　　页次：　　金额单位：元

审计项目名称：主营业务收入/主营业务成本　　执行人：冬小红　　日期：2024.1.15

会计期间：2023 年度　　复核人：何向东　　日期：2024.1.20

月份	全部产品			主要产品														
				除气机			过滤袋			石墨杆 ϕ75			石墨轮 ϕ150			石墨轮 ϕ180		
	销售收入	销售成本	销售成本率	销售收入	销售成本	销售成本率	销售收入	销售成本	销售成本率	销售收入	销售成本	销售成本率	销售收入	销售成本	销售成本率	销售收入	销售成本	销售成本率
1月	1 018 500.00	411 955.42	40%	720 000.00	271 821.72	38%	66 000.00	58 280.00	88%	135 000.00	40 546.50	30%	48 000.00	20 121.20	42%	49 500.00	21 186.00	43%
2月	612 600.00	257 052.63	42%	360 000.00	136 621.83	38%	56 100.00	49 011.00	87%	108 000.00	32 984.40	31%	48 000.00	21 632.40	45%	40 500.00	16 803.00	41%
3月	860 550.00	331 923.45	39%	600 000.00	216 037.60	36%	61 050.00	49 543.00	81%	112 500.00	32 138.75	29%	42 000.00	17 180.10	41%	45 000.00	17 024.00	38%
4月	730 200.00	269 650.61	37%	480 000.00	171 439.70	36%	50 040.00	35 721.45	71%	111 200.00	29 962.92	27%	43 900.00	15 804.61	36%	45 060.00	16 721.93	37%
5月	691 200.00	266 218.18	39%	480 000.00	175 867.74	37%	46 200.00	37 648.17	81%	99 000.00	27 764.42	28%	30 000.00	11 789.18	39%	36 000.00	13 148.67	37%
6月	843 600.00	312 146.61	37%	600 000.00	209 718.96	35%	47 850.00	39 761.60	83%	117 000.00	32 854.20	28%	36 000.00	15 640.28	43%	42 750.00	14 171.57	33%
7月	832 840.00	307 325.41	37%	600 000.00	208 743.51	35%	48 840.00	39 862.51	82%	108 000.00	30 052.86	28%	40 000.00	15 579.53	39%	36 000.00	13 087.00	36%
8月	722 750.00	294 365.38	41%	480 000.00	196 122.01	41%	49 500.00	36 482.73	74%	112 500.00	31 417.45	28%	38 000.00	14 826.72	39%	42 750.00	15 516.47	36%
9月	844 500.00	375 300.29	44%	600 000.00	271 573.09	45%	52 800.00	41 948.45	79%	115 200.00	32 577.07	28%	36 000.00	14 924.86	41%	40 500.00	14 276.82	35%
10月	721 480.00	286 989.09	40%	480 000.00	181 087.90	38%	51 480.00	41 100.01	80%	99 000.00	28 725.88	29%	46 000.00	18 893.64	41%	45 000.00	17 181.66	38%
11月	844 340.00	364 994.97	43%	600 000.00	236 202.70	39%	48 840.00	50 624.04	104%	117 000.00	39 430.13	34%	38 000.00	19 577.95	52%	40 500.00	19 160.15	47%
12月	710 020.00	355 425.95	50%	480 000.00	232 269.73	48%	47 520.00	45 676.80	96%	99 000.00	34 639.00	35%	34 000.00	23 769.28	70%	49 500.00	19 071.14	39%
本年合计	9 432 580.00	3 833 347.99	41%	6 480 000.00	2 507 506.49	39%	626 220.00	525 659.76	84%	1 333 400.00	393 093.58	29%	479 900.00	209 739.75	44%	513 060.00	197 348.41	38%

续表

月份	全部产品			主要产品														
				除气机			过滤袋			石墨杆 $\phi75$			石墨轮 $\phi150$			石墨轮 $\phi180$		
	销售收入	销售成本	销售成本率	销售收入	销售成本	销售成本率	销售收入	销售成本	销售成本率	销售收入	销售成本	销售成本率	销售收入	销售成本	销售成本率	销售收入	销售成本	销售成本率
调整数	157 280.00	−81 257.30		120 000.00	−99 790.82		5 280.00	7 303.59		18 000.00	3 448.27		14 000.00	2 279.47	16%		5 502.19	
审定数	9 589 860.00	3 752 090.69	39%	6 600 000.00	2 407 715.67	36%	631 500.00	532 963.35	84%	1 351 400.00	396 541.85	29%	493 900.00	212 019.22	43%	513 060.00	202 850.60	40%
上年合计	8 038 116.67	3 332 755.58	41%	略														
变动幅度	19%	13%																

审计说明：

(1) 实施分析程序，计算发现 12 月毛利率偏低，经分析主要为 12 月收入产品数量与成本结转的数量不相符。

(2) 根据 5-101-3 审计结果，本年应确认的收入跨期在 2024 年 1 月入账，应予以调增本年收入 157 280 元，其中：除气机 120 000 元（1 台）、过滤袋 5 280 元（160 个）、石墨杆 $\phi75$ 18 000 元（20 根）、石墨轮 $\phi150$ 14 000 元（35 个）。

(3) 本期多转主营业务成本 81 257.30 元

其中：

(1) 部分产品成本结转数量不正确，应调增 26 373.93 元，调整分录见 5-101/401-2 底稿；

(2) 成本计算错误，多计 102 771.60 元，调整分录见 1-200-1 底稿；

(3) 部分发出产品，计价错误，导致多计成本 7 068.35 元，调整分录见 1-200-1 底稿；

(4) 固定资产折旧计提不正确，应调增成本 2 208.72 元，调整分录见 1-500-1 底稿

调整分录：

跨期收入调整分录如下。

借：应收账款——贵州亚德铝厂 184 017.60

　贷：主营业务收入——除气机（1 台） 120 000.00

　　主营业务收入——过滤袋（160 个） 5 280.00

　　主营业务收入——石墨杆 $\phi75$（20 根） 18 000.00

　　主营业务收入——石墨轮 $\phi150$（35 个） 14 000.00

　　应交税费——应交增值税——销项税额 26 737.60

审计结论	调整后发生额可以确认

表 7-43 主营业务成本与收入匹配情况检查表

被审计单位名称：南宁骏业　　索引号：5-101/401-2　　页次：　　金额单位：元

审计项目名称：主营业务收入/主营业务成本　　执行人：冬小红　　日期：2024.1.15　　数量单位：台/个/根

会计期间：2023 年度　　复核人：何向东　　日期：2024.1.20

产品名称	出库计价方法	销售数量		主营业务成本未审数			主营业务成本审定数			核对内容(用“√”“×”表示)			差额(数量)	差额处理意见
		未审数	审定数	数量	单价	总成本	数量	单价	总成本	1	2	3		
除气机	加权平均	54	55	55	45 591.03	2 507 506.49	55	43 776.65	2 407 715.67	√	√	√		
过滤袋	加权平均	18 978	19 138	18 960	27.72	525 659.76	19 138	27.85	532 963.35	×	×	√	178	差异予以调整，调整后出库数量与销售数量应一致
石墨杆 ϕ75	加权平均	1 482	1 502	1 478	265.96	393 093.58	1 502	264.01	396 541.85	×	×	√	24	
石墨轮 ϕ150	加权平均	1 203	1 238	1 215	172.63	209 739.75	1 238	171.26	212 019.22	×	×	√	23	
石墨轮 ϕ180	加权平均	1 142	1 142	1 105	178.60	197 348.41	1 142	177.63	202 850.60	×	×	√	37	
合计			23 075			3 833 347.99			3 752 090.69					

审计说明：

经查，

(1) 销售数量的调整数系 2023 年 12 月 31 日收入未入账的调整，包括 1 台除气机、160 个过滤袋、20 根石墨杆 ϕ75、35 个石墨轮 ϕ150。

(2) 2023.4.109＃凭证，漏转展销出售产品成本，包括 18 个过滤袋、4 个石墨杆 ϕ75、13 个石墨轮 ϕ150、12 个石墨轮 ϕ180。

(3) 2023.12.128＃凭证转结成本时：

① 将石墨轮 ϕ150 和石墨轮 ϕ180 两种产品错位，导致多转 25 个石墨轮 ϕ150、少转 25 个石墨轮 ϕ180。

② 少转 12 月 30 日发出的部分产品，其中有 160 个过滤袋、20 个石墨杆 ϕ75、35 个石墨轮 ϕ150。

综上所述，应调增主营业务成本 26 373.93 元，其中：

过滤袋：178×31.74＝5 649.72(元)

石墨杆 ϕ75：24×314.44＝7 546.56(元)

石墨轮 ϕ150：23×215.65＝4 959.95(元)

石墨轮 ϕ180：37×222.10＝8 217.70(元)

调整分录与重分类分录：

借：主营业务成本——过滤袋　5 649.72

　主营业务成本——石墨杆 ϕ75　7 546.56

　主营业务成本——石墨轮 ϕ150　4 959.95

　主营业务成本——石墨轮 ϕ180　8 217.70

　贷：库存商品——过滤袋(178 个)　5 649.72

　　库存商品——石墨杆 ϕ75(24 根)　7 546.56

　　库存商品——石墨轮 ϕ150(23 个)　4 959.95

　　库存商品——石墨轮 ϕ180(37 个)　8 217.70

核对内容说明：(1) 出库数量与销售数量是否匹配；(2) 计价/计算方法是否正确；(3) 计价/计算方法前后期是否一致

表 7-44 主营业务成本检查表

被审计单位名称：南宁骏业　　索引号：5-401-5　　页次：　　金额单位：元
审计项目名称：主营业务成本　　执行人：冬小红　　日期：2024.1.17
会计期间：2023 年度　　复核人：何向东　　日期：2024.1.20

产品名称	计量单位	产成品年初数			本年累计生产			本年销售结转			其他转出			期末结存		
		数量	单价	金额	数量	单价	金额	数量	单价	金额	数量	单价	金额	数量	单价	金额
除气机	台	4	42 000.00	168 000.00	52	45 889.91	2 386 275.06	55	45 591.03	2 507 506.49				1	42 298.88	46 768.57
过滤袋	个	1 452	28.00	40 656.00	17 800	27.74	493 689.16	18 960	27.72	525 659.76				292	28.01	8 685.40
石墨杆 ϕ75	根	120	260.00	31 200.00	1 397	267.05	373 065.92	1 478	265.96	393 093.58				39	261.08	11 172.34
石墨轮 ϕ150	个	92	165.00	15 180.00	1 175	172.85	203 092.97	1 215	172.63	209 739.75				52	165.22	8 533.22
石墨轮 ϕ180	个	83	170.00	14 110.00	1 069	178.64	190 961.62	1 105	178.60	197 348.41				47	170.04	7 723.21
合　计		1 751		269 146.00	21 493		3 647 084.73	22 813		3 833 347.99				431		82 882.74

审计说明：
(1) 库存商品发出与主营业务成本核对相符。
(2) 根据 1-200-3 审计底稿，期末库存商品账面数量与仓库实有数不相符，不符原因见 5-101/401-2 底稿

审计结论：
本期发出部分产品的数量不正确，具体调整见 5-101/401-2 底稿

项目八

审计货币资金

知识目标

1. 了解货币资金的业务活动和内部控制。
2. 掌握与货币资金相关的重大错报风险。
3. 熟悉货币资金控制测试的方法。
4. 掌握货币资金的审计目标。
5. 熟悉库存现金和银行存款的实质性程序。

能力目标

1. 能够识别货币资金的重大错报风险。
2. 能够测试货币资金的内部控制。
3. 能够审计库存现金和银行存款。

案例导入

温州中源立德会计师事务所审计人员审查南宁市骏业材料有限公司，对相关货币资金的内部控制进行了调查。该公司货币资金的内部控制情况如下。

（1）公司财务经理个人印章由其授权办公室主任保管。

（2）企业领导将银行预留名章、法人章、公章交由出纳员一人保管。

（3）企业相关部门收款员将所收现金每隔三天向财务部门汇总解缴一次。

（4）出纳员负责银行存款余额调节表的编制和复核工作。

讨论题： 根据上述资料指出该公司货币资金内部控制存在哪些缺陷并提出改进建议。

案例导入分析：项目八

任务一 认识货币资金的业务活动和相关内部控制

一、货币资金涉及的主要单据与会计记录

货币资金涉及的单据和会计记录主要有：

（1）库存现金盘点表。

(2) 银行对账单。

(3) 银行存款余额调节表。

(4) 有关科目的记账凭证。

(5) 有关会计账簿。

二、货币资金涉及的主要业务活动

货币资金的增减变动与企业的日常经营活动密切相关,且涉及多个业务循环。本项目以一般制造业企业为例,介绍其他业务循环中没有进行说明的与货币资金相关的主要业务活动。

(一) 现金管理

出纳员每日对库存现金自行盘点,编制库存现金日报表,计算当日现金收入、支出及余额,并将余额与实际库存额进行核对,如有差异及时查明原因。会计主管不定期检查库存现金日报表。

每月月末,会计主管指定出纳员以外的人员对库存现金进行盘点,编制库存现金盘点表,将盘点的金额与库存现金日记账余额进行核对。对冲抵库存现金的借条、未提现支票、未作报销的原始票证,在库存现金盘点报告表中予以注明。会计主管复核库存现金盘点表,如果盘点金额与库存现金日记账余额存在差异,须查明原因并报经财务经理批准后进行财务处理。

(二) 银行存款管理

银行存款管理涉及银行账户管理、银行存款余额调节表编制、票据管理、印章管理等。

1. 银行账户管理

企业的银行账户的开立、变更或注销须经财务经理审核,报总经理审批。

2. 编制银行存款余额调节表

每月月末,会计主管指定出纳员以外的人员核对银行存款日记账和银行对账单,编制银行存款余额调节表,使银行存款账面余额与银行对账单调节相符;如调节不符,应查明原因。会计主管复核银行存款余额调节表,及时处理需要进行调整的调节项目。

3. 票据管理

财务部门设置银行票据登记簿,防止票据遗失或盗用。出纳员登记银行票据的购买、领用、背书转让及注销等事项。空白票据存放在保险柜中。每月月末,会计主管指定出纳员以外的人员对空白票据、未办理收款和承兑的票据进行盘点,编制银行票据盘点表,并与银行票据登记簿进行核对。会计主管复核库存银行票据盘点表,如果存在差异,须查明原因。

4. 印章管理

企业的财务专用章由财务经理保管,办理相关业务中使用的个人名章由出纳员保管。

课程视频:货币资金审计概述

三、货币资金涉及的内部控制设计与执行

尽管每个企业的性质、所处行业、规模以及内部控制健全程度等不同,其与货币资金相关的内部控制内容也有所不同,但以下货币资金的内部控制是应当共同遵循的。

(一) 岗位分工及授权批准

1. 建立岗位责任制

企业应当建立货币资金业务的岗位责任制,明确相关部门和岗位的职责权限,确保办理

货币资金业务的不相容岗位相互分离、制约和监督。出纳人员不得兼任稽核、会计档案保管和收入、支出、费用、债权债务等账目的登记工作。企业不得由一人办理货币资金业务的全过程。

2. 建立授权审批制度

企业应当对货币资金业务建立严格的授权审批制度，明确审批人对货币资金业务的授权批准方式、权限、程序、责任和相关控制措施，规定经办人办理货币资金业务的职责范围和工作要求。审批人应当根据货币资金授权批准制度的规定，在授权范围内进行审批，不得超越审批权限。经办人应当在职责范围内，按照审批人的批准意见办理货币资金业务。对于审批人超越授权范围审批的货币资金业务，经办人员有权拒绝办理，并及时向审批人的上级授权部门报告。严禁未经授权的机构或人员办理货币资金业务或直接接触货币资金。

3. 严格执行货币资金支付程序

企业应当按照规定的程序办理货币资金支付业务：

(1) 支付申请。企业有关部门或个人用款时，应当提前向审批人提交货币资金支付申请，注明款项的用途、金额、预算、支付方式等内容，并附有效经济合同或相关证明。

(2) 支付审批。审批人根据其职责、权限和相应程序对支付申请进行审批，审核付款业务的真实性、付款金额的准确性，以及申请人提交票据或者证明的合法性，严格监督资金支付。对不符合规定的货币资金支付申请，审批人应当拒绝批准。

(3) 支付复核。财务部门收到经审批人审批签字的相关凭证或证明后，应再次复核业务的真实性、金额的准确性，以及相关票据的齐备性，相关手续的合法性和完整性，并签字认可。复核无误后，交由出纳人员办理支付手续。

(4) 办理支付。出纳人员应当根据复核无误的支付申请，按规定办理货币资金支付手续，及时登记库存现金和银行存款日记账。

4. 集体决策审批重要货币资金支付业务

企业对于重要货币资金支付业务，应当实行集体决策和审批，并建立责任追究制度，防范贪污、侵占、挪用货币资金等行为。

(二) 现金和银行存款的管理

(1) 企业应当加强现金库存限额的管理，超过库存限额的现金应及时存入银行。

(2) 企业必须根据相关监管部门的规定，结合本企业的实际情况，确定本企业现金的开支范围。不属于现金开支范围的业务应当通过银行办理转账结算。

(3) 企业现金收入应当及时存入银行，不得从企业的现金收入中直接支付(即坐支)。因特殊情况需要坐支现金的，应事先报经开户银行审查批准，由开户银行核定坐支范围和限额。企业借出款项必须执行严格的授权批准程序，严禁擅自挪用、借出货币资金。

(4) 企业取得的货币资金收入必须及时入账，不得私设“小金库”，不得账外设账，严禁收款不入账。

(5) 企业应当严格按照《支付结算办法》等国家有关规定，加强银行账户的管理，严格按照规定开立账户，办理存款、取款和结算业务。银行账户的开立应当符合企业经营管理实际需要，不得随意开立多个账户，禁止企业内设管理部门自行开立银行账户。企业应当定期检查、清理银行账户的开立及使用情况，发现问题应及时处理。企业应当加强对银行结算凭证的填制、传递及保管等环节的管理与控制。

(6) 企业应当严格遵守银行结算纪律，不准签发没有资金保证的票据或远期支票，套取银行信用；不准签发、取得和转让没有真实交易和债权债务的票据，套取银行和他人资金；不准违反规定开立和使用银行账户。

(7) 企业应当指定专人定期核对银行账户（每月至少核对一次），编制银行存款余额调节表，使银行存款账面余额与银行对账单调节相符。如调节不符，应查明原因，及时处理。

小提示

实行网上交易、电子支付等方式办理资金支付业务的企业，应当与承办银行签订网上银行操作协议，明确双方在资金安全方面的责任与义务、交易范围等。操作人员应当根据操作授权和密码进行规范操作。使用网上交易、电子支付方式的企业办理资金支付业务，不应因支付方式的改变而随意简化、变更所必须的授权审批程序。企业在严格实行网上交易、电子支付操作人员不相容岗位相互分离控制的同时，应当配备专人加强对交易和支付行为的审核。

(8) 企业应当定期和不定期地进行库存现金盘点，确保库存现金账面余额与实际库存相符；发现不符时，应及时查明原因并做出处理。

（三）票据及有关印章的管理

(1) 企业应当加强与货币资金相关票据的管理，明确各种票据的购买、保管、领用、背书转让、注销等环节的职责权限和程序，并专设登记簿进行记录，防止空白票据的遗失和被盗用。

注　意

企业因填写、开具失误或者其他原因导致作废的法定票据，应当按规定予以保存，不得随意处置或销毁。对超过法定保管期限、可以销毁的票据，在履行审核手续后进行销毁，但应当建立销毁清册并由授权人员监销。

(2) 企业应当加强银行预留印鉴的管理。财务专用章应由专人保管，个人名章必须由本人或其授权人员保管。严禁一人保管支付款项所需的全部印章。

（四）监督检查

(1) 企业应当建立对货币资金业务的监督检查制度，明确监督检查机构或人员的职责权限，定期和不定期地进行检查。

(2) 货币资金监督检查的主要内容包括：❶ 货币资金业务相关岗位及人员的设置情况，重点检查是否存在货币资金业务不相容岗位职责未分离的现象；❷ 货币资金授权批准制度的执行情况，重点检查货币资金支出的授权批准手续是否健全，是否存在越权审批行为；❸ 支付款项印章的保管情况，重点检查是否存在办理付款业务所需要的全部印章交由一人保管的现象；❹ 票据的保管情况，重点检查票据的购买、保管、领用手续是否健全，票据保管是否存在漏洞。

(3) 对监督检查过程中发现的货币资金内部控制中的薄弱环节，应当及时采取措施加以纠正和完善。

任务二 识别货币资金的重大错报风险

一、与货币资金相关的重大错报风险

货币资金业务交易、账户余额和列报的认定层次的重大错报风险可能包括：

（1）被审计单位存在虚假的货币资金余额或交易，因而导致银行存款余额的存在或交易的发生存在重大错报风险。

（2）被审计单位存在大额的外币交易和余额，可能存在外币交易或余额未被准确记录的风险。例如，对于有外币现金或外币银行存款的被审计单位，企业有关外币交易的增减变动或年底余额可能因未采用正确的折算汇率而导致计价错误（准确性、计价和分摊认定）。

（3）银行存款的期末收支存在大额的截止性错误（截止认定）。例如，被审计单位期末存在金额重大且异常的“银付企未付、企收银未收”事项。

（4）被审计单位可能存在未能按照企业会计准则的相关规定对货币资金作出恰当披露的风险。例如，被审计单位期末持有使用受限制的大额银行存款，但在编制财务报表时未在财务报表附注中对其进行披露。

在实施货币资金审计的过程中，如果存在以下与货币资金项目直接相关的事项或情形，审计人员需要保持警觉：

（1）被审计单位的现金交易比例较高，并与其所在行业常用的结算模式不同。

（2）库存现金规模明显超过业务周转所需资金。

（3）银行账户开立数量与企业实际的业务规模不匹配。

（4）在没有经营业务的地区开立银行账户。

（5）企业资金存放于管理层或员工个人账户。

（6）货币资金收支金额与现金流量表不匹配。

（7）不能提供银行对账单或银行存款余额调节表。

（8）存在长期或大量银行未达账项。

（9）银行存款明细账存在非正常转账的“一借一贷”。

（10）违反货币资金存放和使用规定。

（11）存在大额外币收付记录，而被审计单位并不涉足外贸业务。

（12）被审计单位以各种理由不配合注册会计师实施银行函证。

审计人员在审计其他财务报表项目时，如果关注到以下事项或情形，也需要保持警觉：

（1）存在没有具体业务支持或与交易不相匹配的大额资金往来。

（2）长期挂账的大额预付款项。

（3）存在大额自有资金的同时，向银行高额举债。

（4）付款方账户名称与购买客户名称不一致、收款方账户名称与供应商名称不一致。

（5）开具的银行承兑汇票没有银行承兑协议支持。

（6）银行承兑票据保证金余额与应付票据余额比例不合理。

当被审计单位存在以上事项或情形时，可能表明存在舞弊风险。

二、根据重大错报风险的评估结果设计进一步审计程序

为评估与货币资金的交易、账户余额和列报相关的认定的重大错报风险，审计人员应了解与货币资金相关的内部控制，这些控制主要是为防止、发现并纠正相关认定发生重大错报的固有风险（即可能发生错报环节）而设置的。审计人员可以通过审查以前年度审计工作底稿、观察内部控制执行情况、询问管理层和员工、检查相关的文件和资料等方法对这些内部控制进行了解。此外，对相关文件和资料进行检查也可以提供审计证据。

审计人员之所以需要充分了解被审计单位对货币资金的控制活动，目的在于使得审计人员能恰当评估被审计单位的重大错报风险。审计人员基于以上识别的重大错报风险评估结果，制定实施进一步审计程序的总体方案（包括综合性方案和实质性方案），继而实施控制测试和实质性审计程序，以应对识别出的重大错报风险。审计人员通过综合性方案或实质性方案获取的审计证据应足以应对识别出的认定层次的重大错报风险。

任务三 测试货币资金的内部控制

在已识别的重大错报风险的基础上，审计人员选取拟测试的控制并实施控制测试。以下举例说明常见的库存现金和银行存款内部控制，以及审计人员相应可能实施的内部控制测试程序。

一、库存现金的控制测试

（一）现金付款的审批和复核

被审计单位针对现金付款审批拟作出以下内部控制要求：部门经理审批本部门的付款申请，审核付款业务是否真实发生、付款金额是否准确，以及后附票据是否齐备，并在复核无误后签字认可。财务部门在安排付款前，财务经理再次复核经审批的付款申请及后附相关凭据或证明，如核对一致，进行签字认可并安排付款。

针对上述内部控制，审计人员可以在选取适当样本的基础上实施以下控制测试程序：

（1）询问相关业务部门经理和财务经理其在日常现金付款业务中执行的内部控制，以确定其是否与被审计单位内部控制政策要求保持一致。

（2）观察财务经理复核付款申请的过程，是否核对了付款申请的用途、金额及后附相关凭据，以及在核对无误后是否进行了签字确认。

（3）重新核对经审批及复核的付款申请及其相关凭据，并检查是否经签字确认。

（二）现金盘点

被审计单位针对库存现金盘点拟作出以下内部控制要求：❶ 会计主管指定应付账款会计每月月末的最后一天对库存现金进行盘点，根据盘点结果编制库存现金盘点表，将盘点的余额与库存现金日记账余额进行核对，并对差异调节项进行说明。❷ 会计主管复核库存现金盘点表，如盘点金额与库存现金日记账余额存在差异且差异金额超过 2 万元，须查明原因并报财务经理批准后进行财务处理。

针对上述内部控制，审计人员可以在选取适当样本的基础上实施以下控制测试程序：

（1）在月末最后一天参与被审计单位的库存现金盘点，检查是否由应付账款会计进行

库存现金盘点。

（2）观察库存现金盘点程序是否按照盘点计划的指令和程序执行，是否编制了库存现金盘点表并根据内部控制要求经财务部相关人员签字复核。

（3）检查库存现金盘点表中记录的库存现金盘点的余额是否与实际盘点金额保持一致、库存现金盘点表中记录的库存现金日记账余额是否与被审计单位库存现金日记账中余额保持一致。

（4）针对调节差异金额超过 2 万元的项目，检查是否经财务经理批准后进行财务处理。

二、银行存款的控制测试

（一）银行账户的开立、变更和注销

被审计单位针对银行账户的开立、变更和注销拟作出以下内部控制要求：会计主管根据被审计单位的实际业务需要就银行账户的开立、变更和注销提出申请，经财务经理审核后报总经理审批。

针对上述内部控制，审计人员可以实施以下控制测试程序：

（1）询问会计主管被审计单位本年开户、变更、注销的整体情况。

（2）取得本年度账户开立、变更、注销的申请项目清单，检查清单的完整性，并在选取适当样本的基础上检查账户的开立、变更、注销项目是否已经财务经理和总经理审批。

（二）银行付款的审批和复核

被审计单位针对银行付款审批拟作出以下内部控制要求：❶ 部门经理审批本部门的付款申请，审核付款业务是否真实发生、付款金额是否准确，以及后附票据是否齐备，并在复核无误后签字认可。❷ 财务部门在安排付款前，财务经理再次复核经审批的付款申请及后附相关凭据或证明，如核对一致，进行签字认可并安排付款。

针对上述内部控制，审计人员可以在选取适当样本的基础上实施以下控制测试程序：

（1）询问相关业务部门的部门经理和财务经理在日常银行付款业务中执行的内部控制，以确定其是否与被审计单位内部控制政策要求保持一致。

（2）观察财务经理复核付款申请的过程，是否核对了付款申请的用途、金额及后附相关凭据，以及在核对无误后是否进行了签字确认。

（3）重新核对经审批及复核的付款申请及其相关凭据，并检查是否经签字确认。

（三）编制银行存款余额调节表

被审计单位为保证财务报表中银行存款余额的存在、完整性和准确性拟作出以下内部控制要求：❶ 每月月末，会计主管指定应收账款会计核对银行存款日记账和银行对账单，编制银行存款余额调节表，使银行存款账面余额与银行对账单调节相符；如存在差异项，查明原因并进行差异调节说明。❷ 会计主管复核银行存款余额调节表，对需要进行调整的调节项目及时进行处理，并签字确认。

针对上述内部控制，审计人员可以实施以下控制测试程序：

（1）询问应收账款会计和会计主管，以确定其执行的内部控制是否与被审计单位内部控制政策要求保持一致，特别是针对未达账项的编制及审批流程。

（2）针对选取的样本，检查银行存款余额调节表，查看调节表中记录的企业银行存款日记账余额是否与银行存款日记账余额保持一致、调节表中记录的银行对账单余额是否与被审计单位提供的银行对账单中的余额保持一致。

（3）针对调节项目，检查是否经会计主管的签字复核。

（4）针对大额未达账项需进行期后收付款的检查。

任务四 实施货币资金的实质性程序

一、库存现金审计

（一）库存现金的审计目标

库存现金的审计目标有：

（1）确定被审计单位资产负债表的“货币资金”项目中的库存现金在资产负债表日是否确实存在。

（2）确定被审计单位所有应当记录的现金收支业务是否均已完整记录，有无遗漏。

（3）确定记录的库存现金是否为被审计单位所拥有或控制。

（4）确定库存现金是否以恰当的金额包含在财务报表的“货币资金”项目中，与之相关的凭证是否已恰当记录。

（5）确定库存现金是否已按照企业会计准则的规定在财务报表中作出恰当列报。

课程视频：库存现金实质性程序

（二）库存现金的实质性程序

1. 进行账账核对

核对库存现金日记账与总账的金额是否相符，如果不相符，应查明原因，必要时应建议作出适当调整。

2. 监盘库存现金

企业盘点库存现金，通常是对已收到但未存入银行的现金、零用金、找换金等的盘点。监盘现金时，被审计单位的出纳员和会计主管人员必须参加，并由审计人员进行监盘。监盘库存现金的主要步骤与方法如下所示：

（1）制定监盘计划，确定监盘时间。对库存现金的监盘最好实施突击性检查，监盘时间最好选择在上午上班或下午下班时，监盘范围一般是被审计单位各部门经管的所有现金。

（2）查阅库存现金日记账并同时与现金收付凭证相核对，结出结余金额。

（3）盘点保险柜内的库存现金实存数，同时由审计人员编制库存现金监盘表。

（4）监盘金额与库存现金日记账余额进行核对。

（5）若有冲抵库存现金的借条、未提现支票、未作报销的原始凭证，应在库存现金监盘表中注明，必要时应提请被审计单位作出调整。

（6）在非资产负债表日监盘时，应将监盘金额调整至资产负债表日的金额，并对变动情况实施程序。

例 8－1

审计人员在对某企业进行财务收支审计期间，于 9 月 2 日突击对库存现金进行监督盘点。库存现金监督盘点实存额为 2 379 元，查明库存现金日记账的账面余额为 2 415 元，查出结账后尚未入账的款项如下：❶ 已付款未入账的付款凭证一张，系办公用品采购发票586元,已经签字批准;❷ 已付款未入账的部门经理借款欠条一张900元,未经批准;❸ 已收款未入账的收款凭证一张,系废旧物资出售款1 563元。

要求:编制库存现金余额盘点表,并分析现金管理中存在的问题。根据库存现金盘点的情况编制库存现金余额盘点表,如表8-1所示。

表8-1 库存现金余额盘点表

被审计单位: 盘点时间:2023年9月2日10时 金额单位:元

项目	金额
一、库存现金实有数	2 379
二、盘存日库存现金日记账账面结余额 (最后一笔记账日期2023年9月1日,记账凭证12号)	2 415
三、加:已收款尚未入账金额	1 563
废旧物资出售	1 563
四、减:已付款尚未入账金额 (其中:白条抵库1张计900元)	1 486
1. 办公用品采购	586
2. 部门经理借款(未经批准)	900
五、调整后账面应存数	2 492
六、盈余或短缺数	−113
溢缺原因:	

财会负责人: 出纳人员: 审计人员:

针对库存现金审计情况,审计人员应指出下列问题:❶ 库存现金短缺,应责成进一步查明原因,分清责任;❷ 存在白条抵库现象,应要求进一步加强内部控制制度的落实,堵塞漏洞,强化监督机制。

3. 抽查大额库存现金

查看大额现金收支,并检查原始凭证是否齐全、原始凭证内容是否完整、有无授权批准、记账凭证与原始凭证是否相符、账务处理是否正确、是否记录于恰当的会计期间等内容。

4. 抽查现金收支的正确截止

对资产负债表日前后若干天、一定金额以上的现金收支凭证实施截止测试,以确定是否存在跨期事项,考虑是否应提出调整建议。

5. 检查库存现金是否恰当列报

根据有关规定,库存现金在资产负债表的“货币资金”项目中反映,审计人员应在实施上述审计程序后,确定“库存现金”账户的期末余额是否恰当,进而确定库存现金是否在资产负债表中恰当披露。

例 8-2

审计人员在对某企业现金收付的业务进行审计时，审查了 12 月的库存现金日记账，发现 12 月 20 日现金支付一笔修理费 30 000 元，继而查阅了原始凭证，发现一张修理发票 30 000 元，但未注明修理的详细情况。

审计人员针对账面及原始凭证反映的情况，首先认为该修理费 30 000 元以现金支付而不通过银行转账支付，不符合财务制度的有关规定，进而考虑到修理发票无详细说明，要素不完整，从而对修理发票的真实性产生怀疑。于是，审计人员突击询问了经办人员，并外调了修理厂家，查明了上述 30 000 元系虚假发票，进行虚列支出，实际上用于职工福利的事实。

拓展阅读："小金库"审计的八种方法

潜在错报

在库存现金领域，被审计单位可能采用不当的业务处理手法如下：

（1）现金收入不入账，设置账外资产。

（2）挪用，如出纳员白条抵库；管理层批准用于个人生活或其他方面需要从被审计单位借出公款等。

（3）贪污公款，如利用收入现金不开发票或收据的形式贪污；以涂改、销毁发票或收据的形式贪污；以伪造发票或收据的形式进行贪污；私人购物品公款报销等。

（4）以现金支付回扣或好处费，如支付回扣或好处费后虚拟退货；支付回扣或好处费后，作为单位正常费用报销入账；用"小金库"支付回扣或好处费。

二、银行存款审计

（一）银行存款的审计目标

银行存款的审计目标有：

（1）确定被审计单位资产负债表的"货币资金"项目中的银行存款在资产负债表日是否确实存在（"存在"认定）。

（2）确定被审计单位所有应当记录的银行存款收支业务是否均已记录完毕，有无遗漏（"完整性"认定）。

（3）确定记录的银行存款是否为被审计单位所拥有或控制（"权利和义务"认定）。

（4）确定银行存款是否以恰当的金额包含在财务报表的"货币资金"项目中，与之相关的凭证是否已恰当记录（"准确性、计价和分摊"认定）。

（5）确定银行存款是否已按照企业会计准则的规定在财务报表中作出恰当列报（"列报"认定）。

（二）银行存款的实质性程序

1. 获取或编制银行存款余额明细表

（1）复核加计银行存款余额明细表是否正确，并与总账数和日记账合计数核对是否相符。

（2）检查非记账本位币银行存款的折算汇率及折算金额是否正确。

（3）核对银行存款日记账与总账的余额是否相符。如果不相符，应查明原因，必要时应建议做出适当调整。

2. 实施实质性分析程序

计算银行存款累计余额应收利息收入，分析比较被审计单位银行存款应收利息收入与实际利息收入的差异是否恰当，评估利息收入的合理性，检查是否存在高息资金拆借，确认银行存款余额是否存在，利息收入是否已经完整记录。

3. 检查银行存款账户发生额

（1）分析不同账户发生银行存款日记账漏记银行交易的可能性，获取相关账户相关期间的全部银行对账单。

（2）若对被审计单位银行对账单的真实性存有疑虑，审计人员可以在被审计单位的协助下亲自到银行获取银行对账单并全程关注银行对账单的打印过程。

（3）从银行对账单和被审计单位银行存款日记账记录中分别选取交易的样本进行交叉核对。

（4）选取大额异常交易的银行对账单，检查被审计单位银行存款日记账上有无该项收付金额记录。

4. 取得并检查银行对账单

（1）取得被审计单位加盖银行印章的银行对账单，审计人员应对银行对账单的真实性保持警觉，必要时，亲自到银行获取对账单，并对获取过程保持控制。

（2）将获取的银行对账单余额与银行存款日记账余额进行核对，若存在差异，获取银行存款余额调节表。

（3）将被审计单位资产负债表日的银行对账单与银行询证回函核对，确认是否一致。

例 8-3

审计人员对某企业的银行对账单进行了审查，发现以下资金收付未在银行存款日记账中登记反映：❶ 2023 年 4 月 17 日支付 100 000 元，2023 年 6 月 17 日收入 100 000 元；❷ 2023 年 6 月 3 日支付 20 000 元，2023 年 6 月 30 日收入 20 000 元。

经向银行调查，查明以上收付款项的对方单位是一家私人企业。审计人员立即找出纳员谈话，出纳员承认了私自挪用资金用于自办企业资金周转的事实。

5. 取得并检查银行存款余额调节表

（1）检查调节表中加计数是否正确，调节后银行存款日记账余额与银行对账单余额是否一致。

（2）检查调节事项，检查相关收、付款凭证，确认未达账项是否存在。若企业的银行存款余额调节表存在大额或较长时间的未达账项，审计人员应查明原因并确定是否需要提请被审计单位进行调整。

（3）关注长期未达账项，查看是否存在挪用资金等事项。

（4）特别关注“银付企未付、企付银未付”中支付异常的领款事项，包括没有载明收款人、签字不全等支付事项，确认是否存在舞弊问题。

例 8-4

审计人员在资产负债表日查明某企业的银行存款日记账余额为 158 943.25 元，同日银行存款对账单余额为 136 785.41 元。经核对，“企业已收而银行未收”账项有 4 笔，合计 16 586.94 元；“企业已付而银行未付”账项有 1 笔，合计 8 487.26 元；“银行已收而企业未收账项”有 6 笔，合计 14 682.15 元；“银行已付而企业未付”账项有 5 笔，合计 28 740.31 元。根据以上资料，审计人员编制了银行存款余额调节表，如表 8-2 所示。

表 8-2 银行存款余额调节表

2023 年 12 月 31 日 金额单位：元

项目	金额	项目	金额
银行存款日记账余额	158 943.25	银行对账单余额	136 785.41
加：银行已收，企业未收	14 682.15	加：企业已收，银行未收	16 586.94
减：银行已付，企业未付	28 740.31	减：企业已付，银行未付	8 487.26
加(减)：其他应予调整事项		加(减)：其他应予调整项	
调节后余额	144 885.09	调节后余额	144 885.09

由于调节后余额相符，审计人员作出了该企业银行存款余额账实相符的结论。

课程视频：银行存款实质性程序

6. 函证银行存款余额

审计人员应向被审计单位的开户银行函证银行存款余额，包括零余额账户和在本期内注销的账户，防止被审计单位隐瞒银行存款或借款。

当实施函证程序时，审计人员应当对询证函保持控制，当函证信息与银行回函结果不符时，审计人员应当调查不符事项，以确定是否表明存在错报。

7. 检查银行存款账户存款人是否为被审计单位

若存款人非被审计单位，应获取该账户户主和被审计单位的书面声明，确认资产负债表日是否需要提请被审计单位进行调整。

8. 检查对变现有限制或境外款项

关注是否存在质押、冻结等对变现有限制或存在境外的款项；如果存在，提请被审计单位作必要的调整和披露。

9. 检查不符合现金及现金等价物条件的银行存款

对于不符合现金及现金等价物条件的银行存款，审计人员应在审计工作底稿中予以列明，以考虑对现金流量表的影响。

10. 抽查大额银行存款收支的原始凭证

检查原始凭证是否齐全、记账凭证与原始凭证是否相符、账务处理是否正确、是否记录于恰当的会计期间等内容。检查是否存在非营业目的的大额货币资金转移，并核对相关账户的进账情况。如有与被审计单位生产经营无关的收支事项，应查明原因并作相应的记录。

11. 检查银行存款收支的截止是否正确

选取资产负债表日前后若干张、一定金额以上的凭证实施截止测试，关注业务内容及对应项目,如有跨期收支事项,应考虑是否提请被审计单位作出调整。

12. 检查银行存款是否已恰当列报

审计人员应在实施上述审计程序后,确定银行存款账户的期末余额是否恰当,并确定银行存款是否在资产负债表中恰当披露。

潜在错报

在银行存款领域,被审计单位可能采用不当的业务处理手法如下:

(1) 存入的不合法来源的收入,如出租出借银行账户而获得的好处费等。

(2) 挪用资金,如通过银行划回的款项不及时或少记、多记存款。

(3) 从银行存款中提取现金的用途不合法、不合理。

(4) 开设临时账户,截留存款。

三、货币资金审计工作底稿实例

负责审计的注册会计师何向东及审计助理冬小红,在对生产与存货循环的相关项目实施审计之后,于 2024 年 1 月 18 日对南宁骏业货币资金的相关项目实施审计。与货币资金相关的部分资料如下:

(1) 南宁骏业 2023 年 1 至 12 月部分科目汇总表(表 8-3)。

(2) 南宁骏业 2023 年库存现金明细账(表 8-4、表 8-5)。

(3) 南宁骏业 2023 年银行存款科目明细账(表 8-6)。

(4) 南宁骏业 2023 年 12 月的银行存款余额调节表(表 8-7、表 8-8、表 8-9、表 8-10)。

(5) 南宁骏业 2023 年银行对账单(表 8-11、表 8-12、表 8-13、表 8-14)。

(6) 南宁骏业 2023 年金融机构借款一览表(表 8-15)。

要求:

根据南宁骏业的相关资料,对南宁骏业货币资金实施审计,并完成审计工作底稿。

假设审计过程发现的不符事项金额均超过重要性水平。

(一) 库存现金审计

1. 审计过程

(1) 账账、账表核对。核对库存现金日记账与总账的金额是否相符,检查非记账本位币库存现金的折算汇率及折算金额是否正确(本案例无外汇货币资金),并完成审计底稿 1-000-1(表 8-16)。

(2) 监盘库存现金。制定监盘计划,确定监盘时间。实务中要特别注意,监盘的时间一般不能事先告知被审计单位,以增加监盘程序的不可预见性。

假定审计人员于 2024 年 1 月 18 日上班时即对南宁骏业的库存现金实施库存现金监盘审计程序。监盘时出纳员手上有:尚未入账的现金收入单据 1 张(金额为 5 000 元)、尚未入账的现金支出单证 2 张(金额为 3 750 元),库存现金盘点的结果见表 8-17。库存现金的监盘过程记录在审计底稿 1-000-2(表 8-17)。

(3) 库存现金收支的检查。抽查大额库存现金收支,检查原始凭证是否齐全、记账凭证与原始凭证是否相符、账务处理是否正确、是否记录于恰当的会计期间等内容。检查过程记录在审计底稿 1 - 000 - 6(表 8 - 24、表 8 - 25)。

(4) 确定库存现金是否已在财务报表中作出恰当的列报。财务报表“货币资金”项目包括：库存现金、银行存款、其他货币资金。将这三个账户的总账数据填列在审计底稿1 - 000 - 1(表 8 - 16),并加计与报表核对。

2. 审计结果

库存现金审计完成的工作底稿详见表 8 - 16、表 8 - 17、表 8 - 18。

(二) 银行存款审计

1. 审计过程

(1) 账账、账表核对。获取或编制银行存款余额明细表。复核加计是否正确,并将总账数和日记账合计数核对是否相符。若有外币,检查非记账本位币银行存款的折算汇率及折算金额是否正确。获取被审计单位的银行存款余额对账单,并与银行存款明细账余额核对,确认是否一致。

(2) 检查银行存款账户发生额。分析不同账户发生银行存款漏记银行交易的可能性,获取相关账户审计期间的全部银行对账单。从银行对账单中选取交易的样本与被审计单位银行日记账记录进行核对;从被审计单位银行存款日记账上选取样本,核对至银行对账单。尤其注意,银行对账单上有一收一付相同金额,或分次转出相同金额等,应检查被审计单位银行存款日记账上有无该项收付金额的记录。

(3) 检查银行存单。编制银行存单检查表,检查是否与账面记录金额一致,是否被质押或限制使用,存单是否为被审计单位所拥有。(本案例无银行存单)

(4) 取得并检查银行存款余额调节表。获取资产负债表日的银行存款余额调节表,检查调节表中加计数是否正确,调节后银行存款日记账余额与银行对账单余额是否一致;检查调节事项的性质和范围是否合理,是否真实,是否存在需要调整的事项。检查过程记录在审计底稿 1 - 000 - 4(表 8 - 20 至表 8 - 23)。

(5) 函证银行存款余额。对银行存款余额实施函证,编制银行函证结果汇总表,检查银行回函。银行函证程序是证实银行存款是否存在的重要程序,通过银行函证不仅可以了解被审计单位资产的存在,还可以了解被审计单位所欠银行债务的情况,并有助于发现企业未入账的银行借款和未披露的或有负债。因此,企业会计准则要求对所有的银行存款(包括零余额账户和在本期内注销的账户)、借款及与金融机构往来的其他重要信息实施函证程序。如果不对这些项目实施函证程序,应当在审计工作底稿中说明理由。(本案例列示银行的询证函如表 8 - 26 所示)

(6) 检查银行存款的收支。抽查大额银行存款收支的原始凭证,检查原始凭证是否齐全、记账凭证与原始凭证是否相符、账务处理是否正确、是否记录于恰当的会计期间等内容。检查过程记录在审计底稿 1 - 000 - 6(表 8 - 24、表 8 - 25)。

(7) 确定银行存款是否已在财务报表中恰当列报。银行存款在资产负债表的“货币资金”项目中反映,通过审计底稿 1 - 000 - 1(表 8 - 16)确定期末余额是否恰当列报。如被审计单位的银行存款存在抵押、冻结等使用限制情况或者潜在回收风险,还应当关注被审计单位是否已在附注中恰当披露。

2. 审计结果

银行存款审计完成的审计工作底稿详见表 8 - 19、表 8 - 20、表 8 - 21、表 8 - 22、表 8 - 23。

表 8-3　科目汇总表(部分)

2023 年 1 月—2023 年 12 月

单位：南宁骏业　　　　单位：元

科目代码	科目名称	期初余额		本期发生额		期末余额	
		借方	贷方	借方	贷方	借方	贷方
1001	库存现金	5 518.46		1 384 244.63	1 388 246.14	1 516.95	
1002	银行存款	2 823 318.18		19 307 009.39	20 644 945.13	1 485 382.44	
100201	中国工商银行高新区分理处(00381208010019)	1 438 569.35		8 633 835.94	9 624 029.71	448 375.58	
100202	交通银行高新区分理处(039401040008522)	1 383 371.26		8 157 866.49	8 549 166.43	992 071.32	
100203	交通银行高新区分理处(029401040002536)	548.26		2 300 145.46	2 256 509.01	44 184.71	
100204	中国建设银行高新区分理处(45049004222590640I5)	829.31		215 161.50	215 239.98	750.83	
2001	短期借款		1 900 000.00	1 900 000.00			
2501	长期借款				1 500 000.00		1 500 000.00

表 8-4 科目明细账

2024 年 1 月

单位：南宁骏业

(1001)库存现金

单位：元

日　期	凭证号	摘　要	借方发生数	贷方发生数	余额方向	余　额
2024-1-1		期初			借	1 516.95
2024-1-4	记账凭证-1	提现	3 000.00		借	4 516.95
2024-1-4	记账凭证-2	销售部曾麒麟借款		3 000.00	借	1 516.95
2024-1-4	记账凭证-4	陈家龙报销办公用品费用	101.00		借	1 617.95
2024-1-4	记账凭证-5	购买支票		87.00	借	1 530.95
2024-1-4	记账凭证-6	提现	2 000.00		借	3 530.95
2024-1-5	记账凭证-7	卢伯安借款购买劳保用品、消耗性材料		2 000.00	借	1 530.95
2024-1-6	记账凭证-12	提现	5 000.00		借	6 530.95
2024-1-6	记账凭证-13	文红萍报销加油费、停车费、过路费		1 890.00	借	4 640.95
2024-1-6	记账凭证-18	陈洁借差旅费		2 000.00	借	2 640.95
2024-1-9	记账凭证-20	黄善良报销招待费		1 420.00	借	1 220.95
2024-1-9	记账凭证-21	卢伯安报销劳保用品费	305.57		借	1 526.52
2024-1-9	记账凭证-23	何桂雁报销维修传真机费用		80.00	借	1 446.52
2024-1-11	记账凭证-29	白桦借出差款		3 000.00	借	−1 553.48
2024-1-11	记账凭证-30	提现	7 000.00		借	5 446.52
2024-1-11	记账凭证-31	周鹏借款购买低值易耗品		3 000.00	借	2 446.52
		本月合计	17 406.57	16 477.00		

表 8-5　科目明细账

2023 年 1 月—2023 年 12 月

单位：南宁骏业

(1001)库存现金

单位：元

日　期	凭证号	摘　要	借方发生数	贷方发生数	余额方向	余　额
2023-1-1		期初			借	5 518.46
2023-1-4	记账凭证-1	曾麒麟借运费		1 000.00	借	4 518.46
2023-1-4	记账凭证-2	白桦借差旅费		2 000.00	借	2 518.46
2023-1-5	记账凭证-5	提现	3 000.00		借	5 518.46
		…				
2023-12-20	记账凭证-63	提现	11 000.00		借	12 242.97
2023-12-20	记账凭证-64	发放手机通信补助		4 210.00	借	8 032.97
2023-12-20	记账凭证-66	曾麒麟借运费		6 000.00	借	2 032.97
2023-12-22	记账凭证-73	提现	10 000.00		借	12 032.97
2023-12-22	记账凭证-74	黄善良、韦建借差旅费		10 000.00	借	2 032.97
2023-12-22	记账凭证-75	卖废品收入	1 289.70		借	3 322.67
2023-12-22	记账凭证-76	凌敏娜支付修理费		463.00	借	2 859.67
2023-12-26	记账凭证-83	白桦报销差旅费	434.00		借	3 293.67
2023-12-27	记账凭证-86	提现	2 000.00		借	5 293.67
2023-12-27	记账凭证-88	陈家龙支付宽带费		1 080.00	借	4 213.67
2023-12-27	记账凭证-92	支付产品照片费		868.00	借	3 345.67
2023-12-29	记账凭证-100	覃菁报销餐饮费		987.00	借	2 358.67

续表

日　期	凭证号	摘　要	借方发生数	贷方发生数	余额方向	余　额
2023－12－30	记账凭证－102	曾麒麟报销运杂费	200.28		借	2 558.95
2023－12－30	记账凭证－103	周锟支付设备修理费		652.00	借	1 906.95
2023－12－30	记账凭证－104	提现	23 000.00		借	24 906.95
2023－12－30	记账凭证－105	发放元旦慰问金		18 200.00	借	6 706.95
2023－12－30	记账凭证－106	陈家龙借款购办公用品		1 500.00	借	5 206.95
2023－12－31	记账凭证－107	覃家斌借差旅费		3 000.00	借	2 206.95
2023－12－31	记账凭证－109	陈家龙购买纯净水		690.00	借	1 516.95
		本月合计	47 923.98	47 650.00		
		本年累计	1 384 244.63	1 388 246.14		

表 8－6　科目明细账

2023 年 1 月—2023 年 12 月

单位：南宁骏业

(1002)银行存款

单位：元

日　期	凭证号	科目代码	摘　要	借方发生数	贷方发生数	余额方向	余　额
2023－1－1			期初			借	2 823 318.18
2023－1－4	记账凭证－3	100201	收合同 200501001 定金	50 000.00		借	2 873 318.18
			…				
2023－3－22	记账凭证－82	100201	收利息	8 976.54		借	2 759 379.76
2023－3－23	记账凭证－84	100201	预付上海碳素厂石墨毛坯的订金		18 010.50	借	2 741 369.26
2023－3－23	记账凭证－85	100204	收利息	14.68		借	2 741 383.94

续表

日　期	凭证号	科目代码	摘　要	借方发生数	贷方发生数	余额方向	余　额
2023-3-24	记账凭证-88	100201	支付电费		7 112.17	借	2 734 271.77
2023-3-25	记账凭证-89	100201	预付柳州华美除气机材料的订金		50 000.00	借	2 684 271.77
2023-3-28	记账凭证-92	100202	收合同 200503007 定金	100 000.00		借	2 784 271.77
2023-3-28	记账凭证-93	100202	预付上海耀华玻璃厂过滤布的订金		20 010.50	借	2 764 261.27
2023-3-29	记账凭证-96	100201	收合同号 200412016 货款	142 785.00		借	2 907 046.27
2023-3-29	记账凭证-97	100201	收合同 200503006 定金	55 000.00		借	2 962 046.27
			…				
2023-6-20	记账凭证-54	100202	收合同 200503004 货款	46 683.00		借	2 020 077.96
2023-6-21	记账凭证-56	100201	支付利息		13 900.00	借	2 006 177.96
2023-6-21	记账凭证-58	100202	收利息收入	11 236.45		借	2 017 414.41
		100203	收利息收入	19.23		借	2 017 433.64
			…				
2023-9-20	记账凭证-52	100201	支付电话费		4 732.00	借	1 245 994.93
2023-9-21	记账凭证-55	100201	支付利息		20 850.00	借	1 225 144.93
2023-9-21	记账凭证-57	100202	收合同 2005008002 货款	50 766.30		借	1 275 911.23
			…				
2023-10-25	记账凭证-67	100203	为纳税转账	200 000.00		借	1 533 708.88
		100202	为纳税转账		200 000.00	借	1 333 708.88
2023-10-26	记账凭证-73	100203	缴纳企业所得税		147 370.74	借	1 186 338.14

续表

日期	凭证号	科目代码	摘要	借方发生数	贷方发生数	余额方向	余额
2023-10-26	记账凭证-74	100201	支付电费		5 936.55	借	1 180 401.59
			…				
2023-11-22	记账凭证-67	100201	付上海耀华玻璃厂过滤布货款		39 602.10	借	1 691 156.11
2023-11-23	记账凭证-69	100201	付上海天信动力机械有限公司货款		14 567.21	借	1 676 588.90
2023-11-23	记账凭证-71	100202	收合同 200508005 货款	108 237.80		借	1 784 826.70
			…				
2023-12-20	记账凭证-65	100201	支付电话费		4 899.00	借	1 734 331.48
2023-12-21	记账凭证-68	100201	支付利息		20 850.00	借	1 713 481.48
2023-12-21	记账凭证-69	100202	收到交行第四季度利息	1 903.31		借	1 715 384.79
		100203	收到交行第四季度利息	11.19		借	1 715 395.98
			…				
2023-12-28	记账凭证-94	100201	付柳州市华美自控设备有限公司定金		45 000.00	借	1 376 674.69
2023-12-28	记账凭证-95	100201	收合同 200512008 货款	70 000.00		借	1 446 674.69
2023-12-29	记账凭证-97	100202	收合同 200512011 定金	65 000.00		借	1 511 674.69
2023-12-30	记账凭证-104	100201	提现		23 000.00	借	1 488 674.69
2023-12-31	记账凭证-112	100201	缴纳工会经费		3 292.25	借	1 485 382.44
			本月合计	1 240 948.33	1 517 843.32		
			本年累计	19 307 009.39	20 644 945.13		

表 8－7　银行存款余额调节表

截止日：2023 年 12 月 31 日

银行名称及账号：银行存款——中国工商银行高新区分理处(00381208010019)						单位：元
企业银行存款日记账余额：448 375.58			银行对账单余额：393 768.29			
单位及内容	企业期后入账日期	金　　额	企业入账日期	单位及内容	银行收、付日期	金　　额
加：银行已收，企业尚未入账金额			加：企业已收，银行尚未入账金额			
			2023.3.96＃	收货款	无	142 785.00
减：银行已付，企业尚未入账金额			减：企业已付，银行尚未入账金额			
			2023.3.84＃	预付款	无	18 010.50
			2023.6.56＃	支付利息	无	13 900.00
			2023.9.55＃	支付利息	无	20 850.00
			2023.11.69＃	支付货款	无	14 567.21
			2023.12.68＃	支付利息	无	20 850.00
调节后余额		393 768.29	调节后余额			393 768.29

经办会计人员：张静娜　　　　会计主管：卫涓涓

表 8－8 银行存款余额调节表

截止日：2023 年 12 月 31 日

银行名称及账号：交通银行高新区分理处(039401040008522)						单位：元
企业银行存款日记账余额：992 071.32			银行对账单余额：1 046 678.61			
单位及内容	企业期后入账日期	金　额	企业入账日期	单位及内容	银行收、付日期	金　额
加：银行已收，企业尚未入账金额			加：企业已收，银行尚未入账金额			
2023.3.96＃收货款		142 785.00				
减：银行已付，企业尚未入账金额			减：企业已付，银行尚未入账金额			
2023.3.84＃预付款		18 010.50				
2023.6.56＃支付利息		13 900.00				
2023.9.55＃支付利息		20 850.00				
2023.11.69＃支付货款		14 567.21				
2023.12.68＃支付利息		20 850.00				
调节后余额		1 046 678.61	调节后余额			1 046 678.61

经办会计人员：张静娜　　　　会计主管：卫涓涓

表8-9　银行存款余额调节表

截止日：2023年12月31日

银行名称及账号：银行存款——交通银行高新区分理处（029401040002536）						单位：元
企业银行存款日记账余额：44 184.71			银行对账单余额：17 184.71			
单位及内容	企业期后入账日期	金　额	企业入账日期	单位及内容	银行收、付日期	金　额
加：银行已收，企业尚未入账金额			加：企业已收，银行尚未入账金额			
减：银行已付，企业尚未入账金额			减：企业已付，银行尚未入账金额			
2023.10.73＃交所得税		27 000.00				
调节后余额		17 184.71	调节后余额			17 184.71

经办会计人员：张静娜　　　　会计主管：卫涓涓

表 8－10 银行存款余额调节表

截止日：2023 年 12 月 31 日

<table>
<tr><td colspan="3">银行名称及账号：中国建设银行高新区分理处(4504900422259064015)</td><td colspan="4">单位：元</td></tr>
<tr><td colspan="3">企业银行存款日记账余额：750.83</td><td colspan="4">银行对账单余额：750.83</td></tr>
<tr><td>单位及内容</td><td>企业期后
入账日期</td><td>金　　额</td><td>企业入账日期</td><td>单位及内容</td><td>银行收、付日期</td><td>金　　额</td></tr>
<tr><td colspan="3">加：银行已收，企业尚未入账金额</td><td colspan="4">加：企业已收，银行尚未入账金额</td></tr>
<tr><td></td><td></td><td></td><td></td><td></td><td></td><td></td></tr>
<tr><td></td><td></td><td></td><td></td><td></td><td></td><td></td></tr>
<tr><td colspan="3">减：银行已付，企业尚未入账金额</td><td colspan="4">减：企业已付，银行尚未入账金额</td></tr>
<tr><td></td><td></td><td></td><td></td><td></td><td></td><td></td></tr>
<tr><td></td><td></td><td></td><td></td><td></td><td></td><td></td></tr>
<tr><td></td><td></td><td></td><td></td><td></td><td></td><td></td></tr>
<tr><td></td><td></td><td></td><td></td><td></td><td></td><td></td></tr>
<tr><td></td><td></td><td></td><td></td><td></td><td></td><td></td></tr>
<tr><td colspan="2">调节后余额</td><td>750.83</td><td colspan="3">调节后余额</td><td>750.83</td></tr>
</table>

经办会计人员：张静娜　　　　会计主管：卫涓涓

表 8－11　银行对账单(简化)

(100202)银行存款——交通银行高新区分理处(039401040008522)

单位：南宁骏业　　　　单位：元

日　期	借方发生额	贷方发生额	余额方向	余　额
2022－12－31			贷	1 383 371.26
2023－1－5		50 000.00	贷	1 433 371.26
	…			
2023－3－22		9 765.36	贷	942 785.34
2023－3－23	18 000.00		贷	924 785.34
2023－3－23	10.50		贷	924 774.84
2023－3－28		100 000.00	贷	1 024 774.84
2023－3－28	20 000.00		贷	1 004 774.84
2023－3－28	10.50		贷	1 004 764.34
2023－3－29		142 785.00	贷	1 147 549.34
2023－3－30		90 000.00	贷	1 237 549.34
	…			
2023－6－20		46 683.00	贷	1 451 196.01
2023－6－21		11 236.45	贷	1 462 432.46
2023－6－21	13 900.00		贷	1 448 532.46
2023－6－23	122 328.13		贷	1 326 204.33
	…			
2023－9－14	45 000.00		贷	874 634.50
2023－9－21		50 766.30	贷	925 400.80
2023－9－21		2 092.67	贷	927 493.47
2023－9－21	20 850.00		贷	906 643.47
2023－9－22	57 869.34		贷	848 774.13
	…			
2023－10－25	200 000.00		贷	679 761.94
2023－10－27		70 000.00	贷	749 761.94
	…			
2023－11－23		108 237.80	贷	1 348 639.37
2023－11－23	14 556.71		贷	1 334 082.66
2023－11－23	10.50		贷	1 334 072.16
2023－11－24	68 000.00		贷	1 266 072.16

续表

日　期	借方发生额	贷方发生额	余额方向	余　额
	…			
2023-12-19	37 566.33		贷	1 402 714.00
2023-12-21		1 903.31	贷	1 404 617.31
2023-12-21		800 000.00	贷	2 204 617.31
2023-12-21	20 850.00		贷	2 183 767.31
2023-12-22		134 275.00	贷	2 318 042.31
2023-12-23		30 665.70	贷	2 348 708.01
2023-12-27		32 970.60	贷	2 381 678.61
2023-12-27	600 000.00		贷	1 781 678.61
2023-12-29		65 000.00	贷	1 846 678.61
2023-12-31	800 000.00		贷	1 046 678.61

表 8-12　银行对账单(简化)

(100201)银行存款——中国工商银行高新区分理处(00381208010019)

单位：南宁骏业　　　　单位：元

日　期	借方发生额	贷方发生额	余额方向	余　额
2022-12-31			贷	1 438 569.35
2023-1-4		50 000.00	贷	1 488 569.35
	…			
2023-3-22		8 976.54	贷	1 794 476.07
2023-3-24	7 112.17		贷	1 787 363.90
2023-3-25	50 000.00		贷	1 737 363.90
2023-3-29		55 000.00	贷	1 792 363.90
2023-3-29	552 150.00		贷	1 240 213.90
2023-3-30	11 250.00		贷	1 228 963.90
	…			
2023-6-20	3 760.50		贷	528 356.93
2023-6-22	5 000.00		贷	523 356.93
	…			
2023-9-20	4 732.00		贷	349 896.72
2023-9-22	5 000.00		贷	344 896.72

续表

日　　期	借方发生额	贷方发生额	余额方向	余　　额
	…			
2023-10-25	6 000.00		贷	430 206.77
2023-10-26	5 936.55		贷	424 270.22
2023-10-27	30 000.00		贷	394 270.22
	…			
2023-11-22	10.50		贷	391 158.46
2023-11-23	130 000.00		贷	261 158.46
2023-11-24		43 009.20	贷	304 167.66
	…			
2023-12-20	4 899.00		贷	286 698.62
2023-12-21		866.94	贷	287 565.56
2023-12-22	10 000.00		贷	277 565.56
2023-12-23	16 830.00		贷	260 735.56
2023-12-23		32 432.40	贷	293 167.96
2023-12-26	6 720.02		贷	286 447.94
2023-12-27	2 000.00		贷	284 447.94
2023-12-27	2 800.00		贷	281 647.94
2023-12-27		113 412.60	贷	395 060.54
2023-12-28	45 000.00		贷	350 060.54
2023-12-28		70 000.00	贷	420 060.54
2023-12-30	23 000.00		贷	397 060.54
2023-12-31	3 292.25		贷	393 768.29

表 8-13　银行对账单(简化)

(100203)银行存款——交通银行高新区分理处(029401040002536)

单位：南宁骏业　　　　单位：元

日　　期	借方发生额	贷方发生额	余额方向	余　　额
2022-12-31			贷	548.26
2023-1-7		425 000.00	贷	425 548.26
2023-1-10	424 358.83		贷	1 189.43
2023-2-4		171 000.00	贷	172 189.43

续表

日　　期	借方发生额	贷方发生额	余额方向	余　　额
2023-2-5	171 968.06		贷	221.37
2023-3-4		89 850.00	贷	90 071.37
2023-3-7	89 361.72		贷	709.65
2023-3-22		21.25	贷	730.90
2023-4-6		134 000.00	贷	134 730.90
2023-4-7	133 651.95		贷	1 078.95
2023-4-24		203 712.84	贷	204 791.79
2023-4-26	201 154.18		贷	3 637.61
2023-5-8		100 000.00	贷	103 637.61
2023-5-10	97 103.69		贷	6 533.92
2023-6-6		93 000.00	贷	99 533.92
2023-6-7	85 271.56		贷	14 262.36
2023-6-21		19.23	贷	14 281.59
2023-7-6		140 000.00	贷	154 281.59
2023-7-7	140 292.57		贷	13 989.02
2023-7-20		240 000.00	贷	253 989.02
2023-7-21	224 976.61		贷	29 012.41
2023-8-8		128 500.00	贷	157 512.41
2023-8-9	128 416.75		贷	29 095.66
2023-9-6		40 000.00	贷	69 095.66
2023-9-7	57 918.39		贷	11 177.27
2023-9-21		30.95	贷	11 208.22
2023-10-9		130 000.00	贷	141 208.22
2023-10-10	123 470.95		贷	17 737.27
2023-10-25		200 000.00	贷	217 737.27
2023-10-26	174 370.74		贷	43 366.53
2023-11-8		90 000.00	贷	133 366.53
2023-11-9	103 152.67		贷	30 213.86
2023-12-4		115 000.00	贷	145 213.86
2023-12-7	128 040.34		贷	17 173.52
2023-12-22		11.19	贷	17 184.71

表 8 - 14　银行对账单(简化)

(100204)银行存款——中国建设银行高新区分理处(4504900422259064015)

单位：南宁骏业　　　　单位：元

日　期	借方发生额	贷方发生额	余额方向	余　额
2022 - 12 - 31			贷	829.31
2023 - 1 - 5		6 000.00	贷	6 829.31
2023 - 1 - 6	6 533.57		贷	295.74
2023 - 2 - 2		114 000.00	贷	114 295.74
2023 - 2 - 3	100 265.51		贷	14 030.23
2023 - 3 - 2		11 200.00	贷	25 230.23
2023 - 3 - 3	3 917.09		贷	21 313.14
2023 - 3 - 14		64 800.00	贷	86 113.14
2023 - 3 - 15	64 725.69		贷	21 387.45
2023 - 3 - 23		14.68	贷	21 402.13
2023 - 4 - 4		12 900.00	贷	34 302.13
2023 - 4 - 5	4 542.13		贷	29 760.00
2023 - 5 - 8		3 700.00	贷	33 460.00
2023 - 5 - 9	3 611.17		贷	29 848.83
2023 - 6 - 2	3 586.17		贷	26 262.66
2023 - 6 - 23		11.29	贷	26 273.95
2023 - 7 - 5	4 064.35		贷	22 209.60
2023 - 7 - 5	4 153.56		贷	18 056.04
2023 - 8 - 3	4 108.92		贷	13 947.12
2023 - 9 - 5	3 660.68		贷	10 286.44
2023 - 9 - 23		30.04	贷	10 316.48
2023 - 10 - 10	4 313.58		贷	6 002.90
2023 - 11 - 4	3 620.68		贷	2 382.22
2023 - 12 - 2		2 500.00	贷	4 882.22
2023 - 12 - 5	4 136.88		贷	745.34
2023 - 12 - 21		5.49	贷	750.83

表 8－15 金融机构借款一览表

2023 年 12 月 31 日

金融机构名称	贷款账号	借款金额/元	借入日期	到期日	借款利率	抵押情况
交通银行高新区分理处	39401040001	1 500 000.00	2023 年 4 月 24 日	2025 年 4 月 24 日	5.56%	担保

注：担保人为南宁市三全设备机械厂

表 8－16 货币资金审定表

被审计单位名称：南宁骏业　索引号：1－000－1　页次：　金额单位：元
审计项目名称：货币资金　编制人：冬小红　日期：2024.1.18
财务报表截止日：2023 年 12 月 31 日　复核人：何向东　日期：2024.1.20

项目名称	期末未审数	账项调整		重分类调整		期末审定数	上期审定数	索引号
		借方	贷方	借方	贷方			
库存现金	1 516.95					1 516.95	5 518.46	
银行存款	1 485 382.44	54 607.29	81 607.29	0.00	0.00	1 458 382.44	2 823 318.18	1－000－4
其他货币资金								
合计	1 486 899.39	54 607.29	81 607.29	0.00	0.00	1 459 899.39	2 828 836.64	

审计说明及调整分录：
（1）经与明细合计数核对相符，总账合计数与报表核对相符。
（2）银行存款的调整分录见 1－000－4 底稿

调整分录与重分类分录：

审计结论	调整后的余额可以确认

表 8－17　库存现金监盘表

被审计单位名称：南宁骏业　　索引号：1－000－2　　页次：
审计项目名称：货币资金　　执行人：冬小红　　日期：2024.1.18
财务报表截止日：2023 年 12 月 31 日　　复核人：何向东　　日期：2024.1.20

索引号	查证核对记录				库存现金盘点记录				
	项　目	行　次	币别：人民币/元	币别：	面　额	币别：人民币		币别：	
						张数	金额/元	张数	金额
	一、盘点日账面库存余额	1	2 446.52		100 元	30	3 000.00		
	盘点日未记账收入(1 张)金额	2	5 000.00		50 元	9	450.00		
	盘点日未记账支出(2 张)金额	3	3 750.00		20 元	6	120.00		
	盘点日账面应存金额	4＝1＋2－3	3 696.52		10 元	10	100.00		
	二、盘点日库存实存金额	5	3 696.52		5 元	4	20.00		
	白条抵库金额	6			2 元	3	6.00		
	盘点日实存现金金额	7＝5＋6	3 696.52		1 元				
	三、盘点日应存与实存差额	8＝4－7	0.00		5 角	1	0.50		
	四、追溯至资产负债表日账面结存金额				2 角				
	资产负债表日至盘点日支出总额(含 3 行)	9	20 227.00		1 角				
	资产负债表日至盘点日收入总额(含 2 行)	10	22 406.57		5 分				
	资产负债表日应存金额	11＝4＋9－10	1 516.95		2 分	1	0.02		
	资产负债表日实存金额	12＝7＋9－10	1 516.95		1 分				
	资产负债表日实存与实际差额	13							
	调整数	14							
	审定数	15	1 516.95		实点合计		3 696.52		

续表

<table>
<tr><td rowspan="3">索引号</td><td colspan="4">查证核对记录</td><td colspan="5">库存现金盘点记录</td></tr>
<tr><td rowspan="2">项　目</td><td rowspan="2">行　次</td><td rowspan="2">币别：
人民币/元</td><td rowspan="2">币别：</td><td rowspan="2">面　额</td><td colspan="2">币别：人民币/元</td><td colspan="2">币别：</td></tr>
<tr><td>张数</td><td>金额</td><td>张数</td><td>金额</td></tr>
<tr><td></td><td>五、期末账面汇率</td><td>16</td><td></td><td></td><td colspan="5">存放地点：出纳保险箱</td></tr>
<tr><td></td><td>六、期末折合本位币金额</td><td>15=11×16</td><td></td><td></td><td colspan="3">盘点日期：2024.1.18</td><td colspan="2">盘点人：卢敏</td></tr>
<tr><td colspan="5">盘点时白条抵库情况</td><td colspan="5">出纳人员：卢敏</td></tr>
<tr><td>日期</td><td>领　款　人</td><td>金　额</td><td colspan="2">款项用途及白条抵库原因</td><td colspan="5">会计主管：卫涓涓</td></tr>
<tr><td></td><td></td><td></td><td colspan="2"></td><td colspan="5" rowspan="4">审计说明及调整分录：
（1）库存现金盘点结果与账面数相符。
（2）经对库存现金收支的抽查，未见异常</td></tr>
<tr><td></td><td></td><td></td><td colspan="2"></td></tr>
<tr><td></td><td></td><td></td><td colspan="2"></td></tr>
<tr><td></td><td></td><td></td><td colspan="2"></td></tr>
<tr><td></td><td></td><td></td><td colspan="2"></td><td colspan="2">审计结论</td><td colspan="3">余额可以确认</td></tr>
</table>

表 8-18　现金清点记录

截止日：2024 年 1 月 18 日

序　号	面　值	张　数	序　号	面　值	张　数
1	100 元	30	5	5 元	4
2	50 元	9	6	2 元	3
3	20 元	6	7	5 角	1
4	10 元	10	8	2 分	1

盘点人：卢敏

表 8-19　银行存款审定表

被审计单位名称：南宁骏业　　索引号：1-000-3　　页次：　　金额单位：元

审计项目名称：货币资金　　执行人：冬小红　　日期：2024.1.18

财务报表截止日：2023 年 12 月 31 日　　复核人：何向东　　日期：2024.1.20

开户银行名称及账号	期初审定数	银行存款账面期末余额			银行对账单余额	函证	调节相符	调整数	审定数	索引号
		原币	汇率	记账本位币						
中国工商银行高新区分理处（00381208010019）	1 438 569.35			448 375.58	393 768.29	C√		−54 607.29	393 768.29	1-000-4/4-2
交通银行高新区分理处（039401040008522）	1 383 371.26			992 071.32	1 046 678.61	C√		54 607.29	1 046 678.61	1-000-4/4-1
交通银行高新区分理处（029401040002536）	548.26			44 184.71	17 184.71	C√		−27 000.00	17 184.71	1-000-4/4-3
中国建设银行高新区分理处（4504900422259064015）	829.31			750.83	750.83	C√			750.83	1-000-4/4-4
合　计	2 823 318.18			1 485 382.44	1 458 382.44			−27 000.00	1 458 382.44	

审计说明： 有关调整详见 1-000-4 底稿	调整分录与重分类分录：
审计结论	调整后余额可以确认

表 8-20 银行存款余额调节表(4-1)

被审计单位名称：南宁骏业　　索引号：1-000-4　　页次：4-1　　金额单位：元
审计项目：银行存款　　执行人：冬小红　　日期：2024.1.18
财务报表截止日：2023 年 12 月 31 日　　复核人：何向东　　日期：2024.1.20

银行名称及账号：交通银行高新区分理处(039401040008522)						币别：人民币
企业银行存款日记账余额：992 071.32			银行对账单余额：1 046 678.61			
单位及内容	企业期后入账日期	金额	企业入账日期	单位及内容	银行收、付日期	金额
加：银行已收，企业尚未入账金额			加：企业已收，银行尚未入账金额			
2023.3.96#收货款		142 785.00				
减：银行已付，企业尚未入账金额			减：企业已付，银行尚未入账金额			
2023.3.84#预付款		18 010.50				
2023.6.56#支付利息		13 900.00				
2023.9.55#支付利息		20 850.00				
2023.11.69#支付货款		14 567.21				
2023.12.68#支付利息		20 850.00				
调节后余额		1 046 678.61	调节后余额			1 046 678.61
审计说明： 经查，以上账项均为账务处理明细错误所致，应予以调整，调增本账户 54 607.29 元，调减中国工商银行 54 607.29 元，具体检查过程详见 1-000-6 底稿				调整分录与重分类分录： 银行收支明细错记调整 借：银行存款——交通银行-8522　54 607.29 　贷：银行存款——中国工商银行-0019　54 607.29		
审计结论	调整后本账户余额可以确认					

表 8－21　银行存款余额调节表(4－2)

被审计单位名称：南宁骏业　　索引号：1－000－4　　页次：4－2　　金额单位：元

审计项目：银行存款　　执行人：冬小红　　日期：2024.1.18

会计报表截止日：2023 年 12 月 31 日　　复核人：何向东　　日期：2024.1.20

银行名称及账号：银行存款——中国工商银行高新区分理处(00381208010019)						币别：人民币
企业银行存款日记账余额：448 375.58			银行对账单余额：393 768.29			
单位及内容	企业期后入账日期	金　额	企业入账日期	单位及内容	银行收、付日期	金　额
加：银行已收，企业尚未入账金额			加：企业已收，银行尚未入账金额			
			2023.3.96＃	收货款	无	142 785.00
减：银行已付，企业尚未入账金额			减：企业已付，银行尚未入账金额			
			2023.3.84＃	预付款	无	18 010.50
			2023.6.56＃	支付利息	无	13 900.00
			2023.9.55＃	支付利息	无	20 850.00
			2023.11.69＃	支付货款	无	14 567.21
			2023.12.68＃	支付利息	无	20 850.00
调节后余额		393 768.29	调节后余额			393 768.29
审计说明： 经查，上述账项均为记账明细错误所致，应调减本账户共记 54 607.29 元，详见 1－000－6 底稿，调整分录见 1－000－4/4－1 底稿				调整分录与重分类分录：		
审计结论	调整后本账户余额可以确认					

表 8-22 银行存款余额调节表(4-3)

被审计单位名称：南宁骏业　　索引号：1-000-4　　页次：4-3　　金额单位：元
审计项目：银行存款　　执行人：冬小红　　日期：2024.1.18
会计报表截止日：2023 年 12 月 31 日　　复核人：何向东　　日期：2024.1.20

银行名称及账号：银行存款——交通银行高新区分理处(029401040002536)						币别：人民币
企业银行存款日记账余额：44 184.71			银行对账单余额：17 184.71			
单位及内容	企业期后入账日期	金　额	企业入账日期	单位及内容	银行收、付日期	金　额
加：银行已收，企业尚未入账金额			加：企业已收，银行尚未入账金额			
减：银行已付，企业尚未入账金额			减：企业已付，银行尚未入账金额			
2023.10.73＃交所得税		27 000.00				
调节后余额		17 184.71	调节后余额			17 184.71
审计说明： 经查，2023.10.73＃凭证，所得税支出少计 27 000 元，予以调整。调整数详见 1-000-6 底稿				调整分录与重分类分录： 调整 2023.10.73＃凭证，少记所得税支出 借：应交税费——企业所得税　27 000 　贷：银行存款——交通银行-2536　27 000		
审计结论	调整后本账户余额可以确认					

表 8-23　银行存款余额调节表(4-4)

被审计单位名称：南宁骏业　　索引号：1-000-4　　页次：4-4　　金额单位：元
审计项目：银行存款　　执行人：冬小红　　日期：2024.1.18
财务报表截止日：2023 年 12 月 31 日　　复核人：何向东　　日期：2024.1.20

银行名称及账号：中国建设银行高新区分理处(4504900422259064015)						币别：人民币
企业银行存款日记账余额：750.83			银行对账单余额：750.83			
单位及内容	企业期后入账日期	金　额	企业入账日期	单位及内容	银行收、付日期	金　额
加：银行已收，企业尚未入账金额			加：企业已收，银行尚未入账金额			
减：银行已付，企业尚未入账金额			减：企业已付，银行尚未入账金额			
调节后余额		750.83	调节后余额			750.83
审计说明：			调整分录与重分类分录：			
审计结论	余额可以确认					

表 8－24 货币资金检查情况表(2－1)

被审计单位名称：南宁骏业　　索引号：1－000－6　　页次：2－1　　金额单位：元

审计项目名称：货币资金——银行存款　　执行人：冬小红　　日期：2024.1.18

财务报表截止日：2023 年 12 月 31 日　　复核人：何向东　　日期：2024.1.20

日　期	凭证编号	业务内容	对应科目	金　额	核对内容					备　注
					1	2	3	4	5	
2023－1－25	记账凭证－68	分配利润	应付股利	－384 000.00	√	√	√			
2023－12－16	记账凭证－56	发放年终奖金	生产成本、管理费用等	－126 900.00						未通过“应付职工薪酬”科目
2023－11－24	记账凭证－77	发放年终奖金	生产成本、管理费用等	－126 900.00						情况同 2023.12.56＃凭证
2023－7－25	记账凭证－73	发放医疗补助	应付职工薪酬——福利费	－46 950.00	√	√	√			
2023－12－30	记账凭证－105	发放元旦慰问金	应付职工薪酬——福利费	－18 200.00	√	√	√			
2023－10－21	记账凭证－58	刘太乐借款发补贴	其他应收款——备用金	－12 330.00	√	√	√			
2023－4－20	记账凭证－66	黄善良借差旅费	其他应收款——备用金	－12 000.00	√	√	√			
2023－12－22	记账凭证－74	黄善良、韦建借差旅费	其他应收款——备用金	－10 000.00	√	√	√			
2023－8－11	记账凭证－37	刘太乐借野外拓展训练费	其他应收款——备用金	－10 000.00	√	√	√			
2023－1－25	记账凭证－67	提现	银行存款	384 000.00	√	√	√			
2023－8－2	记账凭证－6	陈家龙返还现金	其他应收款——备用金	6 500.00	√	√	√			
2023－9－22	记账凭证－63	卖废品收入	营业外收入	4 235.70	√	√	√			
		…								

续表

<table>
<tr><th rowspan="2">日　　期</th><th rowspan="2">凭证编号</th><th rowspan="2">业 务 内 容</th><th rowspan="2">对应科目</th><th rowspan="2">金　　额</th><th colspan="5">核　对　内　容</th><th rowspan="2">备　　注</th></tr>
<tr><th>1</th><th>2</th><th>3</th><th>4</th><th>5</th></tr>
<tr><td colspan="4">核对内容说明：
（1）原始凭证内容完整。
（2）有授权批准。
（3）账务处理正确。
（4）与生产经营业务有关。
（5）属于跨期收支事项</td><td colspan="7">审计说明：
抽查发现：2023.11.77＃、2023.12.56＃，两笔合计 253 800 元，账务处理不规范，发放年终奖金未通过应付职工薪酬，可能存在未代扣个税。提请审计税费的人员注意个税代扣代缴事项</td></tr>
</table>

表 8－25　货币资金检查情况表（2－2）

被审计单位名称：南宁骏业　　索引号：1－000－6　　页次：2－2　　金额单位：元

审计项目名称：货币资金——银行存款　　执行人：冬小红　　日期：2024.1.17

会计报表截止日：2023 年 12 月 31 日　　复核人：何向东　　日期：2024.1.20

<table>
<tr><th rowspan="2">日　　期</th><th rowspan="2">凭证编号</th><th rowspan="2">业 务 内 容</th><th rowspan="2">对应科目</th><th rowspan="2">金　　额</th><th colspan="5">核　对　内　容</th><th rowspan="2">备　　注</th></tr>
<tr><th>1</th><th>2</th><th>3</th><th>4</th><th>5</th></tr>
<tr><td>2023－3－23</td><td>记账凭证－84</td><td>预付上海碳素厂石墨毛坯的订金</td><td>中国工商银行高新区分理处（00381208010019）</td><td>－18 010.50</td><td>√</td><td>√</td><td>×</td><td></td><td></td><td>实际付款账户为交通银行－8522 账户</td></tr>
<tr><td>2023－3－29</td><td>记账凭证－96</td><td>收合同号 200412016 贷款</td><td>中国工商银行高新区分理处（00381208010019）</td><td>142 785.00</td><td>√</td><td>√</td><td>×</td><td></td><td></td><td>实际付款账户为交通银行－8522 账户</td></tr>
<tr><td>2023－6－21</td><td>记账凭证－56</td><td>支付利息</td><td>中国工商银行高新区分理处（00381208010019）</td><td>－13 900.00</td><td>√</td><td>√</td><td>×</td><td></td><td></td><td>实际付款账户为交通银行－8522 账户</td></tr>
<tr><td>2023－9－21</td><td>记账凭证－55</td><td>支付利息</td><td>中国工商银行高新区分理处（00381208010019）</td><td>－20 850.00</td><td>√</td><td>√</td><td>×</td><td></td><td></td><td>实际付款账户为交通银行－8522 账户</td></tr>
<tr><td>2023－11－23</td><td>记账凭证－69</td><td>付上海天信动力机械有限公司货款</td><td>中国工商银行高新区分理处（00381208010019）</td><td>－14 567.21</td><td>√</td><td>√</td><td>×</td><td></td><td></td><td>实际付款账户为交通银行－8522 账户</td></tr>
</table>

续表

日期	凭证编号	业务内容	对应科目	金额	核对内容 1	2	3	4	5	备注
2023-12-21	记账凭证-68	支付利息	中国工商银行高新区分理处(00381208010019)	−20 850.00	√	√	×			实际付款账户为交通银行-8522账户
2023-10-26	记账凭证-73	缴纳企业所得税	交通银行高新区分理处(029401040002536)	−147 370.74	√	√	×			实际金额为174 370.74元，少记支出27 000元
		…								

核对内容说明：
(1) 原始凭证内容完整。
(2) 有授权批准。
(3) 账务处理正确。
(4) 与生产经营业务有关。
(5) 属于跨期收支事项

审计说明：
(1) 经查，2023.3.84＃、2023.3.96＃、2023.6.56＃、2023.9.55＃、2023.11.69＃、2023.12.68＃六笔，共计金额＝−180 105＋142 785−13 900−20 850−14 567.21−20 850＝54 607.29元，记账在“中国工商银行-0019”，账户，而所附原始凭证(银行收付凭单)为“交通银行-8522”账户，系记账明细错误。
(2) 2023.10.73＃凭证，缴纳企业所得税，记账金额为147 370.74元，但所附原始凭证(税收通用缴款书)金额为174 370.74元，少记账所得税支出27 000元

表 8－26　审计业务银行询证函（通用格式）

编号：0001

交通银行高新区分理处（银行）：

本公司聘请的温州中源立德会计师事务所正在对本公司2023年度（或期间）的财务报表进行审计，按照中国注册会计师审计相关准则的要求，应当询证本公司与贵行相关的信息。下列第1—14项信息出自本公司的记录：

（1）如与贵行记录相符，请在本函“结论”部分签字、签章；

（2）如有不符，请在本函“结论”部分列明不符项目及具体内容，并签字和签章。

本公司谨授权贵行将回函直接寄至温州中源立德会计师事务所，地址及联系方式如下：

回函地址：温州市瓯海区娄桥街道中汇路81号（瓯海金融综合服务区）

联系人：何向东　电话：0577－8859××××　传真：0577－8859××××　邮编：325041

电子邮箱：

本公司谨授权贵行可从本公司________账户支取办理本询证函回函服务的费用。

截至2023年12月31日，本公司与贵行相关的信息列示如下。

1. 银行存款

账户名称	银行账号	币种	利率	账户类型	余额/元	起止日期	是否用于担保或存在其他使用限制	备注
南宁市骏业材料有限公司	039401040008522	人民币		一般户	1 046 678.61	活期		
	029401040002536	人民币		一般户	17 184.71	活期		

除上述列示的银行存款外，本公司并无在贵行的其他存款。

注：“起止日期”一栏仅适用于定期存款，如为活期或保证金存款，可只填写“活期”或“保证金”字样；“账户类型”列明账户性质，如基本户、一般户等。

2. 银行借款

借款人名称	银行账号	币种	余额/元	借款日期	到期日期	利率	抵（质）押品/担保人	备注
南宁市骏业材料有限公司	39401040001	人民币	150万	2023.4.24	2025.4.24	5.56%	南宁市三全设备机械厂	

除上述列示的银行借款外，本公司并无自贵行的其他借款。

注：如存在本金或利息逾期未付行为，在“备注”栏中予以说明。

3. 自____年__月__日起至____年__月__日期间内注销的账户

账户名称	银行账号	币　种	注销账户日

除上述列示的注销账户外，本公司在此期间并未在贵行注销其他账户。

4. 本公司作为贷款方的委托贷款

账户名称	银行账号	资金借入方	币　种	利　率	余　额	贷款起止日期	备　注

除上述列示的委托贷款外，本公司并无通过贵行办理的其他委托贷款。

续表

注：如资金借入方存在本金或利息逾期未付行为，在“备注”栏中予以说明。

5. 本公司作为借款方的委托贷款

账户名称	银行账号	资金借出方	币种	利率	余额/元	贷款起止日期	备注

除上述列示的委托贷款外，本公司并无通过贵行办理的其他委托贷款。

注：如存在本金或利息逾期未付行为，在“备注”栏中予以说明。

6. 担保（包括保函）

（1）本公司为其他单位提供的、以贵行为担保受益人的担保。

被担保人	担保方式	担保余额/元	担保到期日	担保合同编号	备注

除上述列示的担保外，本公司并无其他以贵行为担保受益人的担保。

注：如采用抵押或质押方式提供担保的，应在“备注”栏中说明抵押或质押物情况；如被担保方存在本金或利息逾期未付行为，在“备注”栏中予以说明。

（2）贵行向本公司提供的担保。

被担保人	担保方式	担保金额/元	担保到期日	担保合同编号	备注

除上述列示的担保外，本公司并无贵行提供的其他担保。

7. 本公司为出票人且由贵行承兑而尚未支付的银行承兑汇票

银行承兑汇票号码	承兑银行名称	结算账户账号	票面金额/元	出票日	到期日

除上述列示的银行承兑汇票外，本公司并无由贵行承兑而尚未支付的其他银行承兑汇票。

8. 本公司向贵行已贴现而尚未到期的商业汇票

商业汇票号码	付款人名称	承兑人名称	票面金额/元	出票日	到期日	贴现日	贴现率	贴现净额/元

除上述列示的商业汇票外，本公司并无向贵行已贴现而尚未到期的其他商业汇票。

9. 本公司为持票人且由贵行托收的商业汇票

商业汇票号码	承兑人名称	票面金额/元	出票日	到期日

除上述列示的商业汇票外，本公司并无由贵行托收的其他商业汇票。

10. 本公司为申请人、由贵行开具的、未履行完毕的不可撤销信用证

信用证号码	受益人	信用证金额/元	到期日	未使用金额/元

续表

除上述列示的不可撤销信用证外，本公司并无由贵行开具的、未履行完毕的其他不可撤销信用证。

11. 本公司与贵行之间未履行完毕的外汇买卖合约

类　别	合约号码	买卖币种	未履行的合约买卖金额/元	汇　率	交收日期
贵行卖予本公司					
本公司卖予贵行					

除上述列示的外汇买卖合约外，本公司并无与贵行之间未履行完毕的其他外汇买卖合约。

12. 本公司存放于贵行托管的有价证券或其他产权文件

有价证券或其他产权文件名称	产权文件编号	数　量	金额/元

除上述列示的有价证券或其他产权文件外，本公司并无存放于贵行托管的其他有价证券或其他产权文件。

13. 本公司购买的由贵行发行的未到期银行理财产品

产品名称	产品类型	认购金额/元	购买日	到期日	币　种

除上述列示的银行理财产品外，本公司并无购买其他由贵行发行的理财产品。

14. 其他

注：此项应填列注册会计师认为重大且应予函证的其他事项，如欠银行的其他负债或者或有负债、除外汇买卖外的其他衍生交易、贵金属交易等。

（预留印鉴）

南宁市骏业材料有限公司

2024 年 1 月 18 日

经办人：卢敏

职　务：

电　话：

以下由被询证银行填列

结论：

经本行核对，所函证项目与本行记载信息相符。特此函复。

年　月　日　经办人：　职务：　电话：

复核人：　职务：　电话：

（银行盖章）

续表

经本行核对，存在以下不符之处。

年 月 日 经办人： 职务： 电话：

复核人： 职务： 电话：

（银行盖章）

说明：

（1）本询证函（包括回函）中所列信息应严格保密，仅用于注册会计师审计目的。

（2）注册会计师可根据审计的需要，从本函所列第1—14项中选择所需询证的项目，对于不适用的项目，应当将该项目中的表格用斜线画掉。

（3）本函应由被审计单位加盖骑缝章。

项目九

完成审计工作与出具审计报告

知识目标

1. 了解审计报告编制前的准备工作。
2. 熟悉审计报告的类型、基本内容与编制要求。
3. 熟悉审计报告的类型确定与编写方法。

能力目标

1. 能够汇总审计差异。
2. 能够复核审计工作底稿和财务报表。
3. 能够编写审计报告。

案例导入

在对南宁市骏业材料有限公司(以下简称"南宁骏业")的审计业务中,注册会计师何向东被指定为项目经理。进入审计完成阶段后,何向东通过分析性程序确定了南宁骏业报表整体的合理性。因工作繁忙,何向东安排冬小红收集审计组各成员编制的审计工作底稿,由冬小红对这些审计工作底稿进行复核,并签署复核意见。冬小红将复核过的工作底稿交给何向东,由何向东起草审计报告。

讨论题:

1. 讨论何向东安排审计人员冬小红复核审计工作底稿并签署复核意见的做法是否妥当?

2. 讨论复核审计工作底稿时应复核哪些内容?

案例导入分析:项目九

任务一 完成审计工作

在审计完成阶段,出具审计报告前,审计人员应完成评价审计中的重大发现,评价审计过程中发现的错报,汇总审计差异,复核审计工作底稿和财务报表,考虑被审计单位持续经营假设的合理性、期后事项和获取管理层声明等工作。

一、汇总审计差异

（一）审计差异的含义

审计差异是指审计人员在审计过程中发现的被审计单位对经济业务的确认、计量或者列报与有关会计制度、会计准则不一致的地方。

（二）编制审计差异调整表

审计差异调整表格式如表 9－1 所示。

表 9－1 审计差异调整表

被审计单位名称＿＿＿＿＿＿＿＿＿＿ 索引号＿＿＿＿ 页 次＿＿＿＿
审计项目名称＿＿＿＿＿＿＿＿＿＿ 编 制＿＿＿＿ 日 期＿＿＿＿
会计期间或截止日＿＿＿＿年＿＿＿＿月＿＿＿＿日 复 核＿＿＿＿ 日 期＿＿＿＿

序号	索引号	调整分录及说明	资产负债表		利润表		被审计单位调整情况及未调整原因
			借 方	贷 方	借 方	贷 方	

审计差异内容按是否需要调整账户记录划分，可分为核算错误和重分类错误：核算错误是因为企业对经济业务进行了不正确的会计核算而引起的错误；重分类错误是因企业未按企业会计准则的规定列报财务报表而引起的错误，如在应收账款项目中反映预收账款的内容，在应付账款项目中反映预付账款的内容等。

拓展阅读：试算平衡表

（三）编制试算平衡表

试算平衡表是审计人员在被审计单位提供未审计财务报表的基础上，考虑调整分录、重分类分录等内容以确定已审数与报表披露数的表格。试算平衡表的勾稽关系有以下要点：

（1）试算平衡表中的"未审计数"和"审计调整前"列，应根据经被审计单位提供的未审计财务报表填列。

（2）试算平衡表中的"调整分录"应根据经被审计单位同意的账项调整分录和重分类调整分录汇总表填列。

（3）在编制完试算平衡表后，应注意核对相应的勾稽关系。如资产负债表试算平衡表左边的"未审计数"列合计数和"审定数"列合计数应分别等于右边相应各列合计数；资产负债表试算平衡表左边的"调整分录"列中的借方合计数与贷方合计数之差应等于右边的"调整分录”列中的贷方合计数与借方合计数之差。

二、审计期后事项

课程视频：期后事项

期后事项是指财务报表日至审计报告日之间发生的事项，以及审计人员在审计报告日后知悉的事实。其中财务报表日是指被审计年度的12月31日，审计报告日是注册会计师完成审计工作的日期。

根据期后事项的定义，期后事项可划分为三个时段。第一时段是财务报表日后至审计报告日；第二时段是审计报告日后至财务报表报出日；第三时段是财务报表报出日后。期后事项分段示意图，如图9-1所示。

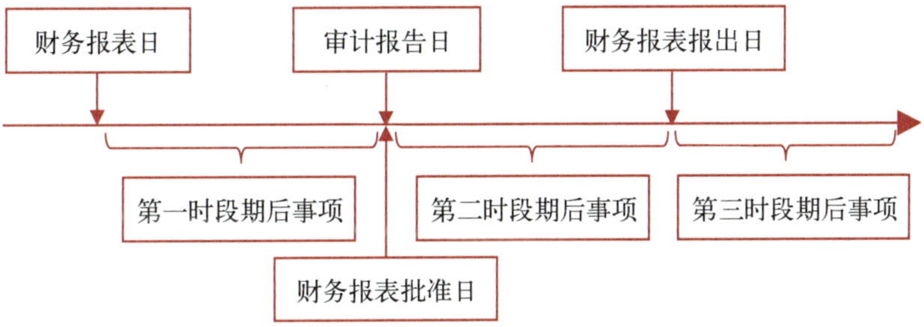

图9-1 期后事项分段示意

（一）期后事项的种类

下述两类期后事项需要被审计单位管理层考虑，并须经审计人员审计。

1. 财务报表日后调整事项

财务报表日后调整事项是对财务报表日已经存在的情况提供了新的或进一步证据的事项。被审计单位发生的财务报表日后调整事项，通常包括下列各项内容：

（1）财务报表日后诉讼案件结案，法院判决证实了企业在财务报表日已经存在的现时义务，需要调整原先确认的与该诉讼案件相关的预计负债，或确认一项新的负债。

（2）财务报表日后取得确凿证据，表明某项资产在财务报表日发生了减值或需要调整该项资产原先确认的减值金额。

（3）财务报表日后进一步确定了财务报表日前购入资产的成本或售出资产的收入。

（4）财务报表日后发现了财务报表舞弊或错误。

2. 财务报表日后非调整事项

财务报表日后非调整事项是指对财务报表日后发生的情况提供证据的事项，即表明财务报表日后发生情况的事项。这类事项虽不影响财务报表金额，但可能影响对财务报表的正确理解，需要提请被审计单位管理层在财务报表附注中作适当披露。

被审计单位在财务报表日后发生的，需要在财务报表中披露而非调整的事项通常包括：

（1）财务报表日后发生的重大诉讼、仲裁、承诺。

（2）财务报表日后资产价格、税收政策、外汇汇率发生重大变化。

（3）财务报表日后因自然灾害导致资产发生重大损失。

（4）财务报表日后发行股票和债券以及其他巨额举债。

（5）财务报表日后资本公积转增资本。

（6）财务报表日后发生巨额亏损。

(7) 财务报表日后发生企业合并或处置子公司。

(8) 财务报表日后企业利润分配方案中拟分配的以及经审议批准宣告发放股利或利润。

(二) 审计期后事项

1. 截至审计报告日发生的期后事项(第一时段)

对于这一时段的期后事项,审计人员负有主动识别的义务,应当设计专门的审计程序来识别这些期后事项,并根据这些事项的性质判断其对财务报表的影响,进而确定是进行调整还是披露。

通常情况下,针对期后事项的专门审计程序,其实施时间越接近审计报告日越好。越接近审计报告日,也就意味着离财务报表日越远,被审计单位这段时间内累积的对财务报表日已经存在的情况提供的进一步证据也就越多;越接近审计报告日,审计人员遗漏期后事项的可能性也就越小。这一时段的审计程序如下:

(1) 复核被审计单位管理层建立的用于确保识别期后事项的程序。

(2) 查阅股东会、董事会及其专门委员会在资产负债表日后涉及诉讼的相关文件等,以及举行会议的纪要,并在不能获取会议纪要时询问会议讨论的事项。

(3) 查阅最近的中期财务报表,如认为必要和适当,还应当查阅预算、现金流量预测及其他相关管理报告。

(4) 向被审计单位律师或法律顾问询问有关诉讼和索赔事项。

(5) 向管理层询问是否发生可能影响财务报表的期后事项。

(6) 查阅被审计单位与客户、供应商、监管部门等的往来信函。

2. 截至财务报表报出日前发生的期后事项(第二时段)

对于这一时段的期后事项,审计人员没有责任针对财务报表实施审计程序或进行专门查询,但应对知悉的期后事实施审计程序。管理层有责任将发现的可能影响财务报表的事实告知审计人员。

(1) 如果管理层修改了财务报表,审计人员应根据具体情况实施必要的审计程序,以验证调整或披露是否符合相关规定;针对修改后的财务报表出具新的审计报告和索取新的管理层声明书,将用以识别期后事项的审计程序延伸至新的审计报告日。

(2) 如果管理层不修改财务报表且审计报告未提交,审计人员应当出具保留意见或否定意见的审计报告。

(3) 如果管理层不修改财务报表且审计报告已提交,审计人员应当通知治理层不要将财务报表和审计报告向第三方报出;如果财务报表已报出,审计人员应当采取措施防止财务报表使用者信赖该审计报告。审计人员采取的措施取决于自身的权利和义务以及所征询的法律意见。

3. 财务报表报出日后发生的期后事项(第三时段)

对于这一时段的期后事项,审计人员没有义务针对财务报表作出查询。只有同时满足下列两个条件时,审计人员才采取行动:❶ 期后事项在审计报告日已经存在;❷ 该事实如果被审计人员在审计报告日前获知,可能影响审计报告结论。

(1) 如果管理层修改了财务报表,审计人员应当采取如下必要的措施:❶ 实施必要的审计程序;❷ 复核管理层采取的措施能否确保所有收到原财务报表和审计报告的人士了解这情况;❸ 针对修改后的财务报表出具新的审计报告,增加强调事项段,提请财务报表使用者注意财务报表附注中对修改原财务报表原因的详细说明，以及审计人员出具的原审计报告。

（2）如果管理层未采取任何行动，审计人员应当采取措施防止财务报表使用者信赖该审计报告，并将拟采取的措施通知治理层。对上市公司客户，审计人员可以考虑在中国证券监督管理委员会指定的媒体上刊登公告，指出审计报告日已存在的、对已公布的财务报表存在重大影响的事项及其影响。

（3）如果知悉此类期后事项时，已临近公布下一期财务报表或下一期财务报表已编制完成，且能够在下一期财务报表中进行充分披露，审计人员应当根据法律法规的规定确定是否仍有必要提请被审计单位修改财务报表，并出具新的审计报告。

课程视频：书面声明

三、获取管理层书面声明

管理层书面声明，是指管理层向审计人员提供的书面陈述，用以确认某些事项或支持其他审计证据。管理层书面声明是审计人员在财务报表审计中需要获取的必要信息，是审计证据的重要来源。尽管书面声明提供了必要的审计证据，但其本身并不为所涉及的任何事项提供充分、适当的审计证据。审计人员可就管理层责任履行情况或具体认定获取的其他审计证据要求其提供书面声明。

（一）针对管理层责任的书面申明

审计人员应当要求管理层就下列事项提供书面声明：❶ 按照审计业务约定条款，已向审计人员提供所有相关信息，并允许审计人员不受限制地接触所有相关信息以及被审计单位内部人员和其他相关人员；❷ 所有交易均已记录并反映在财务报表中。

如果未从管理层获取其确认已履行责任的书面声明，审计人员在审计过程中获取的有关管理层已履行责任的其他审计证据是不充分的。仅凭其他审计证据不能判断管理层是否在认可并理解其责任的基础上，编制和列报财务报表并向审计人员提供了相关信息。

（二）针对财务报表的额外书面声明

除了审计人员应当要求管理层提供基本书面声明以确认其履行了责任外，审计人员可能认为有必要获取有关财务报表的其他书面声明，与向审计人员提供信息有关的额外书面声明以及与特定认定有关的书面声明。其中有关财务报表的其他书面声明可能包括就下列事项做出的声明：

（1）会计政策的选择和运用是否适当。

（2）是否按照适用的财务报告编制基础对下列相关事项进行了确认、计量、列报或披露：❶ 可能影响资产和负债账面价值或分类的计划或意图；❷ 负债（包括实际负债和或有负债）；❸ 资产的所有权或控制权，资产的留置权或其他物权，用于担保的抵押资产；❹ 可能影响财务报表的法律法规及合同（包括违反法律法规及合同的行为）。

（三）管理层书面声明的日期和涵盖的期间

由于书面声明是必要的审计证据，在管理层签署书面声明前，审计人员不能发表审计意见也不能签署审计报告。书面声明的日期应当尽量接近对财务报表出具审计报告的日期，但不得在审计报告日后。书面声明应当涵盖审计报告针对的所有财务报表和期间。

在实务中可能会出现这样的情况，即在审计报告中提及的所有期间内，现任管理层均尚未就任。他们可能由此声称无法就上述期间提供部分或全部书面声明。然而，这一事实并不能减轻现任管理层对财务报表整体的责任。相应地，审计人员仍然需要向现任管理层获取涵盖整个相关期间的书面声明。

（四）管理层书面声明的要点与格式

1. 管理层书面声明的要点

（1）总体要求。审计人员应当要求将声明书直接送给审计人员本人。

（2）主要内容。通常关于财务报表，关于信息的完整性，关于确认、计量和列报。

（3）签署日期。管理层声明书标明的日期通常与审计报告日期一致。有些情况下，审计人员也可能在审计过程中或审计报告日后就某些交易或事项获取单独的声明书。

（4）签署人。管理层声明书通常由管理层中对被审计单位及其财务负主要责任的人员签署。

2. 管理层声明书的格式

管理层声明书的参考格式如下所示。

A会计师事务所并A注册会计师：

本声明书是针对你们审计B公司截至2023年12月31日的年度财务报表而提供的。审计的目的是对财务报表发表意见，以确定财务报表是否在所有重大方面已按照企业会计准则的规定编制，并实现公允反映。

尽我们所知，并在作出了必要的查询和了解后，我们确认：

一、财务报表

1. 我们已履行2023年签署的审计业务约定书中提及的责任，即根据企业会计准则的规定编制财务报表，并对财务报表进行公允反映。

2. 根据企业会计准则有关确认、计量或披露的规定，作出会计估计和相关披露时使用的方法、重大假设和数据是适当的。

3. 已按照企业会计准则的规定对关联方关系及其交易作出了恰当的会计处理和披露。

4. 根据企业会计准则的规定，所有需要调整或披露的资产负债表日后事项都已得到调整或披露。

5. 未更正错报，无论是单独还是汇总起来，对财务报表整体的影响均不重大。未更正错报附在本声明书后。

6. 其他事项。

二、提供的信息

7. 我们已向你们提供下列工作条件：

（1）允许接触我们注意到的、与财务报表编制相关的所有信息（如记录、文件和其他事项）。

（2）提供你们基于审计目的要求我们提供的其他信息。

（3）允许在获取审计证据时不受限制地接触你们认为必要的本公司内部人员和其他相关人员。

8. 所有交易均已记录并反映在财务报表中。

9. 我们已向你们披露了舞弊可能导致的财务报表重大错报风险的评估结果。

10. 我们已向你们披露了我们注意到的、可能影响本公司的与舞弊或舞弊嫌疑相关的所有信息，这些信息涉及本公司的：

（1）管理层。

（2）在内部控制中承担重要职责的员工。

（3）其他人员（在舞弊行为导致财务报表重大错报的情况下）。

11. 我们已向你们披露了从现任和前任员工、分析师、监管机构等方面获知的、影响财务报表的舞弊指控或舞弊嫌疑的所有信息。

12. 我们已向你们披露了所有已知的、在编制财务报表时应当考虑其影响的违反或涉嫌违反法律法规的行为。

13. 我们已向你们披露了我们注意到的关联方的名称和特征、所有关联方关系及其交易。

14. 注册会计师可能认为必要的其他任何事项。

附：未更正错报汇总表

B公司　　　　　　　　　　　　　　　　B公司管理层
（盖章）　　　　　　　　　　　　　　　（签名并盖章）
中国××市　　　　　　　　　　　　二〇二三年十二月十六日

四、考虑持续经营假设

持续经营假设是指被审计单位在编制财务报表时，假定其经营活动在可预见的未来会持续下去，不会终止经营或破产清算，可以在正常的经营过程中变现资产或清偿债务。

财务报表审计的目标是审计人员对被审计单位财务报表的合法性和公允性发表审计意见，审计人员的审计意见旨在提高财务报表的可信赖程度。因此，未提及持续经营能力存在重大不确定性的审计报告，不应被视为审计人员对被审计单位能够持续经营作出的保证。被审计单位在财务、经营以及其他方面存在的某些事项或情况可能导致经营风险，此事项或情况单独或连同其他事项或情况可能导致对持续经营假设产生重大疑虑。审计人员应当根据获取的审计证据，确定可能导致对被审计单位持续经营能力产生重大疑虑的事项或情况是否存在重大不确定性，并考虑对审计报告的影响。影响持续经营能力的一些重要事项和情况，如表9-2所示。

表9-2　被审计单位在财务、经营以及其他方面可能导致对持续经营能力产生重大疑虑的事项和情况

财务方面	债务违约 无法继续履行重大借款合同中的有关条款 累计经营性亏损数额巨大 过度依赖短期借款筹资 无法获得供应商的正常商业信用 难以获得开发必要新产品或进行必要投资所需的资金 资不抵债 现金流量困难 大股东长期占用巨额资金 重要子公司无法持续经营且未进行处理 存在大量长期未做处理的不良资产 存在因对外巨额担保等或有事项引发的或有负债

续表

经营方面	关键管理人员离职且无人替代 主导产品不符合国家产业政策 失去主要市场、特许权或主要供应商 人力资源或重要原材料短缺 企业并购等快速扩张
其他方面	严重违反有关法律法规或政策 异常原因导致停工、停产 有关法律法规或政策的变化可能造成重大不利影响 经营期限即将到期且无意继续经营 投资者未履行协议、合同、章程规定的义务，并有可能造成重大不利影响 因自然灾害、战争等不可抗力因素遭受严重损失 企业股东之间产生纠纷、股权转让频繁

五、复核审计工作底稿和财务报表

课程视频：复核审计工作底稿

（一）对财务报表总体合理性进行总体复核

在审计结束或临近结束时，审计人员需要运用分析程序的目的是确定经审计调整后的财务报表整体是否与对被审计单位的了解一致，是否具有合理性。如果识别出以前未识别的重大错报风险，审计人员应当重新考虑对全部或部分各类别的交易、账户余额、披露评估的风险是否恰当，并在此基础上重新评价之前计划的审计程序是否充分，是否有必要追加审计程序。

（二）复核审计工作底稿

1. 项目组内部复核

（1）复核人员。会计师事务所在安排复核工作时，应当由项目组内经验较多的人员复核经验较少的人员的工作。会计师事务所应当根据该原则，确定有关复核责任的政策和程序。项目组需要在制订审计计划时确定复核人员的指派，以确保所有工作底稿均得到适当层级人员的复核。

（2）复核范围。执行复核时，复核人员需要考虑的事项包括：

❶ 审计工作是否已按照审计准则和适用的法律法规的规定执行；

❷ 重大事项是否已提请进一步考虑；

❸ 相关事项是否已进行适当咨询，由此形成的结论是否已得到记录和执行；

❹ 是否需要修改已执行审计工作的性质、时间安排和范围；

❺ 已执行的审计工作是否支持形成的结论，并已得到适当记录；

❻ 已获取的审计证据是否充分、适当；

❼ 审计程序的目标是否已实现。

（3）项目合伙人复核。根据审计准则的规定：项目合伙人应当对会计师事务所分派的每项审计业务的总体质量负责；项目合伙人应当对项目组按照会计师事务所复核政策和程序实施的复核负责。

项目合伙人在审计过程的适当阶段及时实施复核，有助于重大事项在审计报告日之前得到及时满意的解决。项目合伙人复核的内容包括：❶ 对关键领域所作的判断，尤其是执行业务过程中识别出的疑难问题或争议事项；❷ 特别风险；❸ 项目合伙人认为重要的其他领域。

2. 项目质量复核

会计师事务所应当制定政策和程序，要求对特定业务（包括所有上市实体财务报表审计）实施项目质量复核，以客观评价项目组作出的重大判断以及在编制报告时得出的结论。同时需要充分考虑质量复核工作的重要性和复杂性，安排经验丰富的注册会计师担任项目质量复核人员，应当客观地评价项目组作出的重大判断以及在编制审计报告时得出的结论。

评价工作应当涉及下列内容：❶ 项目合伙人讨论重大事项；❷ 复核财务报表和拟出具的审计报告；❸ 复核选取的与项目组作出的重大判断和得出结论相关的审计工作底稿；❹ 评价在编制审计报告时得出的结论，并考虑拟出具审计报告的恰当性。

对上市实体财务报表审计，项目质量复核人在实施项目质量复核时，还应考虑：❶ 项目组就具体审计业务对会计师事务所独立性作出的评价；❷ 项目组是否已就涉及意见分歧的事项，或者其他疑难问题或争议事项进行适当咨询，以及咨询得出的结论；❸ 选取的用于复核的审计工作底稿，是否反映了项目组针对重大判断执行的工作，以及是否支持得出的结论。

项目质量复核人员在业务过程中的适当阶段及时实施项目质量复核，有助于重大事项在审计报告日之前得到迅速、满意的解决。

任务二 出具审计报告

课程视频：审计报告的概述

一、审计报告的含义

审计报告是指审计人员根据审计准则的规定，在执行审计工作的基础上，对财务报表发表审计意见的书面文件。审计报告是审计人员在完成审计工作后向委托人提交的最终产品，是评价被审计单位财务情况的合法性和公允性的重要工具，也是表明审计人员完成了审计任务并愿意承担审计责任的证明文件。因此，审计人员应当将已审计的财务报表附于审计报告之后，以便财务报表使用者正确理解和使用审计报告，并防止被审计单位替换、更改已审计的财务报表。

二、审计报告的作用

注册会计师签发的审计报告，主要具有下述三个方面的作用。

（一）鉴证作用

注册会计师签发的审计报告，不同于政府审计和内部审计的审计报告，是以独立的第三者身份对被审计单位财务报表合法性、公允性发表意见。这种意见具有鉴证作用，得到了政府及其各部门和社会各界的普遍认可。企业的投资者，主要依据注册会计师的审计报告来判断被投资企业的财务报表是否公允地反映了财务状况和经营成果，以进行投资决策等。

（二）保护作用

注册会计师通过审计，可以对被审计单位财务报表出具不同类型审计意见的审计报告，以提高或降低财务报表使用者对财务报表的信赖程度，能够在一定程度上对被审计单位的债权人和股东以及其他利害关系人的利益起到保护作用。

（三）证明作用

审计报告是对注册会计师审计任务完成情况及其结果所作的总结，可以对审计工作质量和注册会计师的审计责任起证明作用。因为通过审计报告，可以证明注册会计师在审计过程中，是否实施了必要的审计程序，是否以审计工作底稿为依据发表审计意见，发表的审计意见是否与被审计单位的实际情况相一致，审计工作的质量是否符合要求。

三、审计报告的基本内容

课程视频：审计报告的基本内容

审计报告的内容可视不同的审计主体、审计目的、审计对象和审计报告的使用者而不同。本项目以标准的社会审计报告为例进行说明审计报告的相关要素。

（一）标题

审计报告应当具有标题，统一规范为“审计报告”。

（二）收件人

审计报告的收件人是指审计人员按照业务约定书的要求致送审计报告的对象，一般是指审计业务的委托人。审计报告的收件人应当载明收件人的全称。对于股份有限公司，审计报告的收件人一般可用“××股份有限公司全体股东”；对于有限责任公司，收件人一般可用“××有限责任公司董事会”。

（三）审计意见

审计报告的第一部分应当包含审计意见，并以“审计意见”作为标题。审计意见部分还应当包括下列方面：❶ 指出被审计单位的名称；❷ 说明财务报表已经审计；❸ 指出构成整套财务报表的每一财务报表的名称；❹ 提及财务报表附注，包括重大会计政策和会计估计；❺ 指明构成整套财务报表的每一财务报表的日期或涵盖的期间。

（四）形成审计意见的基础

该部分提供关于审计意见的重要背景，应当紧接在审计意见部分之后，包括下列方面：

（1）说明审计人员按照审计准则的规定执行了审计工作。

（2）提及审计报告中用于描述审计准则规定的审计人员责任的部分。

（3）声明审计人员按照与审计相关的职业道德要求，对被审计单位保持了独立性，并履行了职业道德方面的其他责任。

（4）说明审计人员是否相信获取的审计证据是充分、适当的，为发表审计意见提供了基础。

（五）管理层对财务报表的责任

审计报告应当包含标题为“管理层对财务报表的责任”的部分，说明编制财务报表是管理层的责任，这种责任包括以下几方面：

（1）按照适用的财务报告编制基础编制财务报表，并使其实现公允反映。

（2）设计、执行和维护必要的内部控制，以使财务报表不存在舞弊或错误导致的重大错报。

（3）评估被审计单位的持续经营能力和使用持续经营假设是否适当，并披露与持续经营相关的事项（如适用）。

（六）注册会计师对财务报表审计的责任

审计报告应当包含标题为“注册会计师对财务报表审计的责任”的部分，包括下列内容。

（1）注册会计师的责任是在执行审计工作的基础上对财务报表发表审计意见。

（2）注册会计师按照审计准则的规定执行审计工作。审计准则要求注册会计师遵守职业道德规范，计划和实施审计工作以对财务报表是否不存在重大错报而获得合理保证。

(3) 审计工作涉及实施审计程序，以获取有关财务报表金额和披露的审计证据。选择的审计程序取决于注册会计师的判断，包括对舞弊或错误导致的财务报表重大错报风险的评估。审计工作还包括评价管理层选择会计政策的恰当性和作出会计评估的合理性以及评价会计报表的列报情况。

(4) 注册会计师相信已获得的审计证据是充分、恰当的，这为其发表审计意见提供了基础。

（七）按照相关法律法规的要求报告的事项（如适用）

除审计准则规定的注册会计师责任外，如果注册会计师在对财务报表出具的审计报告中履行其他报告责任，应当在审计报告中将其单独作为一部分，并以“按照相关法律法规的要求报告的事项”为标题，或使用适合该部分内容的其他标题，除非其他报告责任涉及的事项与审计准则规定的报告责任涉及的事项相同。如果涉及相同的事项，其他报告责任可以在审计准则规定的同一报告要素部分列示。

（八）注册会计师的签名和盖章

审计报告应当由项目合伙人和另一名负责该项目的注册会计师签名和盖章。在审计报告中指明项目合伙人有助于进一步增强对审计报告使用者的透明度，有利于增强项目合伙人的个人责任感。

（九）会计师事务所的名称、地址和盖章

根据《中华人民共和国注册会计师法》的规定，注册会计师承办业务，由其所在的会计师事务所统一受理并与委托人签订委托合同。因此，审计报告除了应由注册会计师签名和盖章外，还应载明会计师事务所的名称和地址，并加盖会计师事务所公章。

（十）报告日期

审计报告应当注明报告日期。审计报告日不应早于注册会计师获取充分、适当的审计证据，并在此基础上对财务报表形成审计意见的日期。在确定审计报告日时，注册会计师应当确信已获取下列两方面的审计证据：❶ 构成整套财务报表的所有报表（包括相关附注）已编制完成；❷ 被审计单位的董事会、管理层或类似机构已经认可其对财务报表负责。

四、审计报告的类型

课程视频：审计意见的类型

（一）无保留意见的审计报告

无保留意见，是指当注册会计师认为财务报表在所有重大方面按照适用的财务报告编制基础的规定编制并实现公允反映时发表的审计意见。无保留意见的审计报告符合条件：❶ 财务报表在所有重大方面公允反映企业的财务状况、经营成果和现金流量；❷ 已经按照企业会计准则编制报表；❸ 在审计过程中未受到限制。无保留意见的审计报告举例如下。

审　计　报　告

ABC股份有限公司全体股东：

一、对财务报表审计的报告

（一）无保留意见

我们审计了ABC股份有限公司（以下简称“ABC公司”）的财务报表，包括2023年12月31日的资产负债表，2023年度的利润表、现金流量表、所有者权益变动表以及

财务报表附注。

我们认为，后附的财务报表在所有重大方面按照企业会计准则的规定编制，公允反映了 ABC 公司 2023 年 12 月 31 日的财务状况以及 2023 年度的经营成果和现金流量。

（二）形成无保留意见的基础

我们按照中国注册会计师审计准则的规定执行了审计工作。审计报告的“注册会计师对财务报表审计的责任”部分进一步阐述了我们在这些准则下的责任。按照中国注册会计师职业道德守则，我们独立于 ABC 公司，并履行了职业道德方面的其他责任。我们相信，我们获取的审计证据是充分、适当的，为发表无保留意见提供了基础。

（三）管理层和治理层对财务报表的责任

管理层负责按照企业会计准则的规定编制财务报表，使其实现公允反映，并设计、执行和维护必要的内部控制，以使财务报表不存在舞弊或错误导致的重大错报。

治理层负责监督公司的财务报告过程。

（四）注册会计师对财务报表审计的责任

在按照审计准则执行审计的过程中，我们运用了职业判断，保持了职业怀疑。我们同时：❶ 识别和评估舞弊或错误导致的财务报表重大错报风险；对这些风险有针对性地设计和实施审计程序；获取充分、适当的审计证据，作为发表审计意见的基础。由于舞弊可能涉及串通、伪造、故意遗漏、虚假陈述或凌驾于内部控制之上，未能发现舞弊导致的重大错报的风险高于未能发现错误导致的重大错报的风险。❷ 了解与审计相关的内部控制，以设计恰当的审计程序，但目的并非对内部控制的有效性发表意见。❸ 评价管理层选用会计政策的恰当性和作出会计估计及相关披露的合理性。❹ 对管理层使用持续经营假设的恰当性得出结论。同时，基于所获取的审计证据，对是否存在与事项或情况相关的重大不确定性，从而可能导致对公司的持续经营能力产生重大疑虑得出结论。如果我们得出结论认为存在重大不确定性，审计准则要求我们在审计报告中提请报告使用者注意财务报表中的相关披露；如果披露不充分，我们应当发表非无保留意见。我们的结论基于审计报告日可获得的信息。然而，未来的事项或情况可能导致公司不能持续经营。❺ 评价财务报表的总体列报、结构和内容（包括披露），并评价财务报表是否公允反映交易和事项。

二、对其他法律和监管要求的报告

本部分的格式和内容，取决于法律法规对其他报告责任的性质的规定。

负责审计并出具审计报告的项目合伙人是[姓名]。

××会计师事务所　　　　　　　　　　中国注册会计师：×××
（盖章）　　　　　　　　　　　　　　（签名并盖章）
　　　　　　　　　　　　　　　　　　中国注册会计师：×××
　　　　　　　　　　　　　　　　　　（签名并盖章）

中国××市　　　　　　　　　　　　　二〇二四年二月十日

（二）非无保留意见的审计报告

非无保留意见，是指对财务报表发表保留意见、否定意见或无法表示意见。

当存在下列情形之一时，注册会计师应当按照《中国注册会计师审计准则第 1502 号——在审计报告中发表非无保留意见》的规定，在审计报告中发表非无保留意见：❶ 根据获取的审计证据，得出财务报表整体存在重大错报的结论；❷ 无法获取充分、适当的审计证据，不能得出财务报表整体不存在重大错报的结论。

拓展阅读：《中国注册会计师审计准则第 1502 号——在审计报告中发表非无保留意见》

如果财务报表没有实现公允反映，注册会计师应当就该事项与管理层讨论，并根据适用的财务报告编制基础的规定和该事项得到解决的情况，决定是否有必要按照《中国注册会计师审计准则第 1502 号——在审计报告中发表非无保留意见》的规定在审计报告中发表非无保留意见。

1. 保留意见

当存在下列情形之一时，注册会计师应当发表保留意见：❶ 在获取充分、适当的审计证据后，注册会计师认为错报单独或汇总起来对财务报表影响重大，但不具有广泛性；❷ 注册会计师无法获取充分、适当的审计证据以作为形成审计意见的基础，但认为未发现的错报（如存在）对财务报表可能产生的影响重大，但不具有广泛性。

当由于财务报表存在重大错报而发表保留意见时，注册会计师应当在“审计意见”部分说明：注册会计师认为，除形成保留意见的基础部分所述事项产生的影响外，后附的财务报表在所有重大方面按照适用的财务报告编制基础的规定编制，并实现公允反映。当由于无法获取充分、适当的审计证据而发表保留意见时，注册会计师应当在审计意见部分使用“除……可能产生的影响外”等措辞。

保留意见的审计报告举例如下。

背景信息：

（1）对上市实体整套财务报表进行审计。该审计不属于集团审计（即不适用《中国注册会计师审计准则第 1401 号——对集团财务报表审计的特殊考虑》）。

（2）管理层按照企业会计准则编制财务报表。

（3）审计业务约定条款体现了《中国注册会计师审计准则第 1111 号——就审计业务约定条款达成一致意见》关于管理层对财务报表责任的描述。

（4）存货存在错报，该错报对财务报表影响重大但不具有广泛性（即保留意见是恰当的）。

（5）适用的相关职业道德要求为《中国注册会计师职业道德守则》。

（6）基于获取的审计证据，根据《中国注册会计师审计准则第 1324 号——持续经营》，注册会计师认为可能导致对被审计单位持续经营能力产生重大疑虑的相关事项或情况不存在重大不确定性。

（7）已按照《中国注册会计师审计准则第 1504 号——在审计报告中沟通关键审计事项》就关键审计事项进行了沟通。

（8）负责监督财务报表的人员与负责编制财务报表的人员不同。

（9）除财务报表审计外，按照法律法规的要求，注册会计师负有其他报告责任，且注册会计师决定在审计报告中履行其他报告责任。

拓展阅读：《中国注册会计师审计准则第 1504 号——在审计报告中沟通关键审计事项》

审 计 报 告

ABC股份有限公司全体股东：

一、对财务报表审计的报告

（一）保留意见

我们审计了ABC股份有限公司（以下简称ABC公司）的财务报表，包括2023年12月31日的资产负债表，2023年度的利润表、现金流量表、所有者权益变动表以及财务报表附注。我们认为，除"形成保留意见的基础"部分所述事项产生的影响外，后附的财务报表在所有重大方面按照企业会计准则的规定编制，公允反映了ABC公司2023年12月31日的财务状况以及2023年度的经营成果和现金流量。

（二）形成保留意见的基础

ABC公司2023年12月31日资产负债表中存货的列示金额为×元。管理层根据成本对存货进行计量，而没有根据成本与可变现净值孰低的原则进行计量，这不符合企业会计准则的规定。ABC公司的会计记录显示，如果管理层以成本与可变现净值孰低来计量存货，存货列示金额将减少×元。相应地，资产减值损失将增加×元，所得税、净利润和所有者权益将分别减少×元、×元和×元。

我们按照中国注册会计师审计准则的规定执行了审计工作。审计报告的"注册会计师对财务报表审计的责任"部分进一步阐述了我们在这些准则下的责任。按照《中国注册会计师职业道德守则》，我们独立于ABC公司，并履行了职业道德方面的其他责任。我们相信，我们获取的审计证据是充分、适当的，为发表保留意见提供了基础。

（三）关键审计事项

关键审计事项是根据我们的职业判断，认为对本期财务报表审计最为重要的事项。这些事项是在对财务报表整体进行审计并形成意见的背景下进行处理的，我们不对这些事项提供单独的意见。除"形成保留意见的基础"部分所述事项外，我们确定下列事项是需要在审计报告中沟通的关键审计事项。

[按照《中国注册会计师审计准则第1504号——在审计报告中沟通关键审计事项》的规定描述每一关键审计事项。]

（四）管理层和治理层对财务报表的责任

管理层负责按照企业会计准则的规定编制财务报表，使其实现公允反映，并设计、执行和维护必要的内部控制，以使财务报表不存在由于舞弊或错误导致的重大错报。

治理层负责监督公司的财务报告过程。

（五）注册会计师对财务报表审计的责任

在按照审计准则执行审计的过程中，我们运用了职业判断，保持了职业怀疑。我们同时：❶ 识别和评估舞弊或错误导致的财务报表重大错报风险；对这些风险有针对性地设计和实施审计程序；获取充分、适当的审计证据，作为发表审计意见的基础。由于舞弊可能涉及串通、伪造、故意遗漏、虚假陈述或凌驾于内部控制之上，未能发现舞弊导致的重大错报的风险高于未能发现错误导致的重大错报的风险。❷ 了解与审计相关的内部控制，以设计恰当的审计程序，但目的并非对内部控制的有效性发表意见。❸ 评价管理层选用会计政策的恰当性和作出会计估计及相关披露的合理性。❹ 对管理层使用持续经营假设的恰当性得出结论。同时，基于所获取的审计证据，对是否存在与事项或情况相关的重大不确定性，从而可能导致对公司的持续经营能力产生重大疑虑得出结论。如果我们得出结论认为存在重大不确定性，审计准则要求我们在审计报告中提请报告使用者注意财务报表中的相关披露；如果披露不充分，我们应当发表非无保留意见。我们的结论基于审计报告日可获得的信息。然而，未来的事项或情况可能导致公司不能持续经营。❺ 评价财务报表的总体列报、结构和内容（包括披露），并评价财务报表是否公允反映交易和事项。

二、对其他法律和监管要求的报告

本部分的格式和内容，取决于法律法规对其他报告责任的性质的规定。

负责审计并出具审计报告的项目合伙人是[姓名]。

××会计师事务所 （盖章）	中国注册会计师：××× （签名并盖章） 中国注册会计师：××× （签名并盖章）
中国××市	二〇二四年二月十日

2. 否定意见

在获取充分、适当的审计证据后，如果认为错报单独或汇总起来对财务报表的影响重大且具有广泛性，注册会计师应当发表否定意见。当发表否定意见时，注册会计师应当在审计意见部分说明：注册会计师认为，由于形成否定意见的基础部分所述事项的重要性，后附的财务报表没有在所有重大方面按照适用的财务报告编制基础的规定编制，未能实现公允反映。否定意见的审计报告举例如下。

背景信息：

（1）对上市实体整套合并财务报表进行审计。该审计属于集团审计，被审计单位拥有多个子公司（即适用《中国注册会计师审计准则第 1401 号——对集团财务报表审计的特殊考虑》）。

（2）管理层按照企业会计准则编制合并财务报表。

（3）审计业务约定条款体现了《中国注册会计师审计准则第 1111 号——就审计业务约定条款达成一致意见》关于管理层对财务报表责任的描述。

（4）合并财务报表因未合并某一子公司而存在重大错报，该错报对合并财务报表影响重大且具有广泛性（即否定意见是恰当的），但量化该错报对合并财务报表的影响是不切实际的。

（5）适用的相关职业道德要求为《中国注册会计师职业道德守则》。

（6）基于获取的审计证据，根据《中国注册会计师审计准则第 1324 号——持续经营》，注册会计师认为可能导致对被审计单位持续经营能力产生重大疑虑的相关事项或情况不存在重大不确定性。

(7) 适用《中国注册会计师审计准则第 1504 号——在审计报告中沟通关键审计事项》。然而,注册会计师认为,除形成否定意见的基础部分所述事项外,无其他关键审计事项。

(8) 负责监督合并财务报表的人员与负责编制合并财务报表的人员不同。

(9) 除合并财务报表审计外,按照法律法规的要求,注册会计师负有其他报告责任,且注册会计师决定在审计报告中履行其他报告责任。

审 计 报 告

ABC 股份有限公司全体股东:

一、对合并财务报表审计的报告

(一) 否定意见

我们审计了 ABC 股份有限公司及其子公司(以下简称“ABC 集团”)的合并财务报表,包括 2023 年 12 月 31 日的合并资产负债表,2023 年度的合并利润表、合并现金流量表、合并所有者权益变动表以及合并财务报表附注。

我们认为,由于“形成否定意见的基础”部分所述事项的重要性,后附的集团合并财务报表没有在所有重大方面按照企业会计准则的规定编制,未能公允反映 ABC 集团 2023 年 12 月 31 日的合并财务状况以及 2023 年度的合并经营成果和合并现金流量。

(二) 形成否定意见的基础

如财务报表附注所述,2023 年 ABC 集团通过非同一控制下的企业合并获得对 XYZ 公司的控制权,因未能取得购买日 XYZ 公司某些重要资产和负债的公允价值,故未将 XYZ 公司纳入合并财务报表的范围。按照企业会计准则的规定,该集团应将这一子公司纳入合并范围,并以暂估金额为基础核算该项收购。如果将 XYZ 公司纳入合并财务报表的范围,后附的集团合并财务报表的多个报表项目将受到重大影响。但我们无法确定未将 XYZ 公司纳入合并范围对合并财务报表产生的影响。

我们按照中国注册会计师审计准则的规定执行了审计工作。审计报告的“注册会计师对合并财务报表审计的责任”部分进一步阐述了我们在这些准则下的责任。按照《中国注册会计师职业道德守则》,我们独立于 ABC 集团,并履行了职业道德方面的其他责任。我们相信,我们获取的审计证据是充分、适当的,为发表否定意见提供了基础。

(三) 关键审计事项

除“形成否定意见的基础”部分所述事项外,我们认为,没有其他需要在我们的报告中沟通的关键审计事项。

(四) 管理层和治理层对合并财务报表的责任

管理层负责按照企业会计准则的规定编制财务报表,使其实现公允反映,并设计、执行和维护必要的内部控制,以使财务报表不存在由于舞弊或错误导致的重大错报。

治理层负责监督公司的财务报告过程。

(五) 注册会计师对合并财务报表审计的责任

在按照审计准则执行审计的过程中,我们运用了职业判断,保持了职业怀疑。我们同时:❶ 识别和评估由于舞弊或错误导致的财务报表重大错报风险;对这些风险有针对性地设计和实施审计程序;获取充分、适当的审计证据,作为发表审计意见的基础。由于舞弊可能涉及串通、伪造、故意遗漏、虚假陈述或凌驾于内部控制之上，未能发现舞弊导致的重大错报的风险高于未能发现错误导致的重大错报的风险。❷ 了解与审计相关的内部控制，以设计恰当的审计程序，但目的并非对内部控制的有效性发表意见。❸ 评价管理层选用会计政策的恰当性和作出会计估计及相关披露的合理性。❹ 对管理层使用持续经营假设的恰当性得出结论。同时，基于所获取的审计证据，对是否存在与事项或情况相关的重大不确定性，从而可能导致对公司的持续经营能力产生重大疑虑得出结论。如果我们得出结论认为存在重大不确定性，审计准则要求我们在审计报告中提请报告使用者注意财务报表中的相关披露；如果披露不充分，我们应当发表非无保留意见。我们的结论基于审计报告日可获得的信息。然而，未来的事项或情况可能导致公司不能持续经营。❺ 评价财务报表的总体列报、结构和内容（包括披露），并评价财务报表是否公允反映交易和事项。

二、对其他法律和监管要求的报告

本部分的格式和内容，取决于法律法规对其他报告责任的性质的规定。

负责审计并出具审计报告的项目合伙人是[姓名]。

××会计师事务所　　　　　　　　　　中国注册会计师：×××
（盖章）　　　　　　　　　　　　　　（签名并盖章）
　　　　　　　　　　　　　　　　　　中国注册会计师：×××
　　　　　　　　　　　　　　　　　　（签名并盖章）
中国××市　　　　　　　　　　　　　二〇二四年一月十日

3. 无法表示意见

如果无法获取充分、适当的审计证据以作为形成审计意见的基础，但认为未发现的错报（如存在）对财务报表可能产生的影响重大且具有广泛性，注册会计师应当发表无法表示意见。

在极少数情况下，可能存在多个不确定事项。尽管注册会计师对每个单独的不确定事项获取了充分、适当的审计证据，但由于不确定事项之间可能存在相互影响，以及可能对财务报表产生累积影响，注册会计师不可能对财务报表形成审计意见。在这种情况下，注册会计师应当发表无法表示意见。

拓展阅读：《中国注册会计师审计准则第1501号——对财务报表形成审计意见和出具审计报告》

当由于无法获取充分、适当的审计证据而发表无法表示意见时，注册会计师应当：❶ 说明注册会计师不对后附的财务报表发表审计意见；❷ 说明由于形成无法表示意见的基础部分所述事项的重要性，注册会计师无法获取充分、适当的审计证据以作为对财务报表发表审计意见的基础；❸ 修改《中国注册会计师审计准则第1501号——对财务报表形成审计意见和出具审计报告》第二十五条第（二）项中规定的“财务报表已经审计”的说明，改为“注册会计师接受委托审计财务报表”。

拓展阅读：《中国注册会计师审计准则第1401号——对集团财务报表审计的特殊考虑》

背景信息：

（1）对非上市实体整套合并财务报表进行审计。该审计属于集团审计，被审计单位拥有多个子公司（即适用《中国注册会计师审计准则第1401号——对集团财务报表审计的特殊考虑》)。

(2) 管理层按照企业会计准则编制合并财务报表。

(3) 审计业务约定条款体现了《中国注册会计师审计准则第1111号——就审计业务约定条款达成一致意见》关于管理层对财务报表责任的描述。

(4) 对合并财务报表的某个要素,注册会计师无法获取充分、适当的审计证据。在本例中,对一家合营企业的投资占该被审计单位净资产的比例超过90%,但注册会计师无法获取该合营企业财务信息的审计证据。无法获取充分、适当的审计证据对合并财务报表可能产生的影响被认为是重大的且具有广泛性(即无法表示意见是恰当的)。

(5) 适用的相关职业道德要求为《中国注册会计师职业道德守则》。

(6) 负责监督合并财务报表的人员与负责编制合并财务报表的人员不同。

(7) 按照审计准则要求在注册会计师的责任部分作出更有限的表述。

(8) 除合并财务报表审计外,按照法律法规的要求,注册会计师负有其他报告责任,且注册会计师决定在审计报告中履行其他报告责任。

审 计 报 告

ABC股份有限公司全体股东:

一、对合并财务报表审计的报告

(一) 无法表示意见

我们接受委托,审计ABC股份有限公司及其子公司(以下简称"ABC集团")合并财务报表,包括2023年12月31日的合并资产负债表,2023年度的合并利润表、合并现金流量表、合并所有者权益变动表以及合并财务报表附注。

我们不对后附的ABC集团合并财务报表发表审计意见。由于"形成无法表示意见的基础"部分所述事项的重要性,我们无法获取充分、适当的审计证据以作为形成合并财务报表审计意见的基础。

(二) 形成无法表示意见的基础

ABC集团对合营企业XYZ公司的投资在该集团的合并资产负债表中金额为×元,占该集团2023年12月31日净资产的90%以上。我们未被允许接触XYZ公司的管理层和注册会计师,包括XYZ公司注册会计师的审计工作底稿。因此,我们无法确定是否有必要对XYZ公司资产中ABC集团共同控制的比例份额、XYZ公司负债中ABC集团共同承担的比例份额、XYZ公司收入和费用中ABC集团的比例份额,以及合并现金流量表和合并所有者权益变动表中的要素做出调整。

(三) 管理层和治理层对合并财务报表的责任

管理层负责按照企业会计准则的规定编制财务报表,使其实现公允反映,并设计、执行和维护必要的内部控制,从而使财务报表不存在舞弊或错误导致的重大错报。

治理层负责监督公司的财务报告过程。

(四) 注册会计师对合并财务报表审计的责任

我们的责任是按照中国注册会计师审计准则的规定,对被审计单位合并财务报表执行审计工作,以出具审计报告。但由于"形成无法表示意见的基础"部分所述的事项,我们无法获取充分、适当的审计证据以作为发表审计意见的基础。按照《中国注册会计师职业道德守则》，我们独立于 ABC 集团，并履行了职业道德方面的其他责任。

二、对其他法律和监管要求的报告

本部分的格式和内容，取决于法律法规对其他报告责任的性质的规定。

负责审计并出具审计报告的项目合伙人是[姓名]。

××会计师事务所　　　　　　　　　　中国注册会计师：×××
（盖章）　　　　　　　　　　　　　　（签名并盖章）
　　　　　　　　　　　　　　　　　　中国注册会计师：×××
　　　　　　　　　　　　　　　　　　（签名并盖章）
中国××市　　　　　　　　　　　　　二〇二四年二月十日

（三）在审计报告中增加强调事项段和其他事项段

强调事项段是指审计报告中含有的一个段落，该段落提及已在财务报表中恰当列报或披露的事项，且根据注册会计师的职业判断，该事项对财务报表使用者理解财务报表至关重要。

其他事项段是指审计报告中含有的一个段落，该段落提及未在财务报表中列报或披露的事项，且根据注册会计师的职业判断，该事项与财务报表使用者理解审计工作、注册会计师的责任或审计报告相关。

如果认为有必要提醒财务报表使用者关注已在财务报表中列报或披露，且根据职业判断认为对财务报表使用者理解财务报表至关重要的事项，在同时满足下列条件时，注册会计师应当在审计报告中增加强调事项段：❶ 按照《中国注册会计师审计准则第 1502 号——在审计报告中发表非无保留意见》的规定，该事项不会导致注册会计师发表非无保留意见；❷ 当《中国注册会计师审计准则第 1504 号——在审计报告中沟通关键审计事项》适用时，该事项未被确定为将要在审计报告中沟通的关键审计事项。

如果认为有必要沟通虽然未在财务报表中列报或披露，但根据职业判断认为与财务报表使用者理解审计工作、注册会计师的责任或审计报告相关的事项，在同时满足下列条件时，注册会计师应当在审计报告中增加其他事项段：❶ 未被法律法规禁止；❷ 当《中国注册会计师审计准则第 1504 号——在审计报告中沟通关键审计事项》适用时，该事项未被确定为将要在审计报告中沟通的关键审计事项。

例 9－5

包含关键审计事项部分、强调事项段及其他事项段的审计报告举例如下：

背景信息：

(1) 对上市实体整套财务报表进行审计。该审计不属于集团审计(即不适用《中国注册会计师审计准则第 1401 号——对集团财务报表审计的特殊考虑》)。

(2) 管理层按照企业会计准则编制财务报表。

(3) 审计业务约定条款体现了《中国注册会计师审计准则第1111号——就审计业务约定条款达成一致意见》关于管理层对财务报表责任的描述。

(4) 基于获取的审计证据,注册会计师认为发表无保留意见是恰当的。

(5) 适用的相关职业道德要求为《中国注册会计师职业道德守则》。

(6) 基于获取的审计证据,根据《中国注册会计师审计准则第1324号——持续经营》,注册会计师认为可能导致对被审计单位持续经营能力产生重大疑虑的相关事项或情况不存在重大不确定性。

(7) 在财务报表日至审计报告日之间,被审计单位的生产设备发生了火灾,被审计单位已将其作为期后事项披露。根据注册会计师的判断,该事项对财务报表使用者理解财务报表至关重要,但在当期财务报表审计中不是重点关注过的事项。

(8) 已经按照《中国注册会计师审计准则第1504号——在审计报告中沟通关键审计事项》就关键审计事项进行了沟通。

(9) 已列报对应数据,且上期财务报表已由前任注册会计师审计。法律法规不禁止注册会计师提及前任注册会计师对对应数据出具的审计报告,并且注册会计师已决定提及。

(10) 负责监督财务报表的人员与负责编制财务报表的人员不同。

(11) 除财务报表审计外,按照法律法规的要求,注册会计师负有其他报告责任,且注册会计师决定在审计报告中履行其他报告责任。

审计报告

ABC股份有限公司全体股东:

一、对财务报表审计的报告

(一) 审计意见

我们审计了ABC股份有限公司(以下简称"ABC公司")财务报表,包括2023年12月31日的资产负债表,2023年度的利润表、现金流量表、所有者权益变动表以及财务报表附注。

我们认为,后附的财务报表在所有重大方面按照企业会计准则的规定编制,公允反映了公司2023年12月31日的财务状况以及2023年度的经营成果和现金流量。

(二) 形成审计意见的基础

我们按照中国注册会计师审计准则的规定执行了审计工作。审计报告的"注册会计师对财务报表审计的责任"部分进一步阐述了我们在这些准则下的责任。按照中国注册会计师职业道德守则,我们独立于ABC公司,并履行了职业道德方面的其他责任。我们相信,我们获取的审计证据是充分、适当的,为发表审计意见提供了基础。

(三) 强调事项

我们提醒财务报表使用者注意财务报表附注×,该附注描述了火灾对ABC公司的生产设备造成的影响。本段内容不影响已发表的审计意见。

(四) 关键审计事项

关键审计事项是根据我们的职业判断,认为对本期财务报表审计最为重要的事项。

这些事项是在对财务报表整体进行审计并形成意见的背景下进行处理的，我们不对这些事项提供单独的意见。

按照《中国注册会计师审计准则第 1504 号——在审计报告中沟通关键审计事项》的规定描述每一关键审计事项。

（五）其他事项

2022 年 12 月 31 日的资产负债表，2022 年度的利润表、现金流量表、所有者权益变动表以及财务报表附注由其他会计师事务所审计，并于 2022 年 3 月 31 日发表了无保留意见。

（六）管理层及治理层对财务报表的责任

管理层负责按照企业会计准则的规定编制财务报表，使其实现公允反映，并设计、执行和维护必要的内部控制，从而使财务报表不存在舞弊或错误导致的重大错报。

治理层负责监督公司的财务报告过程。

（七）注册会计师对财务报表审计的责任

在按照审计准则执行审计的过程中，我们运用了职业判断，保持了职业怀疑。我们同时：❶ 识别和评估舞弊或错误导致的财务报表重大错报风险；对这些风险有针对性地设计和实施审计程序；获取充分、适当的审计证据，作为发表审计意见的基础。由于舞弊可能涉及串通、伪造、故意遗漏、虚假陈述或凌驾于内部控制之上，未能发现舞弊导致的重大错报的风险高于未能发现错误导致的重大错报的风险。❷ 了解与审计相关的内部控制，以设计恰当的审计程序，但目的并非对内部控制的有效性发表意见。❸ 评价管理层选用会计政策的恰当性和作出会计估计及相关披露的合理性。❹ 对管理层使用持续经营假设的恰当性得出结论。同时，基于所获取的审计证据，对是否存在与事项或情况相关的重大不确定性，从而可能导致对公司的持续经营能力产生重大疑虑得出结论。如果我们得出结论认为存在重大不确定性，审计准则要求我们在审计报告中提请报告使用者注意财务报表中的相关披露；如果披露不充分，我们应当发表非无保留意见。我们的结论基于审计报告日可获得的信息。然而，未来的事项或情况可能导致公司不能持续经营。❺ 评价财务报表的总体列报、结构和内容（包括披露），并评价财务报表是否公允反映交易和事项。

二、对其他法律和监管要求的报告

本部分的格式和内容，取决于法律法规对其他报告责任的性质的规定。

负责审计并出具审计报告的项目合伙人是[姓名]。

××会计师事务所　　　　中国注册会计师：×××
（盖章）　　　　（签名并盖章）
　　　　中国注册会计师：×××
　　　　（签名并盖章）
中国××市　　　　二〇二四年二月十日

任务三 完成审计工作与出具审计报告案例

审计项目组按业务循环完成各财务报表项目的审计测试后，结束了外勤审计工作，进入审计完成阶段。

要求：

根据上述业务循环审计的结果，汇总审计调整事项、完成试算平衡，并确定出具审计报告的意见类型，编制审计报告。

一、完成审计工作

（一）审计过程

（1）编制审计差异调整汇总表。审计差异调整表分为三类：一是调整分录汇总表；二是重分类分录汇总表；三是未调整不符事项汇总表。本案例只有调整分录汇总表，因为不存在重分类调整，且与南宁骏业管理层沟通，同意注册会计师在审计过程中发现的所有错报的调整，故也不存在未调整不符事项。

项目组审计人员整理审计底稿，评价审计过程发现的重大不符事项，经一级复核后，将各审计底稿中的调整事项过入审计差异调整表，完成审计底稿 Z102－1(表 9－3、表 9－4)。

（2）根据 Z102－1 底稿，完成调整分录科目汇总表 Z103(表 9－5)。

（3）根据调整分录科目汇总表，完成试算平衡表 Z104－1、Z104－2 审计底稿(表 9－6、表 9－7)。

（4）将试算平衡表的结果与各项目审计底稿核对，完成各项目底稿尚未过入的调整数据，并将审定数与试算平衡表的审定数核对，已核对相符的在试算平衡表中写下该底稿的索引号。

（5）将被审计单位报出的审定报表的数据与试算平衡表的审定数核对，确定审定报表数据的正确性。

（二）审计结果

完成审计工作阶段完成的部分审计底稿详见表 9－3、表 9－4、表 9－5、表 9－6。

二、出具审计报告

审计过程中发现的不符需要调整的事项，经与南宁骏业沟通并征得同意后在 2023 年年报中调整。调整后的报表已于 2024 年 1 月 25 日报出(表 9－8、表 9－9)，并已经该公司治理层的批准。

审计过程中除需调整的不符事项外，无其他重大不符事项的发现，故出具无保留意见的审计报告。

审计报告详见图 9－2、图 9－3、图 9－4。

本案例省略现金流量表、所有者权益变动表以及相关财务报表附注。

表 9-3　审计差异调整表——调整分录汇总表(2-1)

被审计单位名称：南宁骏业　　索引号：Z102-1　　页次：2-1
金额单位：元　　编制：冬小红　　日期：2024.1.20
会计期间：2023 年 12 月 31 日　　复核：何向东　　日期：2024.1.20

序号	索引号	科目名称	资产负债表		利润表		摘要
			借方	贷方	借方	贷方	
1	5-101/401-1	应收账款	184 017.60				调整跨期收入
		主营业务收入——除气机				120 000.00	
		主营业务收入——石墨杆 ϕ75				18 000.00	
		主营业务收入——过滤袋				5 280.00	
		主营业务收入——石墨轮 ϕ150				14 000.00	
		应交税费——应交增值税——销项税额		26 737.60			
2	1-131-6	资产减值损失			289 666.34		补提本期坏账准备
		坏账准备——应收账款		289 666.34			
3	1-500-1	管理费用——财产保险费			8 000.00		更正 2023.8.71＃凭证，购入车辆保险费 8 000 元构成固定资产成本
		固定资产——运输工具		8 000.00			
4	1-500-1	累计折旧——建筑物	2 816.86				调整本年多计提的折旧
		累计折旧——机器设备	5 615.82				
		累计折旧——运输工具	47 173.32				
		制造费用——除气机车间——折旧费	2 980.78				
		制造费用——过滤袋车间——折旧费	2 235.58				
		累计折旧——办公家具及器材		25 299.35			

续表

序号	索引号	科目名称	资产负债表		利润表		摘要
			借方	贷方	借方	贷方	
4	1-500-1	管理费用——折旧费				30 816.30	调整本年多计提的折旧
		制造费用——石墨制品车间——折旧费		3 007.64			
		应付职工薪酬——职工福利		1 699.07			
5	1-500-1	主营业务成本——除气机			2 980.78		制造费用转出
		主营业务成本——过滤袋			2 235.58		
		制造费用——石墨制品车间——折旧费	3 007.64				
		制造费用——除气机车间——折旧费		2 980.78			
		制造费用——过滤袋车间——折旧费		2 235.58			
		主营业务成本——石墨杆 $\phi 75$				3 007.64	
6	5-502-1	应付职工薪酬——职工福利	4 897.00				调整 2023.1.18#凭证，福利支出错记
		管理费用——业务招待费				4 897.00	
7	5-502-1	销售费用——包装费			1 040.00		调整 2023.1.49#凭证，销售部领用包装物
		管理费用——其他管理费用				1 040.00	
8	5-502-1	原材料——辅助材料	7 950.00				调整 2023.12.7#凭证，购入辅助材料错记
		管理费用——交通费				3 800.00	
		管理费用——其他管理费用				4 150.00	
9	1-200-1	库存商品——过滤袋	581.71				库存商品发出计价错误调整
		库存商品——石墨杆 $\phi 75$	1 090.65				
		库存商品——石墨轮 $\phi 150$	2 680.48				

续表

序号	索引号	科目名称	资产负债表		利润表		摘要
			借方	贷方	借方	贷方	
9	1-200-1	库存商品——石墨轮 ϕ180	2 715.51				库存商品发出计价错误调整
		主营业务成本——过滤袋				581.71	
		主营业务成本——石墨杆 ϕ75				1 090.65	
		主营业务成本——石墨轮 ϕ150				2 680.48	
		主营业务成本——石墨轮 ϕ180				2 715.51	

表 9-4 审计差异调整表——调整分录汇总表(2-2)

被审计单位名称：南宁骏业　　索引号：Z102-1　　页次：2-2

金额单位：元　　编制：冬小红　　日期：2024.1.20

会计期间：2023 年 12 月 31 日　　复核：何向东　　日期：2024.1.20

序号	索引号	科目名称	资产负债表		利润表		摘要
			借方	贷方	借方	贷方	
10	1-200-1	原材料——主要材料	98 960.40				补记 2023.12.31 已入库的材料暂估入账
		应付账款——上海碳素厂		98 960.40			
11	1-200-1	原材料——主要材料	102 771.60				2023.8 月、9 月生产成本计算错误调整
		生产成本——除气机——直接材料		102 771.60			
12	1-200-1	生产成本——除气机——直接材料	102 771.60				生产成本调整转出
		主营业务成本——除气机				102 771.60	
13	5-101/401-2	主营业务成本——过滤袋			5 649.72		调整 4 月及 12 月少转成本
		主营业务成本——石墨杆 ϕ75			7 546.56		

续表

序号	索引号	科目名称	资产负债表		利润表		摘要
			借方	贷方	借方	贷方	
13	5-101/401-2	主营业务成本——石墨轮 ϕ150			4 959.95		178×31.74=5 649.72(元) 24×314.44=7 546.56(元) 23×215.65=4 959.95(元) 37×222.10=8 217.70(元)
		主营业务成本——石墨轮 ϕ180			8 217.70		
		库存商品——过滤袋		5 649.72			
		库存商品——石墨杆 ϕ75		7 546.56			
		库存商品——石墨轮 ϕ150		4 959.95			
		库存商品——石墨轮 ϕ180		8 217.70			
14	1-000-4/4-1	银行存款——交通银行-8522	54 607.29				更正银行存款明细错记
		银行存款——中国工商银行-0019		54 607.29			
15	1-000-4/4-3	应交税费——应交所得税	27 000.00				补记 2023.10.73#凭证，少记所得税支出 27 000 元
		银行存款——交通银行-2536		27 000.00			
16	2-171-1	税金及附加——城市维护建设税			3 208.55		调整未交增值税，应补提其他税费 26 737.6×7% 26 737.6×3%+26 737.6×3%
		应交税费——应交城市维护建设税		1 871.67			
		应交税费——应交教育费附加		1 336.88			
17		主营业务收入			157 280.00		损益类科目调整转入本年利润
		主营业务成本			81 257.30		
		管理费用			36 703.30		
		税金及附加				3 208.55	
		销售费用				1 040.00	
		资产减值损失				289 666.34	
		本年利润			18 674.29		

续表

序号	索引号	科目名称	资产负债表		利润表		摘要
			借方	贷方	借方	贷方	
18		利润分配——未分配利润	18 674.29				本年利润调整转入利润分配
		本年利润				18 674.29	
		合计	672 548.13	672 548.13	627 420.07	627 420.07	

注：(1) 税金及附加是根据收入调整而计提的各项流转税。
(2) 不考虑企业所得税、盈余公积的调整。

表 9-5 调整分录科目汇总表

被审计单位名称：南宁骏业　　索引号：Z103　　页次：
金额单位：元　　编制：冬小红　　日期：2024.1.20
会计期间：2023 年 12 月 31 日　　复核：何向东　　日期：2024.1.20

序号	科目名称	资产负债表项目		利润表项目	
		借方	贷方	借方	贷方
1	银行存款	54 607.29	81 607.29		
2	应收账款	184 017.60			
3	坏账准备		289 666.34		
4	原材料	209 682.00			
5	库存商品	7 068.35	26 373.93		
6	固定资产		8 000.00		
7	累计折旧	55 606.00	25 299.35		
8	应付账款		98 960.40		
9	应付职工薪酬	4 897.00	1 699.07		
10	应交税费	27 000.00	29 946.15		
11	本年利润			18 674.29	18 674.29

续表

序号	科目名称	资产负债表项目		利润表项目	
		借方	贷方	借方	贷方
12	利润分配	18 674.29			
13	生产成本	102 771.60	102 771.60		
14	制造费用	8 224.00	8 224.00		
15	主营业务收入			157 280.00	157 280.00
16	主营业务成本			112 847.59	112 847.59
17	税金及附加			3 208.55	3 208.55
18	销售费用			1 040.00	1 040.00
19	管理费用			44 703.30	44 703.30
20	资产减值损失			289 666.34	289 666.34
合计		672 548.13	672 548.13	627 420.07	627 420.07

表 9-6 试算平衡表(资产负债表)

被审计单位名称：南宁骏业　　索引号：Z104-1　　页次：

金额单位：元　　编制：冬小红　　日期：2024.1.20

会计报表截止日：2023 年 12 月 31 日　　复核：何向东　　日期：2024.1.20

索引号	资产	未审计数	调整分录		审定数	索引号	负债和所有者权益	未审计数	调整分录		审定数
			借方	贷方					借方	贷方	
	流动资产：						流动负债：				
1-000-1	货币资金	1 486 899.39	54 607.29	81 607.29	1 459 899.39		短期借款				

续表

索引号	资　产	未审计数	调整分录		审定数	索引号	负债和所有者权益	未审计数	调整分录		审定数
			借　方	贷　方					借方	贷方	
	交易性金融资产						交易性金融负债				
	衍生金融资产						衍生金融负债				
1－131－1	应收票据及应收账款	1 871 228.14	184 017.60	289 666.34	1 765 579.40	1－200－1	应付票据及应付账款	450 963.40		98 960.40	549 923.80
	应收款项融资						预收款项	218 000.00			218 000.00
	预付款项	85 000.00			85 000.00		合同负债				0.00
	其他应收款	18 100.00			18 100.00		应付职工薪酬	16 870.58	4 897.00	1 699.07	13 672.65
1－200－1	存　货	508 135.18	327 745.95	137 369.53	698 511.60		应交税费	219 450.66	27 000.00	29 946.15	222 396.81
	合同资产						其他应付款	510 496.17			510 496.17
	持有待售资产						持有待售负债				0.00
	一年内到期非流动资产						一年内到期的非流动负债				0.00
	其他流动资产	28 966.22			28 966.22		其他流动负债				0.00
	流动资产合计	3 998 328.93	566 370.84	508 643.16	4 056 056.61		流动负债合计	1 415 780.81	31 897.00	130 605.62	1 514 489.43
	非流动资产：						非流动负债：				
	债权投资						长期借款	1 500 000.00			1 500 000.00
	其他债权投资						应付债券				
	长期应收款						长期应付款				
	长期股权投资						预计负债				

续表

索引号	资产	未审计数	调整分录		审定数	索引号	负债和所有者权益	未审计数	调整分录		审定数
			借方	贷方					借方	贷方	
	其他权益工具投资						递延收益				
	其他非流动金融资产						递延所得税负债				
	投资性房地产						其他非流动负债				
1-500-1	固定资产	11 544 657.20	55 606.00	33 299.35	11 566 963.85		非流动负债合计	1 500 000.00			1 500 000.00
	在建工程	3 839 700.00			3 839 700.00		负债合计	2 915 780.81	31 897.00	130 605.62	3 014 489.43
	生产性生物资产						所有者权益：				
	油气资产						实收资本（或股本）	14 000 000.00			14 000 000.00
	无形资产	1 184 102.58			1 184 102.58		其他权益工具				0.00
	开发支出						资本公积	514 453.77			514 453.77
	商誉						减：库存股				0.00
	长期待摊费用	65 098.19			65 098.19		其他综合收益				0.00
	递延所得税资产						盈余公积	693 247.85			693 247.85
	其他非流动资产						未分配利润	2 508 404.47	18 674.29		2 489 730.18
	非流动资产合计	16 633 557.97	55 606.00	33 299.35	16 655 864.62		所有者权益合计	17 716 106.09	18 674.29		17 697 431.80
	资产总计	20 631 886.90	621 976.84	541 942.51	20 711 921.23		负债和所有者权益总计	20 631 886.90	50 571.29	130 605.62	20 711 921.23

表 9－7　试算平衡表(利润表)

被审计单位名称：南宁骏业　　索引号：Z104－2　　页次：

金额单位：元　　编制：冬小红　　日期：2024.1.20

财务报表截止日：2023 年 12 月 31 日　　复核：何向东　　日期：2024.1.20

索引号	项目	审计调整前	调整分录		审计调整后
			借方	贷方	
5－101/401－1	一、营业收入	9 432 580.00		157 280.00	9 589 860.00
5－101/401－1	减：营业成本	3 833 347.99	31 590.29	112 847.59	3 752 090.69
	税金及附加	121 932.60	3 208.55		125 141.15
	销售费用	132 522.28	1 040.00		133 562.28
5－502－1	管理费用	3 317 816.27	8 000.00	44 703.30	3 281 112.97
	研发费用				0.00
	财务费用	18 766.25			18 766.25
	资产减值损失	100 041.86	289 666.34		389 708.20
	加：其他收益				0.00
	投资收益(损失以“—”号填列)	38 960.00			38 960.00
	其中：对联营企业和合营企业的投资收益				0.00
	公允价值变动收益(损失以“—”号填列)				0.00
	资产处置收益(损失以“—”号填列)				0.00
	二、营业利润	1 947 112.75	333 505.18	314 830.89	1 928 438.46
	加：营业外收入	9 899.48			9 899.48
	减：营业外支出	6 180.00			6 180.00
	三、利润总额(亏损总额以“—”号填列)	1 950 832.23	333 505.18	314 830.89	1 932 157.94
	减：所得税费用	691 675.79			691 675.79
	四、净利润(净亏损以“—”号填列)	1 259 156.44	333 505.18	314 830.89	1 240 482.15

温州中源立德会计师事务所有限公司

WENZHOU ZHONGYUAN LIDE CERTIFIED PUBLIC ACCOUNTANTS CO.,LTD.

温中会审字〔2024〕第0010号

事务所执业证书编号：71956868-4
地址/ADD：温州市瓯海区娄桥街道中汇路81号（瓯海区金融综合服务区A3-802室）
电话/TEL：0577-88599739、0577-88599277
传真/FAX：0577-88599733
邮编/P.C：325041

审 计 报 告

南宁市骏业材料有限公司全体股东：

一、审计意见

我们审计了南宁市骏业材料有限公司（以下简称“贵公司”）财务报表，包括2023年12月31日的资产负债表，2023年度的利润表、现金流量表、所有者权益变动表以及相关财务报表附注。

我们认为，后附的财务报表在所有重大方面按照企业会计准则的规定编制，公允反映了贵公司2023年12月31日的财务状况以及2023年度的经营成果和现金流量。

二、形成审计意见的基础

我们按照中国注册会计师审计准则的规定执行了审计工作。审计报告的“注册会计师对财务报表审计的责任”部分进一步阐述了我们在这些准则下的责任。按照《中国注册会计师职业道德守则》，我们独立于贵公司，并履行了职业道德方面的其他责任。我们相信，我们获取的审计证据是充分、适当的，为发表审计意见提供了基础。

三、管理层和治理层对财务报告的责任

第1页 共3页

图9-2 审计报告(3-1)

管理层负责按照企业会计准则的规定编制财务报表，使其实现公允反映，并设计、执行和维护必要的内部控制，以使财务报表不存在由于舞弊或错误导致的重大错报。

在编制财务报表时，管理层负责评估贵公司的持续经营能力，披露与持续经营相关的事项，并运用持续经营假设，除非管理层计划清算、终止运营贵公司或别无其他现实的选择。

治理层负责监督贵公司的财务报告过程。

四、注册会计师对财务报表审计的责任

我们的目标是对财务报表整体是否不存在由于舞弊或错误导致的重大错报获取合理保证，并出具包含审计意见的审计报告。合理保证是高水平的保证，但并不能保证按照审计准则执行的审计在某一重大错报存在时总能发现。错报可能由于舞弊或错误导致，如果合理预期错报单独或汇总起来可能影响财务报表使用者依据财务报表作出的经济决策，则通常认为错报是重大的。

在按照审计准则执行审计工作的过程中，我们运用职业判断，并保持职业怀疑。同时，我们也执行以下工作：

（1）识别和评估由于舞弊或错误导致的财务报表重大错报风险，设计和实施审计程序以应对这些风险，并获取充分、适当的审计证据，作为发表审计意见的基础。由于舞弊可能涉及串通、伪造、故意遗漏、虚假陈述或凌驾于内部控制之上，未能发现由于舞弊导致的重大错报的风险高于未能发现由于错误导致的重大错报的风险。

（2）了解与审计相关的内部控制，以设计恰当的审计程序。

（3）评价管理层选用会计政策的恰当性和作出会计估计及相关披露的合理性。

（4）对管理层使用持续经营假设的恰当性得出结论。同时，根据获取的审计证据，就可能导致对贵公司持续经营能力产生重大疑虑的事项或情况是

第 2 页 共 3 页

图 9－3　审计报告(3－2)

否存在重大不确定性得出结论。如果我们得出结论认为存在重大不确定性，审计准则要求我们在审计报告中提请报表使用者注意财务报表中的相关披露；如果披露不充分，我们应当发表非无保留意见。我们的结论基于截至审计报告日可获得的信息。然而，未来的事项或情况可能导致贵公司不能持续经营。

（5）评价财务报表的总体列报、结构和内容（包括披露），并评价财务报表是否公允反映相关交易和事项。

我们与治理层就计划的审计范围、时间安排和重大审计发现等事项进行沟通，包括沟通我们在审计中识别出的值得关注的内部控制缺陷。

温州中源立德会计师事务所有限公司

中国注册会计师：中国注册会计师 何向东33001825

何向东

中国·温州

中国注册会计师：中国注册会计师 王明3300001510

王明

报告日期：2024年1月25日

第3页共3页

图9-4 审计报告(3-3)

表9-8 资产负债表

2023年12月31日

单位：南宁市骏业材料有限公司　　　　单位：元

资　产	行次	期末数	期初数	负债和所有者权益	行次	期末数	期初数
流动资产：				流动负债：			
货币资金	1	1 459 899.39	2 828 836.64	短期借款	33		1 900 000.00
交易性金融资产	2		1 000 000.00	交易性金融负债	34		
衍生金融资产	3			衍生金融负债	35		
应收票据及应收账款	4	1 765 579.40	3 409 898.70	应付票据及应付账款	36	549 923.80	232 085.14
应收款项融资	5			预收款项	37	218 000.00	165 000.00
预付款项	6	85 000.00	26 500.00	合同负债	38		
其他应收款	7	18 100.00	45 000.00	应付职工薪酬	39	13 672.65	75 170.06
存　货	8	698 511.60	827 700.57	应交税费	40	222 396.81	430 892.40
合同资产	9			其他应付款	41	510 496.17	550 850.72
持有待售资产	10			持有待售负债	42		
一年内到期非流动资产	11			一年内到期的非流动负债	43		
其他流动资产	12	28 966.22		其他流动负债	44		
流动资产合计	13	4 056 056.61	8 137 935.91	流动负债合计	45	1 514 489.43	3 353 998.32
非流动资产：				非流动负债：			
债权投资	14			长期借款	46	1 500 000.00	
其他债权投资	15			应付债券	47		

续表

资　　产	行次	期末数	期初数	负债和所有者权益	行次	期末数	期初数
长期应收款	16			长期应付款	48		
长期股权投资	17			预计负债	49		
其他权益工具投资	18			递延收益	50		
其他非流动金融资产	19			递延所得税负债	51		
投资性房地产	20			其他非流动负债	52		
固定资产	21	11 566 963.85	7 426 073.23	非流动负债合计	53	1 500 000.00	
在建工程	22	3 839 700.00	2 749 000.00	负债合计	54	3 014 489.43	3 353 998.32
生产性生物资产	23			所有者权益：			
油气资产	24			实收资本（或股本）	55	14 000 000.00	14 000 000.00
无形资产	25	1 184 102.58	1 839 201.06	其他权益工具	56		
开发支出	26			资本公积	57	514 453.77	500 000.00
商誉	27			减：库存股	58		
长期待摊费用	28	65 098.19	34 284.00	其他综合收益	59		
递延所得税资产	29			盈余公积	60	693 247.85	504 374.39
其他非流动资产	30			未分配利润	61	2 489 730.18	1 828 121.49
非流动资产合计	31	16 655 864.62	12 048 558.29	所有者权益合计	62	17 697 431.80	16 832 495.88
资产总计	32	20 711 921.23	20 186 494.20	负债和所有者权益总计	63	20 711 921.23	20 186 494.20

企业负责人：梁明丰　　财务负责人：卫涓涓　　制表人：张静娜　　报出时间：2024 年 1 月 25 日

主要参考文献

[1] 中国注册会计师协会.审计[M].北京:中国财政经济出版社,2025.

[2] 中国注册会计师协会.中国注册会计师执业准则及应用指南[M].北京:中国财政经济出版社,2023.

[3] 财政部.企业会计准则[M].上海:立信会计出版社,2024.

[4] 财政部会计司编写组.企业会计准则应用指南汇编[M].北京:中国财政经济出版社,2024.

[5] 中国证券监督管理委员会会计司.上市公司执行企业会计准则案例解析[M].北京:中国财政经济出版社,2024.

[6] 中华人民共和国现行审计法规与审计准则及政策解读编委会.中华人民共和国现行审计法规与审计准则及政策解读[M].上海:立信会计出版社,2025.

[7] 陈汉文,杨道广,董望.审计[M].4版.北京:中国人民大学出版社,2022.

[8] 唐松莲,刘桂良,高开娟.审计教学案例[M].大连:东北财经大学出版社,2024.

[9] 申建英,刁成龙.新编审计基础与实务[M].4版.北京:电子工业出版社,2020.

[10] 田钊平,胡丹.审计基础与实务[M].5版.北京:清华大学出版社,2024.

[11] 程安林.审计学[M].2版.上海:上海财经大学出版社,2020.

[12] 法律出版社法规中心.企业会计审计规范工具手册[M].北京:法律出版社,2015.

[13] 崔东颖,张辅辙.房地产企业财务报表审计工作底稿编制指南[M].北京:中国财政经济出版社,2023.

[14] 李华.审计实训[M].3版.大连:东北财经大学出版社,2023.

[15] 张丽,黄秋菊.审计实训教程[M].4版.大连:东北财经大学出版社,2023.

[16] 李冰,陈勇.审计基础[M].2版.北京:经济科学出版社,2020.

表 9-9　利　润　表

2023 年度

编制单位：南宁市骏业材料有限公司　　　　单位：元

项　　目	行次	本年发生数	上年发生数
一、营业收入	1	9 589 860.00	8 038 116.67
减：营业成本	2	3 752 090.69	3 332 755.58
税金及附加	3	125 141.15	103 906.76
销售费用	4	133 562.28	398 447.49
管理费用	5	3 281 112.97	2 117 944.64
研发费用	6		
财务费用	7	18 766.25	−2 002.59
其中：利息费用	8		
利息收入	9		
资产减值损失	10	389 708.20	15 000.00
加：其他收益	11		
投资收益（损失以“－”号填列）	12	38 960.00	27 200.00
其中：对联营企业和合营企业的投资收益	13		
公允价值变动收益（损失以“－”号填列）	14		
资产处置收益（损失以“－”号填列）	15		
二、营业利润（亏损以“－”号填列）	16	1 928 438.46	2 099 264.79
加：营业外收入	17	9 899.48	9 475.92
减：营业外支出	18	6 180.00	3 895.41
三、利润总额（亏损总额以“－”号填列）	19	1 932 157.94	2 104 845.30
减：所得税费用	20	691 675.79	694 598.95
四、净利润（净亏损以“－”号填列）	21	1 240 482.15	1 410 246.35

企业负责人：梁明丰　　财务负责人：卫涓涓　　制表人：张静娜　　报出时间：2024 年 1 月 25 日

高等教育出版社

教学资源服务指南

仅限教师索取

感谢您使用本书。为方便教学，我社为教师提供资源下载、样书申请等服务，如贵校已选用本书，您只要关注微信公众号“高职财经教学研究”，或加入下列教师交流QQ群即可免费获得相关服务。

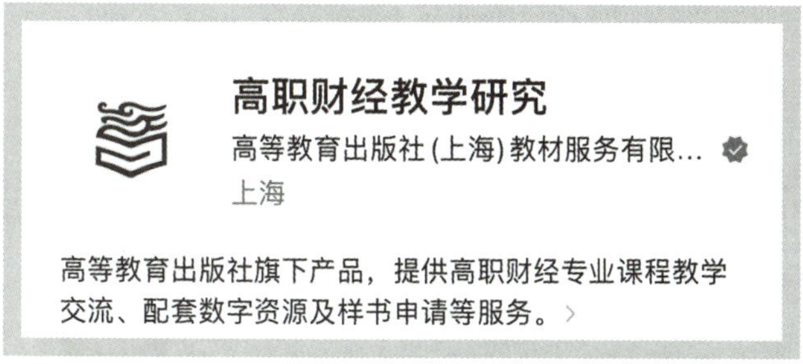

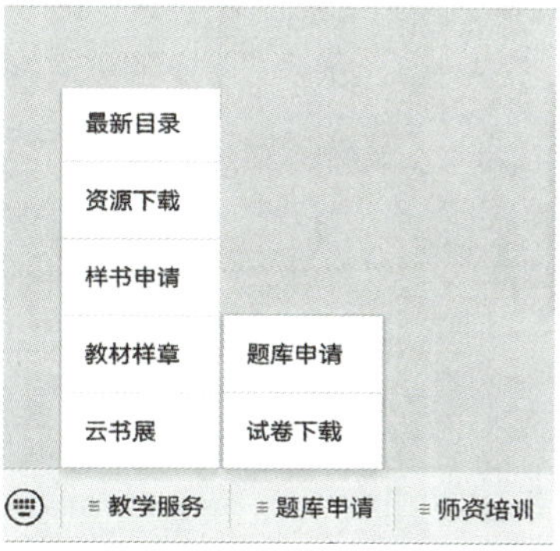

资源下载：点击“**教学服务**”—“**资源下载**”，注册登录后可搜索相应的资源并下载。（建议用电脑浏览器操作）

样书申请：点击“**教学服务**”—“**样书申请**”，填写相关信息即可申请样书。

样章下载：点击“**教学服务**”—“**教材样章**”，即可下载在供教材的前言、目录和样章。

题库申请：点击“**题库申请**”，填写相关信息即可申请题库或下载试卷。

师资培训：点击“**师资培训**”，获取最新会议信息、直播回放和往期师资培训视频。

联系方式

会计QQ3群 :473802328　　会计QQ2群 :370279388　　会计QQ1群 :554729666

会计QQ4群 :291244392

(以上4个会计 Q群，加入任何一个即可获取教学服务，请勿重复加入)

联系电话: (021)56961310　　电子邮箱:3076198581@qq.com

在线试题库及组卷系统

我们研发有十余门课程试题库:“基础会计”“财务会计”“成本计算与管理”“财务管理”“管理会计”“税务会计”“税法”“税收筹划”“审计基础与实务”“财务报表分析”“EXCEL在财务中的应用”“大数据基础与实务”“会计信息系统应用”“政府会计”“内部控制与风险管理”等，平均每个题库近3000题，知识点全覆盖，题型丰富，可自动组卷与批改。如贵校选用了高教社沪版相关课程教材，我们可免费提供给教师每个题库生成的各6套试卷及答案（Word格式难中易三档，索取方式见上述“题库申请”），教师也可与我们联系咨询更多试题库详情。